아산재단 연구총서 제259집

충남 방언 문법

한영목

집문당

머리말

올해는 필자에게 매우 뜻 깊은 해이다. 대학 강단에 선 지 35년, 학위를 받은 지 20년이 되는 해이고, 이순(耳順)을 맞은 감회가 서린 해이기도 하다. 그러나 돌이켜 보면, 학문적으로 이룬 것 하나 없이 그간 학교 일들을 맡아 세월을 보낸 아쉬움이 남는 해이기도 하다.

필자가 대학 시절부터 금산 지역어의 자료를 모으면서 충남 방언에 관심을 기울인 지도 벌써 오랜 세월이 흘렀다. 늘 충남 방언의 기저 현상을 살펴, 좋은 글을 쓰고 싶은 충동에 사로잡히곤 했던 기억의 편린을 현실화하려고 무던 애를 써 왔다. 그러나 지역어 조사는 언제나 낯설고 고된 작업이며, 다가갈수록 멀어진다는 현실의 벽을 느꼈다. 그런데도 필자가 충남 방언과 멀어지지 못하는 이유는 중앙어나 표준어에 관한 문법 현상은 필자 말고도 연구할 사람이 너무나 많으므로, 지역어로 우리말 문법의 양상을 밝히는 작업이야말로 마땅히 해야 할 의미 있는 일이라고 자부해 왔기 때문이다.

필자는 충남 방언의 문법 연구에서 현장 연구 방법을 통하여, 지역 토박이들의 생생한 구술 또는 일상적 자연 발화를 녹음, 채록, 전사, 분석하고 정치하게 기술하는 방법론을 모색하여, 충남 방언에 도사리고 있는 문법 현상을 밝히고 구명하려고 하였다. 그러다가 2003년 '아산사회복지재단'의 저술지원사업에 "충남 방언의 문법"이 선정되었다. 이 책을 쓰는 중에 인문대학장과 교육대학원장을 겸직하게 되어, 이 작업을 늦추다가 지난해 겨우 보고서를 끝냈다. 처음의 의도는 지금까지 발표된 논문과는 달리 새로운 각도로 방법론을 모색하여, 이를 계기로 우리말 지역어 연구에 기여하려고 시도하였으나 뜻대로 잘 풀리지 않았다. 그리하여 아쉽지만 보다 훌륭한 다음을 기약하면서, 지금까지 발표한 충남 방언의 격조사와 보조사, 어말 어미, '-데'와 '-댜', 융합형 '-벼'와 '-깨미', 그리고 '-번지다'와 '-쌓다'를 중심으로 새롭게 자료를 찾아 논의하여 내용을 깁고, 보태어 구성하고 기술하여, 『충남 방언 문법』을 출간하게 되었다.

따라서 이 책에서는 다음과 같은 내용들을 담고 있다.

1장에서는 충남 방언 문법 연구의 목적과 방법에 대하여 살펴보고, 방언 연구의 의의와 연구 범위를 간략하게 논의하였다. 그리고 충남 방언의 구획과 충남 방언의 연구 논저에 대하여 개관하고 충남 방언의 현장 조사 과정과 구술 자료의 문헌을 소개하였다.

2장에서는 충남 방언에서 실현되는 격조사와 보조사에 관하여 논의하였다. 충남 방언의 조사는 격조사와 보조사로 나누어 중앙어와 달리 실현되는 그 변이 형태와 통사 구성 및 의미 양상에 대하여 기술하였다. 충남 방언에서의 격조사는 주격 조사, 목적격 조사, 관형격 조사, 부사격 조사, 접속 조사, 호격 조사로 분류하였으나, 부사격 조사는 여격, 처격, 도구격, 비교격 등으로 세분하여 논의하였다. 보조사는 '-사리, 할래, 한지' 등을 개별적으로 심도 있게 분석·기술하였다.

3장에서는 지금까지 간과되어 온 충남 방언의 통사론에 관한 논의의 일환으로 어미의 쓰임을 통하여, 그 문법의 성격에 대한 문제점을 구명하였다. 충남 방언의 통사론적 구성의 기능과 의미의 특징을 어말 어미(연결 어미와 종결 어미), 시간 표현 어미, 시간 표현의 융합형 어미 '-데'와 '-댜'에서 그 변별적 특징을 고찰하여,

충남 방언의 어미 양상을 밝혀 보려 하였다.

4장에서는 보조 용언 '-번지다'와 '-버리다', '-쌓다'와 '-대다', 그리고 '-보다'와 그 융합형 '-벼'와 '-깨미' 등에 대하여 논의하였다. '-쌓다'와 '-번지다'는 반복과 종결이라는 양태적 의미의 다름에도 불구하고, 강조 표현에 쓰면서 주어의 행위가 일어난 데에 대한 '의아함, 기대하지 않은 일이 이루어짐' 등의 '의외성'을 나타내기도 한다. '-벼'는 앞으로 일어날, 이미 일어난 일에 대한 추정으로 불확실하나마 '참'으로 인정하는 추측의 양상과 인지한 사실이나 체득한 '앎'에도, 결과에 대한 원인 추정에도 사용한다. '-깨미'도 미정의 행위나 사태에 대한 추정이지만, 그러한 일이 일어나지 않기를 기대하는 표현에 주로 쓰인다.

5장에서는 전체 내용을 요약하고 휘갑하였다.

이 졸고를 늦게까지 인내하며 기다려 준 아산사회복지재단의 모든 분에게 다시 한 번 감사드린다. 그리고 난삽한 글을 바로잡고 다듬어 아담한 책자로 만들어 준 '집문당' 임경환 사장님, 성인숙 상무님과 편집부 여러분들의 노고에 감사드린다.

끝으로 국립국어원의 '지역어 조사'에 동참한 권순구, 박숙희 박사, 유세진 조교, 그리고 전사를 도와준 김미영, 이상원, 이경미 등 대학원생과 이 책의 색인과 교정 작업을 감내한 하석란, 김향숙 교수에게 고마운 인사를 드린다. 늘 바쁜 필자를 위해 최선을 다해 지켜 주는 아내와 가족에 대한 감사를 이 책으로 대신하고자 한다.

2008년 5월

한 영 목

차 례

제1장 서 론

제2장 충남 방언의 조사

제 3 장 충남 방언의 어미

제4장 충남 방언의 보조 용언

제 1 장

서 론

1.1 연구 목적과 방법
1.2 연구 범위
1.3 충남 방언 구획
1.4 충남 방언 연구 개관
1.5 현장 조사와 구술 자료

제1장 서 론

1.1 연구 목적과 방법

방언 연구는 지역어와 위상어에 관한 논의이다. 우리말의 지역 방언에 대한 연구는 위상어나 도시 방언의 사회 언어학적 논의보다 폭넓게 시도되었다. 그것은 지역어야말로 말하는 사람의 특유한 말씨를 구별해 주는 특징을 가지고 있기 때문일 것이다. 다른 사람의 말을 듣고, 그가 어느 지역 사람이라는 것을 알 수 있을 정도로 습득된 지역어는 언어 공동체에서의 변이에도 불구하고 쉽게 바꾸기 어렵다. 그러므로 방언 연구는 어떤 특정 지역어에 대한 수집과 분석이라는 문제를 안고 있다. 지역 방언 연구에서 간과할 수 없는 중요한 점은 그 지역 토박이가 실제 언어생활에서 수행하는 지역어를 어떻게 수집하고, 그것을 얼마만큼 정밀하게 분석하고 고찰하느냐에 달려 있다. 언어는 통사 중심으로 행해지기 때문에 언어생활의 발화 현장에서 실제로 사용되는 방언 자료를 채록하는 작업은 가치가 있다. 사실 방언 제보자는 그 지역어에 대해 개별적으로 말하는 이로서의 위치에 있을 뿐이기 때문이다.

지역어에 대한 말하는 이의 언어 변이는 접촉에 의하여 달라질 수 있다(한영목 옮김 1993). 현대와 같은 대량 전달의 시대에는 교육・매스컴의 영향으로 토박이의 말이 빠르게 변화를 겪을 수밖에 없다. 실제 언어생활에서 토박이들 사이에도 발음 차이가 심할 뿐만 아니라 형태 변이에 의한 생략과 융합 현상도 심하게 나타난다. 더구나 우리말은 그 특성상 굴절 어미의 생략과 융합 현상으로 같은 지역 안에서도 형태적 차이가 많아서 토박이마다 달리 나타나기도 한다. 그렇기 때문에 방언 연구는 토박이가 실제 쓰고 있는 말을 어떻게 수집하고, 그것을 얼마만큼 정밀하게 분석·기술해야 하는가에 대한 어려움이 따른다. 그러므로 방언 기술은 생략과 융합으로 이루어진 형태소를 분석하고, 주어진 통사 구조를 확인하여, 그 의미를 파악해 내야 하는 어려운 문제점도 안고 있다.

지금까지 충남 방언의 연구는 주로 음운 현상이나 어휘 등에 중점을 두고 고찰되었다. 이는 충남 방언의 특성이 중앙어와 비교할 때 음운, 어휘 등의 차이만큼 문법적 변별성이 적다는 의미도 지니고 있다. 또한, 충남 방언에서 통사론적 차이는 보다 광역화된 방언권과 관련성이 크기 때문에 지역적 특성이 다른 도계와 그 등어선이 분명히 그어지지 못하는 요인으로 작용한다. 이런 요인들이 충남 방언 연구에서 형태론과 통사론, 나아가 통사·의미론 등 문법론적인 면을 소홀히 다룬 결과를 초래하였다.

따라서 이 연구는 대전광역시와 충청남도 각 지역 토박이들이 실현하는 방언의 문법론에 대한 논의로 출발한다. (논의 전개의 필요에 따라 충남 방언이라 한다.) 이 연구에서는 실제 방언 현장에서 채록한 자연 발화의 담화 자료를 중심으로 설화 등에서 전사한 구술 문자에서도 자료를 수집하여 구어 중심으로 논의한다. 그러므로 이 연구에서는 현장 연구 방법(field work)을 통하여, 충남 각 지역을 답사하여 제보자와 면담하고, 나아가 질문지를 제시하여 충남 방언의 자연 발화로 실현된 구어체 담화를 채록한다. 그리고 『한국구비문학대계』나 각종 구전 설화집과 문학 작품에서도 충남 방언의 구술 담화 자료를 모은다.[1] 이러한 방법으로 모은 자료를 국어학적으로 정밀하게 분석하고, 기술하게 된다. 그것은 실제 의사소통의 발화 자료에서 충남 방언의 독특한 형태나 통사·의미론적 자질을 추출할 수 있기 때문이다. 따라서 방언 연구도 구어 자료를 통하여 문장이나 담화 중심으로 나가야 그 지역어의 성격이 보다 명백하게 규명될 수 있을 것이다.

그러므로 이 연구는 문헌의 구어체 자료와 현장 연구 방법을 통한 충남 방언의 자료를 수집하고, 그것을 정밀하게 분석·기술하는 두 측면에서 다루어질 것이다. 이러한 연구 방법은 다음과 같은 긍정적인 면을 부각시킬 수 있다.

첫째, 자연 발화의 담화 자료를 대상으로 하는 방언 논의는, 우리말 문법 연구가 대체로 중앙어나 문어(文語) 중심으로 이루어진 것에서 벗어나 토박이 방언을 사용하는 이들의 살아 있는 언어를 수집하고, 분석·기술하여 현대 국어의 기저 현상을 밝히는 뜻 깊은 작업이다. 방언 연구의 성패는 토박이들이 실제 일상 생활에서 수행하는 담화 자료를 채록하고, 그 담화 자료를 얼마만큼 정밀하게 분석하고 기술하느냐에 달려 있다. 문법론 연구 시 중앙어나 문헌 자료 중심에서 벗어나 실제 발화 현장에서 담화 자료를 수집하여 분석하는 것은 중요하다. 나아가 연구자의 직관이나 언어 체계에서 만들어진 자료보다는 언중의 실제 발화가 방언 연구에서는 의의가 있다. 따라서 이러한 방언 연구는 사장되어 가는 우리말의 보존과 기록이라는 문화재적 측면에서 볼 때 반드시 시도되어야 할 과제이다.

둘째, 충남 방언의 기저에 나타나는 통사적 특성은 다른 방언권

---

1) 이 연구에서는 자연 발화 자료가 구어체 구술 문헌 자료와 같을 경우, 문헌 자료를 인용·제시하여 그 쓰임의 객관성을 확보하는 장치로 삼았으며, 문헌 자료는 원문 그대로 인용하였다. 필자는 충남 방언에 대한 30여 년의 조사 연구를 통해 수많은 제보자들과 만나 담화 자료를 수집하였기에 제보자를 따로 밝히지 않았다.

과 마찬가지로 다양하면서도 특이한 현상을 보이고 있다. 그러나 교육, 매스컴의 영향과 빈번한 접촉 때문에 점차 소멸되어 가는 안타까운 실정에 놓여 있다. 따라서 현대 문명화에 밀려 사라져 가는 충남 방언을 수집하고, 분석・기술하여 우리말 연구와 발전에 기여해야 한다.

셋째, 자연 발화 자료는 지역 방언을 수집하고, 기록하여 보존할 수 있다. 나아가 소단위 지역어들의 성격을 규명하여, 국어 어휘 및 문법사 연구에도 기여하고, 우리말 발전을 꾀할 수 있다. 그것은 연구자의 직관에서 만들어진 언어 자료보다는 언중의 실제 발화가 우리말 연구에서 의의가 더욱 크기 때문이다.

그러므로 방언 자료 수집은 우선 자연 발화에서 녹취하고, 질문지와 문헌의 구술 설화 자료를 선용할 것이다. 그것은 실제 자연 발화 자료에서 나타나는 충남 방언의 독특한 형태 변이나 통사・의미론적 특질뿐만 아니라, 그 쓰임의 영역을 구체적으로 조망할 수 있기 때문이다. 나아가 이를 계기로 충남 방언의 연구가 구어 자료를 통하여 문장, 담화 중심으로 전환되는 계기를 마련한다. 이제는 충남 방언의 연구도 입말에서 자료를 찾고, 그것을 형태, 통사, 의미 등 전반적으로 논의할 필요성이 제기된다. 이는 충남 지역에서의 언어 사용 실태의 환경을 밝히는 데 기여할 수 있다. 즉 자연 발화의 입말에서 방언의 변이 양상을 확인하여, 언어 사용 실태를 밝힐 수 있기 때문이다.

넷째, 언어는 의사소통의 수단으로 사용하여 사회적 관련을 맺는다. 따라서 방언은 사람이 살아가는 사회 구조와 밀접한 관련을 맺고 있다. 그러므로 방언 연구는 그 지역 사회의 생활, 문화나 관습 등을 밝히는 데 가장 큰 효과가 있다. 즉 설화나 민담, 생활 환경 등의 구술 내용을 수집한 방언 텍스트를 통하여, 지역 토박이들의 언어 사용이 어떻게 문화와 사회화에 관련되는가를 밝히는 데에도 기여할 수 있다. 따라서 지역 방언과 설화, 민담 등 구술 텍스트 자료를 수집하고, 사장되어 가는 설화, 민담 등에서 방언 자료를 수집·보존·기록함으로써 지역어의 소중함을 알고, 문화재로서의 우리말 가꾸기에도 활용할 수 있다.

끝으로 충남 방언의 구문을 정치하게 분석·기술하여 현대 국어 형태론, 통사론, 그리고 의미론에 대한 연구에 활용할 수 있다. 충남 방언의 문법적 현상에 관한 연구는 입말에서 형태와 통사·의미론적 특성을 고찰하고, 그 쓰임의 영역을 보다 구체화하여, 현대 문법에서의 조사와 어미, 보조 용언 등에 대한 문제도 구명하고, 그 한계를 명확히 밝힐 수 있다. 그리고 공시적으로 각 지역 방언 간의 형태, 통사 구성, 의미의 차이를 밝혀 우리말 방언 연구에 기여함으로써, 우리말 발전에도 이바지한다. 충남 방언에 나타나는 문법적 현상은 통사 구성과 의미론적 측면에서 다양하고 독특한 양상을 실현한다. 충남 방언에서 쓰이는 이들의 형태 특징을 간략하게 살펴보고, 나아가 어형이 다르거나 특이한 문장 구성을 이루는 그들의 통사·의미론적 현상을 고찰하면서 중앙어와도 비교하여, 그 문법적 성격을 구명하고자 한다. 이로써 충남 방언의 변별성을 찾고, 그 전반적인 윤곽을 제시하여, 다른 방언권과의 비교가 이루어져 국어 방언 구획 설정상의 문제점을 해소할 수 있다.

이와 같은 방언 연구의 긍정적 측면을 살려, 충남 방언에서 실현되는 조사, 어미, 보조 용언들의 개별 의미 특성은 물론 유사한 의미 기능을 가지는 형태들을 비교하여, 그들 간에 나타나는 의미의 차이를 밝히고자 한다. 또한, 이 연구에서는 충남 방언 문법 범주들의 형태, 통사, 의미에 대한 윤곽을 제시하고, 중앙어와의 상관성과 변별성도 밝히게 될 것이다. 이 연구를 효과적으로 수행하기 위하여, 자연 발화나 구어 자료에서 충남 방언의 변별성을 찾고 변이 양상과 쓰임을 살펴, 그 성격을 제시하고자 한다. 이는 충남 방언의 문법론 연구를 통하여, 우리말 문법의 한계 설정에 이바지하고, 현대 국어학 발전에 기여하는 길이 된다.

1.2 연구 범위

충남 방언은 행정 구역으로 대전광역시와 충청남도에서 사용하는 지역어이다. 충남 방언은 경기도, 충청북도, 전라북도와 경계를 이루기 때문에 중부 방언, 동남 방언, 서남 방언의 영향권에 놓여 있다. 따라서 충남 방언의 독자성에 대한 회의적 논의가 일찍부터 제기되었다(小倉進平 1944, 河野六郎 1945). 그 결과 충남 방언은 다른 방언권에 비하여, 그 논의가 영성하다. 우리가 논의하고자 하는 문법론 분야 중에서 통사론에 관한 연구는 특히 영성하다. 일례로 보조사나 시간 표현 등에 관한 논의는 거의 이루어지지 않아, 그 목록이나 분류가 정립되어 있지 못한 실정에 놓였다. 나아가 다른 방언권과 비교할 때, 충남 방언의 문법론 분야, 특히 통사·의미론 연구는 극히 제한적으로 논의되고 있는 실정이다. 앞으로 충남 방언의 형태·통사론 분야에 대한 종합적 연구가 이루어져 이 방언의 전반적인 특징과 방언 구획상의 위치가 면밀히 파악되기를 기대하면서 이 논의를 시작하기로 한다.

따라서 이 연구에서는 다음과 같은 내용을 논의로 구성한다.

1장은 서론으로 연구의 목적과 방법, 충남 방언 구획과 충남 방언의 연구 개관, 그리고 현장 조사와 구술 문헌 자료에 대하여 살펴본다.

2장에서는 충남 방언의 격조사와 보조사에 관한 조사의 성격에 대하여 다룬다.

3장에서는 충남 방언의 어미의 성격을 밝히고자, 연결 어미와 종결 어미의 몇 양상을 살펴보고, 시간 표현과 관련된 선어말 어미와 융합 어미 '-데'와 '-댜'의 성격을 논의한다.

4장에서는 충남 방언의 보조사의 몇 문제로 '-번지다, -쌓다, -보다'와 그 융합형으로 실현되는 '-벼'와 '-깨미'의 구문에 대하여 논의한다.

5장은 결론으로 구성한다.

1.3 충남 방언 구획

충남 방언의 문법적 성격을 밝히기 위해서는 그 방언의 형성이나 구획에 대한 논의가 필요하다. 이것은 언어가 사회적 현상으로 언어 집단에 의한 언어 공동체로서의 동질성과 상호 작용을 보이기 때문이다.[2] 언어의 동질성은 음운, 형태, 통사, 어휘 자질 등에서 다른 집단의 언어와 차이를 보인다. 이 집단 간의 언어차가 방언인데, 그것은 표준적인 언어 형태에서 벗어난 것으로 간주된다. 그러므로 방언은 특정 언어를 세분화한 하위 방언으로 볼 수 있다(Chambers · Trudgill 1980).

우리말도 각각의 지역어로 분화되어 그 나름대로 집단적 방언의 특징을 간직하고 있다. 그러나 우리말도 점차 교육, 교통 편리, 주민 이주에 따른 언어 혼효가 일어나 접촉 방언의 성격을 띠고 있다. 특히 충남 방언은 경기 방언과 전라 방언, 경상 방언과 강원 방언의 영향권에 속하는 충북 방언의 방사권과의 접촉으로 독자성

2) Bloomfield(1933: 42)에서 언어 공동체는 발화에 의하여 상호 작용하는 사람들의 집단으로 보았다.

이 부인되어 왔다. 충남 방언에 대한 방언 구획과 등어선에 따른 방언권에 대한 논의는 통시적, 공시적 방법에 의한 정밀한 연구 결과 없이 어휘나 음운론 연구에 치우쳤고, 그나마 다른 방언권에 비해 영성하다.

따라서 충남 방언의 구획을 설정한다는 것은 상당한 난제를 안고 있다. 이른 시기부터 남방계어와 북방계어와의 혼효가 일어났고, 공통어의 방사 중심에서 지리적 조건상 근접해 있었기에 등어선을 긋기가 어려웠다. 이 등어선은 제반 방언이 가지고 있는 특질을 의미한다. 달리 말하자면 음운, 형태, 통사적 특징에 따라 설정된 어떤 어휘의 등어선이 인위적인 행정 구역과 꼭 일치하는 것은 아니다. 시간적, 공간적 여러 가지 조건에 따라 항상 변동을 가져왔으며 개신파의 물결은 끊임없이 상호 영향을 끼쳤을 것이기 때문이다. 또한, 다른 어휘의 등어선과도 일치하는 일이 드물다. 가령 '가을'을 지역에 따라서는 '가실'이라 하는데 '가을' 지역과 '가실' 지역의 경계에 그어지는 등어선과 '소꿉질'도 '바꼼사리'와 '소꼽장난', '도꼬파리' 등의 셋으로 크게 구분되는 등어선이 같은 음운적 특질에 의한 두 어형 '나물 : 너물'의 등어선과 완전히 일치하는 것은 아니기 때문이다. 따라서 대전광역시와 충청남도의 방언 구획을 완벽하게 결정하려면 음운, 어휘, 통사 등에 걸쳐 언어의 구조적 차이를 면밀히 조사하고, 조사 지점에 등어 지대를 살피는 작업이 선행되어야 할 것임은 두말할 나위도 없다. 그럼에도 불구하고, 이러한 철저한 현장 조사에 대한 작업이 완료되지 않은 지금으로서는 막연하나마 우리에게 익숙한 행정 구역상의 경계가 편리한 방언 구획으로 설정되지 않을 수 없는 처지이다.

충남 방언의 구획 문제는 초창기 일본인 학자에 의하여 경기 방언권(小倉進平 1944), 중선 방언권(河野六郎 1945)에 예속시켜 그 독자성은 부인되었다. 특히 그들은 전라 방언권에서 무주군과 금산

군을 제외시켜 경기·중선 방언권에서 다루었다. 小倉進平(1944)에서는 우리말 방언 구획이 행정 구획선인 도계와 일치되는 방향에서 행해졌으나, 금산군과 무주군, 울진군만 예외로 기술한 점이 우리의 관심을 끌고 있다. 그 후 이병근(1967)에서 충청 방언권을 포괄하는 중부 방언권의 설정에 대한 논의를 비롯하여 전광현(1979), 김충희(1984) 등에서 이를 수용하고 강조하는 주장도 나왔다. 실제 충남과 충북 방언의 영향권에 따라 중부 방언권에서 수용하기 어려운 면들이 많이 나타난다.

이러한 광역 방언권과는 달리, 최학근(1959)에서 국어 방언 구획을 9개 권역으로 세분하면서 고구려어계와 삼한어계로 충청도를 남북으로 분할하는 방언권을 설정하였다. 김형규(1972)에서 충북은 경상도에, 충남은 전라도(전북)에 가까운 차이가 있기 때문에 무조건 중선 방언권에 소속시키는 것은 무리가 있으므로 남선과 중선의 중간적 존재로 독립시키려는 가설을 제기하였으나(김형규 1962), 그의 가설은 후일 다시 검토 재론할 것으로 믿고 문제를 제기한다는 입장을 밝혔다(김형규 1977). 이런 입장은, 김민수(1964)에서 고구려어계 경기도 방언의 충청도 방언으로 보았으며, 김공칠(1977)에서도 충청도 방언은 서남부와 중부 방언권으로 형성된 것으로 논의하고 있다.

충청도 방언에 대한 독자성을 인정하고, 충남 방언의 위치는 오히려 전라도 방언에 더욱 근접하다는 가설이 도수희(1965, 1977)에서 제기되었다. 그 이유는 다음과 같다. 첫째, 충청 지역의 언어가 전반적으로 일치하는 것이 아닌데도 불구하고 이 지역어 전체를 일률적으로 한데 묶어 특정 방언권에 예속시켰다. 둘째, 방언 구역을 지나치게 대단위로 구분하였기 때문에 하위 구분에 의해 성립될 수 있었던 핵 방언권들이 사장될 수밖에 없었다. 셋째, 하위 핵 방언권을 중심으로 미시적 고찰에 의하여 세밀하게 파악되어야 할 특징들이 대단위를 중심으로 한 개괄적인 기술로 간과되었다는 점 등이다. 나아가 도수희(1977)에서 충남 방언의 독립성을 부여하고, 3개의 하위 방언권이 설정될 수 있을 것이라는 가설을 제기하였다.[3] 박광호(1983b)도 도수희(1977)와 같으나 옥천, 영동을 제외시켰고, 연기군과 대전은 경기 방언권의 세력으로 개신되었으며, 금산, 논산 서천은 전북 방언의 영향으로 동질성을 발견할 수 있다는 가설을 제기했으나 구체적인 자료에 의한 논거 제시가 없었다.

한영목(1987ㄴ, 1991)에서 도수희(1977)에 따라 하위 방언권을 설정한 바 있다. 그러나 한영목(1991)에서 아산, 천안은 남북에 의한 등어선, 해안과 내륙에 의한 등어선에 따라 상당수 B지역과 A지역으로 이끌리고 있다는 점을 들었다.[4] 나아가 도수희(1987)에서 천안은 청주 방언권으로, 아산은 B지역으로 통합될 수 있다고 하였다. 류구상(1996)에서는 이와는 달리 충남 방언은 산맥에 의한 남북으로의 분화보다는 동서로의 분화를 제기하여 3개의 방언 구획으로의 가능성을 제시하였으나 자세한 논의는 없었다.[5]

그러나 충남 방언은 다른 방언권과 이른 시기부터 접촉하였기 때문에 고유한 특질이 많이 소실되어 그 독자성에 대한 의문이 제

---

3) 도수희(1977)에서 논의한 충남 방언의 하위 방언권은 다음과 같다.
A 지역: 서천군, 보령군, 부여군, 청양군, 공주군, 논산군, 연기군, 대덕군, 금산군, 옥천군(충북), 영동군 일부(충북)
B 지역: 서산군, 당진군, 홍성군, 예산군
C 지역: 아산군, 천원군, 천안시
대덕군은 대전광역시로 편입, 서산군은 서산시와 태안군으로 분리, 천원군은 천안시로 통합되었고, 공주군은 공주시, 논산군은 논산시, 보령군은 보령시, 아산군은 아산시로 행정 개편되었다. 그리고 계룡시가 신설되었다.

4) 이 연구에서 A, B, C 지역은 도수희(1977)에서 분류한 충남 방언의 하위 방언 구획이다.

5) 천안 지역어는 충북 방언권에 근접하면서도 충남 동쪽 지역어에 해당하는 방언이다(류구상 1996: 227).

기된다. 그것은 방언 경계선을 중심으로 한 빈번한 왕래로 방언의 등어선이 겹쳐 충남 방언의 등어 지역을 쉽게 인지할 수 없다는 사실에 기인한다. 그러한 사실에도 불구하고 충남 방언의 분포 지역이 행정 구역상으로는 동일한 도계에 속하지만 이 지역에 분포되어 있는 언어의 저변에는 아주 복잡한 방언적 특징이 도사리고 있음을 한국정신문화원(1990), 한영목(1987ㄴ, 1999ㄱ), 황인권(1999)의 자료에서 발견하게 된다. 충남은 경기, 전북, 충북과 험준한 산맥으로 차단되어 있지 않으나 그 나름대로의 방언적 특성을 지니고 있다. 물론 행정 구역과 일치하게 방언 등어선을 그을 수 없고, 같은 시군 단위에서도 달리 그을 수 있다. 예를 들어, 아산 지역어는 경기 방언권에 가까우며 5개의 핵 방언권으로 설정되고(최영희 1982), 홍성 지역어도 3개의 핵 방언권의 등어선이 그어질 수 있으며(김정헌 1983), 청양 지역어는 4개의 소방언권으로 분화되며(조오현 1997), 한영목(1997ㄱ, ㄴ)에서 금산은 네 지역으로의 분화를 설정했으나 같은 면단위에서도 언어 차이가 있음을 논의한 사실에서 확인된다.

한영목(1987ㄴ)의 방언 목록과 자료를 분석한 결과 충남 방언의 저변에는 아주 복잡한 방언적 특성이 내재하고 있다. 한영목(1991)에서는 차령산맥을 중심으로 충남의 남북에 의한 등어선이 그어지고, 해안 쪽과 내륙 쪽으로 언어 분화가 이루어지고 있다는 사실을 제기한 바 있다. 나아가, '부추, 나물, 개암' 등의 어휘 분포를 보면 전북 방언권에 보다 근접해 있는 대전, 연기, 공주, 서천, 논산, 금산, 부여 중 서천과 부여 일부가 해안 쪽 2지역으로 이끌리고, 논산과 금산이 그 외의 1지역보다 전북 방언적 요소를 띠고 있다. 그러므로 1지역이 하위 3방언권의 설정을 가정할 수 있다고 논의한 바 있다. 따라서 전북 해안 지역으로의 영향에 있는 서천, 보령, 홍성, 서산, 태안 지역어와 경기 방언의 개신 영향을 받는 당진, 예산, 아산, 청양(일부) 지역어를, 그리고 충북 방언에 좀 더 근접한 천안 지역어와 전북 방언에 더 가까운 기타 지역을 크게 광역화한 방언권을 설정하는 것이 바람직하다. 한영목(1997ㄱ)에서 전북, 충북과 충남 방언의 어휘들을 비교해 볼 때, 충남 방언은 남북에 의한 등어선과 해안과 내륙의 동서로 등어선을 긋는 것이 합리적임을 밝혔다. 따라서 한영목(1998ㄱ)에서 굳이 충남 방언의 하위 방언권을 설정하자면 잠정적으로 다음 (1)과 같이 세분하였다.[6] 그러나 충남 방언의 형태와 통사 등을 고찰해 보면, 3지역의 당진군은 2지역과 보다 밀접한 관련을 맺고 있다.

〔충남 방언 구획〕

1 지역: 대전, 연기, 논산, 계룡, 금산, 부여, 공주, 천안
2 지역: 서천, 보령, 홍성, 서산, 태안
3 지역: 당진, 예산, 청양, 아산

그러나 이 연구에서 이러한 충남 방언권에 따라 논의를 전개하려는 것은 아니다. 충남 방언에서 문법은 어휘나 음운과는 달리 세세한 방언권을 설정하는 것이 어렵다. 문법 특성은 개인어 간의 차이를 심하게 드러내지 않기 때문이다. 따라서 충남 각 지역어에서 실현된 형태, 통사 등의 문법 성격을 충남 방언의 테두리에서 논의하기로 한다.

---

6) 한영목(2007ㄴ)에서 서천 지역어를 13개 읍면 단위로 하여 200여 어휘항을 추출하여 조사하고, 서천군에 접한 충남의 보령시와 부여군, 전북의 군산시와 익산시의 한국정신문화연구원(1987, 1990)의 방언자료에 나타난 어휘와 비교하여 볼 때, 서천 지역어는 보령 지역어에 더 가깝게 근접하고 있다.

1.4 충남 방언 연구 개관

충남 방언은 중부 방언과 서남 방언의 영향을 주로 받고, 나아가 동남 방언과 영동 방언에서 간접적으로 개신력을 미치고 있다. 이러한 개신 요인들로 충남 방언의 독자성에 대한 의문이 일찍이 제기되었다(小倉進平 1944, 河野六郎 1945). 이로 인하여 충남 방언의 연구는 음운론에 비하여 통사론은 영성하고, 문법, 특히 조사, 어미, 보조 용언 등에 대한 논의는 별로 이루어지지 않았다. 우리가 논의하고자 하는 충남 방언에 대한 전반적 연구 개관은 한영목(1991, 1998, 1999ㄱ)에서 제시되었으나 다시 정리하고자 한다.

충남 방언에 대한 논의는 초창기 小倉進平(1944)과 河野六郎(1945)에 의하여 경기·중선 방언권에 포함시켜 개괄적으로 다룬 것으로 시작되었다. 이어 전국적인 방언 조사로 충남의 군 단위 방언들이 최학근(1959, 1978), 김형규(1972, 1974)에서 나타나고, 이를 보다 정밀하게 기술한 한국정신문화연구원(1990)에서 어휘가 조사, 보고된 바 있다. 국립국어원에서 기획하고 있는 남북한 지역어 조사의 일환으로 충남 방언의 공주 지역어(한영목 2004ㅁ)의 녹음과 전사 자료의 제출에 이어, 대전 지역어(한영목 2005ㄱ), 논산 지역어(한영목 2006ㄱ), 서천 지역어(한영목 2007ㄴ)의 조사 보고서 출간 및 녹음과 전사 자료가 제출되었다.[7)]

충청남북도 방언에 대한 김형규(1972)의 음운론적인 연구에 이어, 도수희(1977, 1981)에서는 충남 방언의 모음 변이와 움라우트 등의 현상에 대한 기술이 이루어졌고, 도수희(1979, 1987)에서 충남 방언의 특징에 대한 개괄적인 논의가 있었다. 한영목(1987ㄴ)에

7) 필자는 국립국어연구원에서 실시하는 남북한 지역어 조사 일환으로 2004년부터 충남 방언권을 군단위로 어휘, 음운, 문법과 더불어 자연 발화와 대화 자료를 조사하여, 음성 전사하고 있다.

서는 면 단위까지 조사한 자료를 바탕으로 충남 방언에 대한 전반적인 논의와 자료를 소개하였다. 한영목(1991, 1998ㄱ)에서 충남 방언의 연구사, 방언 구획, 음운론, 어휘론, 통사론의 특징을 전반적으로 고찰하였다. 또한, 광역별 연구로는, 박광호(1983ㄴ)의 충남 북부 지역에 대한 음운론적 연구와 이원직(1996)의 충남 서부 지역어의 모음 변화에 이어, 이원직·허삼복(1996)의 같은 지역어의 자음군 단순화와 정원수(2002)에서 충남 서해안 지역의 대화문 운율 분석에 대한 논의가 있다. 나아가 최명옥·한성우(2001), 김정아(2003)에서 충남 방언의 음운론적 논의가 있다.

충남 시군 단위 지역어의 음운 현상에 대한 논의는 비교적 자세하게 기술되었다. 곽충구(1982)에서 아산 지역어의 이중 모음화에 대한 작업이 이루어졌다. 금산 지역어에 대한 논의는 한영목(1983, 1987ㄱ, 1997)에 의하여 음운론적인 면에서 종합적인 연구가 이루어졌고, 전병철(1997)에서는 음운 현상에 대한 사회 언어학적 논의가 시도되었다. 대전 지역어에 대한 음운 연구는 박영환(1986), 정원수(1999)에서 논의되었다. 그리고 대전 지역어의 사회 방언 연구는 鈴木潤(1995), 김영진·박문성(1996), 김영진·이정애(1996), 김영진(1997), 김영진·권오주(1998), 김영진·서은영(1999) 등에 의해 활발히 시도되었다. 나아가 손명기(2001, 2003)에서는 성별에 의한 사회 언어학적 논의가, 손명기(2004)에서는 대학생의 언어 변이가, 손명기(2006)에서는 '-유'에 대한 사회 언어학적 논의가, 손명기(2008)에서는 대전 지역어의 음운 현상을 사회 언어학적으로 접근한 박사학위논문을 제출하였다.

예산 지역어에 대한 논의는 성기철(1987)에 의하여 음운, 문법, 어휘에 대한 전반적인 검토가 이루어졌으며, 김원중(1988), 최태영(1989), 오기환(1999) 등에서도 이 지역어의 음운론에 관한 연구가 시도되었다. 당진 지역어의 음운론적 연구는 전익진(1993), 한성우

(1996) 등에서 논의되었고, 정원수(2003)에서는 예산・당진의 의문문의 억양 분석에 대한 연구가 시도되었다. 정공용(1994)에서 청양 지역어의 자음 연구를, 서금덕(2000), 오연근(2000)에서 공주 지역어의 음운에 대한 논의를 거쳐, 김정태(2004)에서 천안 지역어의 모음 연구가 시도되었다. 나아가 류준(2006)에서는 연기 지역어의 음운론 전반을 다루었고, 황인권(2002)에서는 홍성 지역어의 음운론 연구가 있다. 서천 지역어는 황인권(2004)에서 서천 지역어의 자음 변화에 대한 논의가 있고, 홍윤표(1991), 소강춘(1991)에 이어, 이재춘(1998)에서 『초학요선』에 나타난 19세기 말 충남 서천 지역어에 대한 연구가 있다. 그리고 황인권(1991)에서는 보령 지역어의 음운 연구로, 김시중(1996)에서도 청양 지역어의 음운 연구로, 전병철(1997)에서 금산 지역어의 음운 연구로 박사학위논문이 제출되었다.

충남의 면 단위별 음운 연구는, 류구상(1970)에서 천안시 병천 지역어 연구에 이어, 황인권(1987, 1990)에 의하여 보령시 웅천 지역어에 대한 논의가 꾸준히 제기되고 있으며, 조성미(1996)에서도 보령시 주포 지역어를, 이기동(1999)에서는 보령군 연지리 지역어에 대하여 논의한 바 있다. 그리고 권미영(1998)에서 논산시 강경 지역어에 대한 논의가 시도되었다.

군 단위 지역어에 대한 하위 방언권의 언어 분화에 대한 논의는, 최영희(1982)에서 아산 지역어를 중심으로 5개의 소방언권으로, 김정헌(1983)에서는 홍성 지역어를 3개의 하위 방언권으로, 조오현(1997)에서 청양 지역어를 4개의 소방언권으로, 한영목(1997ㄱ, ㄴ)에서 금산 지역어도 4개 하위 방언권으로 분화될 수 있다는 가설이 제기되었다. 김정아(1991)에서는 금강 유역의 면 단위 방언의 특징에 대하여 고찰한 바 있다.

충남 방언의 문법론에 대한 연구는 음운이나 어휘에 비해 상당히 미미하다. 충남 방언에 대한 문법 연구는 류구상(1970)에서 천안 병천 지역어에 대한 형태론적 고찰이 있고, 박광호(1983ㄱ)에서 서산 지역어에 대한 형태론적 연구가 시도되었다. 통사론적 연구는 성낙수(1973ㄱ, ㄴ, 1985)에서 당진 지역어의 동사류 종지법에서의 접미사 배합을 다룬 연구에 이어, 성낙수(1977)에서는 통사론적 연구가 이루어졌다. 류구상(1991, 1992, 1993, 1996)에서 중부 방언과 천안 지역어의 경어법에 대한 논의가 시도되었다. 김기태(1999)에서는 금산 지역어의 청자 대우법을 사회 언어학적 연구 방법으로 접근하였다.

나아가 구어 담화 자료와 구술 문어 자료를 텍스트로 하여 충남 방언의 문법론적 현상을 고찰하는 연구가 시도되었다. 이러한 논의는, 한영목(1999ㄴ)에서 충남 방언의 통사론 연구로 어말 어미에 이어, 한영목(2000ㄱ)에서 통사론에 관한 논의가 있다. 충남 방언의 보조 용언에 대한 논의는 한영목(2000ㄴ, ㄷ, 2001ㄷ)에서 다루어졌다. 나아가 충남 방언의 시상에 대한 논의는 한영목(2000ㄷ, 2001ㄴ)에서, 그리고 한영목(2002)에서 '는가/나 보다'와 '(으)ㄹ까 보아'의 융합형 어미 '-벼'와 '깨미'의 구문에 대한 논의를 거쳐, 한영목(2003)에서는 융합형 '-데'와 '-댜'에 대한 통사·의미론적 논의가 있다. 곽충구(1990)에서는 서산 지역어의 문법 현상 전반을 간략하게 다루고, 오기환(1999)에서는 예산 지역어의 종결 어미를, 유세진(2007)에서는 논산 지역어의 어말 어미에 대한 형태·통사론적 연구가 있다.

충남 방언의 격조사에 대한 연구는, 김시중(1986, 1992)에 의하여 충남 청양·부여 지역어에 대한 논의를 거쳐, 진종진(1989)에서 서산 지역어의 격어미 연구에 이어, 한영목(2001ㄱ)에서 구술 담화 자료를 바탕으로 한 충남 방언의 격조사 전반에 대한 논의가 있다. 그리고 한영목·김래영(2003)에서 충남 방언 조사의 형태 변이와 통사·의미에 대한 연구가 보고되었다. 한영목(2004ㄱ, ㄴ)에서 충남 방언의 보조사에 대한 구체적 고찰이 시도되었다. 앞으로 이러한 일련의 작업을 바탕으로 충남 방언 조사에 대한 체계적 연구로 충남 방언의 통사론적 성격이 구명되어, 국어 조사의 성격이 규명되고, 특히 보조사 구문에 대한 통사·의미론적 특징이 밝혀져야 할 것이다.

문학 작품에 수용된 지역어를 분석하여 충남 방언의 특성을 밝힌 연구로는, 이문구 소설의 대화어를 음운론, 특히 모음을 분석한 한영목(2003, 2004ㄹ)과 이문구 소설에서의 움라우트 성격을 구명한 강희숙(2004) 등이 있다. 나아가 한영목(2005ㄴ, 2006ㄱ)에서는 이문구 소설어와 충남 방언과의 성격을 다루고 있다. 이러한 논의는 작가의 언어적 성격을 밝힐 뿐만 아니라 충남 방언과 다른 지역어와의 영향과 개신 관계를 구명하는 데에도 중요하다.

충남 방언에 대한 저서는 류구상(1996)에서 천안 지역어 연구, 금산 지역어 연구는 한영목(2000ㄹ)에서, 서천 지역어 연구는 한영목(2007ㄴ)에서 논의하였고, 성낙수(1993)에서 통사론 연구를, 한영목(1999ㄱ)에서 충남 방언의 자료와 개괄적 연구가 상재되어 문법론 분야에 대한 간단한 논의가 있다. 황인권(1999)에서는 충남 방언의 각 지역어에 대한 비교 연구가 있다. 그리고 김영진 등(2003)에서는 대전 사회 방언에 관한 논의가 있다. 다른 방언권에 비교할 때, 충남 방언의 문법론 분야에 대한 통사론 연구가 드물고, 더욱이 조사, 어미, 시간 표현, 보조 용언에 대한 논의는 극히 제한적으로 논의되고 있는 실정이다.

연구사에서 언급하지 못한 군지(郡誌)나 향토 자료집 등에서 다룬 시군 단위 지역어의 조사, 보고도 활발히 나타나고 있다. 충남 방언에 대한 연구도 자료의 발견 과정에 머문 초기의 연구와는 달리 이제는 1970년 이후 생성 음운론에 입각하여 충남 방언의 정밀화 작업이 시도되고 있다. 그러나 간단한 연구사에서 언급한 것처럼 음운, 어휘, 형태 등에 관한 논의가 그런대로 비교적 활발한 편이지만, 그것도 다른 방언권에 비해 영성하다. 앞으로 충남 방언의 형태 · 통사 · 의미론 분야와 언어 분화에 대한 종합적 연구가 이루어져 충남 방언의 전반적인 특징과 그 방언 구획상의 위치가 면밀히 파악되기를 기대한다.

끝으로 우리말 방언 문법 분야에 대한 연구 업적은 괄목할 만하게 진행되고 있다. 이러한 논의들 중에서 다른 지역어의 방언 문법에 관련된 저서에 대하여만 간단히 언급하고자 한다. 이기갑(2003)에서 구비 문학 자료를 바탕으로 우리말 방언 문법 전반에 관한 논의가 있다. 제주 방언은 현평효(1975)에서 정동사 어미 연구를 비롯하여, 이숭녕(1978)에서 형태론, 성낙수(1992)에서 통사론, 홍종림(1993)에서 양태와 상, 문순덕(2003)의 문법론, 강정희(2005)의 형태 변화 등에 관한 연구를 들 수 있다. 그 외 지역으로 김웅배(1991/2002)에서는 전남 방언의 서법을, 이상규(1999)에서 경북 방언의 문법 형태와 통사 등을, 김태엽(1996)에서는 경북 방언의 높임법에 이어, 김태엽(1999)에서는 경북 방언의 서법과 형태와 통사 등을 논의하였다. 서정목(1987)에서 경상도 방언의 의문문을, 정영주(1993)에서는 경상도 방언의 조사에 관한 논의가 있다. 그리고 황대화(2007)에서 황해도 방언의 조사와 어미에 대한 논의가 있다. 이 연구에서 미처 다루지 못한 지역 방언 문법론에 관한 저서는 다음으로 미룬다.

1.5 현장 조사와 구술 자료

1.5.1 현장 조사와 제보자

방언 연구는 현장 조사와 지역 토박이 제보자의 말을 채록하는 작업이 중요하다. 특히 방언 문법의 구어 담화 자료를 채록하기 위해서는 현장 조사 연구 방법이 필수적이다.[8] 방언의 현장 연구는 조사 지역 설정, 제보자 선정, 채록과 전사, 그리고 기술 방법 등에 이르기까지 많은 시간과 노력이 필요하다. 필자는 충남 방언에 대한 관심을 갖고, 그 조사를 대학 재학 시절부터 시작하였다. 본격적인 조사는 1980년부터 1986년까지 목원대학 재직 중 국어교육과 학생들과 매년 2회씩 3박 4일 정도로 홍성군 결성면과 서부면, 태안군 안면도, 청양군 칠갑산 일대 등 충남 지역을 중심으로 이루어졌다. 그리고 필자는 1987년 충남대학교로 옮겨 와 매년 국어국문학과 학술 답사에서 논산시 양촌면, 금산군 남일면, 공주시 등의 방언 조사를 실시하였다. 그리고 '국어학개론', '국어문법론' 강의 수강생들에게 과제로 구술 담화 자료를 녹음 채록하고, 전사하여 발표하도록 하였으며, 그 조사 자료도 활용하였다.

1987년 충청남도 교육위원회(교육청)에서 기획한 『우리고장 충남 3』에 "충남지방의 방언"을 집필하기 위하여, 충청남도교육위원회의 협조로 읍면 단위까지 초등학교를 선정하여, 충남 방언의 어휘, 문법, 음운 등을 조사하였다. 질문지는 한국정신문화연구원(1980)의 『한국방언조사질문지』를 참고하여, 요약한 것을 충청남도교육위원회에서 인쇄, 발송, 현장 조사 교사를 선정하고 조사하여, 회수한

---

8) 방언 조사 질문지는 한국정신문화연구원(1980)의 『한국방언조사질문지』와 국립국어원 지역어조사추진위원회(2006)의 『지역어 조사 질문지』를 활용할 수 있고, 방언 현장 조사 연구 방법론 전반은 이익섭(1984), 이승재(2004), 한국방언학회(2006), 방언 문법 조사 방법은 김태엽(2006) 등을 참조할 수 있다.

자료를 필자가 정리하기로 하였으나 그때 현실 여건 때문에 자료 일부만 정리하여 실리게 되었다(한영목 1999, "충남 방언 자료" 참조). 이러한 방법은 필자가 1986년 "금산 지방의 방언 연구"의 과제를 수행하면서 금산군 소재 29개 전 초등학교를 대상으로 조사한 방법을 충남 전체로 확대한 것이다. 그리고 필자가 2001년에서 2003년에 충남 방언에 관한 연구 과제를 수행하면서 본격적인 현장 연구의 일환으로, 대전시 중구 옥계동(송후영, 치수옥, 한상오), 보령시 대천동(김태순, 이강원, 전명수), 명천 3동(문병순, 김영희, 김창여), 오천면(편수선, 이을남), 서산시 팔봉면(문성주, 양신만, 우병택), 서천군(나이균), 예산군 신양면(강희관, 성낙구, 강희종), 금산군 금산읍(이장휘, 김제근, 한어래, 전옥림, 심경옥), 부리면(양재영, 박찬문, 한창현, 한영복), 제원면(권무택, 김춘기) 등에서 충남 방언을 조사하고 자료를 수집하였다. 이때 만난 제보자들이 너무 많아 일일이 이 연구에서는 기록할 수 없다. 그리고 최근에는 이문구 소설에 나타난 내포 지역어, 특히 보령 지역어를 조사하는 데 많은 시간을 할애하였다.[9]

특히, 필자는 2003년부터 국립국어원에서 기획한 남북한 지역어 조사에 충남 지역어의 조사 위원으로 참여하여, 2004년 충남 공주시, 2005년 대전시 서구, 2006년 충남 논산시, 2007년 충남 서천군의 구술 발화, 어휘, 문법, 음운 등을 녹음하고, 전사하여 매년 보고서를 제출하고 있다. 이들 제보자와 발간 보고서는 다음과 같다.

1. 충남 공주시

    조사 기간: 2004년 6월 20일－2004년 11월 10일

    주제보자: 신철균(78세, 남)[10] 충청남도 공주시 반포면 원봉 2리

9) 최근 보령 지역어 제보자는 보령시 화산동 316번지에 거주하는 박정순 씨(79세)로 조사는 2007년 1월 12일－2007년 2월 10일에 이루어졌다.

보조제보자: 임정자(78세, 여) 충청남도 공주시 반포면 원봉 2리

발간 자료: 녹음 자료와 전사 자료 제출

2. 대전시 서구

조사 기간: 2005년 2월 16일－2005년 10월 7일

주제보자: 고창재(79세, 남) 대전광역시 서구 봉곡동 1리 30-1

보조제보자: 이을환(70세, 여) 대전광역시 서구 봉곡동 1리 279

발간 자료: 『2005년도 충남지역어 조사 보고서』(2005년 12월 27일, 1-236쪽)

『대전 서구 지역의 언어와 생활』(태학사, 2007년 12월 31일, 1-334쪽)

3. 충남 논산시

조사 기간: 2006년 1월 15일－2006년 9월 30일

주제보자: 양소저(77세, 여) 충청남도 논산시 부창동 강산 8리 258

보조제보자: 박노철(70세, 남) 충청남도 논산시 연무읍 금곡 3리 120

발간 자료: 『2006년 충남지역어 조사 보고서』(2005년 12월 20일, 1-271쪽)

4. 충남 서천군[11)]

㉮ 조사 기간: 2007년 4월 5일－2007년 8월 30일

주제보자: 서동례(71세, 여) 충청남도 서천군 마서면 한성리 마동 317번지

발간 자료: 『2007년도 충남지역어 조사 보고서(2005년 12

---

10) 연세는 조사 당시의 나이를 그대로 밝혀 적었다.

11) 서천군의 경우 ㉮는 국립국어원의 『2007년도 충남 지역어 조사 보고서』, ㉯는 서천문화원에서 기획한 『서천 지역어의 연구』의 주제보자이다. 특히 ㉯의 집필을 위해 서천군 13개 읍면에서 200여 어휘를 조사를 하였으나, 따로 제보자는 밝히지 않는다. 이들 보조 제보자의 인적 사항은 한영목(2007ㄴ)을 참조할 것.

월 20일, 1-257쪽)

㉯ 조사 기간: 2007년 3월 20일－2007년 6월 27일
주제보자: 조희연(81세, 남) 충청남도 문산면 문장리 202
발간 자료: 『서천 지역어의 연구－서천 사람들의 말과 삶－』
(서천문화원, 2007년 12월 7일, 1-349쪽)

1.5.2 구술 발화의 문헌 자료

방언 문법론 연구에서 지역 토박이가 일상 생활에서 수행하는 담화 자료를 채록하고, 분석·기술하는 작업은 필수적이다. 방언 문법 연구의 성패는 그 담화 자료를 얼마만큼 정밀하게 기술하느냐에 달려 있다. 연구자의 직관이나 언어 체계에서 만들어진 자료보다는 토박이들의 실제 발화 현장에서 방언 담화 자료를 수집하여 분석하는 연구 방법은 문법론 연구에서 매우 뜻 깊은 일이다. 그러나 구술 담화 자료를 직접 현장에서 채록하여 전사하는 작업은 너무 많은 시간과 노력을 요하는 작업이다.

이러한 이유로 지금까지 국어 문법론 연구가 중앙어나 문헌 자료 중심으로 이루어졌다. 그리고 방언 문법론 연구에서도 질문지를 통한 자료 수집에 힘써 온 것 또한 사실이다. 질문지를 통한 문법론 연구는 일상 언어를 채록할 수 없다는 약점을 노정한다. 그럼에도 불구하고, 그러한 문제점을 다소 해소하기 위한 방법으로, 이 연구에서는 구술된 설화 자료 등 구비 문학이나 충남 방언이 표출된 문학 작품의 대화에서 담화 자료를 채록하였다. 이 연구에서 인용한 충남 방언의 구술 담화 문헌 자료와 작품, 그리고 고어 자료 문헌과 그 약호는 다음과 같다.

경희대 민속연구소 편(1991), 『서산민속지(하)』, 서산문화원 → 서민
국립국어연구원(1999), 『표준국어대사전』, 두산 동아 → 표준
김균태 · 강현모(1995), 『부여의 구비 설화(1), (2)』, 보경문화사 → 부설1, 부설2
대전 · 충남 설화민요연구회 편(1996/'97), 『하늘아 소리야』 3, 4, 분지출판사 → 하3, 하4
박미아 편(1992), 『옛날엔 날 사공이라 혔지』, 뿌리깊은나무 → 뿌
박종익(2000), 『한국 구전 설화집 3』, 민속원 → 한국
부여군(1987), 『부여군지』, 부여군지 편찬위원회 → 부여
안용산 엮음(1996), 『설화 속의 금산』, 금산문화원 → 금
온양시 편(1989), 『온양시지』, 온양시지 편찬위원회 → 온양
예산군 편(2002), 『예산군지』, 예산군지 편찬위원회 → 예산
이문구(1977), 『관촌수필』, 문학과지성사 → 관촌
이문구(1993), 『유자소전』, 도서출판 벽호 → 유자
이문구(1997), 『우리 동네』, 민음사(개정판) → 우리
이문구(1999), 『이문구문학선 관촌수필』, 나남출판: "녹수청산 → 녹수, 행운유수 → 행운, 장천리 소태나무 → 장천리" 등 작품명
이문구(2004), 『이문구 전집』, 랜덤하우스 → 작품명
전영진(2002), 『우리동네 옛 이야기와 노래』, 민속원 → 안면
조치원문화원(1972), 『연기민속』, 조치원문화원 → 연기
천안문화원(1992), 『구비문학대관』, 천안문화원 → 천안
청양군 편(1995), 『청양군지』, 청양군지 편찬위원회 → 청양
최운식 편(1996), 『홍성의 민담』, 홍성문화원 → 홍민
한국정신문화원(1981), 『한국구비문학대계 4-2』, 충청남도 대덕군편 → 대
한국정신문화원(1982), 『한국구비문학대계 4-3』, 충청남도 아산군편 → 아

한국정신문화원(1983), 『한국구비문학대계 4-4』, 충청남도 보령군편 → 보
한국정신문화원(1984), 『한국구비문학대계 4-1』, 충청남도 당진군편 → 당
한국정신문화원(1984), 『한국구비문학대계 4-5』, 충청남도 부여군편 → 부
한국정신문화원(1984), 『한국구비문학대계 4-6』, 충청남도 공주군편 → 공
한영목(2004), 『2004년 충남 지역어 조사 보고서』, 국립국어원 → 한 04
한영목(2005), 『2005년 충남 지역어 조사 보고서』, 국립국어원 → 한 05
한영목(2006), 『2006년 충남 지역어 조사 보고서』, 국립국어원 → 한 06
한영목(2007), 『2007년 충남 지역어 조사 보고서』, 국립국어원 → 한 07
황인덕 편(2001), 『대덕의 구전설화』, 대덕문화원 → 대덕
『金剛經三家解』 → 금삼
『杜詩諺解初刊本』 → 두초
『飜譯小學』 → 소학
『法華經諺解』 → 법화
『松江歌辭』 → 송강(사미인곡, 속미인곡)
『月印釋譜』 → 월석
『捷解新語』 → 첩해
『靑丘永言』 → 청구

제 2 장

충남 방언의 조사

제2장 충남 방언의 조사

2.0 들어가는 말

2.01 연구 방법 및 범위

2장에서 다룰 내용은 충남 방언 담화에서 나타나는 조사에 관한 전반적인 논의이다. 충남 방언의 조사를 격조사와 보조사로 나누어 논의한다. 특히 충남 방언에서 조사들의 형태 변이에 따른 이형태들이 많이 나타나는데 이에 대한 논의도 간략하게 언급할 것이다. 충남 방언에서 실현되는 입말과 그 구술을 기록한 설화 자료, 나아가 문학 작품의 대화 등에서 자료를 모아, 충남 방언에서 실현되는 조사의 성격에 대한 몇 문제를 밝히고자 한다.

우리말 격조사는 체언에 연결되어 그 체언이 문장과 맺는 다른 문장 요소들과의 문법적 관계를 나타내고 있다. 그리고 특수 조사로 일컬어지는 보조사도 체언이나 체언 상당 요소에 후치하여 격뿐만 아니라 통사·의미의 기능을 함께 지니는 것으로 격조사와 달리 논의되어 왔다.[1] 이는 우리말 조사가 문법적 기능과 문장에서 구체적 의미를 지니는 이원적 자질로 설명할 수 있기 때문이다. 이

1) 우리말 조사는 문장에서 일정한 자리를 지니는 격조사와 뜻을 보태 주는 보조사로 분류하거나 접속 조사도 별도로 나누는 것으로 논의되어 왔다. 그러나 격은 명사와 동사는 물론 명사와 명사의 관계에 따라 변별적 의미를 부여할 수 있다(Nilsen 1972).

들 조사가 구체적 의미를 지니는 것으로 설명한다면, 동일한 조사가 다양한 문맥에서 여러 가지 의미를 내포하고 있는 문제점을 쉽게 설명할 수 없다. 더욱이 보조사를 격조사와는 달리 독립 품사인 후치사로도 논의한 바 있지만 타당한 설명에는 이르지 못하였다.

그러므로 우리말에서는 조사들이 격을 실현한다기보다는 격 표지로서의 기능을 나타낸다. 이 조사들은 굴절 어미로 문법적 역할을 수행하는 문법 단위이다. 그러나 초창기 우리말 문법에서 격은 조사에 의하여 실현되는 문법 단위로 인식되어 왔다. 우리말 문법에서는 이 조사를 형태론적인 면보다는 통사론적, 의미론적 관점에서 단어로 다루어, 대부분의 전통문법서나 학교문법에서 품사로 논의되어 왔다. 우리말에서 조사는 항상 체언 뒤에서 실현되면서 자립성은 없지만 분리성이 있고, 다양한 문법적 기능을 가진다는 점에서 접어(clitic)로서의 역할을 수행하고 있기 때문에 독립 품사로서의 시비가 이어져 왔다.[2] 그러나 정렬모(1927-1928, 1946)나 구조문법 이후 현대 문법에서 조사는 굴절 어미로 쓰이지만 생략이 가능하기 때문에 의존 형태소로 보고, 독립 품사로 설정하지 않으려는 경향을 띠게 되었다.[3] 이들 조사에 대한 독립 품사로서의 논의는 전통문법에서 중요한 문제로 나타났지만, 이에 대한 논의는 하지 않기로 한다.

우리말의 방언은 격 관계의 종류에서는 차이가 없고, 주로 방언들 간의 음운 변화에 따른 형태 변이에서 변별되고 있다. 그러므로 우리말 방언에서 격조사들의 차이는 음운 변화에 기인한 것이거나 문법화로 생겨난 어원이 다른 변이 형태들이다. 충남 방언에서 쓰

2) 접어는 접사 같기도 하고, 어근 같기도 하고, 독립어 같기도 하나 그들 중 완전히 아무것도 아닌 형태소로 음운론적으로 구속된 형태 앞에 오면 전접어(proclitics), 뒤에 오면 후접어(postclitics)라고 한다. 이 접어는 분리 가능하고, 다양한 기능을 가지고 있지만, 비고립성을 지니는 의존어로 분류된다(한영목 옮김 1995: 219-223).

3) 한영목(1994, 1998ㄴ)은 우리말 문법에서 조사에 대한 독립 품사 설정의 문제는 일찍이 정렬모(1927-1928)에서 이미 부정되고 있음을 밝힌 바 있다.

이는 격조사들도 표준어나 다른 지역 방언과의 형태·통사적인 면에서 변별적 특징을 크게 보이지 않는다. 나아가 격조사의 분류나 기능 면에서의 큰 차이는 나타나지 않는다. 다만 충남 방언에서의 조사는 형태 음운론적인 면에서 다양한 변이 형태들이 발견된다. 그리고 충남 방언의 보조사 일부에서 중앙어의 보조사와 다른 통사 의미론적인 특징을 실현하기도 한다. 충남 방언에서 이들 조사들은 화맥에서 쓰임에 따라 통사론적인 면이나 의미론적 관점에서도 다른 양상을 실현하고 있다. 충남 방언에서 이들 조사들의 변이 형태들에 대하여 논의하고, 필요한 경우 통사론적·의미론적 특성도 고찰하고자 한다.

충남 방언에 나타나는 격조사들은 격을 실현한다기보다는 격 표지로서의 기능을 나타낸다. 이 조사들의 유형이나 의미 관계에 대한 기술은 접어두고, 충남 방언에서 나타나는 격 표지에 국한하여 그 구성이나 쓰임에 대하여 논의한다. 충남 방언에서 실현되는 격 표지에 나타나는 격조사와 보조사를 아울러 다루고자 한다.

2.02 연구 동향

우리말 조사의 연구는 초창기 문법에서부터 품사 설정(이광정 1987 참조)과 격과의 관련성에서 다양하게 이루어졌다(최현배 1946, 김석득 1992, 김기혁 1995, 허웅 1995, 서정수 1996). 격과 조사에 대한 일반적 연구는 각 문법서에서 논의되었고, 홍윤표(1969), 박양규(1972), 김영희(1974), 성광수(1979), 민현식(1984) 등에서 구체화되고, 이광호(1988), 김승곤(1992), 이남순(1998), 임홍빈(1998: 2), 유동석(1998) 등에서 격 중출 구성 등 전반적 논의에 이어, 김귀화(1994), 한국어학회(1999), 임동훈(2003), 김재욱(2003) 등에서 '격과 조사'에 대한 연구가 나타난다.

지역 방언에서 격조사에 대한 연구는 강근보(1978), 강정희(1983) 등의 제주 방언, 이상규(1982, 1983/1999), 김영신(1982), 천시권(1983), 김영태(1984), 정영주(1993) 등의 경상 방언, 홍윤표(1978), 이태영(1983), 최전승(2001) 등의 전북 방언, 이기갑(1987)의 전남 방언, 한영목(2001)의 충남 방언 등이 있다. 나아가 임용기(1988), 김계곤(2001) 등의 경기 방언, 한영목·김래영(2003)에서 충남 방언의 조사에 대한 고찰과 김영배(1989), 이기동(1999) 등에서 북한어의 조사에 대하여 연구하였다. 이기갑(2000, 2003)에서 지역 방언 조사 전반을 휘갑하여 논의하였다. 그리고 대부분 지역 방언의 종합적 연구에서 격조사에 대한 논의도 함께 다루어지고 있다.

보조사도 후치사로서의 설정(Ramstedt 1939, 이승욱 1957, 이숭녕 1981)에서, 다양한 격 실현에서, 통사·의미 기능과 첨사 구분에 이르기까지 그 논의는 광범위하다. 보조사에 대한 연구는 류구상(1968, 1884), 홍사만(1972, 1974, 1983), 채완(1977) 등을 비롯하여, 윤재원(1989), 최규수(1990), 임규홍(1993), 이춘숙(1993), 이원근(1997), 김진호(2000) 등에서 학위논문이나 논저를 통하여 구체화되고 있다(채완 1990, 안정아 1999). 나아가 개별 보조사에 대한 형태, 통사와 의미에 대한 논의도 양인석(1973), 고영근(1976), 염선모(1978), 이익환(1979), 서태룡(1980), 김문웅(1982), 차현실(1988), 정동환(1992), 이상태(1994), 시정곤(1997), 안명철(1997), 최동주(1997, 2000), 이관규(1999), 최규련(2000) 등에서 다양한 논의로 정밀화가 이루어지고 있다.

그러나 지역 방언에서 보조사만을 중심으로 다룬 논의는 상대적으로 저조하다. 김창집(1980), 강영봉(1985) 등의 제주 방언과 이태영(1986)에서 전북 방언, 한영목(2004ㄱ, ㄴ) 등에서 충남 방언의 보조사에 대한 구체적 논의가 나타난다. 대체로 지역 방언의 종합적 논의나 조사 연구에서 보조사도 함께 논의하거나, 약간 언급하고 있다(최명옥 1980, 김영태 1997, 김계곤 2001). 그리고 이기갑(2003)에서 우리말 방언의 보조사에 대한 논의가 실려 있다. 따라서 지역 방언의 보조사에 대한 구체적 연구로 우리말 조사 전반에 대한 윤곽이 밝혀져야 할 것이다.[4)]

2.1 조사의 형태 음운

충남 방언의 조사는 중앙어나 다른 방언권과 그 쓰임에서 크게 다르지 않다. 우리말의 모든 방언은 격 관계의 종류에서는 큰 차이가 없고, 주로 방언들 간의 음운 변화에 따른 형태 변이에서 변별성이 나타나 특이한 방언형의 조사가 나타난다. 그러므로 우리말 방언에서 조사들의 차이는 음운 변화에 기인한 것이거나 문법화로 생겨난 어원이 다른 변이형들이 대부분이다. 그럼에도 불구하고, 일부 격 표지나 보조사들은 중앙어의 그것과 완전히 다른 형태와 의미 기능을 수행하는 경우도 있다. 충남 방언에서 실현되는 조사는 형태 음운론적 성격이 다양하고, 통사 구성이나 그 쓰임의 영역 또한 나름대로의 독자성이 나타난다(한영목 2001 참조). 충남 방언에 나타나는 조사의 형태 변이 특징을 상승 모음화와 하강 모음화, 음운 첨가 현상을 통하여 간략하게 살펴보기로 한다. 따라서 2.1에서는 충남 방언에서 어형이 다르게 나타나거나, 특이한 구성을 이루는 몇몇 조사의 성격을 형태 음운론적으로 기술한다(한영목·김래영 2003 참조).

---

4) 한영목(2006ㄷ: 445-450)에서 국어의 격과 조사의 연구 동향에 대한 보다 자세한 논의를 참조할 수 있다.

2.1.1 상승 모음화

상승 모음화는 발음 경제에 따른 폐구조 모음화이다.[5] 이 상승 모음화는 중부 방언의 개신 영향으로 충남 방언에서도 적극적으로 실현되는 현상이다(한영목 1998ㄱ, 1999ㄱ). 충남 방언은 대체로 수직 상승 모음화를 실현한다('애 ε→에 e→이 i', '어 ə→으 ɨ', '오 o→우 u', '아 a→어 ə').

(1) ㄱ. 우리 논이다가 물 좀 댜.

ㄴ. 집이두 안가구 거기 그 눔한티루 분해서 그 눔한티를 먼저 갔어.(대 51쪽)

(2) ㄱ. 자다 즤 애비가 죽었네, 여관이서.(대 52쪽)

ㄴ. 결혼잔치, 이 집이서 했지.

ㄷ. 당최 잠을 한 방서 자들 못허게 맨글어.(한 73쪽)

(3) 너한티 뭘 바라겄냐?

그 책이 순이한티 도움이 돠.

(4) 니덜 학교다가 낭구 심언남? (너희들 학교에 나무 심었니?)

이러한 상승 모음화의 영향을 받아 대부분의 조사도 상승 모음화를 실현하여 나타난다. '명사+에' → '명사+이'(/-에 e/ → /이 i/)로 나타나, (1)의 '집에도'가 '집이두'로, '논에다가'는 '논이다가'로, (2)의 '-에서'는 '-이서'로 상승 모음을 실현한다. 그리고 (1ㄴ)의 '그놈한테로'는 '그 놈한티루'로 2음절 이하에서도 상승 모음화는 실현된다('-한테 → -한티'(-로 → -루)).

부사격의 여격 '-에게'는 충남 방언에서는 잘 안 나타나고, 대체

---

5) 김진우(1971: 88)에서는 서울말에서의 모음 상승은 우연한 발전이 아니라 개구도를 될 수 있으면 좁히려는 폐구조음 원칙으로 인해 발생한 현상으로 논의한 바 있다.

로 '-한테'의 음운 교체형 '-한티'가 쓰이고 있다. 그러나 이들 처소격의 '에, -에게' 등은 앞 낱말의 말음이 모음인 경우, 거의 '-이'로 교체되지 않고 탈락된다. 부사격의 처소격 조사 '-에'나 '-에서'는 (2ㄷ)의 '방에서'가 '방서'와 같이 '에 e → 이 i → ø'로 '-에'가 탈락되는 경우도 많이 나타난다. (4)에서 '학교에다가'도 '학교다가'로 모음 아래 '-에'는 탈락된다.

(5) ㄱ. 그 잔치 떡에, 술에, 괴기에 참 푸짐하데.
ㄴ. 저 웃목이 떡여, 적여, 술여 갖다 논거 보니께.(대 704쪽)
이 뒤에 산여, 밭여, 논여 많이 사놨어.(보 46쪽)
ㄷ. 술이여, 괴기여 잘 멕인단 말여.(대 715쪽)
ㄹ. 인저 떽이요, 적이요 실컨 먹구 그랬어.(대 705쪽)

그러나 (5ㄱ)에서 열거격의 '-에'는 탈락되거나 상승 모음화로 실현되지는 않는다. 대체로 충남 방언에서 열거격은 '-(이)어' 형이 '-이여'(5ㄴ)나 '-여'(5ㄷ)로 순행에 의한 이중모음화를 실현한다.[6] 나아가 서술격 조사 연결형으로 '-이요'는 (5ㄹ)의 열거격 '-이요'로도 실현하여, 문 종결 어미로 후행하는 보조사 '-요'가 '-유'로 상승 모음화와는 다르게 실현된다.

(6) ㄱ. 쌀두 팔구, 님두 보구 월매나 조아유, 그게.
ㄴ. 사실루다가 내가 그 옷을 잘 뒀는디유.(대 344)
아 그류. 어머니 그럼 가서 뭐시 물좀 한 번 이구 오슈.(대 347쪽).
ㄷ. 너구 하냥 놀면 즤들이 찔리닝께 피하는 것을……(관촌 25쪽)

---

6) 체언을 병렬시킨다는 점에서 열거격 조사 대신 접속 조사로 볼 수 있는 '-고, -며, -에, -하고(구), 랑' 등도 나타난다.

ㄹ. 내가 서산 조카여고 같이 들어가서 잤는디.(뿌 121쪽)

충남 방언에서 조사 '-도, -고, -로'는 각각 '-두, -구, -루' 등으로 상승 모음화를 실현한다(/o/ → /u/: '쌀도 → 쌀두', '아빠하고 → 아빠하/허구', '먹으로 → 머그루'). 문장 종결 보조사 '-요'는 체언이나, 용언에 두루 쓰이는데 '-유'로 나타난다('저요 → 저유', '가봐요 → 가바유'). (6ㄷ)의 동반격 조사인 '-하고'가 '-허구'로, 다시 모음 간 /ㅎ/이 탈락하여, '-어구'로 모음 /어/가 탈락하여, '-구'로 실현되기도 한다. 이러한 현상은 (6ㄹ)의 태안, 서천 지역어 등에서 '-하고'가 '-여고'로 실현되기도 한다.

(7) ㄱ. 시방이루 치면 이게 미인여, 참.(대 622)
들어가더니 빈 집이루 들어가.(대 55쪽)
ㄴ. 총으루다 냅다 쐈으면, 저놈 잡으먼……(대 620)
ㄷ. 미당골일랑 젤 야중이 가서 서울본으루다가 집 진디가 있을 기라.(대 32쪽)
ㄹ. 명지 비단 저 존 놈 공단이루다가 해입혀라.(대 50쪽)
그 부채로다가시리 이렇게 들어 부치면.(서민 215쪽)

충남 방언에서 부사격 조사 '-(으)로'는 젊은층에서 많이 실현되고, 구어나 노년층에서는 전설 모음화와 상승 모음화를 실현한 '-이루'와 상승 모음화만 실현한 '-으루'의 두 곡용형이 나타난다. 실제 충남 방언 토박이의 구어에서는 상승 모음화 '-으루' 곡용형보다는 상승 모음화와 전설 모음화를 동시에 실현한 '-이루' 교체형이 더 선용되고 있다. 나아가 (7ㄹ)에서 '-으로'에 '-다가'의 결합형 '-이루다가' 교체형이 많이 쓰이고 있다.

(8) 삼십꺼지두 장개두 못 들구 총객여.(대 318쪽)
그 동네 부인덜이 모두 낮이꺼지부터 오너가지구서 떡방아를 찧고.(서산 285쪽)

(9) 저녁마둥 모욕을 하러 내려오니까.
워떤 대가집이를 날마두 가.(당 86쪽)
날마두 식전마두 이 이 할아배가 올라 대니며 봐.(당 215쪽)

충남 내포 지역어에서 '-하고'는 거의 '-허구/-허고'로 일종의 모음조화 일탈에 따른 '-아→-어'의 상승 모음화를 실현한다.7) (8)에서 보조사 '-까지'도 '-꺼지'로 나타나 상승 모음화를 실현한다. (9)에서 보조사 '-마다'도 '-마두, -마둥' 어형으로 원순성 대각 상승 모음화를 실현한다.

2.1.2 하강 모음화

충남 방언에서 하강 모음화는 상승 모음화에 비하여, 아주 적게 나타나는 음운 현상이다. 보조사 '-은/는'과 목적격 조사 '-을/-를' 등이 '-언/-넌', '-얼/-럴'로 하강 모음화를 보인다(ɨ→ə). 그러나 조사에 후행하여 주제를 지시하는 주격 표지로 실현된 보조사 '-은/는'은 하강 모음화를 잘 실현하지 않는다.8) (11)에선 목적격 조사

---

7) 충남 내포 지역어에서는 '/아 a/ → /어 ə/'로의 상승 모음화는 내륙 지역어와 달리 상당수 어휘와 어미어휘에서 실현된다(나물 → 너물, 많아 → 만어). 이러한 현상은 용언의 경우 어말 어미에서도 적용된다('잡아→잡어, 살아→살어').
'비교'를 나타내는 '-보다'는 '-보담, -보당'과 '-버더, -버덤' 등으로 모음 조화의 교체형으로 나타난다.

8) 보조사 '-은/는'은 겹칩 조사나 어미에 후행하여 쓰일 때는 '-은/는'으로 나타난다.
"오늘 저녁부텀은 물 좀 이구 오슈."
"집이루 가서는 안 와."

'-을/-를'은 생략되거나, '-얼/-럴'로 저모음화를 실현한다(책을 → '책얼'). '-까지'도 충남 방언에서 여러 형태 변이를 보이는데, (12)의 '-꺼정, -까정'('이 i → 어 ə')으로 대각 후설 하강 모음화로 나타난다.[9] 보조사 '-부터'도 충남 방언에서는 '-버터, -버텀' 등 대각 하강 모음화를 실현한다(14 참조).

(10) 이런 베실언 연산주가 맨들어 놨다구, 그러지.(대 512쪽)

(11) ㄱ. 우덜 책얼 사루 책방이 간다.

ㄴ. 저 배깥이다가 촙불얼 켜놓구.

ㄷ. 나럴 딸얼 안 주면 내가 딸얼 잡아먹을란다.

(12) 딸까정말여 조카딸까정 또 맥겨 주니……(대 520쪽)

순이까정 시집가봐유, 누가 시굴에 남아유, 이제.

충남 방언에서 보조사 '-들'은 '-덜'로 하강 모음화를 실현하는데(13ㄴ) 체언에 후행하여 복수 표지를 나타내고, 중앙어에서 용언 어미 뒤에 연결되는 것(먹어들)과 달리 용언 어간에 직접 후행하기도 한다(13ㄱ). 이 경우는 'Vst+지를'과 대응하는 통사 구성을 보인다. 또한, 이 '-들'은 용언 어미, 부사어, 나아가 인용문에 연결되어 소위 복수 이행 접미사로도 기능을 실현한다(한영목 2004ㄱ).

(13) ㄱ. 그 전에는 의술이 발달 되들 못했고……(청양 1408쪽)

ㄴ. 그 때 그 과거를 뵈는데 여간 엄숙하덜 안했어.(온양 1460쪽)

만조백관이 암만 간해두 들어먹덜 안 해여.(아 197쪽)

ㄷ. 하두 명당자리가 좋다고들 했사쿠 그러니까.(청양 1049쪽)

ㄹ. 꿈들 많이두 꾸구. 술들 많이들 드시구, 찬찬이들 오슈.

---

9) '-까지'에 대한 변이 형태에 대한 논의는 음운 첨가를 참조할 것.
"김진사를 이사까장 시킨 김진사를 오랐 소릴 안혔어.(대 41쪽)
허다허다가서 날 택일까장 다 해 줬어.(대 42쪽)"

충남 방언에서 하강 모음화를 실현하는 보조사로 중앙어 '-커녕' 에 대응하는 '-커냥'이 나타난다. 이는 이중 모음의 하강 모음화를 실현하는 예가 될 것이다. 그러나 이 '-커냥'은 모음 교체로 '-커녕' 과 병행하여 쓰인다.10)

2.1.3 음운 첨가

(14) ㄱ. 오늘부텀 정신 차리더라구! 제발.
ㄴ. 삼월달버텀 나가머는 오월달까지 조기 장사를 해.(뿌 86쪽)
그래 그럼 너버텀 져라.(보 223쪽)
ㄷ. 냘(내일)부텀일랑은 서쪽으로……가.(대 738쪽)
그 때부터섬 얘가 '그러냐'구.

충남 방언에서 음운 첨가로 조사 어형이 중앙어와 달리 나타나는 경우도 많이 있다. 보조사 '-부터'는 (14)에서와 같이 /ㅁ m/이 첨가되어 '-부텀, -버텀' 등으로 쓰인다. (14ㄷ)에서 '-부터'는 '-섬'과 '일(을)랑은'이 통합된 '-부터섬'과 '-부텀일랑은' 등의 어형이 보인다.

(15) ㄱ. 너마정 빠지먼 워치게 햐?
ㄴ. 저녁마둥 모욕을 하러 내려오니께.
워떤 대가집이를 날마두 가.(당 86쪽)

중앙어에서 '마지막이나 어떤 것까지도 포함함'(허웅 1995: 1399)의 의미를 실현하는 '-마저'는 충남 방언에서 '-마자'와 '-마정' 등으로 나타난다(15ㄱ). 나아가 보조사 '-마다'도 충남 방언에서는 /ㅇ ŋ/

---

10) ㄱ. 아이구 살기는커냥 당신 같은 사람하군 두 번 말하기두 싫다.(아 362쪽)
ㄴ. 변명은커녕 동네 어느 누구와도 어울리려 하지 않았다.(관촌 118쪽)

이 첨가되어 '-마당'과 '-마둥' 등의 어형으로 나타난다(15ㄴ).

(16) ㄱ. 대신 절이 시방까징 거기서 대신 절이 있읍니다.(부여 116쪽)

ㄴ. 순이까정 시집가봐유, 누가 시굴에 남아유, 이제.
딸까정말여 조카딸까정 또 맥겨(맡겨) 주니……(대 520쪽)
삼남도지사까정 해 담력이 상당히 크신 분이야.(온양)

ㄷ. 김진사를 이사까장 시킨 김진사를 오랐 소릴 안혔어.(대 41쪽)
우리 식구까장 이렇게 했으니.(금 285쪽)
허다허다가서 날 택일까장 다 해 줬어.(대 42쪽)

(16)에서 '범위와 한도' 즉 '미침 도움씨'(김석득 1992: 354)로 '일정한 범위의 한계에 도달'(성광수 1979: 81)을 실현하는 의미를 나타내는 보조사 '-까지'는 /아 a/→/어 ə/의 변이형 '-꺼지', /아 a/→/어 ə/와 /이 i/→/어 ə/로의 교체형 '-꺼정'과 /이 i/→/아 a/로의 교체형 '-까장' 등으로 나타난다. /아 a/→/어 ə/로의 교체는 충남 방언의 다른 어휘나 어미 등에서도 많이 발견되는 현상인데, 상승 모음화이면서 모음조화의 일탈로 볼 수 있다('하다→허다', '잡아→잡어', '나물→너물').

나아가 보조사 '-까지'는 음운 변화와 함께 /ㅇ ŋ/ 음운 첨가로 '-까징'(16ㄱ), '-까정'(16ㄴ) 또는 '-까장'(16ㄷ) 등 음운 첨가로 나타나는 현상을 보인다. 이들 '-까정'과 '-까장'의 교체가 모음 조화를 반영한 '-꺼정'은 잘 나타나지 않는다. 그러나 보조사 '-까지'에 조사가 후행하여 겹침 조사가 되는 경우는 /ㅇ ŋ/이 첨가되지 않는 경우가 많아 대체로 모음 교체 /아 a/→/어 ə/만을 실현한다('-꺼지가, -꺼지를, -꺼지만' 등).

(17) ㄱ. 저것이 소리 한 가지는 말쉬바위(曲馬團)굿패들보담 빠지지 않으리리.(관촌 76쪽)

ㄴ. 묻는 말에 이빨 앓는 시늉허다가 볼텡이에 혹 붙이느니버덤 낫겄다.(관촌 75쪽)

그래두 먹을 게 있으니 우리네버덤 낫네유.(관촌 52쪽)

ㄷ. 지금은 되미보덤 더 비싸, 광어가. 되미 민어보담두 핸걸 비싸.(뿌 98쪽)

아이, 참 공부는 누구보덤두 아는 것이 많게 했더랴.(홍민 389쪽)

ㄹ. 사람이 후손이 나며는 제비마냥 제비보당 더 날래운 효과가 나거든.(당 116쪽)

ㅁ. 인저 넘보더 먼저 내려와서는 점심먹구 넘보더 먼저 올라……(청양 1411쪽)

충남 방언의 부사격에서 '비교'를 나타내는 '-보다'는 '-보더, -보덤, -보담, -버더, -버덤, -보당' 등 다양한 모음 교체를 보인다. '-보담, -버덤, -보덤'(17ㄱ, ㄴ, ㄷ)은 어말어미에 순음 /ㅁ m/이 첨가된 교체형이고, (17ㄹ)에서 '-보당'은 /ㅇ ŋ/ 첨가로 나타나지만, 이들 형태 음운 변이는 선행어의 모음에 따른 공기는 아니다. 물론 (17ㅁ)에서 '-보다→-보더'의 교체는 모음조화 일탈로 일어나는 경우도 있지만, '-버더' 교체형도 있어, 모음조화 파괴로 보기는 어렵다. 충남 방언에서 조사 '-보다'는 그 형태 변이가 다양하게 실현되는데, '-보더'(17ㅁ), '-버덤'(17ㄴ) 등도 나타난다. '-보다, -보더, -버더'에 /ㅁ m/이 첨가된 '-보담, -보덤, -버덤'으로 실현되거나, /ㅇ ŋ/이 첨가된 '-보당'(174ㄹ)으로 교체되어 나타난다.

2.1.4 자음 교체

(18) ㄱ. 어머니 환갑일랑은 아버질랑 걱정하시지 말라고.(뿌 128쪽)
미당골일랑 젤 야중이 가서 서울본으루다가 집 진디가 있을 기랴.(대 32쪽)
ㄴ. 젊은 이쁜 여자가설랑은 혼자 두서너달 지내기가 대간하거던.(공 711쪽)
㉡. 젊은 이쁜 여자가설람은 혼자 두서너달 지내기가 대간하거던.

(19) ㄱ. 쥐다가서 괭이릴 잡어 먹구 잡어 먹구.(보 85쪽)
ㄴ. 자기 동상이라가 장개럴 갔댜.

(20) ㄱ. 엄메가 언년이더러 물 질러오랴.
ㄴ. 할아버지가 너버러 이냥 냄의 아랫도리루만 살라구 가르치셨네.(유자 55쪽)

중세 국어 '-으란'에 /ㄹ r/이 첨가된 '-을란'이 충남 방언에서 '-일랑'으로 교체되어 나타난다. 이 '-일랑'은 '을 → 일'로 전설모음화를 실현하고, /ㄴ n/→/ㅇ ŋ/으로 자음 교체를 실현하였다. (18)에 '-일랑'은 보조사 '-은'과 같은 통사 기능을 수행한다. 주로 주격 표지로 실현되지만, 문맥에 따라 부사격의 처소(18ㄴ)나 목적격 표지(18ㄱ) 등으로 나타나면서 선행 체언을 지시하는 행위, 즉 말하는 이의 주관적 감정을 강조하는 '지정'으로 쓰인다. (18㉡)에서 '-서+을/일랑'은 '-서+을/일람'으로 /ㅇ ŋ/이 /ㅁ m/으로 교체된다. 충남 방언 중에서도 해안이나 내포 지역어에서 주로 나타나는 주격 표지 '-라'와 '-라가'[11]는 〔+유생〕 명사와 공

---

11) '-라, -라가'는 '-다가'와 교체되어, 내포 지역어에서 〔+유생〕 명사의 주격 조사로 실현된다.
"ㄱ. 자가 아버지라 줘서 자기 먹을 만치 타구 낫는디.(보 138쪽)
ㄴ. 쥐라 쌀을 다 먹었으니 워트컨다네?(홍민 566쪽)"

기하는 데 비해, '-일랑'은 선행 명사의 제약은 별로 없고 격 표지도 주격, 목적격, 처소격 표지로 다양하게 실현된다. 충남 방언 조사의 자음 교체는 '-더러 → -버러'(20)와 '-한지 → -한치, -할래 → -할채'와 '-다가 → -라가'(19) 등 다양하게 실현된다.

2.2 격조사

충남 방언에서 쓰이는 조사는 중앙어와 통사적인 면에서 크게 다른 특징을 보이지 않는다. 나아가 격조사의 분류나 기능 면에서의 차이는 크게 나타나지 않는다. 다만 충남 방언에서의 조사는 형태 음운론적인 면에서 다양한 변이형들이 산견된다. 따라서 이 연구에서는 충남 방언에서의 어형이 다르게 쓰이는 몇몇 조사만을 기술한다. 한영목(2001ㄱ)에 이어, 충남 방언에서 쓰이는 조사의 형태 특징을 살펴보고, 격조사의 문법적 현상을 보다 정밀하게 고찰하기로 한다.[12]

충남 방언에 나타나는 격조사의 쓰임은 중앙어와 거의 같다. 그럼에도 불구하고 충남 방언의 격조사 실현 양상을 주격 조사, 목적격 조사, 관형격 조사, 부사격 조사, 호격 조사, 접속 조사 등으로 살펴보기로 한다. 부사격은 여격, 처격, 도구격, 비교격 등 여러 격으로 하위 분류할 수 있다. 동반과 열거의 격조사나 접속의 기능을 나타내는 조사들은 구와 구, 문과 문이 서로 관련된다. 그리하여 이들을 상관격 조사로 분류할 수 있다. 그러나 이 연구에서는 접속 조사가 격조사냐 아니냐와 달리 분류하는 문제는 접어 두고, 이들

---

12) 이 글에서 논의할 충남 방언의 격조사는 한영목(2001ㄱ)에서 다룬 내용을 완전히 깁고, 고쳐 정리하였다.

을 일단 격조사에 포함하여 논의하기로 한다.

2.2.1 주격 조사

충남 방언에서 주격 조사는 대체로 '-이/가'가 나타나고, 주체 높임의 '-께서', 그리고 '-에서'와 그 변이형 '-이서' 등이 주로 실현된다.[13] 특히 충남 방언에서 '-다가'와 '-라가' 그리고 '-라'와 '-다'도 주격 조사로 실현된다.

2.2.1.1 '-이/가, -께서, -이가, -에/이서'

(1) ㄱ. 삼촌이가 있는디.(대 84쪽)
　　뭐이가 있는디 보닝깨, 주어보닝깨 금뎅이란 말여.(부 428쪽)
ㄴ. 그럭해서 몇 년이는 배나갈 수는 있는 거여.(뿌 96쪽)
ㄷ. 나랏님께서 다 멕여 주잖남?

(1ㄱ)에서와 같이 충남 방언의 입말에서도 특이하게 주격 조사로 '-이가'의 겹침 어형이 나타난다.[14] (1ㄴ)에서는 주격으로 "몇 년이는"은 '-이가' 대신에 보조사 '-는'과 통합형 '-이+는'이 쓰인 예이지만, '몇 년은'으로 보조사 '-은'과 같은 의미를 실현한다. (1ㄷ)의 '-께서'는 〔+명사, -집단, +유생, +높임〕으로 높임 대상에 '-께서'가 쓰인지만, '-시-'가 나타나지 않아 일치 현상이 필연적인 것은 아니다.

---

13) 이문구 소설어에서 '-께옵소'가 주격 조사로 나타나지만 충남 방언에서는 실현되지 않는다.
"천상장엄님께옵소 점지를 주신 건입니다.(추야장 18쪽)"

14) '-이가' 어형은 처격 '-에가'의 변이 형태로 실현되기도 한다.
"인저 주막이가 저 여관집이가 잠을 자는디……(공 637쪽)"

(2) ㄱ. 아 나라이서 다 해주는 거여.(대 710쪽)
정부이서 했을 테지, 지금도 정부서 허지만.(뿌 110쪽)
ㄴ. 태안군이서두 지금 데모 몇번씩을 허구.(뿌 95쪽)
당신은 댁이서는 색시를 보게 되닝개 기분이 좋지만……
(공 490쪽)

(2ㄱ)의 '-이서'는 처격 조사 '-에서'의 변이 형태로 실현된 것이지만, 주격 조사로서의 기능을 수행하고 있다. 이들 주격으로 쓰이는 명사들은 〔-유생〕, 〔+집단〕 자질을 함의하는 경우에 가능하다. '정부'나 '군'을 단순한 〔-유생〕 자질로 보지 않고, 유생의 인간 집합체로 유추하여 보기 때문에 〔+명사, +집단, -유생, -높임〕으로 주격에 쓰인다. 이들 '-이서'는 (2ㄴ)에서와 같이 다른 보조사와 겹쳐 각기 다른 그 통사 의미를 실현하고 있다. (1ㄷ)의 '-께서'는 '-에서'와는 달리 상승 모음화의 변이 형태는 나타나지 않는다('-께서' →*'-끼서').

(3) ㄱ. 사람덜언 무일전하구 나시면서 싯얼 어울렸어.(대 651쪽)
ㄴ. 그래 싯이 떠났어, 질을.(공 485쪽)
그래 싯이서 떠났어, 질을.
(4) ㄱ. 참, 거처를 정해줘서 자게가 됐는데……(공 57쪽)
ㄴ. 참, 거처를 정해줘서 자게를 됐는데……

(3ㄱ)에서 수사와 관련된 주어 '셋이'가 '싯얼'로 쓰인 특이한 경우가 발견된다. 수량사 구문의 '-서'도 주격 조사로 기능하는 예들이다. 나아가 (4)에서 부사형 어미 '-게'에 조사 '-가'와 '-를'이 결합하는 통합 형태도 나타난다. 이러한 문장의 구성은 보문자로서의 기능을 수행하고 있지만, 명사형 어미 '-(으)ㅁ, -기'에 후행하는 격

표지와는 다르다.

(5) ㄱ. 그래 멧이 상이가 돌았담 말여.(부 447쪽)
사심이 한 마리가 헐레벌떡거리구 온단 얘기여.(대 341쪽)
ㄴ. 강감찬이가, 애초에 그 아버니가 무관을 댕겼어.(아 192쪽)
신랑이 그 아버니가 죽었네.(당 259쪽)
옹달샴이가 피가 가득히 괙거든요.(공 637쪽)
ㄷ. 근데 어제 산에 업어다준 호랑이가 꿈이 뵈는디.(당 132쪽)
즤 아버지가 호상이 갔어.(대 346쪽)

또한, 우리말 문장에는 주격 조사가 붙은 명사류가 둘 이상 나타나는 이중 주어문이 나타나는데 충남 방언에서도 이 현상은 같다. (5ㄱ)에서 수량사와 함께 나타나는 문장에서는 이중 주어 격 표지 현상이 상당수 실현된다. (5ㄴ)에서 강조하기 위하여 주제문을 실현하는 경우도 주격 조사가 붙은 명사류가 문장 머리에서 쓰여 둘 이상의 주격 조사 중출 현상을 보이고 있다.[15] (5ㄷ)에서는 '꿈이→꿈에', '호상이→호상에, 호상으로'와 같이 논리상 주격 조사가 올 수 없는 경우에도 주격 조사를 써서 말하는 이가 자기 표현에 대한 강화를 실현하는 경우이다.

2.2.1.2 '-다가'

(6) ㄱ. 고양이를 쥐다가 잡어 먹구우 잡어 먹구.(보 85쪽)
그가 자손이 없어서 우리 선옥이 아버지다가 벌초를 해줬어. (청양 1411쪽)

15) "싯이가 상이가 됐어.(부설1: 169)"에서 (5ㄱ)의 구문과 달리 '셋+이+가'로 주격 조사가 중첩하여 나타난다.

심정승다가 아, 자기 사위니까 온양군수를 누가 갖다 앉혔 대요.(보 50쪽)

ㄴ. 그 사람다 인저 즘신줘서 즘신 잘 먹구……(보 72쪽)
그 대감다 그러니 워트게헐 수가 있으야지.(부 960쪽)
한 눔다(놈이) 족- 열 일곱 놈다 대신 절을 혀.(부 946쪽)

ㄷ. 이방다가서 백정을 좌수를 시켰어요.(당 70쪽)
당신 남편다가서 내 밥 물어, 뺏어다 먹였어.(보 228쪽)
쥐다가서 괭이럴 잡어 먹구우 잡어 먹구.(보 85쪽)
샌님다가서 그것얼 건디렸어.(부 951쪽)

충남 방언에서 '-다가'는 (6)에서와 같이 체언에 직접 붙어 주격을 실현하는 경우와 부사격 조사에 후행하는 (7)-(9)와 어미에 후행하는 (10) 등이 있다. 나아가 '-다가→-다ø'로 '-가'가 생략된 경우(6ㄴ)와 '-다가+서'의 '-다가서'(6ㄷ)도 나타난다. 이 '-다가' 어형은 '-다'에 주격 표지 '-가' 결합하여 굳어진 형태이다. 충남 방언에서 (6)의 주격으로 쓰인 경우는 국어 조사 연구에서 논의되지 않고, 대부분의 조사 논의에서 (7)-(9)의 경우에 국한되었다.[16] 충남 방언에서 (6)의 '-다가'는 주격 '-이/가'로 교체되지, 주제화나 강조의 보조사 '-은/는'으로 바꾸어 쓸 수 없어 주격 조사로의 기능을 수행한다고 볼 수 있다.

그러므로 '-다가'는 성광수(1979: 205-207)에서 '접근적 향방의 의미', 즉 '근접'과 '사용, 소지'는 서로 가까이 한다는 공통성이 있다고 하여, 〔+근접적〕 의미로 논의한 바 있고, 이태영(1986: 428)에서는 '도달점 처소'를 나타내는 형태소로 보고, 김시중(1985: 21-22)에서는 '-다가/-다가서'도 선행 체언이 항상 〔+인간〕일 것을

16) 서정수(1994: 945)에서는 '-다가'가 쓰인 문장이나 그렇지 않은 문장 사이에 별 다른 의미가 없다고 보고 있다.

강요한다고 보았다. 나아가 이 '-다가'는 이희자·이종희(1998: 39-42)에서도 '조사나 어미에 붙어서만 쓰이고, 연결되는 말에 그 의미가 한정되는 것'으로 (9)−(10)에 대하여만 기술하였다.

그러나 충남 방언에서 주격의 경우는 〔+유생〕 자질을 요구하고 (6), 부사격 조사 뒤에 공기할 때는 앞 체언의 의미 자질에 대한 제약은 별로 없다. (7ㄴ)에서는 '열거'로 선행 조사는 가능한 생략하지 않아, 의미는 '-다가'보다는 선행 조사에 따라 실현된다. 나아가 '-다가'는 생략되어 표현되는 경우도 있으나 의미에는 큰 영향을 미치지 않는다(8ㄹ). 그리고 (9ㄴ)에서 '-다가'는 '-설랑은(-다가+서+ㄹ랑+은)'과 같은 조사 등이 후행하여 결합할 수 있는 특이한 형태소이다(김시중 1985: 52). 물론 '-설랑은'은 '서+(이)ㄹ랑+은'의 구성으로 '-일랑'이 충남 방언에서 보조사 '-는'의 기능을 담당하므로 보조사 중복으로의 쓰임과 같아 강조 표현으로 볼 수 있다.[17] 따라서 충남 방언에서 '-다가'류는 '-다가$_1$'은 주격 조사 실현 (6), '-다가$_2$'는 다른 격조사와 통합하여 (7), (8), (9) 등에서 처소, 도구, 여격 등 다양한 통사 기능을 수행하므로 보조사로 설정할 수 있다. (10)에서는 연결 어미에 후행하여, 앞의 일을 하다가 다른 것으로 옮겨 가는 의미를 실현한다(허웅 1995: 947).

(7) ㄱ. 우리 논이다가 물 좀 대.
니덜 학교다가 낭구 심언남?
물을 질러 질가시루다가서 왔는디.(대 44쪽)/ 집으로다가서루.(공 43쪽)
ㄴ. 떡에/이다, 술에/이다, 고기에/ø다가 그 잔치 잘하데.

17) "자기 어머닌들 말여, 부잣집이루 가서름이 있어서름니 뭐……(공 680쪽) 이 서울 눔덜다가설라무니 이 가로채 해먹구설랑은……(부여 1114쪽)" 충남 방언에서 '-서름이/니'는 '-설람은이'의 융합형으로 볼 수 있다.

(8) ㄱ. 학림학사루다……왕명이루다가 참 출세하더라너먼 그랴.(대 627쪽)

집은 크구허지만 사실루다가 어 사랑귄이 안 계셔서.(보 59쪽)

ㄴ. 총으루다 냅다 쐈으면……(대 620쪽)

명지 비단 저 존 놈 공단이루다가.(대 50쪽)

나를 죽일 테면은 저 철못으로다가 모가지 저 머리다가 박아라.(홍민 465쪽)

ㄷ. 군수한티루다가 딱 편지를 했지. 그곳 원한티루ø 하니까.(대 524쪽).

심정승게다가 영의정을 맥겼어.

(9) ㄱ. 그 부채로다가시리 이렇게 들어 부치면.(서민 215쪽)

ㄴ. 만득으루다가설랑 아들 하나를 뒀단 말여.(공 27쪽)

ㄷ. 대번이 그냥 늘르리 기와집으루다가서루,(공 43쪽)

(10) ㄱ. 옛날에 베실을 좀 하다가서루 무슨 죄를 졌덩가.(대 323쪽)

숯 워트게 팔어다가서루……목심만 살어 나가는디.(공 42쪽)

ㄴ. 구렝이 잉 타구다가(타서는) 역적모의를 했더라 그런 말이여.(당 438쪽)

또한, 김문웅(1982: 157)에서 '-다가'는 '명사구에 통합되어 후치사로 선행 격조사를 지배하고 있지만 특별한 의미는 없는 것으로 보고, 반드시 앞에 격조사의 개입이 필수적임을 논의한' 바 있다. 채완(1998: 121)에서도 '-다가'는 '분포상 특수 조사로 보아도 문제가 없을 듯하지만, 다만 명사 뒤에 붙는 일이 제약을 받는 점에서 조사로 보기 불안함'을 논의하였다. 그러나 충남 방언의 경우, (6)에서는 명사 뒤에 나타난 격조사 개입의 필수성(김문웅 1982)이나 명사 뒤의 제약성(채완 1998)이 없다. 다만 (6)의 경우 충남 방언에서는 주격 표지를 실현하는데, 주로 타동사와 공기하는 제약성을 지니고,[18] 구어체의 평칭에만 나타난다(한영목 2001: 79). 이 '-다가'는 충남 해안 내포 지역어에서는 주격 표지에 한하여 '-라가'와 공존하지만, 교체는 극히 제한적으로 실현된다.

2.2.1.3 '-라, -라가'

(11) ㄱ. 인제 내라 빌린 거깨 나보구 갚으라구.(뿌 128쪽)
그 눔이라 그 대감 재산 다 말리더랴.(서민 440쪽)
머슴녀석이라 왕신을 내쫓았다는 애기거든.(당 29쪽)
안식구라 처갓집 몰르게 공부를 시켜가꾸.
자가 아버지라 줘서 자기 먹을 만치 타구 났는디.(보 138쪽)
산신령님이라 이렇게 인도해서.(홍민 564쪽)
ㄴ. 쥐라 쌀을 다 먹었으니 워트컨다네?(홍민 566쪽)
그 용이라 살려 줘서 참 부자루 살다 죽었대유.(당 544쪽)
ㄷ. 바위라 감추고, 깨구리라 착게 시키구……(부 498쪽)
⇒ 바위가/는 감추고, 깨구리가/는 착게 시키구.

충남 방언에서 주격 표지에 특이하게 '-(이)라'(11ㄱ)와 '-(이)라가'(12ㄱ)가 실현된다. '-(이)라가'는 '-(이)라+가(주격 조사)'의 구성이므로 주격 표지의 중첩으로 강조 표현이다. 이들은 주로 충남 해안 내포 지역어에서 나타난다. '-라'와 '-라가'에 대한 논의에서, 김승곤(1986: 132)에서는 중세 국어에서 '지정'을 실현하는 '-이라'와 같지만, 최명옥(1980: 60)에서는 〔+유생〕 명사와 연결하여 행위주의 행동을, '-는'보다는 강조하는 '주제나 대조'에도 쓰이는 것으로 보고 있다. 충남 방언에서 이 '-라, -라가'는 통사 구성에서 대조의 '-는'보다는 지정의 '-이/가'로 교체될 수 있다('내가/*는 빌린 거니

18) 홍윤표(1978: 49)에서 전주 방언에서 '-에다가'나 '-에다'는 타동사와 관계를 맺고('-에가'는 자동사), NP는 〔+처소〕 의미 자질로 '처격'으로 보았다.

까, 자기 아버지가/*는 줘서'). 그러나 충남 방언에서 (11ㄷ)에서는 대조문이기 때문에 '-가'와 '-는'이 다 실현된다.

(12) ㄱ. 자기 동상이라가 장개럴 갔댜.
첫 번에는 그 사람이 인저 이겼어, 고씨라가.
ㄴ. 어머니라가서 밤잠 못 자구 손바탕 말르게 해준 옷 다 팔아 먹었어요.(보 163쪽)

충남 방언에서 실현되는 '-라가'는 행동이나 사건에 대한 행위주를 '특별히 지적하거나 지정하여 강조함'의 의미로 실현된다. 나아가 '-라가'는 '-서'와 결합형 '-라가서'(라+가+서)를 구성하지만 주격으로 쓰인다(11ㄴ). '-서'는 수량사 구문의 '-서'와 같이 주격으로 기능하는 것으로 볼 수 있다. 따라서 (12)의 '-라ø, -라가, -라가서'는 단순히 주격 표지로서의 기능만을 수행하지 않고, 행위주의 행동을 강조하는 기능을 지닌다는 점에서 그 의의를 찾을 수 있다. 이 '-라가'와 유사한 '-다가'나 '-다가서'는 처격 조사 '-에'와 결합하고, 다시 '-에다가서→-이다가서→-다가서'로 상승 모음화와 탈락을 거친 변이 형태로 보인다. 이런 유형으로 보령 지역어에서 '-이라가서'가 주격 조사로 나타난다.[19]

2.2.1.4 '-다가'와 '-라가'

충남 방언에서 '-라가'는 주격 표지 '-다가$_1$'과 유사한 통사 기능을 수행하지만, 분포 환경에서 차이가 있다. '-다가$_1$'은 자음 뒤에

19) 충남 보령 지역어에서 '-다가서'와 함께 '-라가서'가 극히 일부 토박이 화자에게서 나타나기도 한다.
"괭이라가서 독을 바짝 올려 갖고."

서, '-다가₂'는 모음에 후행하여 실현되지만, '-라가'는 모음 뒤에서만 나타난다. 그러나 '쥐다가, 아버지다가 : 쥐라, 아버지라가'와 '샌님다가 : 산신령님이라'에서는 음운론적 제약이 없어 중세 국어에서 /이 i/모음 아래 'ㄷ → ㄹ'의 교체로 분포 환경을 한정하기가 어렵다.[20] 또한, 충남 방언에서 '-라가'가 쓰이는 지역이 한정되어, '-다가₁'과 서로 교체되는 것도 아니어서 음운론적 교체 환경만으로 설명하기도 어렵다.

충남 방언에서 '-라가'는 '-다가'와 유사한 통사 의미를 실현하지만, 상당한 제약을 나타낸다. '-다가'는 체언 뒤에서 주격 표지(쥐+다가, 정숙+다가)로, 다른 조사와 결합(-로+다가, 에+다가, -에게/한테+다가 등)하거나 어미 뒤에서(팔어+다가, 잡어+다가 등) 다양한 통사 구성과 의미 기능을 수행하여 보조사로서의 기능을 지닌다(한영목 2001ㄱ, 한영목 · 김래영 2003: 265-267). 이런 면에서 볼 때, '-라'나 '-라가'의 통사 기능은 상당히 제한적이므로 보조사로 설정하기는 어렵다. 그러므로 '-다가₁'과 '-라가'는 주격 표지를 실현하는 격조사로 보아야 할 것이다.[21] 그것은 우리말 조사 그 자체가 고정된 의미를 실현하면서 문법 기능을 담당하기보다는 담화나 문장에서 통사 · 의미 기능이 변할 수밖에 없기 때문이다.

2.2.2 목적격 조사

(13) ㄱ. 이 딸이 약혼을 해놨어.(당 187쪽)

---

20) 충남 방언에서 /i, y/ 뒤에서는 '-다가'와 '-라가'를 수의적으로 선택하여 사용하는 것으로 유추할 수 있다.

21) 권재일(1989)에서는 조사의 기능을 격 기능이 강한 것은 격조사로, 의미 기능이 강한 것은 보조사로 나누고, 그 기능이 고정된 것으로 보았다. 그러므로 '-다가'는 한 형태소를 쓰임에 따라 격조사와 보조사로 달리 설정하는 부담이 따르기 때문에 우선 '-다가₁'과 '-다가₂'로 편의상 설정하였다.

저녁마둥 모욕을 하러 내려오니까.

그 사람이 마름을 할망정 알뜰하게 잘 봐져유.(아 181쪽)

ㄴ. 저 배깥이다가 촙불얼 켜놓구.

ㄷ. 워떤 집이 대가집이를 날마두 가.(당 86쪽)

들녘사돈이 산골사돈네 집이럴 참 놀러를 갔었다 이거여.

(공 107쪽)

ㄹ. 우덜 책 사루 책방이 간다.

충남 방언에서 목적격 조사로는 '-을/-를'과 '-ㄹ'이 나타난다. 이들 목적격 조사는 형태 음운 변이에 따라서 대체로 '-얼/-럴'로 실현된다(13ㄴ). 나아가 (13ㄷ)에서 목적격 조사는 처격 조사 '-에'나 어미 뒤에 붙어 강조할 때 쓰이기도 한다. (13ㄹ)에서처럼 구어에서는 목적격 조사를 생략한 채 쓰이는 경우가 많다.[22)]

(14) ㄱ. 나럴 딸얼 안 주면 내가 딸얼 잡아먹을란다.

ㄴ. 정승이 분해서 딸얼 그 놈한티(을) 주었어.

ㄷ. 이런 꿈을 현명이 되거든.(아 65쪽)

이중 목적어에 해당하는 구문도 '-얼/럴'을 실현하여 쓰므로(14ㄱ), 여격의 '-에게'는 잘 사용하지 않고, '-한테, -한티'로 실현되어 나타난다(14ㄴ). 이에 대한 논의는 여격 조사에서 다루기로 한다. (14ㄷ)에서 소위 보격에 해당하는 주격 표지 가운데 선행 '-이'를 목적격 조사 '-을'로 교체하여 강조하는 경우도 있다. 전북 접경 일부 지역어에서 목적격 조사가 쓰일 자리에 자격의 '-이루'를 쓰기

---

22) 그러나 격조사나 어미 뒤에 오는 목적격 조사 '-을/-를'은 생략되지 않는다.
"집이를 왔는데.(공 485쪽)
워떤 집이 대가집이를 날마두 가.(당 86쪽)
웃방에를 넘어가 봤어.(부여(2) 36쪽)"

도 한다.[23]

(15) ㄱ. 메누리두 역시 참 팥죽이 먹구 싶더래요.(공 556쪽)
ㄴ. 팥죽이 어느 날은 참 먹구 싶더래요, 샤버니가.(공 556쪽)

목적격 조사가 쓰일 자리에 이중 주어문 구성에 해당하는 능격이 나타난다. 피동 구성으로 (15ㄱ)은 "메느리두 팥죽이 먹힌다"와 같은 피동 표현의 문장과는 다른 표현이다. "메느리가 팥죽을 먹고 싶어 한다"는 문에서 '-을'이 '-이'로 실현된다. 그렇다고 하여 주제문으로 "메느리가(는, 도) 팥죽은 먹고 싶더래요"로 표현된다면 행위주의 의지가 사물에 대하여 보다 강해질 수밖에 없다. 충남 방언에서 '-고 싶다'의 통사 구성은 "메누리가(두) 노래가/를 부르고 싶더래요.", "시아버지가(두) 소를/*소가 키우고 싶더래요." 등에서 '-먹고 싶다' 구성이 이중 주어문을 가장 잘 실현한다.

2.2.3 관형격 조사

관형격 조사는 명사와 명사와의 수식과 피수식 관계로 보다 큰 명사구를 구성하는 기능을 한다. 이때 두 명사 사이에는 다양한 의미 관계가 나타난다. 우리말 문법에서는 이들 관형격 조사 '-의'의 쓰임과 생략에 대하여 다양한 논의를 해 왔다. 그러나 이 연구에서는 관형 구성에 대한 명사류와 명사류의 관계에 나타나는 관형격 표지와 관형절 구성의 표지 '-ㅅ'에 대하여 논의하기로 한다.

---

23) 반대로 한 문장에 두 개의 자격 조사 '-으로' 가운데 하나를 목적격의 의미로 쓰는 경우도 있다.
"내가 인제 주상이루(을) 내놀텡게, 니가 주상이루 앉아라."

(16) ㄱ. 이 놈우 송사가 몇 핼 죽 나가능 기여 시방.(대 645쪽)
설흔 다섯 살 먹더락 남우 집에 가서 머심을 살었어.(대 737쪽)
ㄴ. 임금으 언행이 불칙해가지구 말이여.(대 514쪽)
ㄷ. 김장곤이에 부인이 참 인물 잘 났단 말여.(대 516쪽)
ㄹ. 그 집이 과객으루 들어강기여.(대 653쪽)
ㅁ. 왜 나 잘 살자고 냄잇 거 망치고.(뿌 161쪽)

충남 방언의 관형격 표지는 '-의, -ㅅ, ø'의 어형이 보인다. 실제 '-ㅅ'은 관형격 표지로 작용하기보다 사이시옷으로 낱말 형성에 관여한다. 그러나 (16ㅁ)에서 '-ㅅ'은 관형격 표지 '-의'의 기능을 수행한다. 관형격 조사 '-의'의 변이 형태는 '-우', '-으', '-에', '-이' 등 다양하게 나타난다. 충남 방언에서 (16ㄹ)과 같은 문장에서는 처소격 조사가 고모음화한 것과 용법이 유사한 경우이지만, 전체 문맥에서 볼 때 관형격 조사 '-의'로 기능을 수행하는 예이다. 충남 방언에서도 관형격 조사의 생략은 중앙어와 마찬가지로 많이 실현된다.

(17) ㄱ. 겁이 나서 그만 두랏(두라는) 소리를 못허구서……(대 281)
겁이 나서 그만 두라고 하는(두라는) 말을 못 허구서……
ㄴ. 김진사를 이사까장 시킨 김진사를 오랐(랏) 소릴 안혔어.(대 41쪽)
ㄷ. 이 워서 사람 살리랐(랏) 소리가 어렴풋이 들리더랴.(공 53쪽)
ㄹ. 사람 죽인닷 소리를 들었는디 잉?(보 37)
ㅁ. 그 마름 내노랫(내놓으라는) 소릴 않구서…….(아 182쪽)
그 마름 내노랫 말얼 않구서…….
ㅂ. 인저 서울 용한 문복자가 있닸(닷) 소리를 득구.(공 52쪽)
ㅅ. 자네두 나보구 서방님이랏 소리 구만하지.(공 281쪽)

또한, 충남 방언에서 우리의 관심을 끄는 중요한 관심사는 관형격 표지 '-ㅅ'의 용법이다. 우리말에서 관형격 표지로서의 '-ㅅ'은 '명사+ㅅ+명사' 구성의 사이시옷 구성 이외는 잘 나타나지 않는다("소백산두 아마 아랫녁이 있내벼." 대 324쪽). 그러나 충남 방언에서 관형격 표지 '-ㅅ'이 중세 국어에서와 같이 종결 어미와 결합하여 관형절을 구성하는 특이한 통사적 구성을 보인다. 이는 중세 국어에서 관형격 조사 '-ㅅ'과 '-이/-의'는 다르게 쓰였던 것과 같다. 충남 방언에서 긴 관형절에 해당하는 '-고 하는'이 준 관형사형 어미 '-는'과 결합된 관형절의 기능을 이 '-ㅅ'이 일부 수행하고 있다.[24] 중세 국어에서 이 '-ㅅ'은 동사, 형용사, '-이다'에 후행한다. 그러나 우리가 확인한 충남 방언의 자료에서는 중세 국어에서 '뜯, 벼슬, 말, ᄆᆞᅀᆞᆷ' 등이 후행 명사로 쓰였던 것과는 달리 〔S+ㅅ〕+N〕NP 구성의 후행 명사는 '소리, 말, 이야기' 등에 국한된다는 제약성이 있다.

2.2.4 부사격 조사

충남 방언에서 부사격 조사는 형태도 다양하고, 의미의 영역 또한 다르게 실현된다. 따라서 그 의미나 쓰임에 따라 다소 세분하여 분류할 필요가 있다. 그리하여 '여격, 처격, 도구격, 동반격, 열거격, 자격격, 비교격, 원인격, 변성격, 인용격, 시발격, 도달격, 향진격, 유래격' 등 다양하게 분류할 수가 있다. 이 연구에서는 '여격,

---

24) 중세 국어에서 정동사 어미로 끝나는 서술어 '비취다, 事ㅣ라, 알라, ᄒᆞ노라' 등에 관형격 조사 '-ㅅ'이 결합하여 긴 관형절을 구성하는 경우이다.
"廣熾ᄂᆞᆫ 너비 光明이 비취닷 ᄠᅳ디오(월석 2: 9)
그 고ᄋᆞᆯ 知州ㅣ 事ㅣ랏 벼슬ᄒᆞ엿더니(소학 9: 4)
自然히 반ᄃᆞ기 알랏 마ᄅᆞᆯ 領ᄒᆞ시니.(법화 4: 169)
衆生濟度ᄒᆞ노랏 ᄆᆞᅀᆞ미 이시면(금삼 2: 17)"

처격, 도구격, 비교격'에 대하여 고찰하기로 하고, 동반격과 열거격은 따로 논의하지 않고 접속 조사에서 다루기로 한다.

2.2.4.1 여격 조사

(18) ㄱ. 그 책이 순이한티 도움이 돼유?
당진 있는 사람들헌티 대접을 한 번 받구 살아보자.(당 65쪽)
ㄴ. 집이두 안가구 거기 그 눔한티루 분해서 그 눔한티를 먼저 갔어.(대 51쪽)
ㄷ. 순이한티다/다가 욕을 해싸.

충남 방언에서 여격 조사 '-에'와 '-에게'는 〔+유생〕 자질에 의하여 그 쓰임이 구분된다. 충남 방언에서 〔+유생〕 자질에 나타나는 여격 조사 '-에게'나 '-께'는 〔+높임〕에 따라 달리 쓰인다. 그러나 충남 방언에서는 '-에게'나 '-께'보다는 높임의 등분이 없는 '-한테'나 그 변이 형태 '-한티/-헌티'가 더 적극적으로 쓰인다. 실제 발화에서도 '-에게'보다는 '-한테/-한티/-헌티'가 더 선용되고 있다. 여격 조사 '-한테'는 (18ㄴ)에서 '-로'나 '-를'과 겹쳐 처격이나 목적격을 실현하고, (18ㄷ)에서 '-다' 또는 '-다가'와 통합하여 여격 조사로 쓰인다. 나아가 (19)에서 여격 조사로 '-더러'와 '-보고/구'가 실현된다.

(19) ㄱ. 누가 너더러 비 오는 날 깔 벼오랴?(누가 너한테 비 오는 날 꼴 베어오라니?)
*쇠말뚝더러 큰절을 하데.
ㄴ. 누구보구 시방 똥 뀐다고 씅냐?(누구한테 지금 똥 뀐다고 화내니?)
쇠말뚝보구 큰절을 하데.

ㄷ. 누구한티 삐쭉거려?

쇠말뚝한티 큰절을 하데.

이 여격을 실현하는 조사로 충남 방언에서도 '-더러'와 '-보고/-보구', '-한티'가 쓰인다. 이들은 '-한테'와 같은 의미를 실현한다. (19ㄴ)에서 이 '-보구'는 '-보다'의 문법화로 그 쓰임이 유생과 무생 명사에 두루 나타난다(이기갑 2000). 충남 방언에서도 '-더러'와 '-보구'는 모든 여격 조사 '-에게'를 대신할 수 없는 제약을 보인다.[25] (19ㄱ)에서 '-더러'는 〔-유생〕 자질인 '쇠말뚝'과는 공기하지 못한다. 그리고 충남 청양 지역어에서는 '-더러'의 변이 형태 '-드러'가 쓰이는데, 선행 명사는 〔+유생〕 자질을 갖는다(김시중 1985). 그러나 (19ㄷ)에서 '-한테'는 '-보구'처럼 〔±유생〕 자질과 공기한다.

(20) ㄱ. 뭐 젊은 청년더러 어떻게 사람고기를 해줘라 하겠는기여. (청양 1419)

ㄴ. 그 제자 애덜〔더러/보구/한테/에게〕 물었어.

ㄷ. 자네두 나〔더러/보구/한티〕 서방님이랒 소리 구만하지.

ㄹ. 쇠말뚝〔보구/한티/*에게/*더러〕 큰절을 하데.

ㅁ. 소〔더러/보구/한티/에게〕 워치게 밤(뱀)을 머그라구 하지?

'-더러'는 성광수(1979: 211)에서 '동반적인 상대'의 의미가 포함된 것으로 보아 보조사의 범주로 설정될 수 있다고 논의하였다. 충남 방언에서 '-더러'는 여격 표지를 나타내는 '-보고/-보구', '-에게', '-한테/티' 등과 병행하여 입말에 주로 쓰인다.[26] 이 '-더러'는

---

25) 이남순(1986/1998)에서는 '-한테'는 '-에게'가 쓰이는 모든 환경에 대신 쓰이는 형태론적 대용 형태로, '-더러, -보고'는 제한된 환경에서만 대신 쓰일 수 있는 통사론적 대용 형태로 보았다.

26) 이문구 소설에서는 '-더러'와 '-버러'의 변이 형태가 나타난다. 김시중(1985)

〔+유생〕명사에 후행한다는 점이 다르다. (20)에서 '-더러'는 〔+유생〕 자질의 체언과 결합하지만, '-보고/보구'는 '-보다'의 문법화로 그 쓰임이 유생과 무생 명사에 두루 나타난다(이기갑 2000).

충남 방언에서는 경북 방언[27]과 달리 (20ㅁ)에서 '-더러'는 〔+인간〕, 〔-존대〕는 물론, 〔+유생〕 자질의 선행 명사에도 나타난다. 홍윤표(1979: 54)에서도 '-보고'는 〔+인간〕 자질의 체언에 연결되고, VP를 선택하는 제약이 있다고 보았다. 그러나 충남 방언에서 '-보구'는 (20ㄹ)에서 〔-유생〕에, (19)에서는 〔+인간〕에도 나타난다. (21ㄴ)의 '-더러만'이 쓰이면 단독의 의미로, '-보구'의 뜻과 달리 실현된다.

(21) ㄱ. 그 처녀〔보구선/*더러선/*더러만〕 하루 좀 자구 갑시다 하니께.
ㄴ. 자네〔보구만/보구서/더러만/*더러서〕 누가 깔 베오랴.
ㄷ. 자기 부인〔*보구(서)/*더러(서)/에게서/한티서〕 첫날 저녁이 난 아들이.
ㄹ. 철수가 순이〔*보고/한테/에게/*더러〕 돈을 준다.

충남 방언에서 '-더러'는 '-보구'보다 다른 조사와의 연결에서도 제약이 따른다. 그리고 '-더러'는 여격의 '-에게'나 구어체에 나타나는 '-한테, -보구' 등과는 다른 통사 구성도 보인다(21). 충남 방언에서도 '-더러'와 '-보구'는 모든 여격 조사 '-에게/-한테'를 대신

에서는 청양 지역어에서 변이 형태 '-드러'가 쓰인다.
"재벌이나 중소기업덜버러 농업회사를 채려가지구.(유자 213쪽)"

27) 이상규(1999: 76)에서 경북 방언도 〔+인간〕, 〔-존대〕 자질을 갖는 선행 체언 아래에서만 실현되는 제약이 있다고 보았다. 그러면서 중부 방언에서 20세기 이후 〔+유생〕 체언 아래에서도 '-ᄃᆞ려'가 확대된 이유는 앞으로 밝혀야 할 과제로 남겼다.

할 수 없는 제약을 보인다는 점을 주목하지 않을 수 업다. 충남 방언의 '-더러'와 '-보구'가 다양한 격 표지 실현이나 통사 의미론적 기능을 수행하는 것도 아니다. 그러므로 충남 방언에서 '-더러'와 '-보구'를 보조사로 설정하기에는 무리가 따르지만, 통사 구성에서 격조사 '-에게'보다 격 기능은 약하고, 의미 기능이 강한 면을 주목하고자 한다.[28)]

2.2.4.2 처격 조사

(22) ㄱ. 그 부인이 남우 집이 가서 인저 명두 잣어 주구……(대 72쪽)
ㄴ. 그 밑이럴 보니까, 아 이만한 항아리가 있단 말여.(대 628쪽)

충남 방언에서 처격은 장소와 방향, 그리고 시간을 나타내는 격으로 중앙어의 '-에, -에서, 으로' 등과 그 변이 형태들이 쓰인다.[29)] 이 연구에서는 '-에'와 '-에서', '-으로'에 대하여 주로 논의하고자 한다. '-으로'는 '-에'나 '-에서'와 달리 용언과 다양하게 공기하므로 여러 용법을 수행한다.

충남 방언에서 대부분의 조사 '-에'는 선행 체언이 자음인 경우 '-이'로 고모음화를 실현한다. (22)에서 '집이'나 '밑이럴(밑에를)'은 처격 조사 '-에'가 '-이'로 변한 변이형이다. 예를 들어, '논에다가'는 '논이다가'로, '집에서'는 '집이서'로 '-에서'도 변이 형태 '-이서'가 주로 나타난다. 또한, 충남 방언에서 조사들은 두 음절 아래

---

28) 충남 안면도 지역어에서 '-에게'와 '-처럼' 통합형 조사 '-게처럼'이 나타나는데, 이는 대개 '-네처럼'으로 쓰여, 오기일 수 있다.
"귀신인게 우리게처럼 그냥 지게 짊어지고……(안면 233쪽)"

29) 이 처격에 대하여는 부사격 조사의 하위 갈래인 처소로 보고, 낙착점(장소, 시간, 행위의 귀착점), 출발점, 지향점으로도 분류하고 있다(남기심 · 고영근 1993: 101).

에서도 상승 모음화가 실현된다('-한테 → 한티').[30]

(23) ㄱ. 밭에서 용천이 쏟았다. 그런께 가 봤대요.(아 24쪽)

ㄴ. 결혼잔치 이 집이서 했지.

자다 즤 애비가 죽었네, 여관이서.(대 52쪽)

ㄷ. 당최 잠을 한 방서 자들 못허게 맨글어.(대 73쪽)

그러나 앞 낱말의 말음이 모음인 경우, 처격의 '-에, -에서'는 거의 '-이'로 교체되지 않고 탈락된다("그 때두 핵교ø 댕겼지, 서당이라구."). 처격 조사 '-에'나 '-에서'와 '-에다'도 '-이, -이서, -이다'로 실현되는데, (23ㄷ)의 '방에서'가 '방서'와 같이 '에 → 이 → ø'으로 '-에'가 탈락되는 경우도 많이 나타난다.[31]

(24) ㄱ. 샴이다 코를 풀어, 천벌 받을라구!

ㄴ. 샴다 코를 풀어, 천벌 받을라구!

ㄷ. 산소를 여다(여기에다가) 모시면 절손합니다.(당 318쪽)

(25) ㄱ. 우리 논이다가 물 좀 대.

저 노인네가 배깥이다가 촙불얼 켜놓구 공얼 드려싸.

ㄴ. 니덜 학교다가 낭구 심언남?(너희들 학교에 나무 심었니?)

(24)에서는 처격 조사 '-에다'가 실현된다('-에+다가'에서 '-다'의 탈락형). 이 '-에다'는 고모음화와 격조사 생략으로 '샴이다'와 '샴다'로 실현된다. (25)에서 이 처격 조사 '-에'는 '-다가'와 통합

---

30) 여격의 '-에게'와 열거격의 '-에'는 '-이'로 교체되지 않는다. 물론 충남 방언에서 여격 '-에게'는 대체로 '-한테/한티'로 쓰이고 있다.

31) 최전승(2003)에서는 19세기 후반에 처격 조사 '-에'의 단일화가 중부 방언에서 완성된 것으로 보고 있다. 그러므로 모음 뒤에 나타나는 '-에'는 '-예'로 나타나는 현상을 막기 위한 음운 변이로 볼 수 있다.

형 '-에다가'를 구성하는데, 이들은 '-이다가'나 '-ø다가'로 실현된다. '-에다가'에 '-서'의 결합형 '-이다가서, -이다서'(밑이다가서/밑이다서) 등이 나타난다. '-이다가니' 어형이 청양 지역어에서 나타난다(김시중 1985: 38). 그러나 충남 방언에서 '-에서다가'의 겹침 조사 어형은 잘 쓰이지 않는다. 이는 '-에서'가 집단 명사에 붙어 주격 조사로 기능하고, '-다가'도 주격 조사로 실현되기 때문에 중복 표현을 꺼리는 것으로 볼 수 있다.

(26) ㄱ. 들어가더니 빈 집이루 들어가.(대 55쪽)
ㄴ. 이 질루다가 남쪽으루/이루다가……(대 57쪽)
ㄷ. 말은 저기 마방으루다가서 딜여 매구서……(공 273쪽)
ㄹ. 물을 질러 질가시루다서 왔는디.(공 44쪽)
ㅁ. 사우를 군청에루 발령을 냈어.(사위를 군청으로)

처격 조사로 실현되는 '-으로'는 충남 방언에서 '-으로'와 '-으루', '-이루' 등의 변이 형태로 나타난다. 이 처격 조사는 '-으로+다가+서'의 통합형 '-이루다가서'와 '-이루다서' 등이 나타난다.[32] 그리고 (26ㅁ)에서 이 처격 조사 '-으로'를 '-에로'와 혼용하여 사용하기도 한다.

(27) ㄱ. 이게 우리 송씨 집에가 하녀가 있었는디.(당 318쪽)
*이게 우리 송씨 집에다가 하녀가 있었는디.

32) 격조사 '-으로'에 의하여 표지되는 격은 처격, 도구격, 자격격, 변성격, 향진격, 원인격, 조격 등이 있다. 그러나 이 '-으로'와 '-에'는 여러 격에서 교체하여 쓸 수 있다. 예를 들어, 시간이나 소재를 나타내는 처격 조사 '-으로'도 다음과 같이 '-에'로 실현된다.
"ㄱ. 우덜 다 본 뒤에 육지로 나왔어요.(뿌 26쪽)
그 뒤에루다 임진왜란 치루구 워쩌구……(대 312쪽)
ㄴ. 군에루 발령을 냈어."

옹달샴이가 피가 가득히 괙거든요.(공 637쪽)

*옹달샴이다가 피가 가득히 괙거든요.

함정이가 호랭이가 빠졌는디.

ㄴ. 집이라 가도 이쁜 샥시도 읎구.

바다라 가먼 맨 괴기여.

충남 방언에서 처격 조사로 기능하는 변이형 '-에가'와 '-이가'가 나타나는데, '-이가'는 '-에가'의 고모음화로 실현된 변이 형태이다(27ㄱ). 이들이 처격 조사 '-에+다가'와는 통사 구성에서 차이를 보인다. '-에다가'와 쓰이면 비문이 되기 때문에 '-에+-가'의 통합형 조사로 볼 수밖에 없다. 이 '-에가'의 '-가'는 '가다'가 문법화를 거쳐 처격 조사 '-에'와 통합되어 〔+유생〕 자질과도 공기하고, 두루 쓰인다. 충남 방언에서는 주로 '-이가'형이 쓰이고, '-에가'는 충남 해안 지역어 일부에서 나타난다. 태안 지역어에서 '-이라/-라'가 특이하게 처격 조사로 쓰여, 처격과 주격 조사의 두 기능을 수행한다(이기갑 2002: 73). 이 '-이라/-라'는 (27ㄴ)에서 처격 조사 '-에'와 통사 의미 기능을 같이 한다.("집에 가도……, 바다에 가면……")

2.2.4.3 도구격 조사

(28) ㄱ. 돈으루 동녀를 샀어, 옛날엔.

총으루다 냅다 쐈으면, 저놈 잡으먼……(대 620쪽)

화리다가 불얼 불손으루다 담았어.

ㄴ. 미당골일랑 젤 야중이 가서 서울본으루다가 집 진디가 있을기라.(대 32쪽)

명지 비단 저 존 놈 공단이루다가 해 입혀라.(대 50쪽)

ㄷ. 그 떡은 시루다 찐거여.

ㄹ. 너 여기서 시험적이루 날러봐라.(대 713쪽)
시방이루 치면 이게 미인여, 참.(대 622쪽)
그래 인제 보통 아이루다가 아는디.(당 301쪽)
나무꾼의 수단으로 해서 자기 부인으로 해서 효부를 만들고……(당 397쪽)
박문수가, 어사를 해서 암행어사루서라무니 경상도를 네려 갔어.(공 27쪽)

ㅁ. 선생님 말씀이루 혔는디, 그게 그렇지 않다.(안면 313쪽)

충남 방언의 조사 '-으로'는 문장에서 쓰임에 따라 다양한 통사 의미를 실현할 수 있다. 그러므로 이 '-으로'는 그 의미에 따라 도구격 조사, 기구격 조사, 수단격 조사, 재료격 조사 등으로도 지칭되어 왔다. 이 '-으로'는 행위의 수단이나 도구뿐만 아니라 방향이나 지향을 나타내기도 할 뿐만 아니라 원인이나 이유를 표현하기도 하여 넓게 조격 조사로도 불려 왔다(이남순 1998).

충남 방언에서 이 '-으로'는 젊은층에서 많이 실현되고, 구어나 노년층에서는 폐구조 모음화를 실현한 '-으루'와 전설 모음과 폐구조 모음으로의 변이 형태 '-이루'의 두 곡용형이 나타난다. 실제 구어에서는 '-으루' 변이 형태보다는 '-이루'의 고모음화와 전설 모음화로의 변이 형태가 선용되고 있다. 나아가 (28ㄴ)에서 '-으로'에 '다가'의 결합형 '-이루다가'와 '-다가'에서 '-가'가 탈락된 '-으루/이루+다'의 곡용이 많이 쓰이고 있다. 나아가 '-으로'는 '-다가+서+는'과 통합하여 쓰이는 조사 겹침도 나타난다.

(28ㄱ)은 행위의 수단이 되고, (28ㄴ)은 방법, 재료로 쓰인다. (28ㄷ)에 대하여 도구격으로 처리하는 데는 몇 가지 문제점이 노정될 수 있다. '그 떡은 시루에다 찐 것→그 떡은 시루이다 찐 것→그 떡은 시루다 찐 것'으로 음운 변이 형태로 처소 의미를 지녀, '-으

로'와 의미적으로 겹친다고 볼 수 있지만, 오히려 '떡은 시루로 찐 것', 즉 '시루를 사용했다'는 뜻으로 보아 도구격으로 볼 수 있다(Nilsen 1972). (28ㄹ)은 행위나 상태의 수단이나 원인, 양태, 시간에 의한 이유나 지향, 나아가 자격 등을 나타내기 때문에 광의의 부사격 조사로 보고 도구격 조사에서 다루었다.[33] (28ㅁ)에서 '-이루'는 '말씀가지고'의 도구격 조사로 해석되지만, '말씀대로, 말씀처럼' 등으로 그 의미 영역을 확대 해석할 수 있다.

2.2.4.4 비교격 조사

(29) ㄱ. 지금은 되미보덤 더 비싸, 광어가. 되미 민어보담두 핸결 비싸.(뿌 98쪽)
ㄴ. 토정이보덤 더 용하더래.(아 55쪽)
ㄷ. 남보매[34](남보다)?(부 52쪽)
㉢. 넘보매보다두 약삭빠르데.

(30) ㄱ. 니가 나만치 자랄 중 아냐?(네가 나처럼 잘 할 줄 아니?)
ㄴ. 저 지저바가 우두머니마냥 기냥 서 있어.(저 계집애가 바보처럼 그냥 서 있어.)
ㄷ. 저 지저바는 맨날 그/저마냥이냐?
ㄹ. 큰애기가 머슴애마냥이루 설쳐싸.(처녀가 사내처럼)
지금마냥이루 연애시절이덩가?

충남 방언에서 비교격을 나타내는 조사는 동반격이나 접속에 쓰

33) "돈은 갈대를 주머(주마)(당 226쪽)", "갈대를 줄테니 갈대를 받으란 말여.(당 227쪽)"는 '돈은 갈대로 주마'로 '-을/-를'이 도구격 조사로 쓰이는 경우도 발견된다.

34) "보매는 선비 겉은디 아주 개망나니여."에서 '보매는'은 '보+ㅁ+에+는'으로 이유나 원인을 나타내는 '보기에는'과 같은 의미를 실현한다.

이는 '-와/-과', 그리고 '-처럼', '-보다' 등이 주로 실현된다. 이 비교를 나타내는 '-보다'는 '-보더'가 나타나거나, 이 '-보다/-보더'에 /ㅁ m/이 첨가된 '-보덤/-보담'과 '-보매' 등으로도 실현된다.[35] 이 '-보매'와 '-보다'의 통합형 '-보매보담두'(보기ø보다도)가 어미로 쓰인다.

우선 '-처럼'과 같은 의미를 나타내는 '-만큼'이 충남 방언에서 '-만치', 그리고 '-마냥' 등으로 실현되어 쓰인다. 충남 부여 지역어에서는 비교격 표지로 '-마냥'에 상당하는 '-말루'와 '-마따나'와 같은 '-앙쿠'가 실현된다.[36] '-만치'는 '-맨치/-맨침'(요만치/맨치/맨침만 나 주면 안 잡아 먹지.) 등의 변이 형태로 실현되어 '-만큼'과 같이 다양하게 쓰인다. 그러나 '-마냥'은 이기갑(2000)에서 '이, 그, 저'와 결합하지 못하는 제약을 논의한 바 있으나, 충남 금산 지역어에서는 서술격 조사와 어울리는 경우에는 문법적이다(30ㄷ). 이 '-마냥'의 쓰임은 폭넓고, 처격 조사 '-으로'와 결합하여 '-마냥이루' 등이 있지만(30ㄹ), 그 의미는 '-처럼'으로 '-마냥'과 같아 자격이나 시간 등에 쓰이면서 그 의미의 강화로 나타난다. 이는 명사 '모양'이 문법화로 '-마냥'으로 나타난 것이다.[37] 또한, 비교격 표지의 '-같이'는 '-겉이〔거치〕'로 고모음화로 실현되기도 한다.

---

35) 이들 비교격 표지로 실현되는 조사들은 보조사에서 더 논의할 것이다.

36) 부여 지역어에서 '-마냥'에 상당하는 '-말루' 어형과 '말, 말씀' 다음에 쓰이는 '-마따나'와 같은 '-앙쿠'가 비교격 표지에 쓰이고 있다.
"ㄱ. 즈 매부가 와두 머심말루 여기구……
ㄴ. 네 말앙쿠 워디 뭐 정자 좋구 물 좋구 한디 베랑 욺더라.(부 429쪽)"

37) 충남 방언에서 '모양'은 '모냥'으로 쓰여, 이것이 모음 조화로 '마냥'으로 변화되면서 문법화된 것으로 볼 수 있다. 부여 지역어에서는 '-마녕'이 나타난다("사위는 정신 나간 사람마녕……오고." 부설2 40쪽).

2.2.5 접속 조사

충남 방언의 접속 조사로는 동반격 조사 '-과/-와', '-하고', '-이랑' 등이 쓰인다. 이 '-와/-과, -하고, -이랑' 등은 구 접속을 실현하느냐, 문 접속을 구성하느냐에 따라 그 기능을 달리 분류할 수 있다. 그러나 이들 조사들이 동반과 열거의 기능은 물론 접속 기능을 수행한다. 그러므로 이들 조사는 구와 구, 문과 문이 서로 관련을 맺고 있어 상관격 조사로 설정할 수 있다. 그러나 이 연구에서는 이들 상관격(한영목 2001ㄱ: 90)과 관계되는 동반이나 열거의 격조사를 별도로 다루지 않고, 일단 접속 조사에 포함하여 다루기로 한다.[38)]

(31) ㄱ. 너하구 나하구 죽어버리고 말자.(당 262쪽)
　　　날랑 너허구 나허구 가쟈.(부 39쪽)
　ㄴ. 건너편하구 이짝편하구 서루 다리를 놔싸.
　ㄷ. 내가 서산 조카여고 같이 들어가서 잤는디.(뿌 121쪽)
　　　외삼춘여고 같이 자전거를 탔는디.(서천)[39)]
　ㄹ. 딸하고 사위하고가 처가집 잘 사는 걸 어떻게 배가 아픈지.(서민 310쪽)
　ㅁ. 도령이 어메하구 서당하구만/는/를 생각혔내벼.

충남 방언에서 '-하고'는 고모음 '-하구'로 나타나거나, '-허고/-허구'의 변이 형태를 더 쓰고 있다(31ㄱ). 특이하게 태안, 서천 지역어에서 '-하고'의 변이 형태 '-여고'가 나타난다. 이 경우 동반 의미를 수행하고 있다(31ㄷ). (31ㄴ)은 동반이나 공동 기능을 수행하여 동

---

38) 충남 방언에서 이들 '-와/과, -하고, -이랑' 등은 교호 동사와 공기할 때 동반의 의미를 실현하고, 둘 이상의 명사류와 같이 쓰일 때는 접속 기능을 실현하고 있다.

39) 필자가 국립국어원에서 남북한 지역어 조사 일환으로 수행하는 서천 지역어 제보자 서동예(72) 씨도 '하고'에 상당하는 '여고'를 사용한 바 있다.

반격 조사로 다룰 수 있고, 문맥에 따라 접속 조사로 분류할 수도 있다. (31ㄹ)에서 '-하고'는 주격 조사 '-가'에 의한 집단 곡용으로 나타난다. 이러한 집단 곡용은 보조사 '-은, -만' 등과 쓰이는 것에 비해 격조사와는 잘 안 쓰이는 편이다.

(32) ㄱ. 그 잔치 떡에, 술에, 괴기에 참 푸짐하데.
그 잔치 떡이다, 술이다, 괴기다 참 푸짐하데.
ㄴ. 저 웃목이 떡여, 적여, 술여 갖다 논거 보니께.(대 704쪽)
이 뒤에 산여, 밭여, 논여 많이 사놨어.(보 46쪽)
술이여, 괴기여 잘 멕인단 말여.(대 715쪽)
ㄷ. 인저 떽이구, 적이구 실컨 먹이구 그랬어.
ㄹ. 인저 떽이요, 적이요 실컨 먹구 그랬어.(대 705쪽)
ㅁ. 술이랑, 적이랑 잘 멕인단 말여.
나랑 나랑 먹구 살지 누구랑 누구랑 먹고 사니.

충남 방언에서 (32)의 예들은 열거의 기능을 갖지만 열거격 조사로 볼 수만은 없고, 오히려 접속 기능에 중점을 둔 접속 조사로 쓰인다. 대체로 충남 방언에서 접속 기능을 담당하는 열거격 조사로는 '-에'와 '-에다'가 있다. 충남 방언에서 열거의 조사 '-에'는 탈락되거나 고모음화로의 변이를 거치지 않고 그대로 실현되지만, '-에다'는 대체로 변이 형태 '-이다'로 실현된다(32ㄱ). '-(이)어' 형이 '-이여/-여'(32ㄴ)로 이중 모음을 실현한다. '-이여'와 접속 기능을 갖는 '-이랑' 어형이 충남 방언에서 쓰이고 있다(32ㅁ). 이는 서술격 조사 '-이라+ㅇ'의 통합형으로 접속과 열거의 기능을 지닌다. 나아가 서술격 조사 연결형으로 '-이요'는 (32ㄹ)의 열거격 '-이요'로도 실현된다. 그리고 (32ㄷ)에서 서술격 조사 '-이다'의 연결 어미 '-이고'가 '-이구'로 접속 기능을 가진다.[40)]

2.2.6 호격 조사

(33) ㄱ. 이 눔아, 저 놈아, 함부루 불루믄 안 돼유.
ㄴ. 누구여, 거긔 시방 옹게.
ㄷ. 나비야, 어서 도망가.

충남 방언도 중앙어와 같이 감탄이나 부름을 나타내는 호격 조사는 '-아', '-야', '-여, -이시여' 등이 나타난다. 이 호격 조사는 특정한 대상을 부를 때 높임의 등급에 따라 다르게 쓰인다. 이 호격 조사는 대체로 아주 높임의 하십시오체나 아주 낮춤의 해라체에 쓰이고, 대부분 생략된다. 충남 방언의 구어에서도 중앙어와 같이 '-이시여'와 같은 호격 조사는 대부분 생략되는 경향을 보인다.

2.3 보조사

우리말 조사는 학교 문법에서 크게 격조사, 접속 조사, 보조사로 분류하고 있으나, 그들은 대체로 체언에 연결되어 그 체언이 문장과 맺는 다른 문장 요소들과의 다양한 문법적 관계를 나타내고 있거나, 체언이나 체언 상당 요소와 어울려 격뿐만 아니라 통사 의미의 기능을 함께 지니는 의존 형태소로 논의되어 왔다. 또한, 보조사는 앞 말에 뜻을 더하여 주거나, 문장 끝에 결합하는 독특한 성격을 지니는 것으로 파악하고 있다(교육부 2002: 95-99). 그러나

40) '-고, -며, -에, -하고(구), -랑' 등이 체언을 병렬시킨다는 점에서 열거격 조사로 볼 수 있으나, 이들은 접속 조사로도 사용되고 있다.

보조사는 통사적 핵이 아니고, 선행 요소의 문법 기능과는 무관하고(최동주 1997: 207), 그 자체가 특수한 의미를 지니면서 여러 격 표지를 실현하기 때문에 한 체언에 복합적인 격의 배당도 가능한 것(이남순 1996/1998: 275, 박영순 1999: 214)으로 논의되어 왔다.

따라서 우리말 보조사에 대한 연구는 주로 의미의 측면을 강조하여, 그 분류 방법도, 그 목록도, 그 명칭도 다양하다(채완 1998, 류구상 1999). 이런 면 때문에 보조사는 격조사와 달리 후치사로서의 기능도 논의되어 왔다(이승욱 1957/1973). 그러나 보조사들은 굴절 어미로 문법적 역할을 수행하는 문법 단위이다. 보조사는 굴절 어미로 쓰이지만 생략이 가능하기 때문에 의존 형태소로 보고, 독립 품사로 설정하지 않으려는 경향은 이미 초창기 우리 문법에서도 나타난다.[41] 사실 우리말에서 보조사는 항상 체언이나 용언 뒤에서 실현되면서도 자립성은 없지만, 분리성이 있고, 다양한 문법적 기능과 의미를 지닌다는 점에서 접어(clitic)로서의 기능을 수행하고 있다고 볼 수 있다(한영목 옮김 1995: 219-223).

우리말의 모든 방언은 격 관계의 종류에서는 큰 차이가 없고, 주로 방언들 간의 음운 변화에 따른 형태 변이에서 변별되고 있거나 특이한 방언형의 조사들이 나타난다. 그러므로 우리말 방언에서 조사들의 차이는 음운 변화에 기인한 것이거나 문법화로 생겨난 어원이 다른 변이 형태들이다. 이런 방언에 나타나는 보조사에 대한 체계적인 연구로 우리말 보조사는 물론 조사 체계를 재조망할 수 있다. 그러나 전국 방언의 보조사를 휘갑하여 총체적으로 연구하는 것은 필요한 일이지만 개별 방언의 연구가 마무리되지 않은 현 시점에서는 난해하다. 따라서 우선 각 지역 방언의 보조사에 대한 연구가 우선 필요하지만, 중앙어의 보조사 논의에 비해 방언에서의

41) 정렬모(1927-1928)에서 이미 조사류는 염사가 아닌 원사이므로 낱말이 될 수 없어 독립 품사로 설정하지 아니하였다.(한영목 1994, 1998ㄴ 참조).

그것은 너무 영성하다(방언연구회 2001).

충남 방언에서 쓰이는 조사들도 중앙어와 다른 지역 방언과의 통사적인 면이나 의미적 측면에서의 차이는 크게 나타나지 않지만, 좀 다양한 통사 구성과 쓰임을 지닌 것도 있다. 나아가 충남 방언에서의 보조사는 음운론적인 면에서 다양한 변이형들 '-언/넌, -꺼지/까장/까정, -부텀/버텀/버덤, -마두/마당' 등이 산견되고, 특이한 형태로 '-사리/사레/실이/사라, -말루/매루, -앙쿠, -한지/한치, -할라/할래/할채' 등이 나타나며, 다양한 통사 기능을 보이는 '-다가$_2$, -(이)ㄹ랑, -덜, -배끼' 등이 있다.

실제 충남 방언의 보조사 연구는 다른 방언권에 비해 영성하다(한영목 1999). 그러나 이 연구는 국어 보조사의 전반적인 설정에 있지 않고, 충남 방언에 나타나는 보조사에 대한 기술에 한정된다. 충남 방언에서 나타나는 보조사는 중앙어와 다르거나, 쓰이지 않는 경우도 있다. 그러므로 중앙어나 다른 방언권의 보조사와 의미론적으로 밀접하게 대응되면서 형태 변이가 다양하거나, 통사 구성과 의미 실현이 독특한 보조사에 대해서 중점적으로 검토할 것이다. 자연 발화의 담화나 문장, 그리고 구전 설화나 민담 등의 구어체에서 자료를 모아 충남 방언에서 쓰이는 보조사의 형태 특징을 살펴보고자 한다. 나아가 주로 충남 방언에서 어형이 다르게 쓰이거나 특이한 구성을 이루는 보조사의 통사·의미론적 현상을 고찰하여, 충남 방언의 문법적 성격의 한 양상을 밝히고자 한다.[42] 그것은 우리말 조사와 보조사의 한계 설정에 이바지하고, 나아가 현대 국어학 발전에 기여하는 길이 될 것이다.

42) 이 글에서 논의할 충남 방언의 보조사는 한영목(2004ㄱ, ㄴ)에서 다룬 내용을 깁고, 고쳐 다시 정리하였다.

2.3.1 보조사 목록

우리 문법에서 보조사의 연구는 상당히 다양한 만큼 그 명칭과 목록 또한 학자마다 달리 나타난다. 우선 최현배(1946: 862-880)에서는 도움토씨 목록으로 "는/은, 도, 만, 마다, 부터, 까지, (이)야/(이)야말로, (이)ㄴ들/(이)라도, (이)나/(이)든지, (이)나, 조차, 마자, (이)나마, 커녕, 치고(서)/ 으로(서), 밖에/안으로/가운데, 서껀" 등을 제시하고 있다.

이러한 최현배(1946)의 분류에서 논·저자에 따라 보조사를 보태거나 빼어 그 목록을 제시하고 있다. 이 중 "들, 뿐, 쯤, 토록"은 김석득(1992: 387)과 허웅(1995: 1510)에서, 김민수(1971: 161)와 이남순(1996/1998)에서는 "대로, 처럼, 만큼, 보다"까지 보조사로 추가하여 제시하고 있다. 나아가 정인승(1968: 103-108)에서는 '종지보조사'와 '호칭보조사'까지 목록으로 설정하였다.[43]("「ㄴ들, 은새로에, 을랑, 곧」, 「마는, 요, 그려」, 「아/야, 이야, 이여, 이시여」"). 성광수(1979: 194-213)에서는 "서, 써, 다가" 등과 "더러"는 '한정조사'로 포함될 가능성이 있음을 시사하였다. 나아가 이남순(1996/1998: 270-276)에서는 "는, 도, 나" 등은 첨사로 보고, 최동주(1997: 222)에서도 "다가, 서"는 접사로 보고, 이들이 후치사에 결합하여 이루어진 "에다가, 으로다가, 에게서, 으로서, 대로, 더러, 치고" 등은 후치사로 다루었다. 임동훈(2003: 107)에서는 보조사를 '후치사(만(단독), 까지, 다가, 밖에, 부터, 조차, 처럼, 같이, 보다, 만큼, 만(비교), 뿐, 대로)와 첨사(은/는, 이야/야, 도, 이나/나, 이라도/라도)'로 분류하고 있어 다양한 목록이 나타난다.

우리말 방언에서 격조사에 대한 논의는 다양하게 이루어졌지만,

---

43) 여기에 김석득(1992)에서는 '월끝-특수토씨', 허웅(1995)에서도 '특수토'로 '-라고, -시피' 등을 추가로 설정하고 있다.

보조사의 연구는 영성하다. 이 보조사는 지역 방언마다 그 형태가 다양하고, 그 보조사 목록 또한 다르다. 최명옥(1980: 54-64)에서는 보조사를 경북 방언에서 '후치사와 첨사'로 구분하고 있다. 후치사는 공동격과 여격 표시, 비교·출발점·도착점·선택 표시로, 첨사는 주제 및 대조·공평 및 열거 표시로 그 형태 변이까지 분류하여 논의한 바 있다. 김영태(1985)에서는 창원 지역어의 보조사로 "-은/는(느), -도, -만/마, -뿐, -마다, -썩, -부터/텀, -꺼정/지, -이사/야, -이나, -인들, -이나따나·인따나, -이라도, -커이" 등을 그 의미를 중심으로 14가지로 제시하였다.[44] 정영주(1993: 80-133)에서도 진주 지역어의 '도움토씨'를 의미 중심으로 19가지로 제시하였다. 이태영(1983: 419-439)에서는 전북 방언의 '특수 조사'로 "-허고, -랑, -만치, -만, -보다, -가치, -맹이로, -부터, -까지, -서, -다(가), -도, -만, -나, -배끼, -마다, -씩, -는, -야/사, -가(서)" 등을 의미 한정 기능으로 논의한 바 있다. 제주도 방언의 보조사 연구는 강영봉(1985: 5-62)에서 "-ᄁᆞ지(까지), -부떠(부터), -부떰, -ᄁᆞ장(까지), -ᄀᆞ찌(같이), ᄀᆞ뜬, -채(째), -만정(만큼), ᄀᆞᆽ아(갖추어), -만썩(만큼), -신디(에게), -안티(안테), -아피(에게), ᄀᆞ라(에게), -아자(계속해서), -만이(만큼), -드레(쪽으로), -디(에)" 등을 제시하고, "아울라, ᄀᆞ라, 아자, 신디, 만이, 디, 안티, 아피" 등 특이한 어사를 택하여, 그 형성과 용법을 논의하였다.[45]

따라서 우리말 보조사 연구에서 설정된 목록은 대체로, "-은/는, -까지, -나, -나마, -는, -다가, -대로, -도, -든지, -들, -라도, -라면, -마다, -마저, -만, -밖에, -부터, -뿐, -서, -서껀, -씩, -야, -야말로,

---

44) 김영태(1998: 56)에서는 '-뿐, -이나, -인들, -이라도' 등을 빼고, '-조치랑, -하부랑'과 '-빼끼~빼이' 추가하여 논의하였다.

45) 강영봉(1985: 5-6)에서 이들을 어미로 제시하고 있어, 후치사도 어미로 볼 수 있다.

-ㄴ들, -조차, -치고, -로, -커녕" 등(채완 1998: 115)을 들 수 있다. 그리고 지역어의 보조사의 통사 의미는 대체로 중앙어와 유사하지만 방언에 따라 독특한 형태나 통사 구성을 보이기도 한다.

실제 충남 방언에서 실현되는 보조사는 중앙어와 유사한 의미를 지니면서도 다양한 형태 변이를 보이거나, 아주 다른 어형이 나타나거나, 노년층에서 쓰이지 않는 경우도 있다. 그러므로 중앙어나 다른 방언권의 보조사와 의미론적으로 밀접하게 대응되면서 형태 변이가 다양하거나, 통사 구성과 의미 실현이 독특한 보조사에 대해서 중점적으로 검토할 것이다. 지금까지 논의된 내용을 토대로 중앙어와 형태 변이에서 오는 차이뿐만 아니라 유사한 의미와 통사적 구성을 실현하는 조사를 검토하면서 보조사로서의 설정 가능과 통사 구성에서의 실현 양상을 논의할 것이다. 논의의 전개를 위하여, 표제어는 중앙어로 제시하되, 특이한 경우에 한정하여, 충남 방언 보조사의 어형을 제시하기로 한다.

2.3.2 '-부터'

(1) ㄱ. 거들미서부텀 아마 한당마루까장 거나 십리 길 된다고 헐께요.(홍민 414쪽)

ㄴ. 삼월달버텀 나가머는 오월달까지 조기 장사를 해.(뿌 86쪽)

ㄷ. 아주 인저 짐승버터 전부 내놓구서 살어.

ㄹ. 아버지부텅 찾어야지 공부해야 소용없어.(당 429쪽)

충남 방언에서 '-부터'는 '-버터, -부텀, -버텀, -부텅' 등의 변이형으로 실현된다. 충남 방언에서 이 '-부터'는 음운 교체로 '-버터'(1ㄷ)로, /ㅁ m/이 첨가되어 '-버텀(1ㄴ)'과 '-부텀'(1ㄱ)으로 실현된다. (1ㄹ)에서는 /ㅇ ŋ/이 첨가되어 '-부텅'이 나타난다.

이들은 부사격 조사에 후행하여 장소(1ㄱ)나 시기(1ㄴ) 등의 시작에 쓰이거나 보조사로 기능을 수행한다. 충남 방언에서 보조사 '-부터'는 상태, 동작, 성질의 변화나 시간(1ㄴ, ㄹ)과 공간(1ㄱ)의 이동을 나타내는 구문에서 처음 시작을 보일 때 쓰인다. 공간 이동의 경우 조사 '-에서'와 공기(共起)한다. 이 '-부터'에 대한 논의를 살펴보면, 대체로 '시작(성광수 1978: 181), 비롯하는 점(처음)(허웅(1995: 1443), 출발점(홍윤표 1978: 55) 등'을 나타내는 보조사로 보고 있다. (1ㄴ)의 문장에서 '-부터'는 '-까지'와 공기하여, 시작과 끝을 나타내기도 한다.[46] (1ㄹ)에서는 일이나 행위의 우선 순위에 따른 시작점을 지시한다.

(2) ㄱ. 낼부텀일랑은 서쪽으로 향해서……가.(대 738쪽)
ㄴ. 그 때부터섬 애가 '그러냐'구.

(2)에서 '-부터'는 (2ㄴ)의 '-섬'(-부터+서+ㅁ)과 (2ㄱ)의 '-일랑은'(-부텀+일랑+은)과 통합을 보인다. '-섬'은 '-서+ㅁ'의 융합형으로 '-서는'의 의미를 실현하므로, /ㅁ/을 단순한 음운 첨가 이상의 첨사 기능을 수행하는 어미로 보아야 할지는 좀 더 검토할 사항이다. 또한, 충남 방언의 '-일랑'이 보조사 '-은'의 기능을 수행하고 있어, '-는'의 결합으로 '내일, 그때' 등의 '시작점'의 강조를 실현한다. 이들은 보조사 '-은/는'과의 결합으로 '그때부터는, 내일부터는'의 주제화로서의 강조 기능을 보인다.

46) 홍윤표(1978: 56)에서는 '-부터'와 '-까지'를 심층격의 처격으로 보고, 변이격인 원격(source)과 목표격(goal)으로 다루었다.

2.3.3 '-까지'

충남 방언에서 '-까지'는 모음 상승화로 '-꺼지'가 실현되고, /ㅇ/ 음운 첨가로 '-까징/-꺼징, -까장/-꺼장, -까정/-꺼정' 등 다양한 양상으로 실현된다(한영목 · 김래영 2003: 255-256).[47] '-까지'는 충남 방언에서 '아 a → 어 ə'와 '이 i → 어 ə'로의 교체형 '-꺼정'과 '이 i → 아 a'로의 교체형 '-까장', '-꺼지' 등으로 나타난다. '아 a → 어 ə'로의 교체는 충남 방언의 다른 어휘에서도 많이 발견되는, 상승 모음화 현상이다(하다 → 허다, 나물 → 너물). 나아가 보조사 '-까지'는 음운 변화와 함께 /ㅇ ŋ/ 음운 첨가로 '-까징/-꺼징' 또는 '-까장/꺼장, -까정/-꺼정' 등으로 나타나는 현상을 보인다.[48] 그러나 (3ㅁ)에서는 조사가 후행하여 겹침 조사가 되는 경우는 '-까장' 계열은 나타나지 않고, /ㅇ ŋ/이 첨가되지 않은 '-까지' 어형으로 쓰인다('-꺼지가, -꺼지를, -꺼지만' 등).

(3) ㄱ. 거들미서부텀 아마 한당마루까장 거나 십리 길 된다고 헐께요.(홍민 414쪽)
이 요고 맨들어 농 겡개 요기허구, 네 집이까장 가자.(공 323쪽)
모쪼록 성사할 때까정 내 하인 노릇을 좀 해다오.(공 325쪽)
대신 절이 시방까징 거기서 대신 절이 있읍니다.(부여 116쪽)
ㄴ. 김진사를 이사까장 시킨 김진사를 오랎 소릴 안혔어.(대 41쪽)

---

47) "오짐 눈 흔적이 아직까즘도 남아 있고(부설2)"에서 변이형 '-까즘'이 나타나지만, /ㅁ/ 첨가는 충남 다른 지역어에서는 거의 실현되지 않는다.

48) 15세기 국어에서 'ᄀᆞ장, ᄭᆞ장'은 의존 명사(때까지)로 쓰이다가 17세기 국어에서 'ᄀᆞ지, 'ᄭᆞ지'로 나타나난다. 그러므로 충남 방언에서 실현되는 '-까지' 계열과 '-까장'의 계열로 나눌 수 있고, '-꺼지, -꺼장'은 상승 모음화를 실현한 변이형이며, '-까징, -꺼징'은 '-까지'와 '-까장'의 혼태형으로 변화한 것이다. 그러나 이 연구에서는 통시적 관점에서 변이나 분화형을 고찰하려는 것은 아니다.

우리 식구까장 이렇게 했으니.(금 285쪽)
틀림없이 접시까장두 따르르 왼단 말여.(공 503쪽)
딸까정말여 조카딸까정 또 맥겨 주니……(대 520쪽)
떠는 소리가 아랩장이꺼정 들렸던 모냉여.(공 329쪽)

ㄷ. 바지 저고리 한 벌 내놓구 버선꺼장 토시잰님 일시벌을 내놔.(대 85쪽)
내직으루 해가지구 판서까장 거쳤다는 말이 있어.(공 396쪽)
참 행례를 허구, 신부례까지 하게 됭 것여.(공 347쪽)
훌-훌 책장만 대구 끄트머리까장 다아 넹기더니……(부 599쪽)

ㄹ. 순이까정 시집가봐유, 누가 시굴에 남아유.
모든 일을 배워가꾸 도술까정 허더라 이거여.(홍민 582쪽)

ㅁ. 삼십꺼지두 장개두 못 들구 총객여.(대 318쪽)

ㅂ. 부여군에서두까지 왔어.(하 4: 48쪽)

중앙어에서 '-까지'는 '범위와 한도' 즉 '미침 도움씨'(김석득 1992: 354)로 '일정한 범위의 한계에 도달'(성광수 1979: 81)을 실현한다. 이에 비하여, 충남 방언에서 '-마저'[49]와 '-조차'는 잘 안 쓰여, '-까지'의 쓰임의 용법과 의미의 영역이 넓게 나타난다. (3ㄱ)에서는 〔+장소, +시간〕을 나타내는 명사에 후행하여 '이르러 미침'의 도착점(이남순 1998: 289에서 범위: 도착점)을 실현한다. (3ㄹ)에서는 예기치 못한 '극한 상황에 도달'을 실현한다.

(3ㄷ)에서는 '상태나 동작의 끝에 미침'을 실현하는데,[50] '-도'로 대체되면 의미가 다르다. '판서까장 거쳤다'는 끝에 미침이고, '판

49) 이기갑(1998: 74)에서 '-마저'는 호남 방언에서 보조사로 쓰이는 용법은 없다고 논의한 바 있다. 충남 방언에서도 '-마저'는 젊은층을 제외하면, 잘 쓰이지 않는다.

50) "처음에 찔럿던 디, 고기까정밖에는 더 올라오지 안여.(서민 171쪽)"에서는 '-까지'의 '미침' 의미를 더 강조하기 위하여 보조사 '-밖에'와 결합하여 나타난다.

서도 거쳤다'는 또 '판서'는 물론 또 다른 벼슬도 지냈다는 의미를 내포하고 있어 다르다. (3ㅁ)에서는 '-도+까지'의 통합형이 실현된 경우로, 이 '-까지'는 '또한, 역시'의 의미로 쓰여 '-도'를 강화시켜 준다. 실제 충남 방언 화자들에서는 '-까지도' 변이형을 많이 사용하지만, '-도까지'는 생산적인 조사 통합형은 아니다. 그러므로 채완(1982: 43)에서 '-까지$_1$은 시간적·공간적 구획 확정 기능, -까지$_2$는 극단적인 예를 보이는 기능'으로 논의한 바 있다. 충남 방언에서 이 '-까지'는 정상적인 정도를 지나쳐 극단적인 경우도 (3ㄴ)에서 확인할 수 있다("허다허다가서 날 택일까장 다 해 줬어." 대 42쪽).

(4) ㄱ. 즈덜꺼정 어른덜 몰루게 꿀얼 먹었어.

ㄴ. 동네사람꺼정 떡얼 아주 잘 먹었거든.

ㄷ. 홀애비와 과부꺼지 살먼 그 뭐 숭될 것두 읎는거 아니냐구. (보 309쪽)

(4)에서는 중앙어와 달리 의미가 확장되어, '저희들끼리/동네사람끼리 꿀/떡을 먹었다'는 의미로, '-끼리'의 뜻으로도 쓰인다(이기갑 1998: 75). '-꺼지'도 '홀아비'와 '과부끼리'의 의미로 쓰인다. 물론 (4)의 통사 의미는 대체로 강화되어, '저희들끼리만'으로 쓰이지만 충남 방언에서 '-꺼정+만'의 결합은 잘 나타나지 않는다.

(5) ㄱ. 그러닝깨 당신 오실 지까장 나 짐작했어.(보 46쪽)

ㄴ. 8.15 해방되고 나서까정 호랑이가 살았습니다.(서민 283쪽)

ㄷ. 감지덕지허게 받구 고맙다구꺼정 허는 디 이 샤시는 절대 그렇게 안 받구……(공 347쪽)

ㄹ. 응, 그래서 아들에게까지 효자 표창을 줬대요.(당 397쪽)

ㅁ. 그 동네 부인덜이 모두 낮이꺼지부터 오너가지구서 떡방아를 찧고.(서산 285쪽)

나아가 (5)에서는 용언 어미에 연결되고(5ㄴ), '-지+까장'과 인용절에 연결되는 통사 구성(-구+까장)도 실현하고, 부사격 조사 뒤(-에게+까장)에서도 나타난다. 특히 (5ㅁ)에서는 '낮이꺼지부터'(-에+까지+부터)가 실현되는 통사 구성을 보인다. 현대 우리말 통사 구성에서 대부분 '-부터~-까지'로 실현되는 것과는 다르다(낮에부터 저녁까지 → *낮이까지부터). 그리고 충남 방언에서 '-까지'는 'X뿐만 아니라 Y도'의 '또한, 역시'의 의미를 실현하기도 한다("지사 지낼 절차까지두 잘 해가며 지사까장 잘 지내준단 말여." 부 960쪽).

2.3.4 '-도/-두'

중앙어에서 '동일, 역시, 극단 표시, 강조, 포함 등'을 실현하는 '-도'는 충남 방언에서 대부분 상승 모음화를 실현한 '-두' 어형으로 나타나지만, 그 뜻은 중앙어와 별로 차이가 없다. 나아가 이 충남 방언 '-두'는 '또한, 역시'의 뜻으로 동일한 행위나 사실을 나열할 때 주로 쓰인다(6ㄴ). 나아가 (6ㄱ)은 부정의 동사구와 통사 구성에서 주로 부정 극어로서 '극단의 부정'을 실현한다(이태영 1986: 429). 보조사 '-도'는 다른 격조사와의 연결(6ㄷ)에서는 말하는 이의 주관적 의지의 '힘 줌'(김석득(1992: 348)에서는 감정의 힘 줌, 즉 '강조나 느낌'과 '역시 같음')을 실현한다.

(6) ㄱ. 쌀두 못 팔구, 님두 못 보구 월매나 고생이유, 그게.
ㄴ. 우리 한국이두 참 우리 저어, 응?……고려에두 수양산이 있나.(보 80쪽)

메누리두 역시 참 팥죽이 먹구 싶더래요.(공 556쪽)

너두 나를 따라 가겠다는 말이냐.(홍민 398쪽)

ㄷ. 태안군이두 지금 데모 몇 번씩을 허구.(뿌 95쪽)

ㄹ. 아이, 참 공부는 누구보덤두 아는 것이 많게 헸더랴.(홍민 389쪽)

ㅁ. 뉘라 양력슬두 슬이라 이른다더냐.(일락 9쪽)

ㅂ. 보릿겨두 안돼.(공48쪽)

(6ㄹ)에서 보조사 '-보다'에 후행하여, '공부는 어느 누구보다 더 많이 했다'는 '강조'를 통하여, 말하는 이의 주관이 뚜렷하게 나타난다. (6ㅁ)에서 '누가 양력설도 설이라고 한다더냐'에서 '양력설마저/조차/까지도'의 '극단의 뜻', 다시 말하자면, 전제 내용이 그렇지 않다는 뜻을 지니고 있다. 이희자·이종희(1998: 47-53)에서 '-도'는 '맨 마지막 것'을 뜻하여, 가장 가능성이 희박하다고 생각되는 것까지 포함됨을 나타내는 것으로 논의한 바 있다. 그러므로 충남 방언에서 '-두'는 '심지어 -까지도'의 의미를 실현하는 극단의 의미로 (6ㄱ)에서 '님마저/님까지도 못 보았다'는 의미를 내포하고 있고, (6ㅁ)에서도 '양력설은 설이 아니다'라는 뜻을 지니고 있으며, (6ㅂ)에서는 '쌀, 보리, 심지어 보리 겨'마저 줄 수 없다는 의미를 실현한다.

나아가 "하나도 받지두 않을쳐.", "아무도 떡얼 안 먹어." 등에서 충남 방언 보조사 '-도/두'는 부정 극어(하나도, 아무도)와 같은 구안에서는 결속되면 부정을 허가받는 섬 조건이다[51](임홍빈·장소원 1995 참조).

51) '아무두 떡얼 안 먹어. → *ㄱ. 아무 떡두 안 먹어. *ㄴ. 아무 떡이나 안 먹어.'로 본 의미와는 다르게 나타난다.
'아무도 떡두 안 먹어. → 떡두 아무도 안 먹어.'는 비문은 아니지만 실제 발화에서는 거의 쓰이지 않고, "떡은 아무도 안 먹어."로 사용하고 있다.

2.3.5 '-할래', '-할채'

중앙어 협수 보조사 '-까지, -조차, -마저'와 이들 보조사에 '-도'가 결합된 것과, 유사한 통사 의미 기능을 실현하는 보조사로 충남 방언에서 '-할라'(7ㄹ), '-할래'(7)와 '-할채'(8) 등이 나타난다. '-할라'는 충남 방언에서는 움라우트를 실현한 '-할래'로 거의 실현된다.[52] 이기갑(1988: 74-75)에서 호남 방언의 '-할차'는 '-할라'와 '-조차'의 혼태에 의해 생겨난 것으로 보고, 이들은 '-마저, -조차'와 의미가 유사한 것으로 보는데 충남 방언에서는 '-할채'로 나타난다.[53] 실제 충남 방언 화자들은 '-할채'를 잘 사용하지 않고, 대부분 '-할래'로 대신하여 쓰고 있다.

(7) ㄱ. 그러니께, 사람할래 가지고 간게죠, 그 날은.(서민 363쪽)
아씨는 두부할래 한 말이나 쒀다주셨으니 여북 자랑 삼겄시유.(관촌 165)
검시비할래 대납해설랑은이 검사 맡어줬응께……(우리 272쪽)
ㄴ. 고리짝으루다가서 갓 망건할래 다아 각구 오놔서 익구우 익구.(보 113쪽)
마눌, 꼬추가루, 워떨적은 소굼할라, 그저 눈만 띄면 번쩍허니.(관촌 104쪽)
풍경도 셈이 안 차는지 덧들이로 길할래 사나우니 나는 걷기가 고되었다.(영현유사)
얼레 요작 것이 삿대질할래 헌다요.(관촌 175쪽)
늙은이들할래 꾀송거려.(우리 319쪼개)
ㄷ. 궁둥이짜꾹도 있고, 보지짜꾹할래 다 있어.(서민 221쪽)
우리 집 놋수까락할래 거더갔어, 일정 때는.

---

52) 이 연구에서는 '-할라' 대신에 '-할래' 방언형을 중심으로 논의할 것이다.
53) 서천 지역어에서는 '-할채'를 '-한채'로 쓰고 있다(제보자 서동예(72세) 씨).

이라다가 배할라 부셔버리구 살아갈 희망이 없소.(공 677쪽)

ㄹ. 나 따러 댕기다가는 자기할라 큰 골란을 당하구.(금 222쪽)

양성만 대주능거여 딸할라.(한 05: 114)

(8) 날궂는 날 탔덩가 이놈의 옷할채 다 버렼거든?(부 120쪽)

말할채(말까지) 팔어 먹엇응깨……(보 888쪽)

형수할채 같이 사는데 매일 같이 쌀 두되, 세되 시동생이 팔어 다 주지 않으면……(당 113쪽)

충남 방언에서 이 '-할래'와 '-할라' 보조사들은 강조적 표현으로 '역시', '또한', 나아가서 'X뿐만 아니라 더 귀한 Y(사람, 두부)까지도'의 의미를 실현한다(7ㄱ). 그리고 (7ㄴ)에서는 '-조차'의 극단적 의미로 '기대하지 않은 일이 실현됨'을, (7ㄷ)은 강조적 표현으로 '마지막'[54]을 실현하여, '-마저'의 의미나 '-도'의 '역시 함께 함'이나 '동일'의 내용을 나타낸다. (7ㄹ)에서는 '-까지'의 '미침'과 '-도'의 의미('-까지도')를, 나아가 (8)에서는 의미가 확장되어, 'X와 함께 함'을 실현한다.

(9) ㄱ. *자기할래 큰 골란을 당하라/하자.

ㄴ. ??삿대질할래 하라/하자.

??놋수까락할래 빼서(빼앗아)가라/가자.

ㄷ. 밥할래 다 먹어라/?먹자.

ㄹ. *자기할래 큰 골란을 안 당하구.

*사람할래 안 가지고 간게죠.

그러나 (9ㄱ)에서 '-할래'는 통사 구성에서 '-조차'처럼 명령과

---

54) 성광수(1979: 188)에서 "영수는 가보마저 팔았다"의 '-마저'는 '한계적인 종결'로, 채완(1998: 48)에서는 이를 주어진 몇 개의 후보 중 '마지막'의 것을 의미한다고 하였다.

청유로는 쓰이지 않는다. (9ㄴ)에서는 논리적으로 볼 때 가능한 표현이지만, 실제 이런 구문은 충남 방언에서 실현되어 나타나지 않는다. 그러나 (9ㄷ)에서 '밥할래(까지) 다 먹어라'는 가능하고, '밥할래 다 먹자'도 실현 가능하지만 잘 쓰이지 않는다. 이는 '-할래'가 명령문과 청유문과의 통사 구성을 기피하지만 부사 '-다'와의 공기에서는 쓰일 수 있다. (9ㄹ)에서 '-할래'는 '-까지, -마저' 등처럼 부정 표현과도 잘 공기하지 못하는 경우도 있다. 그러므로 '-할래'의 통사 구성과 의미는 중앙어 '-조차, -마저'와 차이가 난다.

(10) ㄱ. 니가 된장할래+*〔을, 만, 조차, 까지, 도〕 먹구 사네.
ㄴ. 니가 된장까지+〔를, 만, 조차, 까지, 도〕 먹구 사네.
ㄷ. 마지막 남은 삿갓배미 논〔할래, 마저, *조차, 까지, 도〕 팔어야 빗을 갑게 돼.
ㄹ. 좋을 성부른 건……멕였어두 기별〔할래, 조차, 마저, ?까지〕 읎으니 말여.(우리 175쪽)

나아가 '-할래'는 중앙어와 달리 조사나 다른 보조사와의 공기에서 제약을 받아 '-까지, -조차, -마저'와 다른 통사 기능을 실현한다. (10ㄱ)에서 '-할래'는 다른 조사들과 공기하여 실현되지 못하므로 (10ㄴ)의 '-까지'와 조사의 배합에서는 통사 구성이 다르다. 그리고 (10ㄷ)에서 '-할래'는 '-마저[55], -까지, -도'와 같은 통사 구성을 보인다. 그러나 격 표지 실현은 문맥에 따라 다르고, 형용사문, 자동사문, 타동사문에서도 쓰이는 특징을 지닌다.

(11) ㄱ. 여자할래 해서 방이루 딜여가.(공 674쪽)

---

55) 홍성 지역어에서 '-마저'의 변이 형태 '-마자'가 나타난다.
"아, 그 한 손마자(마저) 놓을 수 없겠는가?(홍민 309쪽)"

ㄴ. 여자〔까지, *조차, *마저〕 해서 방이루 딜여가.

(11)에서 '-할래' 뒤에 '-하다' 용언이 쓰이는 경우를 살펴보기로 하자. '-까지'와 구성에서는 정문인 데 비하여, '-조차, -마저'와는 공기하지 못하므로 비문이 된다. 이런 면에서 충남 방언에서 '-조차'와 '-마저'는 잘 쓰이지 않고, '-할래'가 그 공백을 메우기 때문에 그 기능이 같다고 할 수 없다. 그러면 충남 방언에서 '-조차, -마저' 등을 대신하는, '-한지'에 대하여 살펴보기로 한다.

2.3.6 '-한지'

(12) ㄱ. 사람한지 잡아 먹어버렸시유.(서민 314쪽)

ㄴ. 당신한지 죽이고 가겠으나……(홍민 503)
마누라가 데리구 있던 종 지지배한치 다 후려갔어.(홍민 551쪽)

ㄷ. 여자가 지면 그 집한치[56] 다 그니가 차고 들어오는 거야.(서민 348쪽)

ㄹ. 꽃당헤라구 그거 한 켤레하구 주더래요, 버선한지.(서민 309쪽)

충남 방언에서 특이한 형태와 의미를 실현하는 보조사 '-한지'는 중앙어 '-까지, -마저, 조차'와 의미적으로 유사하여, '-할라'와 함께 쓰이고, 그 변이형으로 격음화를 실현한 '-한치'가 나타난다.[57] 이

---

56) 보령 지역어에서 '하냥(함께)'과 같은 의미의 '한치'도 '함께'의 의미를 실현한다. 이 경우 보조사 '-한지/한치'와는 어형은 같지만, 그 내용 의미는 다르다. "그니와 한치 강 게쥬."(그 이와 함께 간 것이지요.)

57) 충남 방언에서 형태소 내에서 격음화를 실현하는 경우는 많이 나타난다(한영목 1999: 84).
송아지〔송아치〕, 도끼〔도치〕, 덩굴〔넝쿨〕, 가깝다〔가찹따〕, 만지다〔만치다〕

'-한지'는 '모든 것을 다 함'의 극단적 의미를 실현하거나 '마지막의 것'을 지시하기도 하여, '-조차, 마저, -까지' 등과 유사한 의미를 실현하기도 한다. 그러므로 이 '-한지'도 '-할래'와 유사한 의미를 지니고 있다. (12ㄱ)에서는 '-조차'와 같은 '극단'을, (12ㄴ)은 '마저'와 같은 '마지막'을, (12ㄷ)은 '-까지도'와 같고, (12ㄹ)은 '-마저도'와 '또한', '역시'의 뜻을 지니고 있다.[58)]

(13) ㄱ. 꿩한지+〔도, *마저, *만, *조차, ø(를〕 잡아 가꾸와서.(서민 331쪽)

ㄴ. *사람한지 안 잡아 먹어버렸시유.

ㄷ. *사람한지 잡아 먹어버려라/먹어버리자.

ㄹ. 여자〔*한지, 할래〕 해서 방이루 딜여가,(공 674쪽)

(13ㄱ)에서 '-한지'는 다른 격조사나 보조사와의 공기에 제약을 받는다. 다만 '-도'와의 공기는 가능하지만 그런 쓰임의 예를 찾기는 어렵다. 그러나 '-할래'와는 달리 타동사문과 공기하는 제약을 보이고, 격 표지도 목적격으로 통사 구성의 제약성이 많다. (13ㄴ)에서 부정사 구문과 제약을 나타내며, (13ㄷ)에서는 청유형과 명령형 구문에서는 잘 쓰이지 않는다. 또한, (13ㄹ)에서도 '-한지'는 제약을 받는다. 이는 '-할래'보다 '-한지'가 통사 구성에서 심한 제약을 보인다고 할 수 있다.

따라서 충남 방언에서 이들의 의미와 사용 영역은 '-한지 → -할래 → -까지'로 확대된다. '-할래'는 '말하는 이의 기대할 수 있는 것'의 실현에 쓰이고, '-한지'는 '말하는 이의 기대 밖의 일'이 실현됨에 주로 쓰인다. 나아가 사용 예도 '-한지'가 제일 적고, '-까

58) '-까지, -조차, -마저'의 의미에 대하여는 고영근(1976), 채완(1977), 이남순(1998)을 참조할 것.

지'가 다양하게 많이 쓰인다.

2.3.7 '-조차, -마저'와 '-할래, -한지'

충남 방언에서 '-할래'와 '-한지'는 중앙어의 '-까지, -마저, -조차'와 같은 의미를 지닌다. 실제 충남 방언에서 '-조차'와 '-마저'는 잘 쓰이지 않기 때문에 이들을 대신하여, '-한지'와 '-할래'가 쓰인다고 볼 수 있다. 충남 방언 화자들은 자신이 쓰는 '-한지'와 '-할래'에 대한 뜻을 물으면, 거의 '-까지'로 대답을 한다. 충남 방언에서 '-할래'의 쓰임은 '-한지'보다 광범위하여, 금산, 논산, 보령, 서천, 공주, 부여, 홍성, 서산, 당진 지역어 등에서 나타나고, '-한지'는 서산, 홍성, 보령 지역어 등에서 나타난다. 그러므로 '-할래'만 쓰는 지역어에서는 이것이, '-한지'의 의미 영역을 함께 담당하고 있다. '-할래'와 '-한지'를 쓰지 않는 충남 지역어에서는 '-까지'의 쓰임 영역이 확장될 수밖에 없다.

중앙어에서 '-마저'와 '-조차'는 극단적인 상황이 주어질 때 쓰이며(서정수 1994: 931), 또한 소극적인 측면에서 쓰이는 데(차광일 1981: 73) 비하여, '-까지'는 적극적, 소극적인 측면에 쓰여 그런 제약이 없다. '-마저'는 '마지막이나 어떤 것까지도 포함함'(허웅 1995: 1399)의 의미를 실현하고, '-조차'는 '더함'(최현배 1946: 873)으로,[59] '화자가 기대하지 못한 일에 쓰이는 제약과 명령과 청유문에는 잘 안 쓰이는 제약'(이익섭 · 임홍빈 1983: 169)이 있다. 그런 면에서 '-할래'는 화자의 판단으로 볼 때, 남은 마지막 것으로 한정할 수 있다. '-한지'는 극단적인 한계 상황으로 말하는 이가 기대하지 못한 일이 실현된 것에 주로 쓰인다. 이들 '-할래'나 '-한지'

---

59) 김석득(1992: 360)에서는 '포함성'으로 보고, '-조차 → 잇달아 보탬', '-마저$_1$ → 하물며, 더더구나; -마저$_2$ → 마지막 남김없이'로 논의한 바 있다.

는 명령형과 청유형에, 나아가 부정 표현에는 잘 나타나지 않는다.

사실 충남 방언에서 '-할래'의 쓰임의 영역은 'X는 말할 것도 없고, 더 무엇마저 Y까지 하였다'로 '-마저'와 같고, '-한지'는 주체의 행위가 상식이나 일반 범주에 벗어난 것에 주로 쓰인다. 이는 '-조차'가 '기대 밖의 상황이 일어남'에 쓰임과 같다. 그러나 '-한지'가 사용되지 않는 충남 지역어에서는 '-할래'의 의미 영역이 확장되어, '-조차'와 '-마저'의 두 기능을 수행한다.60)

2.3.8 '-말루'

(14) ㄱ. 즈 매부가 와두 뭐 참 머심말루 여기구……(부 125쪽)
이불을, 옷을 그전말루 명주이면 그만 아녔나베.(당 211쪽)
ㄴ. 바위가, 이런 지붕매루 크데유.(서민 151쪽)
오늘 아마 저 윗집매루 그렇게 음식을 차리구서,(서민 284쪽)
인저 존 세상 왔응께 넘매루 살아볼티여.(관촌 125쪽)/사람매루.(관촌 176쪽)

충남 일부 지역어에서는 '비교'를 실현하는 '-처럼'이나, '-마냥'에 상당하는 '-말루'(14ㄱ)와 '-매루'(14ㄴ) 어형이 보조사로 쓰인다. '-말루'는 '-말로'가 상승 모음화로 실현된 어형이다. '-말로'는 '말대로'의 /대/가 탈락되어 형성된 것으로 볼 수 있다.61) (14ㄴ)에서

60) 충남 방언에서 '-한지'와 '-할래'가 '-까지'에 후행할 때, 차이를 드러낸다.
"너까지+〔할래, *한지〕 엄니 속을 쎄기냐?
*너〔할래, 한지〕+까지 엄니 속을 쎄기냐?"

61) 충남 방언에서 '-던'에 후행하는 (15)의 '말루'는 보조사로 볼 수는 없다. 그러나 명사 뒤에서 실현되는 '-말루'는 담화에서 그 의미를 유추해 보면, '말처럼, 말대로'의 의미를 지니는 경우가 많이 나타난다. 그러므로 (14ㄱ)은 문법화로 보조사의 기능을 수행한다. 다음 예문에서 '말루'는 '말처럼'으로 '말+루'로 분석된다. 이 경우 '-루'는 '대로→대루'에서 /대/의 탈락으로 볼 수도 있다.

'-매루'는 '-말루'가 움라우트를 거치고, /ㄹ/ 동음 생략으로 나타난 어형이다. 부여, 보령, 서산 지역어 등에서 실현되는 '-말루'와 '-매루'는 '동등한 정도'를 뜻한다. 이들은 비교의 '-처럼'과 같은 의미를 실현한다.

(15) 아 저녁 먹던말루(먹자마자) 시익식 그저 잠두 기탄 읎이 자더니……(보 237쪽)
아, 이거 오던말루 객을 이렇게 대접허느냐.(공 346쪽)

또한, (15)에서 '-말루' 어형은 잇따라 일어남의 연결 어미 '-자마자'로도 쓰이고 있다. 그러나 그 통사 구성은 'Vst+더+ㄴ+말루'로 '-말루'를 의존 명사로 보아야 하는데, 충남 방언에서 그 용법으로 볼 때, '먹자마자, 오자마자' 등에서 '-자마자'로 연결 어미의 기능을 담당한다.62)

2.3.9 '-마따나': '-앙쿠'

(16) ㄱ. 네 말앙쿠 워디 뭐 정자 좋구 물 좋구 한디 베랑 읎더라.(부 429쪽)
회장님 말씀 말앙쿠(말마따나/말처럼) 구차하게 사는 분이 하나 있는디.(보 75쪽)
참 이 사람 말앙쿠(말마따나) 홍계관이라구 하더먼……(부 299쪽)
ㄴ. 인자 예사 아무 말따나 금방 부자였었는데……(아 323쪽)

"지관 말루 그게 명당여.
그전 말루 서당이지."

62) '-말루'의 '-자마자'에 대한 논의는 3장 연결 어미에서 다룰 것이다.

그리고 중앙어 '-마따나'나 '-처럼'과 같은 의미를 실현하는 '-앙쿠'(16ㄱ)와 '-따나'(16ㄴ)가 충남 방언에서 나타난다. 이 '-따나'는 '말마따나'에서 /마/가 탈락된 것으로 보이는데, 그 의미는 대체로 '-처럼'과 같다.[63] 나아가 부여, 보령 지역어에서 실현되는, '-마냥'에 상당하는 '-말루'와 '-매루'는 '동등한 정도'를 뜻하고, '-앙쿠'는 '말, 말씀' 다음에 쓰이는 '-마따나'나 '같이, 처럼'과 같은 '비슷한 정도'의 비교의 의미로 쓰이고 있다.[64] 그러나 이 '-앙쿠' 어형이 '말' 뒤에서만 조사로 쓰인다는 제약을 보인다.

2.3.10 '-사리'와 '-커냥'; '-카장'

표별 보조사로 '물론'을 지칭하는 '-커녕'(최현배(1946: 862)에서는 '그만두기')에 대응하는 충남 방언의 보조사로 '-사리'(17ㄴ)가 있는데 그 변이형으로 '-살리(17ㄱ), -실이(17ㄷ), -사레(17ㄹ), -사라(17ㅁ)' 등의 변이형으로 나타난다.[65] 이들은 항상 '-일랑+사리/살리/사레/실이/사라'의 통사 구성에서만 실현되어, 중앙어의 '-커녕'과는 다르다.[66] (17)에서 이들 의미는 '-은/는 고사하고'나 '-은/는 커녕'으로 선행하는 어휘의 의미 내용을 부정하여, 후행하는 문장

---

63) 충남 방언에서 '-마냥'에서 /마/가 탈락되어, '-냥'이 '-처럼'의 뜻으로 쓰인 예를 찾을 수 있다.
"나 이냥(이처럼) 혼자 산골에서 숯 구워먹구 산다구.(홍민 584쪽)"

64) 이남순(1998: 289)에서는 '-보다': 상대적 비교 우위, -만큼: 동일(동일한 정도), '-처럼': 비슷함. 유사, '-대로': 어긋남이 없음, 차이 없음. 무량(無量) 등으로 그 의미를 논의하였다.

65) 이기갑(2000: 229)에서는 충남 보령 지역어에서 쓰이는 '-사리, -사레'는 주제를 나타내는 조사 '일랑'을 선행시키는 접속 조사로 보고, 중앙어의 '-은커녕'에 해당하는 것으로 논의하였다.

66) '-커녕'은 중세어 '-ㅋ니와'와 관련된다. 이는 '-은/는+-ㅋ니와'의 통사 구성을 이루는 데 비해 충남 방언의 '-사리' 등은 '-일랑'과 공기한다.
"手品은 ㅋ니와 制度도ㄱ줄시고(思美人曲)
각시님 돌이야 ㅋ니와 구존비나 되쇼셔(續美人曲)"

의 뜻을 강조할 때 쓰인다. 그러나 충남 방언에서 이들 '-사리' 어형들은 통사 구성에서 중앙어와는 달리 '-일랑'에만 후행한다는 점이 다르다.67)

(17) ㄱ. 도깨비 보면 죽는다드라고 하드니 죽기랑살리 더 오래 사는구만 그랴.(금 17쪽)

ㄴ. 재밀랑사리 고상만 잔뜩 했슈.(관촌 174쪽)

표나길랑사리 그냥 늠름하니 그냥 있단 말여.(보 238쪽)

뭐 오줌을 구럭지다 누길랑사리 세상에 깔끔하기가 한이 없드래유.(당 553쪽)

일한 실랑살이(고사하고) 열두 시가 넘어 새루 두 시가 됫단 말여.(홍민 545쪽)

ㄷ. 호랑이는 많은디, 당신 가면 잡길랑실이(커녕) 당신이 먼저 죽어.(홍민 432쪽)

ㄹ. (사위가) 왔다갔다 하는디 죽길랑사레 아주 깨독깨독하거든.(당 125쪽)

ㅁ. 주사는사라 삭신이 각놀어두 돈이 아쉬워서 그것 한 마리 못해 먹었는디.(장천리 36쪽)

충남 방언에서 실현되는 '-살리', '-사리' '-사레', '-실이' 등은 주로 주제를 나타내는 '-(이)ㄹ랑'에 연결되는 특징이 있다. 이런 통사 구성상의 특징으로 볼 때, '-(이)ㄹ랑'은 보조사 '-은/는'과 같은 의미를 실현한다고 할 수 있다. 그러나 (17ㅁ)의 '-사라'는 '-는+사라'의 구성이 특이하게 실현된 것으로 이문구 소설에서 사용한 예인데, 충남 방언 통사 구성과는 차이를 보인다.68) 대체로 이들

67) 충남 방언의 보조사 '-일랑'에 대한 논의는 2.3.11에서 다룬다.

68) 한영목(2003)에서 이문구 소설어의 특징은 충남 내포 지역어의 적극적인 선용인데, 그것은 지역성과 작중 인물의 강화로 의도적으로 방언 어휘를 사용

'-사리' 어형들은 후행 체언에 붙는 '-도' 없이 쓰이지만 '-커녕'과 달리 '-일랑'을 생략하거나 그것과의 자리바꿈 등은 실현되지 않아, '-일랑'과의 강한 결속을 실현한다.[69]

한편, 중앙어 '-커녕'은 김석득(1992: 377)에서는 '이음토씨'로 '부정-부정, 부정-긍정'에 쓰이고, 허웅(1995: 1378)에서는 '아우름'과 '가름'의 두 뜻으로 쓰이는 것으로 논의한 바 있다.[70] 그러나 충남 방언의 경우 '-사리'는 상반되는 대조 기능을 보이는 구문에 주로 나타나 차이가 있음을 알 수 있다(죽다-살다, 재미-고생, 잡다-잡혀 죽다).

(18) ㄱ. 정승카장 당대 정승카장 비렁그지두 갱신히 면허게 생겼다구.(당 268쪽)

ㄴ. 아이구 살기는커냥 당신같은 사람하군 두 번 말하기두 싫다.(아 362쪽)

ㄷ. 변명은커녕 동네 어는 누구와도 어울리려 하지 않았다.(관촌 118쪽)

또한, 충남 방언에서는 중앙어 '-커녕'에 대응하는 '-카장'(18ㄱ), '-커냥'(18ㄴ)이 있다. (18)의 '-카장'은 조사 '-은/는'을 생략하고

하여, 실제 토박이 방언 화자의 그것과 다른 경우가 종종 나타남을 논의한 바 있다. 여기에서도 방언형 '-사라'를 활용하면서 '-일랑' 대신, 중앙어와 같이 '-는+사라'로 실현하였다.

69) ㄱ. 변명은커녕 동네 어는 누구와도 어울리려 하지 않았다.(관촌 118쪽)
⇒ 변명ø커녕 동네 어는 누구와ø 어울리려 하지 않았다.
변명커녕은 동네 어는 누구〔와도, 와ø〕 어울리려 하지 않았다.
ㄴ. 변명일랑사리 동네 어는 누구〔와도, 와ø〕 어울리려 하지 않았다.
⇒ *변명ø사리 동네 어는 누구와도 어울리려 하지 않았다.
*변명사리일랑 동네 어는 누구도 어울리려 하지 않았다.

70) 김석득(1992: 377)에서 '-커녕'의 쓰임은 다음과 같다.
"집은커녕 먹거리조차도 없다."(부정-부정)
"꾸중은커녕 도리어 칭찬을 들었다."(부정-긍정)

직접 명사에 후행하여 중앙어 '-커녕'과 통사 구성의 용법이 다르지만 의미는 같다. 그러므로 이기갑(2000)에서 논의한 '-은커녕'은, 충남 방언에서 '-일랑+사리'와 '명사+카장', '은+커냥/커녕'으로 구분하여 쓰인다. '-사리'는 '-일랑'을 늘 앞세우고, '-카장'은 명사에 직접 후행하기 때문에 중앙어와 차이를 보인다. 그리고 중앙어 '-커녕'은 '-(으)ㄴ+커녕'으로 구성되고, 후행하는 체언류에 붙는 '-도'와 어울리지만[71] 충남 방언에서 실현되는 '-사리'나 '-카장'은 '-은/는'을 뒤세우는 통사 구성은 잘 실현되지 않는다. 그러나 (18ㄷ)의 '-커녕'은 충남 방언에서 '변명은커녕→변명커녕은'으로 '-은'이 '-커녕'에 선행·후행하여 나타나 중앙어와 같다.

2.3.11 '-일랑'

충남 방언에서 주로 '은/는'과 같은 주제 표지로 실현되는 보조사 '-일랑'은 중세 국어 '-으란'이나 '-을랑'에서 변화를 거친 것으로 생각된다. 그렇지만 충남 방언에서 주격 표지 '-(이)라'에 /ㅇ ŋ/이 첨가된 '-(이)랑'이 보이고 있다. '-랑'은 대체로 충남 방언에서 '-하고'와 같은 열거나 공동, 접속 표지로도 나타나지만(한영목 2001ㄱ: 90), 주격 표지로 실현되지 않는다. 주격 표지로 실현되는 경우는 '-랑+은'이나 어말음 /ㄹ/에 후행하는 경우 제한적으로 실현된다.[72] 그러므로 '-일랑'은 '-이라'에 /ㅁ m, ㅇ ŋ/이 첨가되어 실현되는 '-부텀, -부텅, -까정' 등과는 어형성이 다르다. 충남 방언에서 /ㅇ ŋ/이나 /ㅁ m/을 첨가하여 '-부터, -보다'는 '부텀, 보담,

71) 이기갑(1998: 73)에서 '-커녕'은 후행하는 명사에 붙는 '-도'와 어울려 독특한 접속의 기능을 하고, 조사 '-은'을 앞세우거나 뒤세울 수 있다고 논의하였다.(밥은커녕/밥ø커녕은 죽도 못먹는다.)

72) 거의 '-일랑'의 형태로 나타나지만, 음운 환경에 따라 /ㄹ/이 생략되기도 한다. "낼랑은 집이루 날 보내주슈."(내일은 집으로 나를 보내주시오.)

보당'으로 형태 변이를 실현하기 때문에 /ㅇ ŋ, ㅁ m/을 단순히 음운 첨가로 볼 것인가, 아니면 첨사로 볼 것인가에 대한 논의는 필요하다. 그것들의 쓰임은 '-부터, -보다'와 같지만 주제화 '-은'의 기능을 내포한 것 같은 통사 구성을 실현하기도 한다.

충남 방언에서 '-일랑'은 '-랑'에 /(이)ㄹ (i)r/ 삽입으로 실현된 것이 아니므로 형태나 통사, 의미론적 관계는 별로 없다. (19ㄱ)의 '-일랑'은 '-은/는'으로 교체할 수 있어 주격 표지, 즉 주제화로 쓰이기도 하여, '-라가'나 '-(이)랑'과도 차이가 있다. 그러나 '-라'와 '-랑'은 형태 변이와 다르고, '-일랑'은 '-이랑'에 /ㄹ r/을 첨가한 것과는 통사 구성이나 의미가 다르므로 본래 다른 어형으로 다루기로 한다.

(19) ㄱ. 어머니 환갑일랑은 아버질랑 걱정하시지 말라고.(뿌 128쪽)
내집 살림일랑은 네 대신 머슴 하나를 둘 테닝개 나가 가아끔 와서……(부 383쪽)
ㄴ. 미당골일랑 젤 야중이 가서 서울본으루다가 집 진디가 있을기라.(대 32쪽)
ㄷ. 에이, 고스레 밥일랑 내가 먹지.(홍민 589쪽)
그 비단짐일랑 나를 달라.(공 596쪽)
집 걱정일랑 하지 말라구.(당 543쪽)
ㄹ. 집에설랑 걱정 마슈.

(19)에서 '-(이)ㄹ랑(은)' 어형이 나타난다. 이 '-일랑'은 15세기 '-으란'이 /ㄹ/ 첨가로 '-을란'이 되고, 말음 /ㄴ/이 /ㅇ/으로 교체되어 '-을랑'이 나타나 현재까지 쓰이고 있다.[73] 충남 방언에서 '-을랑'은 〔+후설, +고설〕자질 /으 ɨ/가 〔-후설, +고설〕 자질의 /이 i/

73) "속옷을랑은 아주 베껴두고.(당 351쪽)"에서 '-을랑' 어형이 쓰이고 있음을 확인할 수 있다.

로 변이를 실현하여, 대부분 '-일랑'으로 나타난다.[74] '-일랑'은 주로 주격으로 실현되지만, 문맥에 따라 부사격의 처소(19ㄴ, ㄹ)나 목적격(19ㄷ) 등으로 쓰여, 선행 체언을 가리키는 행위, 즉 말하는 이의 주관적 감정을 강조하는 '지정'의 주제화로 나타난다.

(20) ㄱ. 그래 거길 찾을라구 성주산에 가설랑은 백일기도를 드렸답니다.(공 663쪽)

갑자기 조급허거 서둘질랑 말어라. 날랑 가빈(假殯)으로다가……(공 319쪽)

ㄴ. 집으루 오닝개 엄니가설랑은 그 노모가 있다 말하는 소리가……(공 670쪽)

젊은 이쁜 여자가설랑은 혼자 두서너달 지내기가 대간하거던.(공 711쪽)

덤풀 구녁이 인저 잘 안 비는 디가설랑은 감춰놓구 있는 기여.(부 445쪽)

ㄷ. 그러지 말구 낼부텀일랑은 서쪽으로 향해서 가.(대 738쪽)

만득으루다가설랑 아들 하나를 뒀단 말여.(공 27쪽)

ㄹ. 왜등(가등)청정이가 여전 거지 행색을 해구설랑에 거길 지니갔어.(당 555쪽)

이놈 너 조선에 오느설랑에 이놈, 난리를 칠라고 온 놈이닝께……(당 555쪽)

그래서 서울 거리 워디 가설랑에 평상을 높이 매고설랑에……소경들을 청하길.(당 555쪽)

---

74) 충남 방언에서 /으/는 전설 모음화로 /이/로 실현되는 경향이 많다(한영목 · 김래영 2003: 257).
"시방이루 치면 이게 미인여, 참.
총이루다 냅다 쐈으면,……"
이상규(1999: 27)에 따르면 중세어 '-으란'은 현대 경북 방언 '-이란'과 통사 · 의미 기능이 일치하는 것으로 파악하고 있다.

ㅁ. 검시비할래 대납해설랑은이 검사 맡어줬응께……(우리 272쪽)

소원면 외항리에 가설랑으니.(서민 210쪽)

'-ㄹ랑'은 '-라, -라가'와 달리 선행 명사의 제약은 별로 없고, 격 표지도 주격(19ㄱ), 목적격(19ㄷ), 처소격(19ㄴ)으로 다양하게 실현되고, 격조사 뒤에 연결되고(20ㄴ), (20ㄹ)에서는 어미 '-어서'에 후행하면서 '-에'와 결합하여('Vst+-어서+을랑+에') 쓰이므로 보조사로 설정할 수 있다. 나아가 (20ㄴ)의 '-가설랑은'은 '-가+서+을랑+은'이나 '-이라가설랑은'이라기보다는 '-다가설랑은'과 같은 어형과 의미를 실현하는 것으로 볼 수 있다. 충남 방언에서 '-일랑'은 '-다가+서'에 연결되지, '-라가서'에 후행하는 예를 찾을 수 없기 때문이다. 나아가 (20ㄷ)에서는 조사에 후행하여(부터+ㅁ+일랑+은, 으로+다가+서+ㄹ랑+ø) 주제화로 나타난다. (20ㄹ)에서는 '설랑+에'로 실현되지만 '-에'는 부사격으로 해석되기보다는 '하고서는', '와서는', '가서는'의 주제화 '-은/는'으로 나타난다. 특이하게 (19ㅁ)에서 '-설랑으니'(서+ㄹ랑+은+이)가 나타나지만, 이들도 주제화에 대한 강조 표현이다.

(21) 밥을 주길랑사리 주벅으루 홍보 볼따구럴 때렸댜.

쌀 한말을 이길랑사리 두 말도 못 져봤어.

충남 방언의 '-(이)ㄹ랑'이 중앙어 '-은/는'과 밀접한 통사적 대응을 보이는 현상은 (21)에서 잘 나타난다. (21)의 예에서 충남 방언의 '-(이)ㄹ랑'이 '-사리'와 결합하여, 중앙어 '-은/-는커녕'의 의미를 실현한다. 중앙어 '-은+커녕'이나 '-은+고사하고'와 대응하는 충남 방언의 '-사리/-사레/-살리/-시리/-서리'는 반드시 '-(이)ㄹ랑'에 후행

하여 실현되는 통사적 제약을 보이기 때문이다.[75)]

(22) ㄱ. 박문수가 어사를 해서, 암행어사루서라무니, 네러가서라무니.(공 27쪽)

그 자리에설라무니 인제 언약을 맺었담 말여.(부 447쪽)

ㄴ. 호랭궤짝에다 넣어설라무네 데리구 가잖았것나비.(당 434쪽)

이 잔뎅이 타구서라무니 즈이 마당에 갖다 놓더랴.(당 235쪽)

ㄷ. 이 서울 눕덜다가설라무니 이 가로채 해먹구설랑은.(부여 1114쪽)

또한, 충남 방언에서 '-(이)ㄹ랑'과 같은 '-(이)ㄹ람'이 '-서'와 결합형 '-설람'으로 나타난다. 이는 '-설랑'과 의미 기능이 같은 주제화의 강조를 실현한다. (22)에서 실현되는 '해설라무네(해+서+ㄹ람+은+에), 해설람이(해+서+ㄹ람+은+에)의 '-에'가 상승 모음화로 /이 i/가 실현되고, /ㄹ/ 탈락과 '-네→니'와 비자음 중복 기피로 /ㄴ n/이 생략된 융합형 어미 '해서라미'로도 실현된다. 이런 예는 '-설랑'에 '-은'이 후행하기 때문이다(검시비할래 대납해설랑은 이 검사 맡어줬응께……(우리 272쪽)). 그 통사 기능도 '내려가서는, 자리에서는' 등으로 나타난다. 그리고 (22ㄱ)에서는 격조사와 결합하고, (22ㄴ)에서는 어미에 후행하고, (22ㄷ)에서는 '-다가'와 결합하여 겹침을 이루는 것도 '-설랑'과 같다.

(23) ㄱ. 부잣집이루 가서름이 있어서름니 뭐 옛날이 뭐 장사두 못하구……(공 680쪽)

ㄴ. 궁둥이다 맞대구서라미/도둑놈이 오너서라미……(서민 440쪽)

75) 충남 방언의 '-사리'에 대한 논의는 2.3.10을 참조할 것.

(23ㄱ)에서 나타나는 '-서름이'이나 '-서름니'는 '-설라무니'에서 /ㄹ/의 동음 생략으로 '-서라무니'로, /우/가 탈락한 '-서람니'의 변이형으로 나타난다. 그러므로 '-서름이'는 '서름니'의 자음 중복 회피로 나타난 것으로 볼 수 있다. '서름니'는 '-서라무니'의 축약형으로 구어에서 나타난다. 그러므로 어형은 '-설람은이'로, 의미는 '-설랑은이'와 같은[76] 주제화의 강조로 '가서는, 있어서는'과 같은 의미를 실현한다. (23ㄴ)의 '-서라미'는 '-서+ㄹ람+(은)+이'로 지정의 '-이'와 결합하여, '와서는'의 주제화의 강조를 실현한다. 그러나 충남 방언에서 주로 '-서라무니'가 쓰여, 이들 (23)은 제한적으로 실현된다.

2.3.12 '-은/는'

충남 방언에서 주제화로 쓰이는 '-은/는'은 '-언/넌'의 변이형으로 나타나 저설 모음화를 보인다.[77] 이들은 '대조나 주제, 지정과 지적' 등을 실현하는데 보조사 대신 첨사(최명옥 1980: 60)로 보기도 하고, 유목상(1990: 76)에서는 '쌍이성(한정성)으로 본래 보조 조사'로 논의하고 있다.[78] 김형기(1967/1993: 78-87)에서는 '선언(選言)토'로 '대조적, 독자적'인 뜻을 가지는 것으로 논의한 바 있다.[79]

---

76) 이에 대한 논의로, '-설라무네 → -설라무니'의 /에 → 이/로의 상승 모음화를 상정할 수 있다. 그러나 '-서름니, -서람니' 등을 굳이 상승 모음화로 상정하기보다는 '-설람은이'로 보는 편이 충남 방언의 기술에서 편리하다.

77) 보조사 '-은/는'은 충남 방언에서 겹침 조사나 어미에 후행하여 쓰일 때는 음운 변이 없이 '-은/는'으로 나타난다.
"오늘 저녁부텀은 물 좀 이구 오슈.
집이루 가서는 안 와."

78) 유목상(1977: 222)에서는 '-는'과 '-도'는 '본래 보조 조사'로 보고, '-만, -마다, -부터, -커녕' 등은 다른 품사에서 전성한 것으로 논의하였다.

79) 김형기(1967/1993: 86)에서는 '-는'과 '-이'에 대한 차이를 자세히 들고, '-는'은 '주어될 사물과 인물을 먼저 선택 지적하고, 주어와 다른 견지에서 다른

(24) ㄱ. 이런 베실언 연산주가 맨들어 놨다구, 그러지.(대 512쪽)
ㄴ. 딸언 출가시키구, 아덜언 공부허러 보내구.(공 366쪽)
ㄷ. 이 사람덜언 무일전하구 나시면서 싯얼 어울렀어.(대 651쪽)

현대 우리말에서 이 '-은/는'(이하 '-는'으로 기술한다.)의 통사 구성과 쓰임은 다양하다.[80] '-는'은 충남 방언에서도 중앙어나 다른 지역 방언과 같은 통사 구성과 의미를 실현한다. (24ㄱ)은 주제와 지정을 의미하고, (24ㄴ)에서는 대조를, (24ㄷ)에서 선언적, 단정적 의미를 나타낸다.[81]

(25) ㄱ. 치미폭이다니 막 싸다가니 줏어 먹능걸 보니깨……(공 528쪽)
ㄴ. 서울을 갔다니 되돌아온단 말이냐.(공 528쪽)
금장사를 하다가니 죽었어.(공 685쪽)
ㄷ. 그 분이 딸깍숨을 져서니 염천에 갔단 말여.(공 679쪽)
감쪽 같이 방에 들어가서니 그럼 바깥에서 불이야 소리가 날 겝니다.(당 436쪽)

(25)의 예들은 충남 방언에서 강조 의미를 실현하면서도 '-는'의 형태와는 달리 나타나는 '-니'와 '-시리, -서루, -두루' 등이 쓰이고 있음을 확인할 수 있다. 이 '-니'는 조사 '-에다'나 연결 어미에 후행하는데, 보조사 '-는'으로 교체할 수 있다. 이 '-니'는 연결 어미에 후행하는 (25ㄴ)의 '-다가+니'와 (25ㄷ)의 '-서+니', 그리고 (25

인물이나 사물과 대조되는 독자적인 면을 서술할 때에 쓰는 것'으로 보았다.

80) 박영순(1999: 214)에서는 인지 의미론적인 면에서 '주격 조사, 의미 조사 : 대조, 강조, 기지, 한정, 동의, 주제화'의 다양한 기능을 가진 다면어(multi-faced word)로 논의하였다.

81) 보조사 '-는'의 통사 특징에 대하여는 김진호(2000)를 참조할 것.

ㄱ)은 조사 '-에다+니'의 어형이 나타난다. (25ㄱ)의 '치미폭이다니'는 '치마폭에다가는'의 의미로, '-이다니'는 '-에+다가+니'의 상승 모음화(에 → 이)와 '-다가 → 다ø'의 '가'가 탈락하여 형성된 융합형으로 볼 수 있다.[82] 그러므로 '-니'는 '-서니'와 '-다(가)니'의 융합형으로 나타나, '-서는', '-다(가)는'과 같이 주제화의 강조로 실현된다.

(26) ㄱ. 그리구나니께시니 잔잔하니 파도가 끊어지면서……(서민 398쪽)
자기 부인이 적삼을 벗어서 던지시니까시니 들어가……(서민 398쪽)
김동지네 집을 찾어가닝개시니 찾응개시니 하인이 나오거던.(부 673쪽)
ㄴ. 깨보닝깨시리 꿈이라 그런 말여.(부여 1111쪽)
참 오디를 가다 보닝개시리 인저 목이 탔던 모냉이지요.(공 672쪽)
그 부채로다가시리 이렇게 들어 부치면.(서민 215쪽)

그리고 충남 방언에서 발화의 어떤 부분을 강조하기 위하여, 중앙어 '-는'의 의미를 실현하는 형태소 '-시니, -시리, -서루, -두루' 등이 나타난다. 이기갑(2003: 127)에서 논의한 '강조'의 '-는'의 결합이나 융합형으로 충남 방언에서 '-시니, -시리, -서루, -두루' 등이 나타난다.[83] 충남 방언에서 주제화나 강조의 어형은 (26ㄱ)에서

82) 충남 방언에서 '-다가'는 '대감다ø, 사람다ø'에서 '-가'의 탈락이 많이 실현되고, 처소격의 경우, 모음 뒤에서 '-에' 탈락(학교ø다가)이나 '-에'가 /이 i/로 상승 모음화("저 배깥이다가 촙불얼 켜놓구.")를 실현하기 때문이다.

83) 이기갑(2003: 127)에서는 충남 방언에 나타나는 '-ㅇ꺼/깨시니, '-ㅇ꺼/깨시

'-시니', (26ㄴ)에서 '-시리'가 쓰인다.

(27) ㄱ. 대번이 그냥 늘르리 기와집으루다가서루,(공 43쪽)
옛날에 베실을 좀 하다가서루 무슨 죄를 졌덩가.(대 323쪽)
숯 워트게 팔어다가서루……목심만 살어 나가는디.(공 42쪽)
ㄴ. 아, 그 소리를 들으니께서루,(서민 212쪽)
ㄷ. 시를 잘못 너가지구서루 신체를 미리 넣던게벼.(금 20쪽)
ㄹ. 이건 워쩐 일이냐구 고걸 살펴보니껀두루,(서민 210쪽)
인제 비가 껄끔하니깐두루 인제 어디 가서 동냥을 해다가……(아 27쪽)

(27ㄱ, ㄴ, ㄷ)에서 '-서루', (27ㄹ)에서 '-두루'의 융합형이 나타난다. 이 '-시니'와 '-시리'는 '-다가'나 '-닝께/깨'에 후행하고, 그 구성상의 의미는 '-서는'의 변이 형태들이다. (27ㄱ, ㄴ)의 '-서루'는 '-다가'와 '-니께' 뒤에서 '-다가+서루', '-니께+서루'로, (27ㄷ)에서는 '-고+서루'로 실현된다. (27ㄹ)에서 '-두루'는 '-니깐'에 후행한다(-니까+니+두루). 이들 '-서루, -두루'의 쓰임은 "그러니까시니 배사공이 그러니까는"에서 '-까시니 → -까는'으로 나타나는 것처럼 (27)에서도 '하다가서는, 들으니까는, 살펴보니까는' 등으로 앞 말의 사태나 행위, 사건 등의 의미를 강화할 때 실현된다. (27ㄷ)에서는 '넣어가지고'에서 연결 어미에 후행하여 '-서루'가 강조 표현으로 나타난다. '-서루'는 '-서는'이 실현되는 통사구성에 나타나면서, 그와 유사한 의미를 실현한다. 그러나 (26, 27)의 용법이 주로 주제화나 강조로 쓰여, 중앙어의 보조사 '-는'과 모든 면에서 같지는 않다. 예를 들어, "검사비할래 대납해설랑

리'에 나타나는 '-시니'도 '-서+는'의 결합에 의한 형태 변이로 보고, '-시니>-시리'의 변화를 가리키는 것으로 보았다.

은이……(우리 272쪽)", "소원면 외항리에 가설랑으니(서민 210쪽)" 등에서 '-ㄹ랑+은+이'는 '-은+은'의 의미 중첩 통사 구성으로 실현되고, 지정의 '-이'에 보조사 '-은'이 선행하기 때문이다.84)

2.3.13 '-마다'와 '-도리'

충남 방언에서 보조사 '-마다'는 '-마두, -마당, -마덩, -마둥' 등의 다양한 변이 형태로 실현된다(28). 보조사 '-마다'는 최현배(1980: 640)에서는 '-마다, 씩'을 '하나도 빼지 않고 한결(一樣), 또는 차등 없이 골고루 함'의 뜻을 보이는 것으로, 최명옥(1980: 62)에서는 '공평 표시의 첨사'로 보고 있다. 충남 방언에서 '-마다'는 '-마두'와 /ㅇ ŋ/이 첨가된 '-마당, -마둥'과 모음조화 일탈로 '-마덩'이 나타나는데 그 통사 의미는 '-마다'와 같다.85)

(28) ㄱ. 저녁마둥 모욕을 하러 내려옹께, 날마당 가봐.(대 342쪽).
날마두 식전마두 이 이 할아배가 올라 대니며 봐.(당 215쪽)
ㄴ. 그 6대 손부가 방마두 가서 몇 달만에 한 번씩 해서 그 조상을 다 없애더래유.(홍민 69쪽)
두 애구 시 애구 애마두 집에서 낳았으니 이쁜이가 헐랭이 다 되었지……(우리 177쪽)
회사마덩 기가 다 닮어.(뿌 86쪽)
ㄷ. 날이면 날마두 쏙 들어가고……(아 411쪽)

---

84) 충남 방언에서 '-설랑으니'나 '-설라무니'에 나타나는 '-으니'는 조사 '-은+이' 융합형이냐, '-은+에'의 상승 모음화로 실현된 것이냐, 아니면 '-이'가 단순히 조음소인가에 대한 논의가 있을 수 있다.

85) 충남 방언에서 모음조화 일탈은 상당하다. 특히 형태소 경계에서는 심하고, 형태소 안에서도 실현된다(한영목 · 김래영 2003 참조).

충남 방언에서 '-마두, -마당, 마다' 등은 행동이나 상태가 일정하게 발생하는 '늘 같음, 즉 변화 없음'도 실현한다(28ㄱ). 이 '-마두'는 '어떤 행위나 상태가 언제나 늘 되풀이하여 일어나는 주기성'을 내포하고 있다. 나아가 (28ㄴ)에서는 '각각'의 뜻을 실현하면서, 동일하게 행위나 상태가 일어남을 지칭할 때 나타나, 보조사 '-마다'의 기능을 수행하고 있다.[86] 이들은 '어느 X나'(어는 방이나)로 교체할 수 있다(이희자 · 이종희 1998: 114). (28ㄷ)에서는 관용 표현으로 '늘, 언제나 똑같음'의 뜻을 지닌다.

(29) ㄱ. 요즘은 사흘도리 눈이 온다.
ㄴ. 이 노릇도 한두 번이지 이걸 일주일돌이로 되풀이한다고 해봐.(유자 252쪽)

충남 방언, 특히 금산, 보령 등의 지역어에서 주로 나타나는 (29)의 '-도리'는 '-마다'와 같은 뜻을 지닌, 일정한 기간에 비슷한 행동이나 상태 등이 주기적, 반복적으로 일어나는 경우에 쓰인다. '-도리'는 '사흘마다' 즉, '사흘 간격으로 눈이 온다'는 뜻으로 보조사 '-마다'의 주기적 반복성과 같다.

2.3.14 '-만치'와 '-마냥', '-만도'와 '-만이나'

2.3.14.1 '-만치'

(30) ㄱ. 너 여기 어디만치 나갈 거 같으면 늙은 소하구,(공 512쪽)

86) 충남 부여 지역어에서 '-마두'가 특이하게 비교의 '-처럼'이나 '-같이'의 의미로 쓰이고, '-마냥'과 교체되는 경우가 나타난다.
"사람덜이 그게 아주 지리럴 땅속얼 딜여다 봤댜, 거울마두(처럼).
아주 그냥 거울마냥 땅속얼 딜여다보구 댕기는디.(부 1029쪽)"

ㄴ. 요만치/맨치/맨침만 나 주먼 안 잡아 먹지.

ㄷ. 성대야! 너 이마직(이만큼) 오너라.(공 362쪽)

ㄹ. 나두 넘매루 잘 살어 볼 쳐/처.

충남 방언에서 중앙어 '-만큼'이나 '-처럼'과 같은 비교를 실현하면서 '유사함'의 의미를 나타내는 '-만치, -맨치, -맨침'과 '-마냥'이 나타난다.87) 성광수(1979: 112)에서 '대등 비교'로 논의한 '-만큼'은 대체로 충남 방언에서는 '-만치'로 실현된다.88) 움라우트를 실현한 '-맨치'와 /ㅁ m/ 첨가로 '-맨침'(13ㄴ) 등의 변이 형태로 실현되어 '-마냥'과 같이 다양하게 쓰인다. 특이하게 (30ㄷ)에서 '-마직'이 '-만큼'의 뜻으로 쓰인다. 그리고 충남 방언에서 (30)의 '-만치'나 '-마직'은 비교보다는 정도의 동등함을 뜻하는 정도의 의미로도 쓰인다. 이기갑(2000: 222)에서는 '-만치' 어형은 서남 방언에서, '-매루'는 강릉 지역어에서 나타나는 것으로 논의하고 있으나 충남 방언에서는 이 두 어형이 나타난다.89)

2.3.14.2 '-마냥'

(31) ㄱ. 저 지저바가 우두머니마냥 기냥 서 있어.(저 계집애가 바보처럼 그냥 서 있어.)

그 전이두 저 거시기 하님마냥 따러댕겼어.(공 513쪽)

ㄴ. 사람이 후손이 나며는 제비마냥 제비보당 더 날래운 효과

---

87) 충남 방언에서 동등 비교를 실현하는 '-만치'는 '-만이나'와 유사하다.
"저 가이는 사람만치/만이나 영리혀.
메누리가 시어머니맨침/만이나 똑똑하데."

88) 이상태(1994: 88)에서 '-만큼'은 1) '동등한 정도'의 의미, 2) '수량'의 의미, 3) '마지막'의 의미를 실현하는 것으로 논의한 바 있다.

89) '비교'를 실현하는 충남 방언의 보조사로 '-말루, -매루, 앙쿠' 등이 있다. 이에 대한 논의는 한영목(2004ㄱ)을 참조할 것.

가 나거든.(당 116쪽)

ㄷ. 큰애기가 이/그/저 머슴애마냥이루 설쳐싸.

지금마냥이루 연애시절이덩가?

ㄹ. 나 이냥(이처럼) 혼자 산골에서 숯 구워먹구 산다구.(홍민 584쪽)

얼라, 워째 이 댁 지방은 저냥 질대유?(유자 58쪽)

ㅁ. 사위는 참 정신나간 사람마녕……뒤따라오고.(부설2: 40)

충남 방언에서 '비교'를 실현하는 '-마냥'의 쓰임은 폭넓게 실현되고 그 변이형도 '-냥'이 나타난다. 또한, 처격 조사 '-으로'와 결합하여 '-마냥이루' 등이 있지만(31ㄷ), 그 의미는 '-처럼'으로 '-마냥'과 같아 자격이나 시간 등에 쓰이면서 그 의미의 강화로 나타난다. (31ㄴ)에서 '제비마냥'은 '제비와 같음'이지만, '제비보당'은 '제비보다 우세함'의 비교로 쓰인다. 전제한 것의 비교로 볼 때, '-보다'가 '-만치, -마냥'보다 더 크고, 강한 비교에 쓰인다. (31ㄹ)에서는 '-마냥'에서 '-마'가 탈락하고 '-냥'이 쓰인다. (31ㅁ)에서 변이형 '마녕'이 나타난다.

(32) ㄱ. 저 지저바는 맨날 하능게 까마귀마냥이냐?('계집애가 까마귀처럼 잘 잊어버린다'의 뜻)

*저 지저바는 맨날 하능게 까마귀만치/맨치이냐?

ㄴ. 경상도 땅을 네러가서라무니 〈최부자〉네집 아마 그 근방을 갔던 모냉여.(공 27쪽)

대체로 '-만치'에 선행하는 체언은 비교되는 다른 체언과 '동등하거나 더 나음'에, '-마냥'에 선행하는 체언은 '낮춤'에 주로 쓰여 구분한다. 그러나 '-마냥'은 이기갑(2000)에서 '이, 그, 저'와 결합하지 못하는 제약을 논의한 바 있으나, 충남 방언에서는 특정한 지정을 뜻하는 경우에는 공기할 수 있다(32ㄱ).

충남 방언에서 '-마냥'은 서술격 조사 '-이다'와 공기하지만(32ㄱ), '-만치'는 그렇지 못하다. 이러한 현상은 명사 '모양'이 '모냥'으로 실현되고(31ㄴ), 이것이 모음조화로 '-마냥'으로 변화되면서 문법화로 보조사 기능을 담당하지만, '-만치'보다 문법화가 덜 진행된 것으로 볼 수 있다.[90]

2.3.14.3 '-만도'와 '-만이나'

(33) ㄱ. 그 늠은 개만도 못혀.
ㄴ. 그 가이새끼는 사람만이나/만치나 영리혀.
ㄷ. 이 고욤나무만이나 쓸다리 읎는 나무두 드물레 그려.(유자 207쪽)

중앙어에서 비교를 실현하는 '-만'은 충남 방언에서는 '-만도'와 '-만이나'의 어형으로 나타난다. 이들은 '만+도, 만+이나'의 구성이지만, 그 의미로 미루어 보면, '-만큼도'와 '-만큼이나'의 뜻으로 쓰인다. '-만도'는 비교로 쓰이는데 전제가 제시된 것보다 '못하다' 구성에 나타나 열등 비교에 나타난다. 그러므로 충남 방언에서, '*그 개는 사람만도/만치도 영리혀.'는 실현되지 않는다. 홍윤표(1978: 55)에서도 '-만도'는 전북 방언에서 '열등 비교'를 실현하는 것으로 보았다. 충남 방언에서 (33ㄱ)에서 '-만도'는 열등한 것에 비교로, '-만이나'는 (33ㄴ)에서 '개새끼가 사람만큼 영리하다'는 '우세 비교'에, (33ㄷ)에서 '-만이나'는 '고욤나무만큼 쓸 데 없다.'는 '열등 비교'

90) (31ㄹ)에서 '-냥'이 '-처럼'으로 쓰이는 예가 나타난다. 이는 '-마냥, -모냥'의 '마, 모'의 탈락형으로 보인다.

에까지 두루 쓰인다.91) 그러나 이러한 비교의 기준은 '-만'에 후행하는 '-도'나 '-이나'에 따른 특성으로 보인다. '-이나'가 선택으로 비슷함의 의미를 실현(개나 되나/사람이나 짐승이나 같어/*틀려)하지만, '-도'는 같음 또는 동등함의 의미를 실현하기 때문이다(*개도/되도/사람도/짐승도 같어.)

(34) ㄱ. 바리때기라구……나무루 맨들은 식기맹이루생긴 그릇여. 떠들어봉개 그 속이 가서나 콩나물맹이루 생겼는디.(부 720쪽)

ㄴ. 풀 지드라는 대나무메르 생긴 거시기가 있지?(부설2 55쪽) 대나무로 된 대접메여(처럼) 생긴 이런 그릇인데.(부설2 47쪽)

또한, 충남 부여 지역어에서 (34)의 '-맹이루' 어형과 '-메르', '-메여' 변이 형태가 비교에 나타난다. 의미는 중앙어 '-처럼'과 같은 기능을 보인다. 충남 방언에서 '-이나'가 특별한 문장에서 대조적 비교에 쓰이는 경우가 나타난다(시한(겨울)이는 고욤이 감이나 같어/비슷혀/ 맞먹어.). 이 경우, '-만이나 → -이나'의 교체는 아니다(*그개는 사람ø이나 영리해.).92)

2.3.15 '-보다'

(35) ㄱ. 저것이 소리 한 가지는 말쉬바위(曲馬團) 굿패들보담 빠지

---

91) 그리고 충남 방언의 '-에다(가)'도 구문에 따라서는 '-와/과'의 의미를 실현하여 일종의 비교에 쓰이기도 한다.
"아 무슨 고기가 자연산 고기에다 대요.(장천리 6쪽)"

92) 김형기(1993: 65-68)에서는 "콩값은 쌀값이나 맞먹는다."로 '-이나'를 '대비'로 보고 있고, 그 쓰임이 '한외(限外), 불구, 대비, 미심, 권유, 반대' 등의 의미를 실현하는 것으로 논의하였다.

지 않으리리.(관촌 76쪽)

ㄴ. 사람이 후손이 나며는 제비마냥 제비보당 더 날래운 효과가 나거든.(당 116쪽)

ㄷ. 지금은 되미보덤 더 비싸, 광어가.(뿌 98쪽)

ㄹ. 인저 넘보더 먼저 내려와서는 점심먹구 넘보더 먼저 올라.(청양 1411쪽)

ㅁ. 그래두 먹을 게 있으니 우리네버덤 낫네유.(관촌 52쪽)

충남 방언에서 '비교'를 나타내는 조사 '-보다'는 그 형태 변이가 '-보더, -보덤, -보담, -버더, -버덤, -보당' 등으로 다양하게 실현된다(35). '-보다'는 상승 모음화로 음운 교체형 '-보더, 버더' 등으로 실현된다. 이 '-보다/-보더/-버더'에 /ㅁ m/이 첨가된 '-보담, -보덤, -버덤'으로도 실현되거나, /ㅇ ŋ/이 첨가된 '-보당' 등으로도 나타난다. '-보담, -버덤, -보당' 등의 /ㅁ m, ㅇ ŋ/을 첨사로 보아 '-보다는'[93]으로 해석할 수 있으나, (35)에서 '-보담+은'이 실현된다는 점에서 '-은'의 중첩에 대한 통사 구성의 문제가 남는다.

(36) ㄱ. 되미 민어보담두/은 핸걸 비싸.(뿌 98쪽)

아이, 참 공부는 누구보덤두/야 아는 것이 많게 했더랴.(홍민 389쪽)

ㄴ. 묻는 말에 이빨 앓는 시늉허다가 볼텡이에 혹 붙이느니버덤 낫겄다.(관촌 75쪽)

---

93) "광어가 도미보다는 더 비싸."는 단순한 비교라기보다 대조적 비교라는 점에서 보조사의 기능을 지닌다고 할 수 있다.
임동훈(2006)에서는 '-만큼, -처럼, -보다'를 격조사가 아니라 보조사로 보고, 만약 후치사와 첨사로 보는 문법 모형을 받아들인다면 보조사 중에서도 후치사로 볼 수 있다고 논의하였다.

(36ㄱ)에서 '-보다'는 '-도, -는, -야' 등과 결합하여 보조사로의 성격을 보이지만, 그 의미는 전제된 사실과의 비교의 강조에 따른다고 볼 수 있다. (36ㄴ)에서는 어미에 후행하여 전제문의 비교 대상에 대한 대조 구문을 구성한다. 그러나 '-보다'는 비교의 의미를 실현하지만, 다양한 통사 기능을 실현하지 못하므로 보조사로 쓰이기보다는 비교의 부사구를 실현하는 조사류이다.

2.3.16 '-들'

(37) ㄱ. 그 전에는 의술이 발달 되들 못했고……(청양 1408쪽)
그 때 그 과거를 뵈는데 여간 엄숙하덜 안했어.(온양 1460쪽)
술언 먹덜 말어.(술은 먹지를 마라.)
만조백관이 암만 간해두 들어먹덜 안해여.(아 197쪽)
ㄴ. 하두 명당자리가 좋다고들 했사쿠 그러니까.(청양 1049쪽)
그래두 둔(돈)이 되니까들 투기럴 허겄지.
ㄷ. 암만 섰어두 여관이 들어가 술덜 먹너라구 나오야지.(공 530쪽)
ㄹ. 술덜/들 구만덜 드시구, 빨리덜 댕겨덜 오슈.
ㅁ. 아 지삿날이 어제 저녁인디 떡덜 안 먹었어 덜?(부 751쪽)
ㅂ. 장터 여편네덜헌티까장 그런 소릴 했을라구.(우리 176쪽)

충남 방언에서 '-들'은 변이 형태 '-덜'로 실현되어 체언류 뒤에서 복수 표지를 실현하고(37ㄷ), 용언 어미 뒤에 연결될 뿐만(먹어들) 아니라 중앙어와 달리 용언 어간에 직접 후행하기도 한다(37ㄱ). 이 경우는 'Vst+지를'과 대응하는 통사 구성을 보인다. 나아가 용언 어미, 부사어, 인용문(37ㄴ), 나아가 문말에도 쓰이고(37ㅁ), 소위 복수 이행 접미사(37ㄹ)로도 기능을 실현한다. (37ㄹ)에서는 한 문장에

'-들'이 여러 번 나타나 복수 표지로만 볼 수는 없다. 충남 방언에서 이 '-들/덜'이 쓰이는 통사적 환경은 상당히 자유롭다.

충남 방언에서도 (37ㄱ)의 '-들/덜'이 장형 부정문과 통사 구성을 실현한다. 또한, '-말다' 부정문과도 공기를 이룬다. 이 '-들/덜'은 '-지+를'과 같은 통사 구성을 실현하고, (37ㅂ)에서 보조사의 중첩과 결합하는 등 다양한 통사 의미 기능을 수행하고 있다는 점에서 단순히 접미사로 보기는 어렵다. 그러므로 충남 방언에서 '-들/덜'은 그 기능을 세분하여 논의할 필요가 있다.

2.3.17 '-야', '-사'

'힘줌, 강조' 등을 실현하는 보조사 '-(이)야'는 충남 방언에서 '-(이)야'나 '-(이)사'(고어형)로 나타난다. 이들이 나타나는 통사 환경도 격 표지로, (38ㅁ)에서는 연결 어미에 결합(-같으면+사, 꾸어+야, 늦게+사)하여 실현된다. 충남 방언에서 (38)과 같이 강세 보조사 '-야'는 '-사'로 교체될 수 있다. 그 의미도 '강세'에 '단독'의 '-만, -는'[94]과 같은 통사 의미를 실현하고, (38ㄱ)에서는 주격 표지로도 쓰이면서 '특별함'의 강조를 나타낸다.

(38) ㄱ. 그 병은 내야 고치지 못 고칩니다.(당 272쪽)

ㄴ. 이런 사램이야 그런 현몽얼 워찌 아능가?

그런데 부부야 참 재산도 있고 그러니까 부러울게 없잖아유.(당 474쪽)

전설이지유 우리사 알아유.(금 38쪽)

---

94) 염선모(1978: 93-94)에서 '-야, -만, -는'과의 상관성이 제시되었다. 홍사만(1984, 3802)에서는 '-야'의 의미 기능을 '당연의 장면 제시, 격하 가치 표시, 강조적 첨의' 등으로 보고 있다. '-야'를 첨사로 보는 입장도 있으나, 이에 대한 논의는 하지 않기로 한다.

우리사 돈으루 오백원이나 냈응께.(우리 49쪽)
내사 새끼 낳서 안 잃어봤응께 구만이지.(관촌 210쪽)
냄이사 연애를 걸건 애인을 갈 건……(우리 199쪽)
ㄷ. 설마 밥이사 궁길깨미 걱정여.
ㄹ. 그 때사 보따리를 떡 끌리디니만서루 폈어.(대 313쪽)
공교롭게도 그 날사 말고 마침 장날이었으므로……(관촌 117쪽)
ㅁ. 내것 같으면사 보리방아 아니라……(우리 262쪽)
꿈얼 꿔야 님얼 만나지.
그 둘 진사가 태기가 없어 매양 설워하던 참에 늦게사 한 날 한시 애기를 났는데.(당 144쪽)

그러나 (38ㄴ, ㄷ)에서는 '대조'의 의미를 실현하면서 말하는 이의 주관적 견해(채완 1998: 129)를 강조한다. 이것은 충남 방언에서 종결 어미로 쓰이는 '-야'와는 그 쓰임과 의미가 다르다.[95] 충남 방언에서 대체로 이 '-사'의 쓰임은 부사어나 시간 표현 어휘 등에 붙어 강조를 실현한다(38ㄹ). 그러므로 (38ㄹ)에서 '-사, -야'가 생략되면, 강조 표현은 나타나지 않는다. (38ㄴ)에서 '-(이)야'나 '-사'는 주격 조사 '-이/-가'나 보조사 '-는/-은'으로 대체할 수 있지만 단독이나 특별함 대신 선행 명사에 대한 강조 의미를 실현한다. (38ㅁ)의 연결 어미 뒤에서 나타나는 '-야, -사'도 말하는 이의 감탄적 심리 상태를 동반한 강조의 뜻이 실현된다(홍사만 1984: 329). (38ㄴ, ㄷ)의 경우는 '대조'의 '-은'으로 대체할 수 있다. 허웅(1995:

95) 충남 방언에서 말하는 이가 듣는 이를 높이지 않는 종결 어미에 후행하는 경우, 가벼운 감탄, 또는 권유나 의문 등을 실현한다.
"그런데 말을 못해야.(아 193쪽)/ 벌떼가 열을 져서 나가는데 끝이 없더래야.(아 199쪽)"
"순이두 고기랑 술이랑 먹어야./ 다들 집에 가야."

1510)에서는 '-(이)야'를 '확실함—힘주어 지정(강조)함'[96]으로 보고 있어, (38ㄷ)은 '-ㄹ랑'과도 같은 의미를 실현한다.

2.3.18 '-배끼(밖에)'

(39) ㄱ. 시집간 디가 보리배끼 없는 드메 산굴이더라구.

ㄴ. 처음에 찔렀는 디, 고기까정밖에는 더 올라오지 안여.(서민 171쪽)

ㄷ. 드메 산굴이/에 보리배끼 더 익깐디.

충남 방언에서 보조사 '-배끼'는 명사 '밖'이 처소격 조사 '-에'와 결합하여 '-밖에'로 쓰이면서 문법화와 상승 모음화로 '-바끼'(밖이)로, 다시 움라우트를 거쳐 '-배끼'로 나타난다. 이기갑(2003: 156)에서 '-배끼'는 '밖에'가 문법화로 반드시 부정 표현의 구문에서만 실현되는 제약을 지닌다고 보았다. 충남 방언 (39ㄱ, ㄴ)에서도 '-배끼'는 부정 표정 '없다, 않다' 등의 구문에서 실현된다. 그러나 충남 방언 (39ㄷ)에서는 긍정문의 통사 구성에서도 실현된다.[97]

(40) ㄱ. 동네 사람 다 찍을 배끼 별 수 익깐디.

ㄴ. 내가 대신 먹어줄 배끼 별 수 읎다.

ㄷ. 에이 내가 밀레 해 줄 백이는 읎다구.(대 702쪽)

ㄹ. 내 그리 좀 장개를 들밖이 읎다구.(대 750쪽)

96) 김형기(1967/1993: 77)에서는 '-야'를 '강조토'로 보고, 주격, 목적격, 서술어구, 수식어(부사어)구에서 쓰이지만, 뜻에는 영향이 없는 것으로 논의한 바 있다.

97) 긍정문은 부정소가 나타나지 않은 문장을 말한다(임홍빈 · 장소원 1995: 31). 충남 방언에서 '-간/깐디'를 문말에서 억양을 높여 실현하면, 그 문장의 내용은 부정 표현으로 실현된다.

이 '-배끼'는 전제된 것 외에 더 이상 아무것도 없음(39ㄱ, ㄷ)이나, 다른 사건, 상황이 일어날 수 없음(40)의 의미를 실현한다. (39ㄴ)에서는 '-까지'와 보조사 중첩으로 범위의 한계를 실현한다. (40)에서 '-배끼'는 '밖'의 문법화로 의존 명사로 쓰인 경우이다.[98] 우리말 문장에서 '수밖에'의 통사 구성은 부정문과 공기한다. 그런데 (39ㄷ, 40ㄱ)은 긍정문 '있+간디'와 호응하지만, 충남 방언에서 '-간디'는 항상 전제 사실의 부정 표현으로 해석되는 구문에서 실현된다.[99] 그러므로 '-배끼'는 '보리밖에 아무것도 없다.'와 '표를 안 찍을 수 없다.'는 극한적 상황 맥락에서 나타난다. (40)의 의미는 'Vst ㄹ+수밖에 없다'는 뜻을 지닌다. (40ㄷ, ㄹ)은 동일한 구연자인데 '배끼'와 '바끼'로 실현된 경우이다.

2.3.19 '-그려/-그랴', '-그료/-류'

(41) ㄱ. 동네 사람이 말짱 뫄 들었네 그려.(대 635쪽)
이 고욤나무만이나 쓸다리 읎는 나무두 드물레 그려.(유자 207쪽)
ㄴ. 그래 인제 저녁을 갖다 주구 워쩌구 그랴.(대 634쪽)
도깨비 보면 죽는다드라고 하드니 죽기랑살리 더 오래 사는구만 그랴.(금 17쪽)
ㄷ. 불상이 냇바닥에서 떠올라 오셨다느먼 그류.(서민 165쪽)
암만해두 여긔만 못 허더먼 그류.(유자 109쪽)
ㄹ. 워척 허실라그료?(당 437쪽)

---

98) 이기갑(2003: 157)에서는 '수밖에'의 관용 형식에서 '수'가 탈락하여 단지 '-밖에'에만 나타나 그것이 의존 명사로 기능하는 것으로 보고 있다.

99) 한영목(1999ㄴ: 80-81)에서는 '-간/깐'이 '-디'와 통합하여, 듣는 이가 말하는 이와 동등하거나 아래일 때 반말체로 나타나는 반어적 표현의 종결형 어미로 쓰이고, 나아가 수사적 의문문으로 주어진 명제에 대한 부정도 내포한다고 논의한 바 있다.

ㅁ. 동네 사람이 말짱 꽤 들었네 그려?

충남 방언에서 종결 감탄 보조사로 쓰이는 '-그려'는 '-그려/-그랴'와 '-그류/-그료'의 어형으로 나타난다. '-그려'는 '-그래'가 쓰일 자리에 교체하여 사용하여도 충남 방언에서 거의 실현된다. '-그랴'는 두루 높임의 '-요'와는 직접 결합하지 않는다.100) 이들은 듣는 이가 말하는 이보다 낮은 위치에 있을 때 듣는 이의 입장을 고려하지 않고 말하는 이의 감정을 낮춤 표현으로 실현한다. 이들은 억양이나 강조를 실현하여 의문의 서법을 실현한다(41ㅁ).

2.3.20 '-요/-유'

(42) ㄱ. 아 그류. 어머니 그럼 가서 뭐시 물좀 한 번 이구 오슈. (대 347쪽).

날 바지 저구리루 아슈/쇼.

ㄴ. 언년이래두 하나 부를까유?(유자 95쪽)

전설이지유 우리사 알아유.(금 38쪽)

ㄷ. 이따가요, 지가유 놀러 가지유.

ⓒ. 이따가ø, 내가ø, 놀러 가지ø.

ㄹ. 감이 익어깐유?/깐디유?

ㅁ. 친정엄니두 연태 생전허신 개뷰.(관촌 421쪽)

ㅂ. 그러더니 당장 옮가라고 모이자리를유.(당 210쪽)

충남 방언에서 종결 보조사로 기능하는 높임의 '-요'는 '-유'로 거의 상승 모음화를 실현한다([yu:]). 충남 방언에서 두루 높임 표

100) 충남 방언에서 /애/는 /야/로 실현되는 경우가 많다('뱀, 샘, 해 → 뱜, 샴, 햐'). 따라서 '-그랴'는 '-그래'의 이중 모음화 실현으로 볼 수 있다. '-그류'는 '그려+유'('-요'의 상승 모음화)의 어중 모음 탈락에 의해 실현된다.

현의 '-유'는 종결 보조사로 쓰이면서 높임 표현을 실현한다. '-유'는 주체 높임의 '-시'와 공기하여도 예사 높임을 실현한다(42ㄱ). 그러므로 '-요/유'는 '하십시오'체를 실현하지 못하고, '하오체'와 비슷한 높임의 환경을 조성한다. 물론, (42ㄷ)에서 '-요/유'가 덧말에 쓰이는 경우는 생략이 가능하고, 선행 체언을 통사적으로 지배하지 못한다(이원근 1999: 133). 그러나 (42ⓒ)에서 '-요/유'가 생략되면, 높임의 실현에서 의미 차이가 나타난다. 문장 종결 표현에서 '-요'가 생략되면, 반말체로 (42ㄷ)과는 서법에서의 차이를 보인다.

(42ㄹ)에서 수사 의문문을 구성하는 '-간/깐디, -간/깐, -가디/니' 등은 반말의 표현 양식이므로 상대 높임의 등급을 가지지 못하기 때문에 '-요/유'와 통합하여, 두루 높임을 실현한다(한영목 1999ㄴ: 81). (42ㅁ)에서는 '-시'가 실현되는 문장에서 '-유'가 나타난다.[101] 나아가 (42ㅂ)에서는 '-유'가 조사 뒤 문말에서도 나타난다. 충남 방언에서 '-유'는 다양한 발화 맥락에서 실현되는 높임 표현의 한 유형으로 말하는 이가 듣는 이와의 관계를 투영하여, 발화의 분위기를 조성하는 기제가 된다.

충남 방언에서 '-요/유'는 구어체 담화에서 적극적으로 선용된다. 문장 종결에서 나타나는 '-요/유'와 덧말의 '-요'는 통사·의미적 차이를 보이지만, 듣는 이에 대한 배려로 높임의 실현이라는 점에서는 같다. 나아가 충남 방언에서 '-요/유'는 다양한 통사적 구성에서 실현된다는 점에서 보조사로 보기로 한다.[102]

101) '-ㄴ개뷰'는 'Vst+ㄴ가+보+아+유'의 융합형이다. 이에 대한 자세한 내용은, 한영목(2002)에서 '-개벼/-내벼'와 '-깨미' 구문에 대한 논의를 참조할 것.

102) 충남 방언에서 종결 보조사는 '-그려'와 '-요' 외에도 '-마는'과 '-만서도/두'가 나타난다. 2.3.23의 (52)를 참조할 것.

2.3.21 '-란대두'

(43) ㄱ. 결국은 말까지래두 팔으야 쓰겠어.(공 343쪽)

ㄴ. 감옥이 있는 사람이란대두 오래서 인제 보게 했단 말여.(공 343쪽)

그 사람이 이 나중이란대두 여기 오게 되면 제게 알려주쇼.(대 710쪽)

이 분이 중인이란대두 먹을 만치 살구.(대 750쪽)

이 문깐에서란데두 날을 새우구 갈랍니다.(대 739쪽)

ㄷ. 어터개랜대두 어떠한 이인을 만나서라두 승명전할 묘책을……(공 285쪽)

중앙어 '-라도'에 대응하는 '-래두(43ㄱ)', '-란대/데두'(43ㄴ)와 움라우트를 실현한 '-랜대두'(43ㄷ)가 충남 방언에서 나타난다.[103] 그 통사 구성은 '명사, 조사, 부사어' 등과 결합하고, 의미는 주로 (43ㄴ)에서는 '-라도'("집안이서란/랜대두(집안에서라도) 말 조심혀.")와 같지만, 달리 '-(이)라고 하는데도 → 라는데도 → 란데도〉란대두'("즈이 딸이란/랜대두(제 딸이라(고 하)는데도) 하나두 안 같어.")의 두 양상으로도 실현된다. 안면도 지역어에서 '-란대/데두'와 대응할 수 있는 '-란제로' 어형이 나타난다.[104]

---

103) 이기갑(2003: 152)에서 '-이란대두'는 중앙어 '-이라도'와 기능이 완전히 같은 것으로 양보의 의미를 갖는 '-이라도'와 '-는데도'가 혼태를 일으켜 만들어진 새로운 형태로 보고 있다.

104) "족박(쪽박)조차 깨뜰지<u>란제로</u> 그것 안 주면 안 줬지 사람까장 죽일라고 헌게 뭐여.(안면 266쪽)"에서 이 '-란제로'나 그 변이 형태의 용례를 더 찾을 수가 없다. 따라서 의미는 '깨뜰지란대도'를 실현하지만, 이에 대한 구체적인 언급이나 기술은 다음으로 미룬다.

2.3.22 '-바틀루'

(44) ㄱ. 그 말바틀루(말처럼) 사램이라능 것이 달인이나 소인이나 말여……(부 708쪽)

ㄴ. 그래바틀루 인도깨비를 사귀면 말여, 부자가 되는디이…… (부 714쪽)

중앙어 '-처럼'이나 '-대로' 등과 같은 의미를 나타내는 어형으로 (44)의 '-바틀루'가 충남 부여 지역어에서 실현된다. 이 어형의 쓰임이 (44ㄱ)의 '말바틀루'처럼 아주 제한적으로 나타나고, (44ㄴ)의 '그래바틀루'는 체언 없이 '그런 것처럼'의 뜻을 내포한다.

2.3.23 그 밖

(45) 두께비가 너만 살린 게 아니라 우리 고을을 두께비가 살렸구나.(홍민 399쪽)

(46) 오륙십 먹은 사람치구서 아무 탈고 읎이 뇡촌에서 지끼니에 지 밥 먹구……(암소 492쪽)

(47) 아, 그 한 손마자 놓을 수 없겠는가?(홍민 309쪽)

(48) 인자 애기럴 하나썩 업고 피난갔내벼.

(49) 키할래 쪽구 얼굴두 곰보딱지처름 생겼어.

(50) ㄱ. 자식새끼때미/또래/또래미 밥인들/이나 잘 넹기겄어.

ㄴ. 그 말 앓기 때밀레(때문에) 당신두 인제 살게 됐구.(홍민 509쪽)

ㄷ. 수박땜시 성지간이 싸우구.

ㄹ. 사람들이 많이 깐보고 이렇게 하기뜨램에[105]……(연기

105) '-뜨램에'는 '-뜨래메〉-뜨래미'로 변화형을 실현할 것으로, '-또래미'와 음운론적으로 밀접한 관련을 갖는다.

269쪽)

(51) 그 땐 곤 저가지구 개떡 해먹었어.

(52) '비 오너라 마라' 했졌소만서도 전설은 그래유.(안면 317쪽)
어린애가 깜짝 놀래더니만서두……울음을 운다 그거여어.(부여 1013쪽)

(53) 들어가더니마는 뭐라구 하더니마는 사랑방문을 열어 주거든.(부여 1107쪽)
크더니마는 이게 재주가 비상해가지구서나……(부여 1003쪽)

'-단독'의 의미를 실현하는 '-만'이 '-먼'으로 쓰인 예가 보이지만, 이는 개인어로 나타나고 대부분 '-만'으로 실현하고(45), 중앙어와 형태, 의미 등이 같다. 나아가 '-치고'는 '치구'로 교체되고(46), 충남 방언에서 잘 쓰지 않는 '-마저'가 (47)에서 '-마자'로도 실현된다. 이는 충남 내포 지역어에서 상승 모음화와 대립되는 것이다. (48)에서 '-씩'이 '-썩'으로, (49)에서 '-처럼'이 '-처름' 등으로 쓰이고, '-인들'(50ㄱ) 등이 나타나지만 중앙어와 통사 구성 및 의미 양상이 같다. (51)에서 '-가지고/구'는 문법화로 '(고은 겨)로'의 의미로 쓰인다. (52)에서 중앙어 '-마는'과 유사한 '-만서도/두'는 어말어미에 후행하여 앞 절과 뒤 절을 연결한다. 충남 방언에서 이 (53) '-마는'은 중앙어와 형태, 통사, 의미 등이 같아 따로 논의하지 않는다.

그리고 중앙어 '-서껀'은 충남 방언에서 쓰임의 용례를 찾을 수 없다. 특히 이기갑(2003: 191)에서 '-때문에'와 대응하는 충남 방언의 '-또래미'(50ㄱ)를 '-때밀레'(50ㄴ) 등으로부터 '음절 도치에서 생겨난 새로운 변이로 조사로의 재구조화가 일어난 것'으로 보고 조사로 논의하였다. 그러나 이 '-때문에'의 변이형들은 '-또래, -또래미, -때밀레, -뜨랩에' 그리고 '-땜시(50ㄷ)' 등으로 다양하지만 보조사로의 설정은 좀 더 고찰할 문제이다.

2.4 마무리

지금까지 일상 담화나 구전 설화 등 구어체에 나타난 충남 방언의 격조사와 보조사의 형태, 통사, 의미 등에 대하여 논의하였다. 그 내용을 간단히 요약하면 다음과 같다.

조사의 변이 형태로 상승 모음화, 하강 모음화, 음운 첨가와 자음 교체 등에 대하여 간략히 고찰하였다. 조사는 격조사와 보조사로 나누어 기술하였다. 격조사는 격 표지를 실현하는 굴절 어미로 문법 단위로서의 격을 나타내고 있다. 충남 방언에서의 격조사는 주격 조사, 목적격 조사, 관형격 조사, 부사격 조사, 접속 조사, 호격 조사로 분류하여 논의하였다. 그러나 부사격 조사는 그 다양한 의미 실현에 따라 여격, 처격, 도구격, 비교격 등으로 분류하여 고찰하였다.

주격 조사로 '-이/가, -께서, -에/이서'와 '-이가, -다가, -라가, -이라/-라 등에 대하여 그 쓰임을 살펴보았다. 특히 충남 방언에서 '-다가'(-다ø)의 '-다가$_1$'은 주격 표지로, '-다가$_2$'는 격조사와 연결하여 처소격, 도구격, 여격 등 다양한 통사 기능을 수행한다. '-다가'는 '-서+(일랑)+(은)+에/이' 등과 결합하여, '-는'의 주제화 기능을 담당하여 강조로 쓰인다. '-다가'는 연결 어미 뒤에서는 앞의 일을 하다가 다른 것으로 옮겨 가는 의미도 실현한다. 또한, 중앙어와는 달리 격조사와 통합 없이 직접 명사 뒤에서 주격 표지로 나타난다. 그리고 충남 방언에서 '-라가'는 주격 표지로 나타나 '-다가'와 교체될 수 있다. 충남 방언에서 '-라가'(-라ø, -라가서)는 '-이/가'로 교체되어 주격을 실현하지만, 지적하거나 지정하여 강조함에 쓰인다. '-라가'는 '-다가'와는 달리 통사 기능이 제한적이어서 보조사로 설정하기 어렵다.

목적격 조사는 '-을/-를'의 변이 형태 '-얼/-럴'이 주로 쓰이거나, 생략된다. 관형격 조사는 '-의'의 변이 형태 '-우 u, -으 ɨ, -에 e, -이 i' 등이 실현되고, 특히 '-ㅅ s'의 용법은 단순한 관형격 조사 이상으로 중세 국어와 같이 관형절을 구성하는 기능으로 쓰이고 있다.

부사격 조사는 그 의미나 쓰임이 다양하다. 여격 조사는 '-에게'보다 '-한테/-한티'가 더 사용되고, '-더러/-드러, -보구'가 나타난다. 처격 조사는 '-에, -에서, -으로' 등의 변이 형태가 다양하게 쓰인다. 이들은 '-이다가, -이서, -이서다가, -이루/-으루, -이루다가' 등과 특이하게 '-에가/-이가, -이라, -일랑' 등도 나타난다. 도구격 조사 '-으로'는 '-이루/-으루' 등이 행위나 상태의 수단, 원인, 양태, 시간에 의한 이유, 지향 등에 쓰이고 있다. 비교격 조사 '-보다'는 '-보더'와 '-보담/-보덤' 등으로 실현된다. '-보다'는 전제에 대한 대조나 강조 구문을 구성하지만, 다양한 통사 구성이나 의미 기능이 없어 비교의 부사구를 실현하는 조사로 볼 수 있다. 여격 표지 '-더러'와 '-보고/-보구'는 입말에 주로 사용하는 데 충남 방언에서 '-보구'는 〔-유생〕, 〔+인간〕 자질과도 결합하여 나타난다. 특히 이들은 여격 조사 '-에게, -한테/티'와는 다른 통사 구성을 실현하여, 격 기능은 약화되고 의미 기능이 강화된다.

조사 '-와/-과, -하고, -이랑' 등은 동반과 접속 기능을, '-에, -이여, -이요' 등은 열거와 접속 기능을 지니고 구와 구, 문과 문이 서로 관련을 맺고 있어 상관격 조사로 볼 수 있지만, 이 책에서는 이들을 일단 접속 조사로 다루었다. '-하고'의 변이 형태는 '-허구, -여고'로도 실현된다. 호격 조사는 같이 '-아, -야/-여, -이시여' 등으로 중앙어와 같다.

충남 방언에서 보조사 '-부터'는 '-부터, -부텀, -버터, -버텀, -부텅' 등의 변이형들이 쓰이지만, 그 의미는 처음 시작으로 시간과 공간의 이동이나 변화 등의 구문에서 출발점을 실현한다. 충남 방언의 '-까지'는 '-까/꺼지, -까/꺼징, -까/꺼장, -까/꺼정' 등 다양하게 실현된다. 이 '-까지'는 중앙어 '조차, 마저'의 쓰임을 대신하여, 그 의미의 영역이 확장되어, '미침, 극단, 또한, 역시', 나아가 '-끼리'와 같은 '함께'의 뜻으로도 실현된다. '-도'는 상승 모음화 '-두'로 실현되는데 '동일함, 강조, 극단' 등의 뜻을 나타낸다.

충남 방언에서 '-까지, -조차, -마저' 등의 의미를 실현하는 '-할래(-할라, -할채, -한채)'와 '-한지(-한치)'가 보조사로 쓰인다. '-할래'는 말하는 이가 추정할 수 있거나 기대할 수 있는 가능한 것의 실현에 쓰이고, '-한지'는 일어나서는 안 될 극단적인 것이 이루어진, 기대 밖의 일이 실현됨에 쓰인다. 그러나 이들은 충남 지역에 따라 쓰임이 달라, 그 의미의 영역 또한 다르다. 대체로 '-까지'로 대처할 수 있지만, '-조차, -마저' 등과 통사 구성이 다르다. 굳이 분류하자면, '-한지'는 '-조차'와, '-할래'는 '-마저'와 의미 기능이 유사하지만, '-까지'로 그 쓰임이 확장된다. 그리고 중앙어 '-은커녕'과 대응하는 충남 방언의 '-사리, -살이, -살리, -사례, -실이'와 '-커녕, -카장'의 구성은 '-일랑+사리', '명사+카장', '-은+커냥/커녕'으로 구분하여 실현한다. '-사리'는 '-커녕'보다 통사 구성에서 선행 조사의 생략, 이동 등에서 제약을 받는다.

'-일랑'은 주제의 '-은/는'과 같은 기능을 수행한다. 그 '-일랑'은 통사 구성이 '명사+, 조사+, 어미 -서+' 뒤에서 다양하게 통합되고, 주제화의 '-은'과 '-사리'에 선행하여 결합한다. 그리고 '-일랑'은 어미 '-서'와 통합형 '-설랑'과 '-설람'의 두 어형으로 나타나는데, 이들은 주제화 '-은/는'과 결합하여 '-서라무네/니, -설라무네/

니'로 강조에 쓰인다. '-는/은'과 '-넌/언'은 주제와 대조, 단정적 의미를 실현한다. '-은/는'과 유사한 기능을 수행하는 충남 방언의 '-니, -시니, -시리, -서루, -두루' 등은 앞 체언의 의미를 강화하는 주제화나 강조로 실현되어, 중앙어와 모든 면에서 그 기능이 같지는 않다.

'-마다'는 '-마두, -마당, -마둥, -마정' 등의 변이형이 나타나는데, '늘 같음, 주기적 반복, 변화 없음'의 의미를 실현한다. 그리고 '-도리'가 '-마다'와 같이 일정한 기간에 행동이나 상태의 반복적으로 일어남에 쓰인다.

충남 방언에서 유사함의 의미를 실현하는, '-만치, -맨치, -맨침'은 전제와 '동등함'에, '-마냥'은 '낮춤'에, 그리고 '-만도'는 전제된 것보다 못한 '열등'에, '-만이나'는 '동등함'이나 '열세' 비교에 두루 쓰인다. '-마냥'에 대응하는 '-말루'와 '-매루', 그리고 '말마따나, 말처럼'과 같이 '말' 뒤에서 실현되는 '-앙쿠', 그리고 '마따나'의 '-따나'가 나타난다. '-말루'는 'Vst던+말루'의 통사 구성을 실현하지만, '-자마자'의 연결 어미로도 쓰인다. '비교'의 '-보다'는 '-보더/-보덤/-보담, -버더/-버덤, -보당' 등의 변이형들이 나타난다.

충남 방언에서 '-들/-덜'은 어미, 부사어, 인용문 등에서 복수 표지로, 나아가 '-지+를'과 같은 통사 구성으로 '말다' 부정문과 공기하고, 한 문장에 여러 번 실현하며, 보조사의 중첩과도 결합하는 등 다양한 통사 의미 기능을 수행하고 있어 단순히 접미사로 보기는 어렵다. 그러므로 충남 방언에서 '-들/-덜'은 그 기능을 세분하여 논의할 필요가 있다.

'-야'와 '-사'는 서로 교체하면서 다양한 격 표지로, 어미와 결합하는 통사 구성을 실현하여, '힘줌, 강조', 나아가 '대조'의 뜻으로 쓰인다. '-배끼(밖에)'는 전제된 것 이외는 더 없거나 다른 사건, 상황 등이 일어날 수 없음, 또는 범위의 한계를 나타내면서 부정문과 공기한다. 특히 'Vstㄹ+배끼' 구성에서는 의존 명사 '-수밖에'의 의미를 지닌다. 충남 방언에서 '-간/깐디, -까니' 등은 긍정문과 공기하지만, 의미 내용은 부정 표현이다.

종결 감탄 보조사 '-그려'는 '-그랴, -그류' 등의 변이형으로 실현되고, 높임의 종결 보조사 '-요'는 '-유'로 나타난다. '-유'는 다양한 발화 맥락에서 높임 표현으로 말하는 이가 듣는 이와의 관계를 투영하고, 덧말로 쓰일 때는 생략이 가능하다. '-만서도/두'는 '-마는'과 비슷하고, '-마는'은 문법론적 특성이 중앙어와 같다.

나아가 충남 방언에서 '-만, -씩/-썩, -인들, -처럼/름, -가지고/구' 등은 중앙어와 통사·의미 기능이 같고, '-서껀'은 쓰이지 않는다. 특이하게 충남 방언에서 '-바틀루(-처럼)'와 '-란/랜대두(-라도)'의 어형이 보조사로 나타난다.

제 3 장

충남 방언의 어미

제3장 충남 방언의 어미

3.0 들어가는 말

실제 담화 자료에서 나타나는 충남 방언의 어미의 형태와 통사, 나아가 통사 의미론적 특질을 논의하고자 한다. 좀 더 범위를 좁혀 말한다면, 충남 방언에서 실현되는 어미 특징을 분석·기술하려는 의도를 가지고, 이 논의를 출발하려고 한다. 충남 방언의 어미는 선어말 어미와 어말 어미로 나누어 기술할 수 있다. 선어말 어미는 시간 표현[1]과 높임 표현을 실현한다. 어말 어미의 양상도 연결 어미와 종결 어미, 전성 어미로 실현된다. 종결 어미는 상대 높임법과 문장 종결 표현을 실현하고 있다. 연결 어미도 내포 어미와 접속 어미를 포함할 뿐만 아니라 그에 대한 세부적 논의에서는 명사형 어미, 관형사형 어미, 부사화 어미 등으로 기술할 수 있다. 그러나 충남 방언에서 실현되는 명사형 어미나 관형사형 어미는 중앙어와 그 형태·의미 양상을 같이하고 있어, 별도로 기술할 필요는 없다. 접속 어미도 대등접속 어미, 종속접속 어미에 대한 구체적 논의가 필요할 것이다. 그리고 종속 접속 어미를 부사화 어미에 포함하여 기술하는 방법도 고려할 수 있다.

충남 방언의 어미의 형태나 문법적 특징 전반을 논의한다는 것

1) 시간 표현이란 시제와 상을 다 수행하므로 시상 대신에 학교 문법의 용어 체계를 따랐다(교육부 2002).

은 국어 문법 전반과 관련을 맺고 있어 매우 어려운 작업이다. 그것은 충남 방언의 어미 형태가 단일형과 통합형으로 구성되었을 뿐만 아니라 융합형으로 나타나기 때문에 구체적인 형태 분석이나 통시적 관련성에 대한 논의는 소략하게 다루기로 한다. 문장과 문장에 관련한 종속 접속과 대등 접속 어미를 함께 기술하는 방법론을 모색하여 이들을 연결 어미로, 종결 표현과 관련되는 종결 어미로 크게 나누어 기술할 것이다. 그리고 시간 표현 어미에 대하여도 간략하게 기술하기로 한다. 그리고 융합형 어미로 실현되는 '-데'와 '-댜'의 성격에 대하여도 논의할 것이다. 중앙어와 다른 충남 방언에서 문장과 문장에 관련한 어미의 양상에 대하여 논의하기로 한다. 충남 방언에서 나타나는 그 어미가 중앙어와 형태나 통사 구성과 그 의미가 같은 것은 가급적 논의하지 않기로 한다.

그리하여 실제 발화 자료에서 나타나는 충남 방언의 독특한 어미의 통사론적 특질을 논의하고자 한다. 물론 그러한 통사론적 구성의 특성이 꼭 충남 방언에서만 실현되는 것은 아니라 하더라도 다른 방언권과의 비교를 통한 차별화를 시도하려는 것은 아니다. 다만 충남 방언 어미의 통사론적 특징을 분석하고, 기술하려는 의도를 가지고 그 성격을 구명하려고 한다. 충남 방언에서 나타나는 어미의 통사론적 특징에 대한 논의는 다양한 고찰이 필요하다. 그것은 통사론 연구가 의미론과도 밀접한 관련성을 맺고 있기 때문이다. 이러한 점에서 이 장에서는 충남 방언의 어미에 의하여 실현되는 통사 구성과 그 의미에 대하여 간략하게 기술하게 될 것이다. 이러한 작업을 통하여 충남 방언의 어미 체계를 밝히고, 그 독자성을 수립할 수 있는 계기를 마련하는 데 이 연구의 목적을 두고, 논의를 전개하기로 한다.

3.1 연결 어미

충남 방언에 나타나는 연결 어미는 중앙어와 의미론적으로는 큰 차이를 보이지는 않는다. 대체로 형태 음운론적 차이가 대부분이고, 통사 구성에서 약간의 다름을 보이고 있다. 그러면서도 충남 방언의 연결 어미의 양상은 크게 종결 어미와 그 형태와 의미가 같은 단일형과 단일형에 조사, 의존 명사, 보조 동사와 연결하는 통합형 어미로 크게 양분할 수 있다. 그럼에도 불구하고 이들의 형태가 융합형으로 나타나는 연결 어미 또한 실현되고 있다. 그러므로 이 연구에서는 가능하면, 단일형 중심으로 기술하지 않고 통합형 어미로 실현된 연결 어미 그 자체만을 주로 기술할 것이다(-놔서, -어두, -다가니, -다락, -어서니, -니깐두루, -(으)매 등).

나아가 충남 방언에서 연결 어미의 음운론적 변별성은 '-아'가 '-어'로 상승 모음화를 실현하거나, '-오'가 '-우'로 고모음화를 보인 경우가 많다('하고→허구', '보고→보구' 등). 따라서 연결 어미 '-고, -(어)도, -(으)로'도 '-구, -(어)두, -(으)루'로 상승 모음을 실현하여 교체된다. 나아가 이들 어미에서 '-고서, -아서' 등도 '-구서, -어서'로 실현되어 음운적으로 교체되는 경우가 대부분이므로 가급적 음운론적 분석은 특이한 경우를 제외하고는 달리 기술하지 않을 것이다.

3.1.1 '-(으)면': '-문, -믄, -먼'

(1) ㄱ. 긔약치루고 왔다믄 물건 찾어 오야지 장사헐 거 아니냐!(대 298쪽)
엣날에는 벼슬 할려믄 엄하구 한디,(청양 1423쪽)

ㄴ. 아무구 천량내면 하룻저녁 소일을 헙니다.(부 474쪽)
죽은 사람 똥구녁이다 대구서 이 눔 불으면 살어난다.(부 575쪽)
귀신이걸랑 피하구 사람이면 뒈져라.(공 675쪽)

ㄷ. 그거 남편 삼우먼은 속만 썩이지.(대 316쪽)
에 그눔 끌구 가서나 장물을 먹으머넌 허물을 벗어가지구 사람이 될 것이다.(공 512쪽)

ㄹ. 그래 올라갔으먼사 한 번 이렇게 되는디……(부 697쪽)

가정이나 조건[2]을 나타내는 연결 어미 '-(으)면'은 '-먼', '-믄', '-문' 등으로 실현된다. 이는 '-(으)면'이 단모음으로 실현되거나, 단모음을 거쳐 /으/는 원순, 고모음 /우/로 교체되기도 한다. 충남 방언에서 이들은 말하는 이의 가정, 조건 등에 쓰인다.

(1ㄷ)에서 '-먼은, 머넌'(먼+은〉언)은 연결 어미 '-면'에 보조사 '-은'과의 통합형이다. 충남 방언에서 어말 어미 '-면'은 보조사 '-은'과 통합형을 실현하지만, 그 '-은'의 통사 의미는 약화되어, 대부분 강조의 의미를 실현한 '-먼은〉머는/머넌'으로 쓰인다. (1ㄹ)에서 '-으먼사'(으면+사)는 강조 '-사'와 통합형으로 쓰이는데 이는 '-먼야'로 대체된다.

3.1.2 '-(으)며': '-(으)메'; '-(으)면서': '-마', '-ㅁ서'

(2) ㄱ. 가마 큰 걱정여.(대 747쪽)
(잡곡밥을) 해 주인께 그냥 가마서(가면서) 붓을 꺼내서……(당 319쪽)
밥한 술 주면은 며칠을 굶어가매 공부한다 이거여.(청 1423쪽)

2) 이익섭·임홍빈(1983: 261)에서는 '-면'을 가상 조건의 부사절로 보고 있다.

ㄴ. 여름이먼 꼭 데리고 옴서 해수욕도 해.(뿌 117쪽)

ㄷ. 사랑얼 함선/함서나 살았댜.

그 쥥이라는 이는 산신령 도사람서나 피난시킬라구 그냥 절을 맨들어 놓구,(공 512쪽)

불을 안 끄는 것이면서두 불을 껐는지 어쨌는디,(공 514쪽)

ㄹ. 걸방질머지구서 나가머루. "쥔 안녕히 계슈." 그러머루 인사하구 나갔단 말여.(대 52쪽)

ㅁ. 니가 내게 댕기먼설랑 삼년을 글을 읽었는디 니 승두 몰르구……(부 711쪽)

인저 몇 달을 인저 참 숨어 댕이먼설랑은 사는디이,(부 477쪽)

ㅂ. 그 양반 나가머부텀 그저 돈이 자꾸 들와싸서,(부 484쪽)

댕기메 문전걸식을 한다메?

동시에 다른 사건이나 행위, 일 등이 일어날 때 쓰이는 연결 어미 '-(으)면서'는 '-으먼/믄/문서'로 단모음화로 실현되지만("어른내 밥을 허믄서 쌀을 째김씩 쥐어 주었데유." 홍민 343쪽) 충남 지역이 토박이에 따라서는 (2ㄱ)의 '-(으)마', '-(으)마서', '-매'와 (2ㄴ)의 '-(으)ㅁ서'와 (2ㄷ)에서는 '-(으)ㅁ선'(-(으)ㅁ서+ㄴ), 또는 '-(으)ㅁ서나'(-(으)ㅁ서+나), (2ㄹ)에서 '-머루'(나가+머루) 등으로 형태교체를 보이고 있다. 이 '-으면서'는 '-으며+서'〉'-으면서'의 통합형으로 실현된다(이기갑 2003: 352). 따라서 '-(으)ㅁ선'이나 '-(으)ㅁ서나'와 '-머루'는 '-으면서+는'의 의미를 지닌다.

'-으며'는 충남 방언에서 '-머, -메/매' 어형으로도 실현된다(2ㅂ). 충남 내포 지역인 서해안 쪽에서 아직도 '-으며'의 어형을 유지하는 '-머, -메' 등의 예들이 구어체에서 많이 나타난다.[3] 나아가 '-으

3) "댕이머 구경해보라.(보령 지역어)

면서'는 '-으멘서'의 변이형을 실현한다. 이는 충남 방언에서 순음 아래 이중 모음 /여 yə/가 단모음 /에 e/로 실현되는 경우가 많기 때문이다. '-면서'는 '을랑+은'의 통합형 '먼+서+을랑'이 나타난다. 그리고 '-머부텀'은 '-며부터'와 '-면서부터'의 의미를 지니는 통합형 어미이다. 그러나 통사 의미 면에서 볼 때, '-으며'의 '-으메'와 '-으면서'의 '-마, -머루'는 선행절과 후행절이 나열 관계로 연결하면서 그 차이가 별로 없다.

물론 중앙어는 통사 구성에서 '-고'[4], '-으며'가 동시 병행에 쓰이고, '-으면서'는 동시 병행과 후행절의 상황이 시작됨과 선 · 후행절의 내용이 상반됨을 실현하고, 접속문에서 차이를 보이고 있다. 윤평현(2005: 18)에서는 '-고, -으며'는 단순 나열로, '-으면서'는 중첩 나열로 보고, 통사 구성에서 '자리바꿈'과 '명제 나열'에서의 차이를 논한 바 있다. 이익섭 · 임홍빈(1983: 261)에서 '-며'는 선후행절의 주어가 다르고 동시적일 때는 '등위 접속'의 차이가 없어지므로 시간의 부사절로, 주어가 같고 동시적일 때 동사구 보문과 차이가 없어 수단이나 방법의 부사절로 다루고 있다.

현대 충남 방언에서도 그러한 통사 구성에서의 차이는 실현된다. 그러나 충남 방언에서 통사 구성에서의 그러한 차이는 담화 상황에 따라 꼭 그렇게 실현되는 것만은 아니다. 충남 방언의 구어체 담화에서 나타난 (2ㄱ)의 '굶어가매 공부한다'는 가난하여 어쩔 수 없이 '굶으며/면서 공부한다'는 의미를 실현하는데, '공부하매 굶는다'는 주체의 의지에 의하여 '공부하며/면서 굶는다'는 명제를 함의하기 때문에 자리바꿈의 경우 의미 차이가 있다. 또한, (2ㄷ)도 '사랑얼 함선/함서나 살았다'는 주어가 같지만 '살면서 사랑했다'로 자

댕기머 공부럴 하넌디.(대전 지역어)"

4) 충남 방언에서 '-고'는 '-고/구'의 이형태가 나타나지만, 그 통사 구성이나 의미는 중앙어와 같다. '-고서'에 대한 구체적 논의는 3.1.6을 참조할 것.

리바꿈이 가능하기 때문에 동시에 두 행위가 이루어지는 '동시 병행'의 경우에도 위치 이동에서 의미의 차이는 별로 없다.

3.1.3 '-자면': '-자매, -매'

(3) ㄱ. 개가 집산이꺼정 오자면 너무 심들잔어유.
ㄴ. 우리 어머니를 모시자매 내 이 숯장수를 해서……(공 670쪽).
ㄷ. 넘 보매 우세스러워.
ㄹ. 넘 보매보담두 내가 우세스러워.

이유나 원인, 조건 등을 나타내는 연결 어미 '-자면'에 상당하는 어미형으로 충남 방언에서는 '-자매'('-자+음+아/어')가 쓰이고 있다(3ㄴ). 안병희·허경(1992: 182)에서 이 '-매'는 중세 국어에서 원인에 쓰였는데, 이는 동명사 어미 '-ㅁ'과 처소격 조사 '-애'의 통합으로 보고 있다.[5] 그러나 (3ㄷ)에서 '-매'는 조건의 의미는 거의 없고(*남이 보면 챙피스러워), 원인을 나타내는 '남 보기에 챙피스러워' 정도의 의미를 실현하지만 충남 방언에서 그 쓰임은 상당히 제한적이고, 그 용례 또한 찾기가 어렵다. (3ㄹ)에서는 명사형 어미 '-기'로 나타나 '남 보기(에)보다'로도 쓰이고 있다.

3.1.4 '-어야': '-으/이야', '-으야구'

(4) ㄱ. 남자 수중이 돈이 있이야 하닝개.(부 822쪽)
그 사람얼 데려다 사위 삼으야 겠어.(대 647쪽)
사람쥑인 눔은 죽으야 한다.(부 739쪽)

5) "患亂하매 便安히 사디 몯ᄒᆞ소라.(두초 8: 43)
머리셔 ᄇᆞ라매 노피 하ᄂᆞᆯ해 다핫고.(박초 상 68)"

그 책을 읽으야 인저 사람으루 환원한다 이거여.(부 732쪽)

ㄴ. 지금 물두 잡우야구, 가래질두 허얄낀디, 왜 그러커구 있는냐?(대 87쪽)

ㄷ. 그 책을 읽으야+(지, 만, 들, *부텀, *까정, *마정) 사람으루 환원한다.

그 책을 읽으야 사람으루 환원한다./ 하느냐?/ 하는구나!(*하자/*하세)

중앙어 '-어/아야'는 반드시 그렇게 하여야 하거나, 행위자가 당연히 그래야 할 의도를 뜻할 때 쓰이는데, 그 변이형으로 충남 방언에서는 '-으야', '-우야', 그리고 '-이야'가 나타난다(4ㄱ). 행위주의 의지나 행동을 나타내는 특이한 변이형에 통합 어미 '-으/우야구'(으/어야+하고 → 어야고 → '-우야구')가 실현된다(4ㄴ). 그리고 이 '-으야'는 중앙어와 같이 후행 어미나 조사와의 연결에 제약을 받고, 주로 평서문, 의문문, 감탄문에 실현된다(4ㄷ). 이러한 통사적 제약은 '-을라구'와 같이 청유문과 명령문에는 나타나지 않는다.

3.1.5 '-어서': '-어서나/루', '-놔(노+아)서', '-어설랑/설람'

(5) ㄱ. 장가들은 아들두 한 월마 안가서루 또 죽었어.(대 307쪽)

들어오시라구 해서루 앉어서 술을 붜주니께 달게 먹어.(대 272쪽)

ㄴ. 떡을 먹어서나 배가 들 고푸데/구나.(*느냐?, *세, *으마)

집을 추려서나 깔구 잤어.

꽃이 이뻐서나 꺾어 번졌어.

ㄷ. 그래서 나는 갖다 읎앴소.(부 250쪽)

중앙어 '-아/어서'는 까닭이나 원인뿐만 아니라 일의 결과나 상태 지속 등을 나타내는 연결 어미이다. 충남 방언에서 '-아/어서'는 중앙어와 같은 통사 의미를 보이지만 상승 모음화로 거의 '-어서'로 실현된다('잡아서〉잡어서, 살아서〉살어서' 등). 이 '-어서'는 강조를 나타내는 '-나, -루'와 통합한다.

중앙어 '-어서는'은 '-아/어서+는'의 어미 통합형인데, 이에 해당하는 충남 방언 어미로 '-어서루' 형이 쓰인다(5ㄱ). 이 '-서루'는 '-고서루, -며서루' 등과 같이 다른 연결 어미와 통합형으로 쓰이기도 한다.[6] (5ㄴ)에서 '-어서+나'의 통합형 '-어서나'도 나타난다. 이 '-서루(-해서+루)', '-서나(먹어서+나)'의 '-루, -나'는 보조사 '-은' 같은 통사 구성을 이루어 '-어서'와 통합형을 이루지만, 비교나 대조 등의 의미는 약화되어 강조나 주제의 의미만 실현할 뿐이다. (5ㄴ)과 같이 선행절과 후행절의 주체가 같은 경우는 평서문과 감탄문에만 쓰이고, 의문문과 명령문, 그리고 약속의 평서문이나 청유문에서는 쓰이지 않는다. 나아가 (5ㄷ)에서 '-어서나는'(어+서+나+는〉어서+나는)의 '-나'도 보조사 '-는'과 같은 강조 표지인데 또 '-는'이 재통합하여 '사태의 연속성을 강조하는 기능을 수행하므로'(이기갑 2003: 371) '-어서나는'도 하나의 연결 어미로 볼 수 있다. 이러한 양상은 '-어설랑은이'(-어서+을랑+은+이)에서 강조의 '-을랑'과 '-은'의 재통합이 이루어지고 있는 것과 같다(7ㄴ 참조).

(6) ㄱ. 그 죄인이 오놔 보닝께……(부 478쪽)

이 만한 뿌리가 하나 나오놔서……먹었덩가 보데?(부 581쪽)

그저 오놔서 보구서는 대뜸 '너는 내 사위다.'(부 583쪽)

6) 이 '-서루'의 변이형 '-시루'도 나타난다.

아, 인제 참 즈 집이 사는 디를 오놔 보닝깨 쑥대밭 된 줄 알았더니……(부 663쪽)

인저 나오놔서 사랑문 앞이 오놔서 읏〔yɨt〕을 듯네.(부 673쪽)

ㄴ. 도둑놈이 오너서라미……(서민 440쪽)

인저 또 인저 자라란 놈이 오너서,(청양 1441쪽)

ㄷ. 배가 많이 들어오느서 있구 허니깨 색시집이 많어.(뿌 86쪽)

ㄹ. 이놈 너 조선에 오느설랑에 이놈, 난리를 칠라고 온 놈이닝께……(당 555쪽)

충남 내포 지역인 보령, 홍성 등을 비롯하여 서산, 부여, 서천 지역어 등에서는 연결 어미 '-어/아서'에 상당하는 어미 형태 '오+아서' →'오+노+아서'의 '-놔서'는 주로 동사 '오다'의 연결 어미로 쓰고 있는 것이 산견된다(6ㄱ). 이런 현상은 서산, 청양 지역어에서 '-너-'(6ㄴ)가, 태안 지역어에서도 '-느-'의 변이 형태(6ㄷ, ㄹ)가, 보령 지역어에서 '-노/누-'가 발견되기도 한다.[7] '오다'는 중세 국어에서 과거 시상 어미에 '-거-' 대신 '-ᄂᆞ/나-'가 특이하게 쓰였던 흔적으로 기능하고[8], 현대 국어에서도 명령형 어미에 '-너-'가 연결되는 불규칙 용언이다. 그러므로 '-노-', '-너-', '-느-'의 쓰임은 중세 국어 '-ᄂᆞ-'의 잔존 형태소로 볼 수 있다.

(6ㄹ)에서 실현되는 '오느설랑에'는 '오+느+서+을랑+에'의 구성으로 어말 어미 '-어서'에 보조사 '-은/는'과 통합 대신 아직도 '-을랑'이 쓰인다. 충남 방언에서 이 '-어설랑'은 '-어서+을랑〉-어설랑'인데 '-을랑'은 강조 표현으로 나타난다. 충남 방언에서 실현되

7) 이기갑(2003: 369)에서는 '-노-'가 '오다'뿐만 아니라 '허-, 쓰-, 주-' 등에 확대되어 쓰인 것은 변동으로 보고 있다.

8) "二月 ᄒᆞ마 헐오 三月이 오ᄂᆞ니.(두시 10: 7)
世尊끠 오나시ᄂᆯ 世尊이 ᄇᆞ라시니.(월석 21: 7)"

는 이 '-을랑'의 통사 구성에 대하여 좀 더 살펴보기로 하자.

(7) ㄱ. 집으루 오닝개 엄니가설랑은 그 노모가 있다 말하는 소리가……(공 670쪽)

젊은 이쁜 여자가설랑은 혼자 두서너달 지내기가 대간하거던.(공 711쪽)

덤풀 구녁이 인저 잘 안 비는 디가설랑은 감춰놓구 있는 기여.(부 445쪽)

ㄴ. 그래 거길 찾을라구 성주산에 가설랑은 백일기도를 드렸답니다.(공 663쪽)

검시비할래 대납해설랑은이 검사 맡어줬응께……(우리 272쪽)

그 방고래에 가서라무니는 그 떼오쟁이 묶응 것을 가서 내가지구오라아.(부 258쪽)

소원면 외항리에 가설랑으니.(서민 210쪽).

가느라닝깨애, 화장이(상여가) 나가설랑은이 잘 나가.(보 768쪽)

ㄷ. 호랭궤짝에다 넣어설라무네 데리구 가잖았것나비.(당 434쪽)

ㄹ. 부잣집이루 가서름이 있어서름니 뭐 옛날이 뭐 장사두 못하구……(공 680쪽)

ㅁ. 도둑놈이 오너서라미……(서민 440쪽)

내 집을 와서래미 니가 이렇게 걱정을 해주는 거냐.(청양 1436쪽)

ㅂ. 그것얼 발포를 앙쿠서람니는 그답 땅속이다 애를 늫구서……(부 80쪽)

(7)에서와 같이 '-(으)ㄹ랑(-을랑/-일랑)'은 다른 조사나 어미들과 다양하게 통합형을 실현한다. (7ㄱ)에서는 충남 방언에서 주격 조사 '-가'나 주격 조사로 실현되는 '-다가'[9] 등에 연결되어 대조의

'-은'의 통합형 '-설랑은'도 실현된다. 이 '-설랑은'은 (7ㄴ)에서 연결 어미로 '-설랑은+이〉-설랑으니'의 통합형도 나타난다. 나아가 '-서라무니는'은 '-설람은이+는'의 재통합형으로 나타난다.[10] 충남 방언에서 '-을랑'은 연결 어미 '-어서'와 '-고서', '-으니까' 등에 후행한다. 이 '-설람'도 '-설랑'과 같이 다른 조사 '-은, -이' 등과 결합한다. 이 '-설라무네'는 '서+을람+은+에'가 원순 모음화와 상승 모음화를 실현하고, 동음 탈락도 실현한다('설라무네〉설라무니〉서라무니'). (7ㄹ)에서 '-서름니'도 '-설람은이'의 축약으로 융합된 변이형이다. (7ㅂ)에서 '-서람니는'은 '-서름니'의 변이형에 강조의 '-는'이 재통합되어 나타난다. 따라서 연결어미 '-어서'에 후행하는 '-나, -을랑은, -을랑은이, -을라무네/니, -라미-((을)람+이), -름니' 등으로 다양하게 실현된다. 그리고 (7ㅁ)에서는 '-서라미'와 그 움라우트 어형 '-서래미' 등 다양한 융합형 어미가 나타난다.[11]

3.1.6 '-고서': '-구서나/-구서루', '-구설랑/-구설람'

(8) ㄱ. 뱜이 주서 먹구서나 돌아서 가는 거라.

뱜이 주서 먹구서나는 돌아서 가는 거라.

이만저만해서나는 내 돼지를 하나 잡어가지구……(부 260쪽)

가서나는 어트게 참구항구하니 그 여자를 윽구 싶어 아주 우?(부 97쪽)

㉠. 그래서나는 갖다 읎앴소.(부 250쪽)

---

9) "만득으루다가설랑 아들 하나를 뒀단 말여.(공 27쪽)"에서 '-으로다가설랑ø'은 조사 중첩이 4개까지 가능함을 보인다. '-다가'에 대한 자세한 논의는 한영목(2004ㄴ)을 참조할 것.

10) '-서라무니는'은 '서+을람+은+이+는'이 원순 모음화를 실현한 것으로 강조의 '-는'의 의미가 4번이나 반복과 재통합을 거쳐 실현되고 있다.

11) "어느 가이가 배고프니께 먹구서래이 가이가 체했는지 길바닥에다 잔뜩 토해 놓았거든.(청양 1439쪽)"에서 변이형 '-서래이'도 나타난다.

그래서나니는 도루 하여튼지간에……(부 270쪽)

ㄴ. 그래 같이 밥얼 뜨구서루……(대 654쪽)

시를 잘못 너가지구서루 신체를 미리 넣던게벼.(금산 20쪽)

곽을 한참하고서 인저 ㄲ치고서루 모셔야 돠.(한 2004 공주)

ㄷ. 왜등(가등)청정이가 여전 거지 행색을 해구설랑에 거길 지니갔어.(당 555쪽)

서울 거리 워디 가설랑에 평상을 높이 매고설랑에……소경들을 청하길.(당 555쪽)

호랭이 꽁지럴 잡구설랑 밤새 잡아 댕겨.

ㄹ. 이 잔뎅이 타구서라무니 즈이 마당에 갖다 놓더랴.(당 235쪽)

궁둥이다 맞대구서라미.

ㅁ. 아주 운운성쇠 돼가주서는 이렇게 건강하구 좋더랴.(청양 1417쪽)

가둬 놓구서는 있는디, 전부 내 놓구서, 아주 인저, 짐승버터.(홍민 554쪽)

ㅂ. 집얼 내구서는랑 담장속이다가 아흐이를 집어 늫구.(부 79쪽)

ㅅ. 내 몸을 희생해서란대두 부모 살리능게 내 도리가 아닙니까?(부 476쪽)

그 어머니가 참 노해가지구라물랑 자꾸 애기를 헌단 말여.(부 79쪽)

ㅇ. 저 눔 나 조가라구 해설랑은 참 메칠 잘 재월랑은 보냈잖아?(부 81쪽)

그래 또 메어칠 숴가지굴랑은 인제 또 참 노잣랑이나 또 타가지구 나왔어.(부 81쪽)

그래 가설랑은 나무꾼한티 나무 한 짐을 사자나 하굴랑은 슥 량 달라구 허거던?(부 89쪽)

ㅈ. 와설랑은 네에미 그저 냅대 부려잦히국서 가래루다 냅대암 묻어 버렸어.(부 101쪽)

'선행 동작의 상태나 결과가 유지되면서 후행 동작의 진행'(문화관광부 2003: 173)으로 이어지는 지속의 의미를 실현하는 중앙어 '-고서'에 대응하는 충남 방언의 '-고/구서'는 '-는'과 통합한다. 그리고 '-고서는'에 대응하는 '-고서나, -고서루'는 상승 모음화로 '-구서나, -구서루'로 나타난다(8). '-고서'에 '-나'의 통합형 어미 '-구서나'(구서+나)가 나타나고, 또 이것은 '-는'과의 통합형 '-구서나는'(-구서나+는)으로 실현된다. 충남 방언에서 이 '-구서나는'의 '-나'도 '-는'과 같은 강조 표지인데도 불구하고, 또 '-는'이 재통합하여 '사태의 연속성을 강조하는 기능을 수행하므로'(이기갑 2003: 371) '-구서나는'도 하나의 연결 어미로 볼 수 있다. 충남 부여 지역어에서는 '-나는'과 '-나니는'의 어형이 나타난다(8㉠). 그러나 이들은 같은 통사 의미를 실현한다.

충남 방언에서 이들 '-구서나', '-구서나는', '-구서루'(8ㄴ) 등은 동작이나 작용의 지속으로 쓰인다. '-구서나', '-구서루'와 '-구서라미, -구서라무니'(8ㄹ) 등은 중앙어 '-고서는'과 같은 통사 의미를 실현하는데 형용사와의 공기에는 제약을 받는다.[12] (8ㄷ)에서는 '-고/구설랑'(-고+서+을랑)의 융합형 어미가 나타난다. 이 '-을랑'은 '-고서'에 후행하는 통합형 연결 어미로 문장에서 강조를 실현한다(꼬리를 잡고서는 잡아 다녀.). (8ㄷ)에서 '-고/구설랑에'는 '-구설랑'과 처격 조사 '-에'의 통합형 어미로 처격 조사의 '-에'의 기능은 약화된다. 중앙어 '-어서는'에 격조사와 통합은 제약성(-어서는+*가, *를, *에게)을 띠는 데 비하여 충남 방언에서 실현되는 '-을랑'은 다양한 조사들과 통합한다는 점에서 보조사 '-은/는'과 기능이 다르다고 말할 수 있다.

나아가 (8ㄹ)에서 '-을람'의 융합형 '-구설라무니'('-고서+을람+

12) "*꽃이 이뿌구서나/*꽃이 이뿌구설람은/*사람이구서나 그런 짓을 햐." 등에서 형용사나 서술격 조사 '-이다'와는 공기하지 않는다.

은+이')가 나타난다. 이 '-고'에 후행하는 '-설람'도 '-설랑'의 변이형이다. (8ㅂ)에서 '-구서는랑'(-고서+는+일랑>구서는ø랑)은 '-는'에 '-을랑'의 변이형 '-일랑'이 후행하여 통합하는 특이한 어형이다. (8ㅅ)에서 나타나는 '-구라물랑'은 '-고(서)+(을)람+을랑>구람+을랑>구라물랑'으로 생략과 모음 상승을 거쳐 실현된 것으로 '-을랑'이 중복으로 나타나는 특이한 융합형 어미이다. 또한, (8ㅅ)의 '희생해서란대두'에서 '-어서'와 '-란대두'의 융합형 어미가 나타난다. 이 '-란대두'는 '-이라(고)+하+는데+도'의 혼태(이기갑 2003)로 파생된 융합형으로 양보의 의미를 실현하는 '-이라도'와 통사 의미가 거의 같다. (8ㅇ)에서 '가지굴랑은'(가지고(서)+을랑+은)과 '재월랑은'(재워(서)+을랑+은)은 '-서'가 생략되고 연결 어미 '-어'와 강조의 '-을랑'이 직접 통합하는 경우이다.[13] 현재 충남 지역 토박이들은 '-서을랑'이 생략된 '재워øø는 보내잖어'가 실현된다. (8ㅈ)에서는 '고서'의 변이형으로 '-곡서' 어형이 특이하게 나타난다.[14] '-곡서'의 'ㄱ'을 중세 국어 강세를 실현하는 보조사로 보아야 할지는 좀 더 고찰할 필요가 있다(안병희·허경 1992: 151).

이 '-고서'의 통합형들은 선행절에서 행위의 완료가 이루어지고, 후행절의 행위가 일어나는 시간의 계기성을 실현한다(8ㄱ). 하지만

13) "그래 인제 종이를 몇 장을 넹겨주먼랑은, 그거 좀 자알 싸 주쇼.(부 94쪽)"에서 '-면서+을랑+은'에서는 '서+을랑'의 '-설'의 생략이 일어난 경우이다.
"군수가 오머넌 그 아들을 효자라구 데려다갈랑은 갖다가설랑은 상 한 상식 자알 실려 보내여.(부 115쪽)"에서 '-다갈랑은'은 '-다가서+을랑+은'에서는 '-서'가 생략되고 융합된 어미다.
"인저 정자거리 이 근방이다갈랑은 조오흔 집을 져 가지굴랑은……둬놓구 그랬단 말여.(부 121쪽)"에서도 서술격 조사 '-이다'에 후행해서도 '-서'가 생략된 표현이 나타난다.

14) 보령 지역에서 '-고 하니'가 '-곤/군 하니'로 나타난다.
"독사가 인저 그눔이 죽을 때 뭐잉군 하니,(보 315쪽)
살림은 인저 헤(해) 줄 사람은 누궁곤(누군고) 하니 장선달이란 자여.(보 307쪽)"

(8ㄷ, ㄹ)에서는 선행절에서 행위의 완료가 이루어지고, 그 상태가 지속되면서 후행절의 행위가 일어난다는 점에서 차이를 보인다. (8ㅁ)에서는 '-고서는'이 연속되는 경우 강조 표지(-은/는)는 생략된다.

3.1.7 '-도록': '-도락/-더락/-드락', '-드래', '-리'

(9) ㄱ. 우리 내외가 사십 평상 되더락 자식이 없어서……(대 272쪽)
한 사십이 넘더락 장가를 못 들었어.(공 59쪽)
밤새더락 밥을 물러갔다.(공 477쪽)
두 달 허더락 귀신이 나타나덜 안한단 말여.(부 736쪽)
ㄴ. 원이 싯갈리드락 그 걸 해결 못 하구서.(청양 1412쪽)
다시금 산소를 모시드락까지 아무 말이 없어.(금 72쪽)
ⓛ. 일본사람들은 참 늙어 죽으드라 일합니다.(금 169쪽)
ㄷ. 그 신체(시체)가 팔대로까지 네려오더락까정 고대로 있소.(부 757쪽)
첫애 낳더락은 그 소리를 못했다.(공 508쪽)
ㄹ. 서장해가지구 늙도락 다니는디.(당 143쪽)
그(주인) 여자랑 밤새도락 얘기를 했어.(한구 94쪽)
ㅁ. 죽 당장 죽드래 모탰어.(한 2005: 33)
(10) 징그리 가난햐. 옛날은 징그리도 가난했네.(공 667쪽)

'한도나 목적'을 나타내는 중앙어 '-도록'에 상당하는 충남 방언의 어미형으로 '-더락'(9ㄱ)이 나타나고, '-더락'의 상승 모음으로 '-드락'(9ㄴ)이 쓰이고 있고, (9ㄹ)에서 '-도락' 어형이 나타난다. 그러나 (9ⓛ)에서 '-죽으드라'가 나타나는데, 이는 '-드락'의 변이형이다. 이들 변이형들은 어떤 행위가 어느 정도까지 도달함을 기술할 때 표현하는데 중앙어 '-도록'과 같다. 그리고 '-더락, -드락' 등은 보조사 '-까지/-꺼정, -은' 등과 격조사 '-을'과도 결합한다(9ㄷ). (9ㅁ)에서는 '죽 당장 죽드래 못 했어(죽, 당장 죽도록 못 끓였어.)'에서 '-드래'가 '-도록'과 같은 의미를 실현한다.15)

그리고 (10)에서 연결 어미 '-리'는 의미상 '징그럽도록 가난해'에 가깝지만, '징그럽게'의 통사 기능을 수행한다. '징그리'가 보조사 '-도'와 연결한다는 점에서 부사형 어미(징그럽게도)로도 기능을 하고 있다.

3.1.8 '-ㄹ수록': '-다락', '-수록에', '-ㄹ쓰락/쑤럭'

(11) ㄱ. 자꾸 허다락 잡을 수가 있는 거니껀.(뿌 92쪽)
ㄴ. 통발은 이건 많이 있다락 좋아.(뿌 93쪽)
ㄷ. 그럴수록에 몸만 상허지.
ㄹ. 그라면(그렇게 하면) 그럴수/쑤록 몸만 상허지.
ㅁ. *자꾸 허먼 자꾸 허다락 잡을 수가 있어.
ㅂ. 안저쓸쓰락, 안질쓰락, 이글쑤럭,(한 2006: 266)

중앙어의 '더해감꼴'(익심형)(최현배 1939)인 '-을수록'에 상당하는 뜻을 지닌 '-다락'이 태안 지역어에서 나타난다. 충남 태안 지역어에서 실현되는 '-다락'은 종결 어미 '-다'에 '-락'의 통합형 '-다+락'이다(곽충구 1992). 이 '-다락'은 중앙어의 '더해감꼴'의 '-을뿐더러'와 대응되는 통사 의미는 나타나지 않고, 대체로 '-을수록'과 대응된다. 이 '-다락'도 동사나 형용사와 통합한다. 형용사와 통합하는 '-다락'(11ㄴ)은 이익섭·임홍빈(1983: 263)에서 언급한 '정도나

15) '-드래'는 '-드락+에'의 융합형으로 볼 수도 있지만, 고어에서 "저 ᄌᆞᆺ치 늙도록애(청구: 18)"나 "어름눈 다 녹고 봄 곳치 픠도록애(송강 2: 15)"에서 나타나는 '-도록애'의 융합형 어미에서의 변화 가능성은 좀 더 고찰할 문제이다.

빈도가 점점 심해짐'을 의미하는 '강화'의 연결 어미로 볼 수 있다.

충남 보령 지역어에서 '-을수록+에'가 나타난다(11ㄷ). '-을수록에'는 허웅(1995: 1045)에서 "모든 것이 볼수록, 들을수록에 기가 막힐 일뿐이다." 등의 예를 들고, 이 '-에'는 '아무런 뜻이 없이 덧붙이는 형태소'로 보고 있다. (11ㄹ)에서 '-을수/쑤록'은 '가정 조건'의 '-으면'에 후행하는 반복적 통사적 구성에서 잘 실현된다.[16] 그러나 '-다락'은 그러한 통사 구성에서 제약을 받고 있다(11ㅁ).

(11ㅂ)은 논산 지역어에서 '-ㄹ수록'에 대응하는 '-을쓰락'과 '-을쑤럭'이 나타난다. 이는 '-수록'과 '-다락'과의 혼태라기보다는 '-ㄹ수록'의 변이형으로 볼 수 있다.

3.1.9 '-니까': '-니께, -응깨, -닝깨, -닝깨루, -닝깐'

(12) ㄱ. 예전이니께 국유지지.(아 67쪽)
밭또 풀이 나니께 골타서 심어.(한 2005: 55)
자시 보니깨 나이가 어려두 예쁘잖은감?
보니께 현상 살어서 마냥 그 혼이 자기가 보이께 오네.(청양 1432쪽)
ㄴ. 욕은 봤는디 지사 헛지냈은께 가거라.(청양 1432쪽)
밥 먹응깨 술 먹고 접지.
ㄷ. 보이깨 뚱그런 기계가 섰더라구.(뿌 29쪽)
ㄹ. 뭐이가 있는디 보닝깨, 줏어 보닝깨 금뎅이란 말여.(부 438쪽)
동네 앞이를 들어가보닝깨 빈집이 있더라 이거여.(공 686쪽)
내가 먼저 봤이닝깨 이렇다.(부 242쪽)

16) 충남 방언에서 선행절 '-을람'은 후행절에서 반복 통사 구성에 잘 호응하여 대조를 이룬다.
"내외가 나라서 죽여줄람 그냥 죽여 주시지 이게 무슨 말씀이냐.(부 696쪽)"

ㅁ. 첩번이는 거기다 뭐 노닝까.(부 238쪽)

'이유와 원인' 등을 표현하는 연결 어미 '-(으)니까'는 충남 방언에서 다양한 형태로 실현된다. 남기심(1994)에서 이 '-으니까'는 이유와 원인뿐만 아니라, '경험과 발견의 뜻을 가질 때는 선행절에 시간 표현 형태소 제약, 서술어 제약, 종결 표현 제약 등 통사 특성을 달리함'을 논의한 바 있다. 충남 방언의 (12ㄷ)에서도 신부가 예쁜 것은 본 것이 이유나 원인이 아니라, 잘 보니까 나이가 어려도 예쁘다는 그런 의미를 내포하고 있다. 따라서 '자세히 보니까 예쁜 것을 알았다'는 경험(발견)의 인식이 될 것이다. 이상태(1995: 245)에서 '-으니까'는 선행절의 사태 발생이 후행절의 사태 발생을 야기하거나 함축하는 동시 발생적인 적극적 조건 관계로 보고 있다.

이 '-으니까'는 '-으니+까'로 분석하는 경우, '-으니'보다는 강조적 표현에 쓰인다. '-으니까'에 상당하는 어형들은 선행절의 행위에 대한 원인이나 까닭이 후행절에서의 판단이 주관적인 해석이나 인지 경험에 따라 이루어진다. 이는 '-으니까'가 필연적 인과 관계보다 말하는 이의 주관적 이유를 제시하는 경우에 주로 나타나기 때문이다(문화관광부 2003: 174). '-으니까'에 상당하는 충남 방언의 다양한 어미형을 살펴보기로 하자.

1) '-니께'와 '-이께', '-잉께'와 '-이닝개/께/깨', '-은/응깨' 등으로 실현된다.[17)]
2) 다른 어미와 통합하여, '-(잉)게루'(처가집을 찾어 가니게루……(대 56쪽))와 '-(잉)께루', '-이닝깨루' 어형이 나타난다.
3) '-으닝깨네', '-으니깐' 등으로 다양한 어미형이 쓰이고 있다.

17) "그린끼 할 수 없이 한쪽을 땅에다 내려다 놓고……(청양 1428쪽)"에서 '그러닌끼'의 융합형 '그린끼'에서 '-ㄴ끼'의 변이형도 나타난다.

4) 충남 내포 지역인 태안 등의 지역 말하는 이에게서 /ㄴ/이 탈락한 '-이깨' 어미형이 나타난다.[18] 이들 어형 중 '-잉께'는 종결 어미로도 나타난다.[19]

특히 긍정 강조형을 나타내는 연결 어미 '-으니까'는 충남 방언에서 '-니께' 어형이 가장 보편적으로 나타나고, 변이형으로 '-이께', '-잉께'와 '-닝께/깨' 등으로 실현하고 있다. 또한, '-(으)니까'는 '-응게', '-응께', '-으닝께', '-으니까' 등으로 다양하게 실현된다. 따라서 종결 어미 '-다'와 통합하는 '-다니까'('Vst+다+니까')는 '-다닝께'와 '-당께/깨'('산당께, 본당께, 그렇당께')의 융합형 어미로도 실현된다. 이는 '-다니까→다니깨→단깨→당깨/께'로 모음 축약과 동화 현상을 보인다. 홍성 지역어에서는 '-니께'나 '-아께'(김완진 1980)로도 나타난다. 논산 지역어에서는 평음의 '-ㅇ개'("그전이 아부지 고향잉개.(한 06: 11)"/ "우리가 여기 이 핵교 댕길라고 왔다 그랭개나 어디 사냐.(한 06: 22)") 어형이 쓰이고 있다.[20]

(13) ㄱ. 가보니께는 바위가 천상 빽이처럼 생겼어.(청양 1425쪽)
ㄴ. 가서 보니께루 참 큰 장방이다가 차려 놓고서루 앉엇으라구 하더니……(대 269쪽)
이 야이는 영 막무가내께루 할 수 읎이……(대 60쪽)

---

18) 같은 말하는 이의 구술에서 "만나서 보니깨 나이가 어리기는 해도."에서와 같이 '-이깨'와 '-니깨'가 공존하고 있어, 이것을 충남 방언의 한 특징으로 보기는 어렵다. 이때 '-이께'는 비모음 〔iŋkE〕로 실현된다.

19) '-잉께' 어형은 종결 어미에서도 나타나고 있다.
"그것은 아에 읎는 기닝깨.
그걸 봤이넝깨.(공 593쪽)"

20) 유세진(2007: 19)에서는 충남 논산 지역어에 나타나는 이 '-(으)니까'의 변이 형태에 대하여 구체적으로 논의한 바 있다.

뷜 잡어 쥑일라구 대가리를 삐적거리닝깨루 대가리가……(공 34쪽)

모시를 갖구가닝깨루 워떤 사람 하나가……(보 224쪽)

ㄷ. 아아, 그링깨시루 저 눔 잡으라구 막 야단 났네.(부 850쪽)

깨보닝깨시리 꿈이라 그런 말여.(부군 1111쪽)

그 친구닝깨시리 데리구 갈라구 불럭거던?(부 704쪽)

딸은 인저 과년차놓구 그렁개시니 그 딸이 간다는디.(부 681쪽)

ㄹ. 이 그 눔얼 가 물어봉개서는 봣다는 사람 읎더랴.(부 776쪽)

(13)의 예에서 '-니께'는 보조사 '-는'과 결합하고, 서천, 공주, 대전 지역어 등에서는 '-니께루'와 '-닝깨루'의 어미형이 교체된다. 이는 '-니께+루'로 '-루'는 보조사 '-는'과 같은 강조 의미를 실현한다. 그리고 부여 지역어에서 이들 어미들은 '-시루', '-시리', '-시니'와 통합형을 구성하는데(13ㄷ) 대체로 '-는'과 같은 강조 의미를 실현한다.[21] (13ㄹ)에서 '-닝개+서+는'의 어형도 실현된다. 나아가 '-닝개나는'(잉개+나+는)의 어형이 나타난다("과거 장소에 싸악 들어서나는 보닝개나는 과거를 허겄어." 부 76쪽).

(14) ㄱ. 정신을 채려보니깐 큰 바위가 있는데……(아 27쪽)

ㄴ. 인제 비가 껄끔하니깐두루 인제 어디 가서 동냥을 해다가……(아 27쪽)

ㄷ. 인저 찾으니까니 떡 나오더니……(대 60쪽)

그 개똥 그 담 근처에 가서 섰으니꺼니……(온양 1472쪽)

21) 대전 지역어에서 '-시니, -시리, -시루'와 달리 '-니, -리, -루' 등이 탈락한 '-잉께+시' 어형이 나타난다. 이 '-시'는 강조의 '-는'과 같은 의미를 실현한다.
"그러치 이라싱께시.(그렇지, 일하시니까는.)(한 05: 17)"

ㄹ. 분발르구 이럭하니까네 배우가 같이 된단 말이야.(아 60쪽)
산비탈이서 앉어 있으닝깨네 볼따구가 물찬 제비겉은 처녀가……(공 497쪽)

ㅁ. 그러니꺼시 데레 갔거던……친산을 가서 보이니꺼시 아주 나쁜 데여.(아 69쪽)

ㅂ. 하닝깰랑은……(부 82쪽)

충남 방언에 나타나는 '-니깐/-니껀'(14ㄱ)의 통합형은 어말 어미에 '-(으)니까'에 강조의 '-은'의 통합형 연결 어미이다('-니까+(으)ㄴ'). (14ㄷ)에서 연결 어미 '-니까니'가 실현되어 나타나는데, 이는 '-니깐/-니껀'의 융합 어미와 '-이'의 통합형이다('-니까+(으)ㄴ+이').

충남 방언에서 '-(으)니깐' 어미형은 '-(으)니까'와 통사 의미 면에서 대응된다. 이들은 강조의 '-시'와 통합형 어미 '-(으)니꺼시'(11ㅁ) 등 다양한 어미 변화형을 보인다. 이러한 '-(으)니깐' 어미형은 '-이', '-에', '-디'의 굴절 접사 등과 통합하여, '-(으)니까니', '-(으)니까네'(14ㄹ), '-(으)니깐디' 등의 어미형으로 나타난다.

(14ㄴ)에서는 '-니깐/-니껀'에 종결 어미 '두루'가 통합된 '-니깐/-니껀+두루'도 나타나고 있다. 이는 '-니깨, -잉깨'가 '-루'나 '-시루/시리/시니', '-서는' 등의 결합과는 다른 양상을 보인다. 그리고 (14ㅂ)에서는 '-닝깰랑은(-닝깨+을랑+은)'의 융합형이 특이하게 나타난다.[22]

22) 충남 부여 지역어에서 '-니까+을랑'의 융합형 어미 '-니깰랑은'과 '-닝깨랑은', 그리고 '-니깨서는'에 대응하는 '-니깨설랑(은)'도 나타나지만 충남 다른 지역의 방언 토박이의 실제 담화에서는 확인되지 않는다.

3.1.10 '-ㄴ디', '-깐디', '-깐ø'

(15) ㄱ. 밥은 먹었는디 살은 안쪄.
밥은 밥인디 죽여.
승은 김간디 양반여.
ㄴ. 내가 죽을 겐디 당신 또래 내가 살었는디.(대 172쪽)
그 중이 그걸 알기는 아는개빈디.(대 719쪽)
ㄷ. 아이 워서 왁가디(왔길래) 멀리서 왓느냐?(부 39쪽)
머 하간/가디/간디(하기에) 마실 안와.
ㄹ. 파 보닝깨 신체가 있간/깐디, 읎지.
이 토정같이 아는 양반이 어디 익가디?(부군 1119쪽)

어떤 사건의 환경이나 배경을 나타내는 연결 어미 '-는데'가 상승 모음화로 충남 방언에서 '-는디'로 나타난다.[23] 이 '-는데/디'는 공시적인 면에서 형태 분석이 어렵지만, 이들은 선행절의 행위나 사실 명제에 대하여 반대나 다른 의미를 갖는 후행절과 연결할 때 주로 쓰인다(15ㄱ). 또한, (15ㄴ)에서는 뒷말을 생략하는 문장에서 잘 나타나고, 종결형으로도 쓰인다.

충남 방언에서 'Vst가/까+은디' 구성의 '-간/깐디'[24] 어미형이 나타난다. 이 '-간/깐디'의 쓰임은 충남 방언에서 주로 명제에 대한 부정적 표현의 의미 내용으로 실현된다. (15ㄷ)에서 충남 방언에서 '-간/깐', '-간/깐디'나 '-가디' 등의 어형이 연결 어미로 쓰이는 경우도 있다. 이때 통사 의미는 '-길래'나 '-기에'와 같다. 그리고 종결형에서 '-간/깐디'의 '-ㄴ'이 생략된 '-가디'(둔이 워디 익가디?)와

23) 유목상(1985: 124)에서 이 '-는데'의 의미는 '역접, 첨가, 대비, 전환'의 의미를 실현한다. 이상태(1995: 159)에서는 '말하는 이가 명제 내용에 대한 약한 단언'으로 보고 있다.

24) '-간/깐디' 어미는 종결형의 명제에 대한 부정에 쓰이는 의문문에도 주로 나타나기 때문에 연결 어미로 쓰임은 적은 실정이다.

변이형 '-가니'가 쓰인다(알가디/니? 있(익)가디/니).

이 '-간/깐디'는 중세 국어 '-관ᄃᆡ'와 관련된다. 중세 국어 '-관ᄃᆡ'나 현대 국어 '-관대'는 의문사와 호응하고 연결 어미로 쓰이는 통사적 제약이 있지만("네 뎔이 언마나 ᄒᆞ관ᄃᆡ 먼 북소리 들리ᄂᆞ니.(송강 2: 17)"/ 뉘라셔 놀래관대(송강 1: 8)"), 현재 충남 방언에서 실현된 '-깐디'는 그러한 의문사와의 제약이 없이 주로 종결 어미로도 나타난다.[25] 이들 연결 어미는 선행절에 대한 반의나 부정적 표현(15ㄷ)과 긍정적 표현의 두 경우로 나타난다(15ㄱ). 충남 방언에서 '-간/깐디'는 형식은 긍정문이지만 내용은 부정 표현에 주로 나타나 수사 의문문 형식에 쓰인다.

충남 방언에서 현재형 '-는디'와 '-간디'의 구성은 통사적 기능과 의미에서 차이가 있다.[26] 대체로 충남 방언에서 '-았/었+는디' 구성의 종결 어미는 후행절에 대한 부정이나 반어적 용법으로만 쓰인다.

3.1.11 '-듯이': '-드끼, -디끼, -더끼'

(16) ㄱ. 칙사 대접 허드끼 막 대접을 허는 디이.(부 1028쪽)
택시 대절하드끼 이럭 하는 기여.(대 275쪽)
ㄴ. 두께비 파리 잡아 먹디끼 고게 고로코롬 쉽깐디.
ㄷ. 그 늠들또 마당이다 명날더끼 그 느믈 물레다 노쿠서는 마니 가마가주구서는.(한 05: 108)

---

25) 충남 방언에서 연결 어미 '-관대'는 실현되지 않고, '-길래'나 '-기에'가 나타난다.
"길마정 사납길래/기에 핵교럴 앙 갔지."

26) 종결형 어미에서 '-는/ㄴ디'(-는데)는 연결 어미와는 달리 말하는 이의 의지를 나타내는 긍정 표현으로 쓰이는데 뒷말을 생략하는 문장에서도 잘 나타난다.
"가마안히 생각하니깨 그 대롱을 갖다 주야 쓰것는디이……(보 229쪽)"

의존 명사 '-듯'과 곡용 어미 '이'의 통합형 '듯+이'와 의미가 같은 '-드끼'(16ㄱ) 어미형이 충남 방언에서 나타난다. 이 '-디끼'(16ㄴ)는 '-드끼'의 전설 모음화로 실현된 통합 어미로 충남 방언 토박이들의 구어에서 실현되고 있다. 충남 방언에서 이 '-디끼'와 '-드끼'는 동일 화자의 경우에도 혼용되고 있다.[27] 대전 지역어에서는 '-드끼'의 저설 모음화로 실현된 '-더끼'(16ㄷ) 변이형이 나타난다. 그러나 '-드/-디/-더끼'가 연결 어미형으로 쓰이고 있지만, 의존 명사 '듯'과 곡용 어미 '-이'의 통합형으로 볼 것인가, 아니면 융합형 연결 어미로만 다룰 것인가에 대해서는 좀 더 고찰이 필요하다.

3.1.12 '-다가'

(17) ㄱ. 돌이가 소금장사를 했다가/했다가는 죽(었)어/(는)구나/느냐?(*세, *자)
돌이가 소금장사를 하다가/하다가는 죽(었)어/(는)구나/느냐?(*세, *자)
ㄴ. 우리가 소금장사를 하다가/하다가는 죽어/는구나/느냐?(세/자)
우리가 소금장사를 했다가/했다가는 죽어/는구나/느냐?(*세/*자)
ㄷ. 소금장사를 하다가니 죽었어.(보 685쪽)
집이 가다가도 돌만 보면 주섰댜.
하두 굶다가서 휘초리럴 들구 가데.
잘 놀다가서는 갑니다.(부 266쪽)

27) 논산 지역어 제보자 양소저(77세) 씨의 경우도 두 어형을 사용하고 있다. "긍게 막 밭 매드끼 호맹이루 파갖구.": "결석을 밥 먹디끼 했어.(한 06 참조, 유세진 2007: 36)"

옛날에 베실을 하다가서는 무슨 죄를 졌덩가.

옛날에 베실을 하다가서루 무슨 죄를 졌덩가.(대 323쪽)

숯 워트게 팔어다가서루……목심만 살어 가는디.(공 42쪽)

구렝이 잉 타구다가 역적모의를 했더라 그런 말이여.(당 438쪽)

ㄹ. 벼 꺼러따가(깔았다가) 인제 사람이 걷자너.(한 2005: 47)

ㅁ. *장미꽃이 붉다가는/서루/가랑은 파래졌어.

ㅂ. 군수가 오머넌 그 아들을 효자라구 데려다갈랑은 갖다가 설랑은……(부 115쪽)

정자거리 이 근방이다갈랑은 조오흔 집을 져 가지굴랑은……그랬단 말여.(부 121쪽)

아이구우-마루 배깥이 있다갈랑은 워쩐 일이냐?(부 115쪽)

행위의 지속성을 나타내는 동사 어간과 결합하여, 선행절의 상황이 중단되고, 다른 상황으로 옮겨 이어짐에 쓰이는 '-다가'는 충남 방언에서도 그대로 실현된다. 이익섭 · 임홍빈(1983: 263)에서도 '-다가'는 '사건이 진행되다가 다른 양상으로 바뀌게 되는 전환'으로 보고 있다(허웅 1995: 947). 충남 방언에서 (17ㄹ)은 '과거의 사태가 종결된 뒤 다른 사태가 발생하는 것'에도 나타난다(엔날이 잘 살었다가는 이젠 아주 망해버렸어.). 이는 선어말 어미 '-었-'과 결합하여, 선행절의 사건이 일단 종료된 뒤 그러한 상태로 상황이 지속되다가 후행절의 사건으로 바뀌게 됨을 의미한다. 그러므로 선행절의 사태나 행위가 중단되지 않고 지속되면서, 다른 양상으로 진행되는 경우는 발화 장면에 따라 잘 쓰이지 못하는 경우도 있다(*순이가 결혼하다가 (순이가) 졸업했다.). 이는 선 · 후행절의 주어가 같더라도 사건 양상이 연관성을 지닐 때 잘 호응되기 때문이다. 따라서 '-다가'는 선 · 후행절의 주어가 같아야 하는 제약이 있다(군수

가 효자를 데려다가 군수/*이방다가 한 상을 보내여.)[28]

나아가 (17ㄱ)에서 '-다가'는 선행절에서 '-었'과 통합하는 경우 후행절에 명령문과 청유문이 올 수 없는 제약도 있다. (17)에서 '-다가'는 중앙어와 달리 '-는, -도, -을랑, -서, -서는, -서루,' 등 다른 어미나 보조사와도 다양하게 통합한다.[29] 그러나 연결 어미 '-다가는/서루' 등은 형용사와의 공기에 제약을 보인다(17ㅁ). 이 '-다가'도 보조사 '-는, -만' 등과도 통합하고, '-어서'나 '-고서'와 마찬가지로 '-서'와 통합하여, '-다가서는, -다가서루, -다가설랑은, -다가설랑은이' 등으로 다양하게 실현된다. 그리고 (17ㅂ)에서 '-서'가 생략된 경우도 나타난다('-다갈랑은'). 예를 들어, '갖다가설랑은'에서는 연결 어미 '-서'가 실현되는 데 비하여, '데려다갈랑은(-다가+ø+을랑+은)'은 '-서'가 생략된다. 충남 방언에서 이 '-다갈랑은'은 동사, 형용사, 조사와도 자연스럽게 통합된다. 따라서 충남 방언에서 나타나는 '-다가'는 연결 어미와 조사로서의 두 기능을 가지고 있는 동형 이기능어이다(한영목 2004ㄴ 참조).

3.1.13 '-자마자': '-말루'

(18) ㄱ. 아 저녁 먹던말루(먹자마자) 시익식 그저 잠두 기탄 읎이 자더니……(보 237쪽)
아, 이거 오던말루 객을 이렇게 대접허느냐.(공 346쪽)
그게 이렇게 낳던말루 숨이 꺼졌다 살어 났다 이렇게 한다구.(부 755쪽)
ㄴ. 앉은말루 느 일가는 여기 멫 집이 살구?(부 591쪽)

---

28) 남기심(1994: 158)에서 선행절과 후행절의 서술어가 같아야 하는 '서술어구 제약'도 나타난다.

29) 한영목(2004ㄴ)에서 충남 방언에서 실현되는 '-다가'와 '-라가'에 대한 문법적 성격을 자세하게 논의하였다.

ㄷ. *이거 왔던말루 이렇게 대접허느냐.

ㄹ. *저녁 먹었자마자 잠두 기탄없이 자.

선행절의 동작이 끝나고 연달아 후행절의 동작이 일어남을 뜻하는 '-자마자'와 대응하는 '-말루'가 충남 방언에서 연결 어미로 실현된다. 충남 방언에서 나타나는 '-말루'는 그 통사 구성으로 볼 때, 'Vst+더+ㄴ+말루'와 'Vst+(으)ㄴ+말루'로 관형사형 어미와 호응하여 실현되므로, 이 '-말루'를 의존 명사로 보아야 할 것이다. 그러나 충남 방언에서 '-말루'는 의존 명사로 쓰이지 않는다. '-말루'는 통사 구성과 달리 그 용법으로 볼 때, '잇따라 일어남'의 '먹자마자, 오자마자' 등과 같은 연결 어미의 기능을 담당한다. '-자마자'와 '-말루'는 '-다가'와 달리 선·후행절의 사건들이 가까운 시간 속에 계기적으로 이루어지므로 〔+기정〕의 관형사형 어미 '-(으)ㄴ-'(18ㄷ)이나 (18ㄹ)에서 과거 선어말 어미 '-었'과는 공기하지 못하는 제약을 보이기도 한다.

3.1.14 '-거든': '-거들랑', '-걸랑', '-건낭'

(19) ㄱ. 나 죽거든/던 워디 한 자리 구해 주소.

ㄴ. 귀신이걸랑 피하구 사람이먼 뒈져라.(공 675쪽)

둘 중이 남자 낳구 딸나걸랑 (결혼을) 히야 허네.(부 1049쪽)

여기 있능 거 다아 떨어지걸랑 피난가구,(공 512쪽)

당최 집이 가걸랑 오지 마라.(부 484쪽)

광복쩔이나 지내걸랑 가자구.(한 2005: 31)

나 죽걸랑 워디 한 자리 구해 주소.

ㄷ. 나 죽거들랑 워디 한 자리 구해 주소.

그러거들랑은……이렇게 말을 함 마디만 허시오.(보 795쪽)
귀신이거들랑은 피하구 사람이면 뒈져라.

ㄹ. 나 죽걸랑은 워디 한 자리 구해 주소.
그 아들 낳걸랑은 잡어 틀어서 내뻐리구,(공 521쪽)
데리구 살구 싶으걸랑은 나 장가 새루 딜여다고.(부 458쪽)
너 낼 아침이 밥 주걸랑은 밥 시숙가락 먹지마.(부 486쪽)

ㅁ. 오더란대두 붙잡진낭 마시교. 갔다 오건낭 붙잡어두 붙잡진낭 말라.(보 788쪽)

ㅂ. 나 죽{었, 겠, *더}걸랑/걸랑은/거들랑은 워디 한 자리 구해 주소.
너 죽{*었, *겠, *더}걸랑/걸랑은/거들랑은 워디 한 자리 구해 주지.
그가 죽{었, 었었, 겠, *더}걸랑/걸랑은/거들랑은 워디 한 자리 구해 주소.

충남 방언에서 조건을 나타내는 '-거든'은 상승 모음화로 '-거던'이 나타난다(19ㄱ). 이 '-거든'에 '-을랑'과 통합형 어미 '-거들랑'('-거든+을랑')이 나타나고, 강세의 '-은'과 재통합하여 '-거들랑+은' 어형이 (19ㄷ)에서 실현된다. 나아가 '-든'이 탈락한 '-걸랑'(19ㄴ)의 변이형도 실현된다. '-걸랑'은 강조의 보조사 '-은'과 통합형 '-걸랑은'(19ㄹ)이 나타나기도 한다. (19ㅁ)에서는 변이형 '-ㄴ낭'이 나타난다. 이들은 후행절에서 동사하고만 결합하는 통사적 제약으로 3인칭 주어가 올 수 없다(윤평현 2006: 109). 또한, (19ㅂ)에서 '-걸랑, -걸랑은, -거들랑' 등은 1, 3인칭에서 시간 표현 선어말 어미 '-었, -었었, -겠'과는 호응하지만, 2인칭에서는 결합에 제약을 받는다. 그러나 이 '-거들랑'은 충남 방언에서 1, 3인칭의 경우 '-겠-'과의 호응은 가능하지만 실제 담화에서는 자연스런 표현이 아니라 잘 쓰이지 않는다.

3.1.15 '-깨미', '-까미', '-까미러', '-깜니', '-깨미서는'

(20) ㄱ. 집이 들어가는 걱정이 돠. 만일 거시개서 알먼 또 큰 일 나깨미.(대 660쪽)

무슨 소리 하깨미 고대하구 지둘럭거던.(공 53쪽)

ㄴ. 백호야 소리하믄 저한테 와서 물어죽일까미 놀래서,(홍민 460쪽)

그 눔 만날까미러(만날까봐)……피해 댕기네.(부 567쪽)

ㄷ. 그 초당으로 쫓아 오깜니(올까봐) 초당두 안 살구……(보 256쪽)

대감에 행차가 급하시기 때미 물을 급하게 잡서 체허깜니 그랬읍니다아.(부 461쪽)

패 주깜니 무서워서 그럭하구 있는디.(공 548쪽)

ㄹ. 할아버지가 저승이서는 혼자 죽으깨미서는 오던 질 도루 가지 말라구 했는디,(부 485쪽)

충남 방언에서 'Vst ㄹ까+ㅁ+에/이'의 융합형인 '-깨미' 어형이 나타난다. '-깨미'는 '-까미, -깜니, -깨비' 등의 변이형이 확인된다. (20ㄴ)에서 '-까미러(까미+러)'의 어형과 (20ㄹ)에서 특이하게 '-깨미서는(-깨미+서+는)'의 통합형 어미가 나타난다. '-깨미'의 쓰임이나 의미도 중앙어 '-ㄹ까 봐(보아)'와 유사한 것으로 융합형 연결 어미형으로 쓰인다. '-깨미'는 'Vst ㄹ가 → Vst ㄱ가 → Vst 까'로 변자음화([+cor] → [-cor])와 동서열 자음 탈락을 거쳐, 어미 '-ㅁ-'과의 어미 '-이'의 통합 구성으로 'Vst 까+ㅁ+이' → '-깜+이'가 움라우트를 거쳐 '-깨미'로 나타난 것으로 보인다.[30)]

충남 방언에서 형식 명사 '-갑'은 서술격 조사 '-이다'와 통합하여 종결 어미로 나타나는 데 반하여, 이 '-깨미'는 연결 어미로 쓰이고, 그 통사 구성도 'Vst+-깨미'로 추정적인 사건이나 미정의 일을 표현한다. 앞에서 '-니까니'를 '-니까+ㄴ+이'의 통합 어미로 보았다. 그러므로 어미 '-이'는 원인이나 이유를 담당하는 연결 어미로서의 통사 기능을 담당하고 있다. 그러므로 '-이'를 '-에'의 상승 모음화로 실현된 '-이'로도 볼 수 있지만, 충남 보령이나 부여 지역어에서 실현되는 '-깜니' 어형에서 '-니'가 나타나기 때문에 '-이'를 '-에'의 변이형이라고 섣불리 단정하기도 어렵다.

그렇다면 '-깨미'도 '-ㄹ까+ㅁ+이'의 통합형이기 때문에 '-ㄴ+-이'처럼 '-ㅁ+-이'도 연결 어미로서의 통사 기능을 부여할 수 있다. 물론 'Vstㄹ까+ㅁ+이'도 성낙수(1977)에서처럼 '-ㅁ-'을 접미사로 보아야 할지는 의문이다.[31] 사실 파생 접사가 굴절 접사에 후행한다는 것은 일반적인 어형성과는 차이를 보인다. 파생 접사가 어근에 가까이 위치하기(한영목 등 옮김 1994) 때문에 굴절 어미에 의문형 파생 접미사가 부가한다는 것에 대한 논의는 좀 더 고찰할 과제일 것이다.[32]

3.1.16 '-게': '-게끔'

(21) ㄱ. 아주 의좋게시리 잘 살었다는 그러한 전설이 있어요.(대 69쪽)

---

30) 충남 방언에서 나타나는 '-깨미' 구문에 대한 논의는 한영목(2002)에서 자세히 다루었다.

31) 성낙수(1977)에서 종결 어미 '-감, -남, 담'을 '-가, -나, -다+ㅁ'의 통합형으로 보고, 이 '-ㅁ'을 의문형 접미사로 보았다. 그러나 이 '-깨미'의 '-ㅁ-'을 접미사로 보아 '-깜+이'의 통합형으로 보는 것에는 문제가 남는다.

32) 이 '-깨미'의 성격과 구문 특성에 대한 구체적인 논의는 4.3.3에서 다루게 된다.

크는 애들 십년간을 안 보면 모르게시리 클 것 아녀.(대 721쪽)

ㄴ. 그래 (선녀와) 살게가 됐어 인저.(대 222쪽)
저는 아주 팔세해가지구 나가게가 될 성불려서……(공 520쪽)

ㄷ. 당체 집에를 가게를 해야지.(홍민 383쪽)

ㄹ. 하인덜두 몰루게끔 인저 도망해 버렸잉깨.(부 477쪽)

충남 방언에서 부사형 어미 '-게'는 '-시리', '-가', '-를'과 통합하여 '-게시리, -게가, -게를' 등으로 나타난다. '-시리'는 강세 '-는'과 같은 의미를 실현하므로 '의좋게는', '모르게는'의 의미이다. (21ㄹ)에서는 중앙어와 같이 강세의 '-끔'과도 통합하여 '-게끔'이 실현된다. 의미상으로 볼 때, '하인들도 모르도록' 정도로 볼 수 있다.

3.1.17 '-들/덜', '-도/두', '-던/든'

(22) ㄱ. 그 전에는 의술이 발달 되들 못했고……(청양 1408쪽)
그 때 그 과거를 뵈는데 여간 엄숙하덜 안했어.(온양 1460쪽)
만조백관이 암만 간해두 들어먹덜 안해여.(아 197쪽)

ㄴ. 술언 먹덜 말어.(술은 먹지를 말아).

ㄷ. 하두 명당자리가 좋다고들 했사쿠 그러니까.(청양 1049쪽)
그래두 둔(돈)이 되니까들 투기럴 허겼지.

충남 방언에서 'Vst+지+X'에 상당하는 'Vst+ø+X' 구성이 나타난다. 우선 중앙어 'Vst+지+를'의 구성에서 '-지를'과 대응하는 통사 구성과 의미를 수행하는 '-들/덜'이 충남 방언에서 나타난다. 충남 방언에서도 (22ㄱ)의 '-들/덜'이 '-지+를'과 같은 통사 구성을 실현하여 장형 부정문과 호응할 뿐만 아니라, '-말다' 부정문과도 공기하는 통사적 특성을 보인다(22ㄴ). 이 '-들/덜'은 연결 어미(22ㄷ)에 후행하는 경우는 강세의 의미를 실현한다. 그러나 이 '-들/덜'은 종결 어미에 후행하기도 하고, 복수 이행 접미사로도 쓰인다.[33] 이 '-덜/들'은 'Vst+ø+들/들'의 구성으로 실현되므로 'Vst+지+들/들'의 통사 구성은 잘 실현되지 않는다.

(23) ㄱ. 옷두 제대루 입두 못허구 살았어.
물이 불어 오도가두 못햐.
ㄴ. 나두 도깨비 보던 안했지.
버리 쳉이루다가 까불루니께 쉽든 안햐.

충남 방언에서 'Vst+지+X'를 구성하는 어형으로는 중앙어 '-지도'에 상당하는 '-도/두'(23ㄱ)와 '-지는'과 대응하는 '-든/던'(23ㄴ) 등이 나타난다. 이 'Vst+ø+도/두'는 'Vst+-지도/두'로, 'Vst+ø+던/든'은 'Vst+-지던/든'으로의 두 유형이 공존하여 실현된다. 그리고 충남 방언에서 '-지'의 생략형 '-도/두, -던/든'이 '-지도/두, -지던/든' 어형보다는 훨씬 사용 영역이 넓다(유세진 2007: 35).

3.1.18 '-(으)러': '-으루', '-(으)ㄹ라/랴구', '-(으)ㄹ래나'

(24) ㄱ. 보물을 찾으루(-을라구) 식장산에 갔댜.
?용을 잡으루 백마를 낙시에다 찍어서 넣었댜.
ㄴ. 너 죽을라구(*-으러) 환장했냐?
용을 잡을라구 백마를 낙시에다 찍어서 넣었댜.

---

33) 한영목(2004ㄴ)에서 이 '-들/덜'의 통사적 환경에 대한 논의를 참조할 것.
"술덜 구만들 드시구 어서들 댕겨 오셔들."

그래 거길 찾을라구(-으루) 성주산에 가설랑은 백일기도를 드렸답니다.(공 663쪽)

㉡. *그래 그거 찾을라구 성주산에 갑시다./가거라.

ㄷ. 그거 뜨건 팥죽을 먹을라닌개 참 시간이 가각구서보닝개……(부 236쪽)

㉢. 그거 뜨건 팥죽을 먹을래나.

ㄹ. 우리 남편이 시방, 금방 죽을랴/려고 돌아가실랴고……(온양 1481쪽)

ㅁ. 송칭/쳉이는 솔입을 먹으/어야 산다.

㉤. 송칭/쳉이는 솔입을 먹을라구 산다.

충남 방언에서 의도나 목적형 연결 어미 '-으러'는 '-으루'나 '-을라구'의 변이형이 주로 실현된다. (24ㄱ)에서 '-으루'는 '-으러'의 변이형인데 의도보다는 목적에 주로 쓰인다.[34] 그러나 (24ㄱ)에서는 '용을 잡으루'는 이상문은 아니지만 잘 쓰지 아니하므로 충남 방언에서도 '-으루'와 '-을라구'는 위치 이동 동사의 경우에만 '목적 행위'로 나타난다(윤평현 2005: 338).

(24ㄴ)에서 '-(으)러고'의 변이형 '-을라구'는 그 의미가 '용을 잡을 의도/목적으로 백마를 낚시에 찍어서 넣은 것'으로 의도와 목적에 다 쓰인다. 충남 방언에서 '-을라고/구'와 유사한 형태를 지닌 연결 어미 가운데 '-을랴고'는 그 쓰임의 맥락에 따라 의도나 목적의 의미가 나타나지 않는 경우도 있다(24ㄹ). 달리 말하자면, 의도를 나타내는 '-으야'는 후행절의 행위가 수반되기 위하여 반드시 필요하지만, '-을랴고'는 그렇지 않다. (24ㅁ)에서 '산다'가 강조된

34) 최현배(1938: 406-408)에서 '-으러고'(표제어 '-으러'지만 예문은 '-으려고'임)는 '하렴꼴(의도형)'으로, '-으러'는 목적꼴(목적형)으로 나누어 기술하였다. 이러한 논의는 이 둘을 같은 의미를 실현하는 연결 어미로 보아 의도나 목적으로, 또는 같은 성격으로 기술하기도 한다(윤평현 2005: 335-336).

다면, (24ⓜ)은 '먹는 행위'를 강조하여, 그 의미가 다르다.

그리고 충남 방언에서 '-으러'보다는 '-으러+고'의 통합형 어미 '-을라구'가 후행절과의 호응 범위가 크지만, 명령문이나 청유문과의 호응에서 제약을 보인다(24ⓛ). 그리고 충남 방언에서 실현되는 연결 어미 '-을라닌개/깨'(24ㄷ)는 '-을라구+하니깨'의 융합형이다. (24ⓒ)에서는 '-먹을려고+하(느)냐/나'의 융합형이 나타난다(이기갑 2003: 429). '-(으)ㄹ래나'의 융합형은 문장 주체의 의도를 말하는 이가 추정하는 구문으로 나타나기 때문에 (24ㄷ)과는 다른 유형의 문장을 구성한다.

3.1.19 '-(으)러면': '-(으)ㄹ람'

(25) ㄱ. 용을 잡을람 백마를 낙시에다 찍어서 넣었라.
ㄴ. 보물을 찾을람 식장산에 가자/가세.(*가다, *가느냐? *가는구나!)

충남 방언에서 '-으러'와 가정이나 조건을 나타내는 '-면'과 통합형 어미 '-으러면'에 상당하는 융합형 어미로 (25ㄱ)에서 '-을람'이 나타난다.35) 이 '-을람'은 주체의 목적보다는 의도와 관련되고("잡어 먹을람 잡아 먹어라(잡아 먹으려면)." 부 761쪽), (25ㄴ)에서와 같이 명령문과 청유문에서만 실현된다. 이는 '-으루'나 '-으라구'와는 다른 통사 구성의 제약성을 보인다. 그러나 (25ㄱ)에서 쓰인 '-을람'은 통사 의미론적 측면에서 볼 때, 중앙어 '-으러+면'과 대응한

35) 중앙어 '-으러면'과 대응하는 충남 방언의 어형에 '-을라미'가 나타난다. "네 동생이 올라미 멀었다.(당 412쪽)"에서 '올라미'는 '오+을람+이'의 형태 분석보다는 '오-+ㄹ+러/라면+은+이'으로 분석된다. 그것은 '-을라미'가 중앙어 '-으러면은'과 대응하지만 '-을람'과는 달리 평서문 등과 호응하는 통사 구성을 이루기 때문이다.

다. 그것은 후행절의 행위 수행이나 통사 구성이 '-어야'보다는 '-으려면'과 유사하다. 이 '-을람'은 '-설람'에서 실현되는 강조의 '-을랑'[36]의 이형태 '-을람'과 형태는 같지만, 그 통사 구성이나 의미가 다르다.[37] 동사 어간에 후행하는 연결 어미 '-을람'은 청유문이나 명령문에서 쓰이지만, 평서문, 의문문, 감탄문에서 제약을 받아 '-으야, -으야구, -을라구'와 달리 쓰인다.

3.2 종결 어미

충남 방언의 종결 어미도 중앙어와 같이 종결 표현과 상대 높임법을 실현한다. 충남 방언의 종결 어미는 독특한 형태와 통사 의미를 실현하는 경우가 많다. 특히 종결 어미의 형태 변이는 다양하게 나타난다. 그것은 문장의 종결 양식으로 나타나기 때문에 음운 교체와 축약 현상이 심한 것도 그 한 요인이 될 것이다. 따라서 이들이 여러 통합 형태로 구성되어 서술문, 의문문, 명령문, 청유문, 감탄문을 나타내는 경우에도 논지 전개의 편의상 종결 어미형으로 다루기로 한다.

따라서 형태론적 분석을 통한 문제 해결에 접근하려는 논의를 벗어나 충남 방언의 종결형에 나타나는 어미들의 통사 기능과 의미의 특성도 함께 고찰하기로 한다. 그러므로 충남 방언의 통사론적 특징을 변별해 주는 종결 어미 형태에 대한 논의는 하되, 그 분

36) 안병희 · 이광호(1992: 123)에서 '-을랑'은 중세 국어의 '-ᄋᆞ/으란'이 '-으랑'으로 변화를 거친 것으로 보고 있다. 충남 방언에서 '-을랑'이 '-일랑'으로 실현되는데, 이들의 변이형 '-을람'도 나타난다.

37) "나는 가설람니 아 아무 껏두 않구……(공 683쪽)"에서 '-설람니'는 '-서+을람+은+이'에 해당하는 융합형이다.

석상의 문제에 대하여는 구체화하지 않기로 한다. 종결 어미를 형태 변이와 통사적 특성으로 나누어 의문문, 명령문, 부정문 표현 등에 대하여 고찰하기로 한다. 충남 방언의 청유문, 감탄문 표현은 중앙어와 크게 어긋나지 않기 때문에 따로 논의하지 않기로 한다.

3.2.1 형태 음운 변이

(1) ㄱ. 밭에서 용천이 쏟았다. 그런게 가 봤대요.(아 24쪽)
형님이 어찌 이렇게 근너 오신대요.(보 144쪽)
그 사람이 마름을 할망정 알뜰하게 잘 봐줘유, 그 지주게다, 권에다.(아 181쪽)
뭐오줌을 구럭이다 누길랑사리 세상이 갈끔하기가 한이 없드래유.(당 553쪽)
바위가, 이런 지붕매루 크데유.(서민 151쪽)
ㄴ. 여보슈, 막걸리 한 잔 가지구 가슈.(대 321쪽)
방으루들 앉이슈.(대 726쪽)
우리 집에설랑은 끼니 걱정 마슈.
재밀랑사리 고상만 잔뜩 했슈.(관촌 174쪽)
내 연구해 보겄이니 그 메칠만 집어너어 두슈.(아 150쪽)
사람한지 잡아 먹어버렸시유.(서민 314쪽)

충남 방언의 특징 중의 하나로 볼 수 있는 종결형에 쓰이는 두루 높임의 어미 '-요'는 대개 '-유:'〔-yu:〕로 장음화된다(1ㄱ). 이는 충남 방언의 두드러진 특징을 나타나는 느린 어조이다. 한국정신문화연구원(1990)에서는 '계시어요'의 종결 어미가 '-유' 어형은 서산, 당진, 아산, 천안, 예산, 청양, 공주, 연기 지역어에서, '-요' 어형은 홍성, 보령, 부여, 서천, 논산, 대전, 금산 지역어에서 나타난다고 보고한 바 있다. 그러나 실제 언중들의 담화에서는 '-유'형이 두루 쓰인다. 따라서 체언 서술형 종결 어미에서 쓰이는 '-이어요' 등이 서산과 천안 병천 지역어에서 '-이여유, -여유, -유'로 보고되었다(류구상 1971, 박광호 1973). (1ㄱ)의 아산 지역어나 대전 지역어에서도 두루 높임의 '-유' 통합 종결형으로 나타나기 때문에 충남 방언에서는 '-요'보다는 고모음화 '-유'의 실현이 더 생산적이다.

충남 방언에서 실현되는 (1ㄴ)은 선어말 어미 '-시-+요'의 통합형이 '-슈'로 나타난다. 충남 방언에서 '-쇼'보다는 고모음화를 실현한 '-슈'의 쓰임이 훨씬 생산적이다. 이 '-슈'는 '해요체'의 등급을 나타내므로 주체 높임을 실현하는 경우에도 '-께서'와 호응하지 않는다는 점이 특이하고, 상대 높임의 경우도 '하십시오체'라기보다는 두루 높임이나 '하오체'에 해당하는 '하소체'로 볼 수 있다.

(2) ㄱ. 고놈 읎으야 돠.(대 36쪽)
　　　한 이십이 돠 가지구서 있는디,(대 710쪽)
　ㄴ. 산이 가먼 한양이 봐.
　ㄷ. 동네 사람이 말짱 뫠 들었네 그려.(대 635쪽)

서술형 종결 어미 '-여'는 어간말 모음이 /-오/와 같이 쓰이면, 도수희(1987)에서 '모여'도 '-뫄([mwya])로 실현되지만, 실제 구어에서는 원순성 [w]를 탈락한 '먀[mya:]' 또는 '매'로 대부분 나타난다. 그리고 충남 방언에서 연결 어미의 경우도 '오+여'는 대체로 '왜'나 '웨'로 교체되어 나타난다('꼬여서>꽤서/꿰서'). 어간말 모음 '-오'는 어미 '-어'와 같이 나타나면 '-야'로 통합된다. '되어'도 '돠'와 과도음 [w]가 탈락한 '-댜'의 두 어미형을 실현하여 쓰이기도 한다.

(3) ㄱ. 그가 심 셔?(그가 힘이 세?)

ㄴ. 니가 돈 냐.(네가 돈을 내.)

서술형 반말 어미 '-어'는 어간말 모음 '-애'와 결합형에서('애+어') '-야'로 축약함과 동시에 이중 모음으로 교체를 보이는 경우는 장음화된다. 그러나 어간 모음 '-에'와 결합할 때는 '-여'로 교체되어 나타난다. 충남 방언에서 '-야'는 종결 어미와 통합하여 억양에 따라 의문문 또는 명령문으로도 쓰인다.[38] (3ㄱ)은 말하는 이가 느린 어조로 억양을 올려 듣는 이에게 '그가 힘이 세냐?'는 질문에 쓰여 '예/아니오' 의문문을 구성한다. (3ㄴ)은 말하는 이가 느린 어조로 억양을 낮추어 듣는 이에게 '네가 돈을 내라고' 요구하는 명령적 기능을 수행한다. 이 경우 '-야'를 첨사로 볼 것인가, 통합형 어미로 볼 것인가에 대해서는 논의하지 않기로 한다.

그리고 종결형 의문 어미로 쓰이는 '-(으)ㄹ까'는 동화되어 'ㄹ → ㄱ'으로 교체하여, '-(으)ㄱ까〔-(ɨ)kk'a〕'로 되지만 말하는 이에 따라서는 동서열 자음이 탈락하여 'Vst+까'(볼까 → 〔polk'a → pokk'a → pok'a〕)로 사용하기도 한다(한영목 1987ㄱ, 1991). 명령문 어미로서 어기의 음절 말음이 양성 모음은 음성 모음으로 대부분 교체되는데('골라>골러, 잡아>잡어') 이는 수의적인 현상이다. 이러한 '아→어〔a→ə〕'로의 모음 교체는 충남 해안 지역의 서천, 대천, 홍성, 태안, 서산, 당진 지역어 등에서 더 적극적이다(한영목 1997, 1999).[39]

---

38) 충남 방언에서도 용언의 종결형 어미에 '-야'와 통합형으로 '살어+야, 가지+야, 쉽다+야'가 나타난다. 이들은 억양에 따라 의문문, 청유문, 명령문 등 다양한 통사적 기능을 담당하고 있다.
"그런데 말을 못해야……벙끗을 못해야.(아 193쪽)
범떼가 열을 져서 나가는데 끝이 없더래야.(아 199쪽)"

39) 한영목(1997: 196)에서 '아 a→어 ə'의 교체는 충남 방언의 구획에서 중요한 변별 구실하고 있음을 밝히고, '나물 : 너물' 등의 분포에 대하여 기술하

3.2.2 '-(느)ㅇ가'

(4) ㄱ. 자식 잘 두구 못 두구 알거 아닝가?
ㄴ. 자네 집이 잘 갔능가?
ㄷ. 그 꽂이 이뻥가?

충남 방언에서 의문형 어미 '-닌가'는 '-닝가'로, '-는가'는 '-능가'로 수의적 자음 동화(변자음화)로 나타난다. '-닌가'는 전설 모음화를 실현하고, 자음동화로 '-닝가?'를 실현한 것이다.

3.2.3 '-(느)냐', '-나'

(5) ㄱ. 놈들이 여기 뭐 하려 배를 타러 오냐 이겨. 배 임자가 얼마나 속이 타느냐 이겨.(뿌 107쪽).
ㄴ. 그렇다면 십년을 배길 수 있겄너냐?(아 139쪽)
ㄷ. 말 벗이 있나?(부 442쪽)

(5)에서 의문형 어미 '-느냐'는 충남 방언에서 '-냐'로 실현되는데, 이것은 'Vst+느냐'〉'Vst+냐'로 '가냐(가느냐)', '오건냐(오겠느냐)', '멍냐(먹느냐)' 등으로 축약형을 이룬다.[40] 이러한 현상은 '가느냐?→가ㄴ냐→가냐'의 변화 과정을 경험한 것으로 보여 의문문에는 선어말 어미 현재 시제 형태소 '-느'가 존재하고 있었다고 할 수 있다. 충남 방언에서는 이 의문문 종결 어미로 '-(느)냐' 또는 '-나'가 쓰인다(5ㄷ). "너 집이 가느냐?"에 대한 의문문 구성은 '너 집이 갔느냐?', '너 집이 간냐?', '너 집이 가겐나(건나)?', '순이

였다.

40) 전남 방언(이기갑 1985)이나 전북 방언(이승재 1987)에서는 의문형 어미 '-느-'가 나타나지 않는다. 충남 방언에서 '-느-'의 통사 환경은 3.3.1에서 논의한다.

가 집이 가더냐?' 등 시간 표현 형태소와 어울려 나타난다.[41]

3.2.4 '-ㄴ대': '-댜'

(6) 말하는 이: 순이가 시집가 잘 산댜?

듣는 이: ㉮ 잘 산다데.(내가 들어 알기로는 아마 확실히 모르긴 해도 잘 산다고 하더라.)

㉯ 잘 산댜. 그렇댜.(긍정이나 부정적인 간접 보고 형식의 답변)

㉰ 잘 살아.(확실히 잘 살아.) (*아마 잘 살아.)

특히 약한 의문을 내포하는 종결 어미에 중앙어 '-ㄴ대'나 '-느냐'에 대응할 수 있는 '-댜', '-냐' 등의 어미형이 충남 방언에 쓰인다. 이런 경우는 대체로 장음화로 나타나 느린 어조를 이루는 충남 방언의 문장 특징이 된다([댜:]). 물론 이들 '-댜', '-랴', '-햐' 등이 서술형의 종결 어미(성낙수 1972, 류구상 1996)라면, '-디+아, 리+아, 히+아'나 '다+야, 라+야, 하+야'로 분석될 수 있어, '-댜, -랴, -햐'를 하나의 종결 어미로 볼 것인지, '-아'나 '-야'만을 종결 어미로 다룰 것인가는 논외로 한다(박경래 1998). 다만 이들이 문말 억양에 따라 의문문을 구성한다는 점에서 통합 종결 어미로 일단은 보기로 한다(누가 써 놨디야(댜)?).

충남 방언에서 '-디+아/야'의 통합형 종결어미 '-댜'는 대개 중앙어의 '-라고 하더냐?'에 해당된다. 이러한 의미 특성은 충남 방언에서 '-댜'의 어말 통합 어미형은 3인칭에 관한 질문에 쓰이는 '예/아

41) 김정대(1997: 42)에서는 중부 방언의 '-느냐'와 '-냐'는 공시적인 변이형이라기보다는 통시론적인 신·구형으로 보고 있다. 충남 방언에서는 '-느냐' 어미형보다는 거의 '-냐' 어미형으로 나타나므로 이러한 차이에 대하여는 논의하지 않기로 한다.

니오' 의문문을 구성한다는 점이다. "순이가 잘 산댜?"는 '순이가 잘 산다고 하더냐?'와 같은 의미 영역에 가깝게 쓰이므로 말하는 이가 듣는 이에게 묻는 3인칭에 대한 간접 의문문의 형식을 띠고 있다.

(6)에서와 같이 말하는 이의 물음에 듣는 이는 세 가지의 답변이 가능하다. (6㉮)는 듣는 이가 간접 경험한 '순이가 잘 산다'는 사실을 들었거나 알았을 때 답변이 가능하다. (6㉯)는 듣는 이가 간접 인지한 사실에 대한 대답이므로 "순이가 잘 산댜(-다데), 그런디 잘 사는지는 난 몰라."는 가능한 답변이다. 그러나 "*순이가 잘 산댜(-다데), 그런디 잘 사는지는 난 알아."는 답변으로 부적절하다. 예를 들어, 말하는 이: "오늘 예식장에 누가 왔댜?" 듣는 이: "순이가 왔댜. 그런디 난 안/못 봤어."로 간접 경험이나 인지한 명제에 대한 사실을 전제로 하기 때문에 직접 경험이나 인지하지 못한 사건, 행위, 일 등에 대한 부정적 진술에 나타난다. (6㉰)는 듣는 이가 '순이가 잘 산다'는 사실을 확신할 때 가능한 답변이므로 직접 경험한 사실을 전제로 한다. 따라서 (6㉰)는 '(모르긴 해도) 아마 잘 살아' 등의 애매한 대답에는 잘 쓰이지 않는다.

이 어미 '-댜'는 앎을 전제로 한 말하는 이의 회상 표현에, 나아가 듣는 이의 보고적 대답에도 나타나는 두 기능을 수행한다. 그러므로 '-댜'의 의문문 구성은 경험에 의한 인식을 전제로 하여 말하는 사람의 주관적 판단에 근거한 보고 형식으로 나타난다.[42]

(7) ㄱ. 그가 원지 간댜?(그가 언제 간대(간다더냐)?)
ㄴ. 순이가 시집 가 잘 산댜?
ㄷ. *내가 그 일을 해본댜?
ㄹ. *니가 집이 가본댜?

42) 이 '-댜'에 대한 구체적 논의는 3.4.2에서 다루기로 한다.

충남 방언의 '-냐'는 '-(느)냐'로 현재 시제 형태소 '-느-'가 나타나 인칭에 제약 없이 의문형 어미로 쓰인다. 그러나 그 쓰임과 의미 기능이 다양한 '-댜'는 일인칭이나 이인칭에서는 통사적 제약성을 보인다. 이 점은 우리말의 시제 형태소 '-더-'가 주어가 말하는 이 자신일 경우나 2인칭에 대한 종결 어미 의문형에 쓰이지 않는 제약성과 같다. 그러므로 (7ㄱ, ㄴ)은 듣는 이가 알고 있는 사실이나 경험한 내용에 대한 의문일 수 있어, 말하는 이나 듣는 이의 직접적인 사건에 대하여 쓰이지 않는다. 따라서 충남 방언의 '-댜'는 '보고'나 '회상'의 '-더-'의 의미 기능을 아울러 수행하고 있다고 말할 수 있다. 그러므로 '-댜'는 듣는 이가 간접적으로 인지한 사실이나 경험에 대한 답변과 말하는 이가 직접 인지한 사실이나 경험을 아울러 진술하는 데 쓸 수 있다. 그것은 이러한 현상들은 긍정 서술문에서도 3인칭에서 주로 쓰이는 제약을 지니고 있기 때문이다.

(8) ㄱ. 개가법이 생겼댜.(대 36쪽)
ㄴ. 그래서 버르쟁이를 고쳐 줬댜.(대 83쪽)
ㄷ. 그 뒤에 누가 또 써 놨디야.(아 26쪽)
ㄹ. 뱀쟁어가 다시 돌아왔댜(?).

그러나 (8)의 "뱀장어가 다시 돌아왔댜(?)"에서는 말하는 이가 듣는 이에게 대답을 전제로 한 의문이라기보다는 가벼운 질문 확인에 불과하므로 굳이 대답을 전제로 하지 않는 경우도 있다. 또한, 이러한 문장은 억양에 따라 긍정문의 보고 형식에 쓰이기도 한다. 예문 (8)에서는 긍정 서술형으로 진술하고 있다. 이러한 문장은 '-다라고 한다'나 '-다고 하더라' → '-다 더라'에 해당한다. 즉, '개가법이 생기었다고 한다더라→개가법이 생기었다더라→개가법이 생겼댜'로 간접 인지에 대한 인용으로 일종의 간접 보고 형태의 서술형 어미로도 쓰인다.

3.2.5 '-래': '-랴'

(9) ㄱ. 장개두 들여 줄테닝게 내 말 들을랴?(대 36쪽)

ㄴ. 누가 너한티 비오는디 깔 벼오래/랴.

ㄷ. 워치게 물얼 건너갈래/레?

충남 방언에서 종결 어미로 나타나는 '-래'는 '-래, -레, -랴' 등의 변이형으로 실현된다. 명령문 종결 어미와 통합형에 쓰이는 '-애'가 '-야'로 교체되는 다른 경우에 전갈을 뜻하는 '-래'도 '-랴'(보래 → 보랴)로 나타난다(류구상 1996).[43] 이 경우 억양을 높이면 의문문을 실현한다. 예를 들어, "내가 가랴?", "그럼 내가 찾게 해 주랴?", "왜 그랴?" 등에서 문말 억양을 실현하면 의문문 어미로 실현된다.

(10) ㄱ. 토정이보덤 더 용하더래.(아 55쪽)

ㄴ. 그 여우가 가는 디가 주막이 아니라 상여집이더래야.(서민 301쪽)

ㄷ. 그랑깨 그 집 사우를 삼어빼리더랴.

애기를 낳더랴.

죽어야 허겄더랴.

막 집어던지구 게서 죽어버리더랴.(보 632쪽)

그 가야산이 목구녁으로 쑥 들어 가더랴.(부 581쪽)

(11) ㄱ. 그래, 그때 시절에는 곰두 말을 했더랬는지.(공 497쪽)

---

43) 명령문 종결 어미 통합형인 '-해'도 '-햐'와 '-혀'로 실현되는데 후자가 더 선용된다.

ㄴ. 그 총객의 엄마가 밥을 히서 이구 왔드래유.(당 258쪽)

ㄷ. 그 처녀가 잠을 못 자드리야.(청 1445쪽)

충남 방언에서 '-래, -랴'의 통사적 환경은 선어말 어미 '-더'와의 통합이 유난히 많다. 이는 '-래'나 '-랴'가 '-더'와 통합하여, 인지한 사실이나 경험 등을 전달하는 기능을 수행하는 것처럼 보인다. (10ㄱ)에서 '-더래'는 충남 방언의 '-더+이라'의 통합형 '-더라' 보다는, '더래→-더랴'에 상당하는 종결 어미형이다. 이 '-더래'는 '-더라'와는 기능이나 의미에서 차이가 나타난다. "철수는 학교에 없더라."의 '-더라'와 "철수가 학교에 업더래."의 '-더래'는 통사적 환경이나 의미 면에서 다르다. 전자가 말하는 이의 인식을 바탕으로 직접 보고의 형식을 띤다면, 후자는 말하는 이의 자의적 해석이 함의된 간접 사건이나 상황에 대한 보고의 형식으로 나타난다. 그러므로 '-더래'는 '철수가 학교에 없다고 하더라'에서 말하는 이가 상황 맥락이나 사건에 대한 자의적 해석을 바탕으로 듣는 이에게 전달할 때 쓰인다.

(10ㄱ)에서 설화 구연자는 '토정'보다 이름이 덜 알려진 익명의 신비한 인물(지관)의 예측력에 대하여 전에 들어 알았던 사실에다 자기의 판단을 덧붙여 현장감을 살려 구체화시켜 이야기 형식으로 전달하고 있다. 그러나 (10ㄴ)에서는 선어말 어미 '-더'에 후행하는 '-랴'는 의문문 어미라기보다는 서술문으로 보고적인 의미를 나타내고 있다. (11ㄷ)에서 '더〉드'의 변이형 '-드랴'가 실현된다.

3.2.6 '-감', '-남', '-담'

(12) ㄱ. 유곽이 들어가서 방을 달라구먼 방을 주잖남?(뿌 64쪽)

운곡 가면 국사봉이라 산이 있잖남.(청 1430쪽)

담배라능게 왜 보매는 거시개두 여간 충실하게 올라오남.
(공 494쪽)

ㄴ. 삼백명 호랭이가 회를 했담.[44]
동네 사람이 다 됐담.

ㄷ. 소정방이 마누라면 백제왕딸 아닌감.(부 56쪽)
섯이 앉아야 낙시를 헐거 아닌감.(뿌 32쪽)
그만하면 이쁘지 않응감.

ㄹ. 고이두 동물이란 일종의 사람이 맹 짐승이지 그렇지 않는감.(청양 1440쪽)

ㅁ. 하루나 집구석에 붙어 있으면 워디가 워치게 된다남?(우리 287쪽)

충남 방언 중 의문형 종결 어미에 나타나는 '-감, -남, -담' 등이 나타난다. 예를 들어, '-남'은 중앙어의 '-(느)냐' 또 '-나'의 경우와는 달리 부가 의문문으로 듣는 이에 대한 말하는 이의 가벼운 의문을 나타내는 데 쓰인다. 이런 반어적 부가 의문을 나타내는 종결 어미의 유형인 '-감', '-남', '-담'(성낙수 1977, 성기철 1987) 등은 '-간', '-깐', '-간디', '-깐디'(단감나무가 워디 있깐/깐디?) 등의 어미형과 같은 특성을 지니면서 의문문으로 쓰인다.

'-감'은 의문형 어미 '-ㄴ가'와 '-ㅁ'의 통합 구성을 이룬다(아닌감, 했잖은감, 살든(던)감). '-남'은 부사형 어미 '-아/어+-ㅁ'이나 과거 시제 형태소 '-었/았+-나+-ㅁ'(좋았남, 했잖남) 등의 구성으로 표현된다. '-담'은 과거 시제 형태소 '-었/-았'과 종결형 서술 어미

44) "그 자리에서설라무니 인제 언약을 맺었담 말여.(부 450쪽)"에서 '맺+었+다+ㅁ+말이어'는 '맺었다+-(느)ㄴ+말여'의 통사 구성을 이룬다고 볼 수 있다. 그러나 '-감'+말여'나 '-남+말여'의 통사 구성은 'Vst+(느)ㄴ가/나+ㅁ+말여'와 'Vst+가/나+(느)ㄴ+말여' 간의 구성에 대한 논의는 더 고찰해 보아야 할 것이다.

'-다'에 '-ㅁ'의 통합형으로 나타난다(-았/-었+다+ㅁ). 이들 '-감', '-남', '-담'은 반말체의 의문문 구성에 쓰이는데 상대 높임법의 등급이 없기 때문에 두루 높임의 해요체 '-요'와 통합하여 '-감유', '-남유', '-담유' 등으로 높임법을 실현하여 존대의 의미를 표현할 수 있다.

이들 '-감', '-남', '-담'은 '-가, -나, -다+-ㅁ'의 통합형인데, 이런 의문형은 '예/아니오' 의문문을 구성한다. 성낙수(1993: 405)에서는 '-ㅁ'이 '예/아니오' 의문문에만 쓰인다는 점에서 말하는 이의 재확인을 의미하는 접미사로 말하는 이가 발화되는 문장의 내용을 알고(믿고, 추측하고, 생각하고, 느끼고) 듣는 이에게 재확인하는 의미를 가진 양상 조동사의 '확인하다'에서 변이된 것으로도 논의한 바 있다. 즉 '-가'와 '-감', '-아'와 '-암'을 변이 형태로 취급하면서도 분명히 의미 차이가 있는 것으로 논의하였다. 그러므로 이 '-ㅁ'의 기능을 'S+SE'(문장+문장 어미) 구성으로 보고, 일치소(+Agr)나 시제소(+Tense), 나아가서 문장 수식어(sentence modifier)와는 다른 것이라고 말할 수 있다.

이문구 소설 대화에서는 '-략'이 나타난다. "아무 날 아무 디서 뭣뭣 훔쳤다구 종조목을 대주략?(관촌 122쪽)"에서 어말 어미 '-략'은 '-랴+ㅁ'의 구성이지만 충남 방언에서는 대체로 '감, 남, 담'이 나타나고, '-략'은 잘 쓰지 않는다. (12ㄹ)에서 현재형 '-는가+ㅁ' 구성이 나타난다. 그리고 "댕기메 문전걸식을 한다메?"에서 '한다메'는 '-ㄴ다+메'의 구성으로 보여진다.

이 '-메'는 어미 '-며'의 변이형이다. 그러나 이 '-메'는 종결형으로의 쓰임은 제약을 받기 때문에 '갔나메, 올라오나메' 등의 구성은 어말에서는 거의 실현되지 않는다. (12ㅁ)에서 '된다남? → 된담?'처럼 완형문에서는 '-남'이 쓰이는데 이는 '-된담'으로 교체할 수 있다.

3.2.7 '-가디, -가니', '-간/-깐', '-간디/-깐디'

(13) ㄱ. 감이 익어깐디/깐? 벌써 따게.
감이 익어까니/까디? 벌써 따게.
파 보닝깨 신체가 있간/깐디? 읎지.
ㄴ. 노젓어 잡으니깐 무슨 경비가 들어가간?(뿌 102쪽)
뭐 안 간다구 못허구 뭐할 도리가 익(있)간?(부 56쪽)
ㄷ. 말루 허먼 되가이?(뿌 102쪽)
ㄹ. 저녁때가 돼서 해가 져두 오가디?(오가니)(보 213쪽)
시상사가 억지루 되가디/니?
이토정같이 아는 양반이 어디 익가디?(부여 1119쪽)
늙은이 있는 방이 누가 마실 오간디?(부여 1115쪽)
촌 인심을 뉘라 베려놨간디?(우리 99쪽)

충남 방언에서 문장의 부정 명제를 실현하는 부가 의문문 구성의 '-간'이나 '-깐'의 어미형에 대하여 간단히 논의하기로 하자. '-간', '-깐'은 '-디'와 통합하여 반어적 부가 의문문의 '-간디', '-깐디'[45] 등으로 나타나 듣는 이가 말하는 이와 위계가 동등하거나 아래일 경우 반말체로 쓰인다. 이러한 어형들은 문말 억양을 올리는 경우 듣는 이가 말하는 이에 대한 가벼운 질문을 보이는 반어적 표현의 종결형 어미로 쓰인다. 이 경우에는 듣는 이에게 대답을 요구하지 않는 수사적인 의문문으로 주어진 명제에 대한 부정도 내포하고 있다. (13ㄱ)에서와 같이 "감이 익어깐디/깐?"은 '감이 안 익었다'로 명제

45) 성낙수(1977)에서 '-간(디)'는 '이음법씨끝'으로 볼 수도 있으나 항상 종결된 문장으로 나타나기 때문에 종결 접미사로 보는 것이 타당하다는 견해를 밝혔다.
충남 방언에서 '-간디'나 '-가디' 어형이 연결 어미로 쓰이는 경우도 있다. 이때 통사 의미는 '-길래'나 '-기에'와 같다(3.1.10 참조).
"뭘 봤가디/간/간디 고롷게 호들갑여?"
"머 하간/가디/간디(하기에) 마실 안와."

나 사실에 대한 부정을 내포하고 있어 말하는 이의 주관적 해석이나 관찰을 함의하고 있다.

나아가 반어 부가 의문문으로 쓰이는 어말 어미 '-간', '-깐'의 변이형으로 '-간디'와 '-깐디' 말고도 여러 통합 어미형으로 나타난다. '-가니', '-까니' 어미형은 '-간+이' 구성이거나, '-간디'에서 /ㄷ/이 탈락한 것으로도 볼 수 있으나[46] 전자의 통합형으로 보고자 한다. (13ㄷ)에서 태안 지역어의 의문형 어미 '-가이'는 '-가니'의 /ㄴ/이 탈락한 종결 어미로 쓰이기도 한다. 이들 '-간' 어미형은 성낙수(1977)에서 말하는 이의 회의 또는 부정을 의미하므로 상위문의 서술어로서 양상 조동사 '부정하다'나 '회의하다'에서 변이된 것으로 기술한 바 있다.

그러나 이 종결형은 도치 형태의 문장이 많이 나타나는 특징을 보인다. (13ㄷ)에서 '-가니'에서 /ㄴ/이 탈락한 '-가이' 어미형과 (13ㄹ)은 '-간디'에서 /-ㄴ/이 탈락한 '-가디' 어미형으로도 쓰이고 있다.

(14) 순이가 시집가간유?
감이 익어깐유?

이들 '-간/-깐', '-간/깐디' 등은 반말의 표현 양식, 절단된 종결 어미로 쓰여 상대 높임법의 등급을 갖지 못하기 때문에 종결 어미 '-요', '-유'와 통합하여 (14)에서 '-간유, -깐유'로 두루 높임의 해요체를 실현한다(누가 오가디유, 누가 오가니유, 시집가간디유, 감이 익어깐디유).

46) 유세진(2007: 44)에서는 이 '-간디'의 변화 과정을 다음과 같이 기술하고 있다. "-관듸 〉-간듸〉-간디〉-간이〉-간"

3.2.8 '-X야/여': '-겨/갸', '-랴', '-텨>쳐'

(15) ㄱ. 한 필이면 스무 자여/야.

점부 멸족했담 말여/야.

도술꺼정 허더라 이거여.

비단 저고리면 젤 존 거 아녀.

젊은이들 쇠견이 그것뿐여.(우리 28쪽)

ㄴ. 사정을 하는 기여, 그래서 참능 기여.(공 491쪽)

그 집이 그냥 과객으루 들어강 기여.(대 653쪽)

한밤중에 선생님네 집에 갔는 기여.(청 1419쪽)

ㄷ. 또 친구가 대꾸 장가를 들라구 허능 겨.

그래 '찾아달라'는 겨.(대 646쪽)

가서는 사위 혼자 그냥 파자치는 겨.(홍 550쪽)

ㄹ. 이제 통일 되면 좋을 겨. 괴기 잡기 좋을 겨.(뿌 91쪽)

ㅁ. 어디루 도망갔능가 찾을 기라.(대 726쪽)

충남 방언에서 어말 어미로 나타나는 '-여'는 '-이+어 → 이여 → 여'의 음운변동을 거쳐 통합형으로 구성된다. 이 '-여'는 다른 어형들과 통합하여 융합형 어미 '-겨/갸', '-랴', '-벼'[47], '-텨' 등의 '-X야, -X여' 어형으로 실현된다. (15ㄴ)에서 '-기여'는 '것+이어>거+이어>거+여+겨'로 대체로 (15ㄷ)의 '-겨'로 통합된다. 따라서 (15ㄴ)에서 '-기여'는 '-겨'의 장음을 전사 과정에서 '-기여'로 적은 것에 불과하다. 물론 (15ㅁ)의 '-기라'의 어형을 들어, 기저형으로 '기+이다'를 유추할 수 있으나, (17)에서 논의할 '기다'와는 달리 관형사형 어미와 호응한다는 점에서 '것'의 변이형 '-거'로 볼 수 있다. 충남 방언에서 '-겨'는 선행 관형사형 어미 '-는'에 후행하는

47) 융합형 어미 '-벼'는 보조 용언 '-보다'의 변이 형태로 실현되는데, 이에 대해서는 4.3.2에서 후술한다.

경우가 많지만, (15ㄹ)처럼 미정의 '-을'과 호응한다. '-겨'는 '(느)ㄴ+거여'와 '(으)ㄹ+거여'와 같은 통사적 구성을 보인다. 이들은 관형사형 어미 'ㄴ/ㄹ+것이어'와 같은 의미로 사용된다.

(16) ㄱ. 이리 앉으시겨.(대 726쪽)
　　　그럼 판서님이 먼저 한 수 지시겨.(대 334쪽)
　　ㄴ. 팥죽 좀 한 그릇 주시갸.(대 65쪽)

그러나 충남 방언의 어미에서 좀 독특한 특성을 보이는 것으로 명령의 의미를 지닌 '-겨'와 '-갸'가 있다. 이들은 주로 존대 선어말 어미 '-시'에 후행하여 예사 높임법을 실현하여 (16ㄱ)의 '-시겨'와 (16ㄴ)의 '-시갸'로 나타나기도 한다(하시겨, 사가시갸). 이때 '-갸'와 '-겨'는 충남 방언의 경우 말하는 이에 따라 수의적으로 나타난다.

(17) ㄱ. 바루 요요 밑잇 집이 기라구.(부 560쪽)
　　　예, 저 건너 긴가뷰, 저 건너가.(당 369쪽)
　　ㄴ. 아무개 댁이 워디나아? 그러닝께 바루 요기가 겨요.(보 771쪽)
　　ㄷ. 문: 저게 도깨비여?
　　　답: 겨, 도깨비여/라구.
　　　　기다, 도깨비여/?라구.
　　　　그려, 도깨비여/라구.

또한, 충남 방언에서 '기다'와 '안 기다'는 지정의 의미와 '그렇다'와 '안 그렇다'와 상당하는 통사·의미 기능을 수행한다. (17ㄱ)에서 '기라구'나 '긴가뷰'(그런가 보아요)는 긍정의 답변에 쓰이는

데 '그것이라고', '그렇다' 등의 의미로, (17ㄴ)의 '겨요'도 질문한 '댁'에 대하여, 여기가 '댁' 즉 그것이라는 답변에 쓰인다. (17ㄷ)에서도 질문이 타당하다는 긍정적 답변으로 쓰인다. 답변도 '겨, 기다, 그려' 등으로 나타난다. 그러나 '기다'로 답하는 경우 '-라구'와는 비문은 아니지만, 잘 호응하지 아니한다. 충남 방언에서 '기다'는 서술어에 부사형 어미의 통합 구조('-기+-어')로도 나타나는 '겨'와 그 부정형 '안겨, 앵겨'는 서술형으로도, 억양에 따라 의문형으로도 쓰인다.

(18) ㄱ. 그 여우가 가는 디가 주막이 아니라 상여집이더래야.(서민 301쪽)
그 처녀가 잠을 못 자드리야.(청양 1445쪽)
그 처녀가 잠을 못 자드랴.
그럼 내가 찾게 해주랴.
ㄴ. 낼 비 온대야.
낼 비 온댜.
ㄷ. 그 늠이 일언 잘 해야.
그 늠이 일언 잘 햐.

(18ㄴ)에서는 어말 어미와 통합하는 '-야'는 '-이+아'가 융합형으로 실현된다. 이 '-야'는 강조의 첨사 역할을 수행한다. 이 충남 방언에서 어말 어미로 나타나는 '-야'는 '-여'와 모음 교체로 실현된다. 그러나 이 '-야'는 어미와 결합하여, '-냐, -댜, -랴' 등의 융합 어미로 나타나기 때문이다. 이들이 음운 환경에서 /애/가 /야/로 장음화되는 경우가 많다. 예를 들어 "농사짓기 참 대간혀/햐."는 '대근해 → 대간햐/대간혀'의 변이형이다. 이 '-햐'는 '-해'에서, '-랴'도 '-래'에서(3.2.5 '-래'와 '-랴' 참조), '-댜'는 '-대'에서 변이형으

로 쓰인다.48)

(19) ㄱ. 니 이렇게 간단하게 하구 말텨.(공 59쪽)
느이 조상까지 그저 맻대까정 싸악 읎애 버릴텨.(보 230쪽)
하냥 묶어가버리면 워칙헐 티여……(관촌 109쪽)
인저 존 세상 왔응께 넘매루 살아볼 티여.(관촌 125쪽)
어떡헐쳐? 여기서 무덤팔텨, 보따리 쌀텨.(관촌 302쪽)
ㄴ. 느이 조상까지 그저 맻대까정 싸악 읎애 버릴쳐.
당신 인간이, 인간 저결 못 갚아 주믄 당신 죽일쳐.(홍민 460쪽)

(19)에서 '-텨'는 중앙어 '-테야'에 상당한다. 이 '-테'는 '-텨〉쳐〉처'로 변이되고, 구개음화와 단모음화로 실현된다. 이 '(으)ㄹ텨/처'는 행위주의 의도나 의지를 나타낸다. 일인칭에서는 평서문을, 2인칭에서는 의문문에 쓰이고, 3인칭에서는 쓰이지 않아 '-겠'이나 '-ㄹ것'과도 다른 통사 구성을 실현한다.

따라서 '-겨/-갸', '-혀/-햐', '-랴', '-댜', '-쳐〉처' 등을 '-여/-야'로 분리하는 것보다는 이미 융합이 이루어진 별도의 어말 어미로 기술할 수 있다.49)

---

48) '-댜'의 통사 구성에 대한 논의는 3.4.2에서 후술할 것이다.

49) 충남 방언에서 이러한 융합 어미 '-ᄃᆦ'가 종결 어미에 생산적으로 쓰인다. 이는 '되+어'의 구성으로 중앙어 '-돼'와 대응한다. '모+아'와 '-보+아'의 구성인 '-ᄆᆦ'와 '-ᄇᆦ'도 수의적으로 나타난다. '-ᄇᆦ'는 거의 '-뱌'로 실현되지만, '-벼'는 '보+이어〉보여〉벼'는 통사 구성에서 차이를 보인다.
"그 돈 빼가지고선 노비해서루 가야 ᄃᆦ."
"그 늠이 사람덜을 잘 ᄆᆦ/ᄇᆦ."

3.2.9 '-X요/유': '-쇼/슈', '-규', '-뷰', '-튜'

(20) 형님이 어찌 이렇게 근너 오신대요.(보 144쪽)

(21) ㄱ. 하루는 눈이 지자케 오지 않았겄슈.(당 518쪽)
그래두 경험을 싸면 되는 수가 있이니 가보슈.(당 138쪽)
고목나무를 벼 버리쇼.(홍 380쪽)
이눔 각구 여기서 살으쇼.(보 46쪽)
ㄴ. 그런께 화친을 주장하십시오.(당 161쪽)

(22) 집은 인저 다 뭇 쓰게끔 망가진 거나 마찬가지라는규.(당 53쪽)
까불까불허메 시비시비 오케이 헌다는규.(관촌 89쪽)
웬체 존재 읎이 늘어놔서 성님은 잘 모르실뀨.(유자 148쪽)

(23) 저 왕탱이 집 근처께 가서 벌렁 드러 누웠어었던게뷰.(당 129쪽)

(24) 성님은 대관절 웬제나 철이 들튜.(유자 158쪽)
내라 시켜볼 텡께 들어 보실튜?(유자 253쪽)

충남 방언의 문말에서 실현되는 '-요/유'는 종결 보조사로 두루 높임을 실현한다(20). 이 '-요/유'와 융합하여 생성되는 '-X요, -X유' 계열로 '-쇼/슈', '-규', '-뷰', '-튜' 등이 종결 어미로 나타난다. 그런데 이 '-요/유'와 어말 어미와 융합형 어미로 실현되는 '-쇼/슈'는 '시어요/유 → 셔요/셔유 → 슈/쇼'로 높임 종결 어미이다. 그런데 (21ㄱ)에서 '-쇼/슈'가 명령법으로 쓰이고 있어, 주체 높임의 (21ㄴ)과는 다른 표현이고, '시+오'의 '-쇼'는 1, 2, 3인칭에 쓰이므로, '하십시오체'로 보기는 어렵다. '-쇼'는 '-시다'가 상대 높임과 관련되는 데 비하여, 문맥에 따라 주체와 상대 높임을 달리 수행한다. '-시다'에 대해서는 3.2.13에서 논의하기로 한다.

그리고 충남 방언에서 융합형 어미 '-규/뀨', '-뷰', '-튜' 등이 종결 어미로 쓰인다. '-규'는 '거+이+유' '-뷰'는 '보아유〉봐유〉바유〉뷰' '비+유', '-튜'는 '-터+이+요/유〉테유〉튜'로 'Vstㄹ+튜' 구성을 이룬다. 이는 '-ㄹ튜'는 아직 일어나지 않은 행위나 사건에 대한 말하는 이의 심리적 양상을 반영한다. 일인칭에서는 말하는 이의 의지에, 2인칭에서는 행위 주체의 의지에 대한 의문문에 나타난다. '-테'는 구개음화 '-쳐〉처'로 실현되는 데 비해, '-튜'는 구개음화를 실현하여 '-츄'로 쓰이는 경우가 거의 없다. 그런데 이문구 소설 대화에서 한 문장에서 '-튜'와 '-츄'를 표현한 예가 나타난다. 이는 이문구 소설의 대화에서 문체상의 변화를 시도한 예로 볼 수 있다(3.3.10 참조).

3.2.10 '-데'

(25) ㄱ. 그것두 그 속도 빠르게 축지두 허덩가 보데.(공 492쪽)

ㄴ. 순이가 시집가 잘 산다데.

(26) 그랑깨 그 집 사우를 삼어빼리데.

순이가 말을 다 허지 뭇허데.

충남 방언에서 회상, 보고 등의 시제 형태소 '-더'에 서술격 조사 '-이다'와 결합하는 '-더이다'를 융합 어미 '-데'로 실현한다. 이는 지난 일을 회상하여 인식에 바탕을 두고 경험에 근거하여 말할 때 쓰인다. 충남 방언의 '-데'는 (25)와 (26)의 두 문장 유형에서 나타난다. "순이가 말을 다허지 뭇하데."는 '순이가 말을 다하지 못하더라.'는 뜻으로 직접 경험한 일이나 내용을 보고하는 데 쓰인다 (26). "그 연극 볼만하다데."는 '볼 만하다고 하더라.'와 같은 의미의 (25ㄴ)에서는 간접 경험의 사건이나 내용을 보고하는 데 쓰이고, (25ㄱ)의 의미는 추정하여 '앎'을 전제로 보고 형식에 사용하므로 이 '-데'는 상 표현의 어미 형태소로 통합되었다.[50]

3.2.11 '-다구'

(27) ㄱ. 내가 장구를 뚜딜어나 본다구.
내가 밥 먹었다구?
ㄴ. 니가 저 장구 처본다구?
ㄷ. 머슴이 도망가번졌다구.
ㄹ. 나두 꽹메기 치는 거 안다구요.

충남 방언에서 종결 어미 평서문과 의문문에서 실현되는 '-다구'(-다+고) 어형이 나타난다. '-다구'는 종결 어미 '-다+-구'의 통합형 종결 어미이다. '-다구'는 평서문과 의문문 어말 어미와 통합하여 명제에 대한 강조를 실현한다. '-다구'는 일인칭 말하는 이의 주체 행위에서는 '약속'의 의미와 앞으로 행할 사태를 기정하여 보고하는 형식인데, 때로는 명제에 대한 강조 표현으로 쓰이다. 2인칭에서는 주체의 행위에 대한 질문 형식으로 쓰인다. 3인칭 행위주에서는 수행 억양이 수반되면 의문문으로 쓰이고, 평서문에서는 사실을 근거로 사태 보고에 주로 쓰인다.51)

(27ㄹ)에서는 '-다구'와 종결 보조사 '-요'의 통합형 '-다구요' 어형이 실현된다. 이는 명제에 대한 두루 높임에 쓰이기도 하지만, 억양 수행을 통하여, 말하는 이가 명제에 대해 이미 경험한 '앎'이나 행위 등을 듣는 이에게 강조할 때 쓰인다.

3.2.12 '-(으)까나'

(28) 그 냥반은 베랑 멀지두 않은 저승질을 뭐허러 그냥 서둘렸으

50) 이 '-데'에 대한 논의는 3.4.3에서 상술한다.
51) '-구'는 의문문 어말 어미와 통합하여, "니가 시방 뭐 하냐구?" 등에도 나타난다.

까나.(유자 191쪽)

쓰다 냉긴 뇡약두 수두룩헐 텐디 해필이면 목을 그랬으까나.

(유자 189쪽)

충남 방언의 '-으까나'(-으ㄹ까 → -으까)는 '-으까+나' 통합형이다.[52] 이 '-으까나'는 간접 질문 형식으로 쓰이기 때문에 말하는 이가 굳이 듣는 이의 대답을 요구하지 않는다.[53] 이 어말에 붙는 '-나'는 연결 어미와 통합에서는 주제나 강조의 '-는'과 같은 의미를 수반하지만, 종결 어미에 후행할 때는 그런 의미가 나타나지 않는다. 그러한 행위가 일어났거나 난 데 대한 아쉬움을 질문 형식을 빌려 표현한다.

3.2.13 '-시다'

(29) ㄱ. 할아버지가 너버러 이냥 냄의 아랫도리루만 살라구 가르치셨네.(유자 55쪽)

그 황필도라는 사람이 열 멫 살잉가를 더 자셨어.(부군 1111쪽)

㉠. 대문간 밖이까장만 끌구 나가 주슈.(대 189쪽)

아 그놈 안사랑으로 모시라.(부여(1) 203쪽)

이리 앉으시겨.(대 726쪽)

우리 남편이 시방, 금방 죽을랴고 돌아가실랴고……(온양 1481쪽)

ㄴ. 서방님, 나는 서방님 아녔으면 죽었시다.(공 621쪽)

---

52) 충남 방언에서 '〔ㄹ+ㄱ〕'은 수의적 변자음 동화로 '〔ㄱ+ㄱ〕'으로 되어, 〔ㄲ〕으로 실현된다(볼게 → 보께, 갈까 → 가까, 번질까 → 번지까).

53) 충남 방언에서 '-나'는 '-ㄹ래+나', 'ㄹ려+나'와 통합형을 구성하여 듣는 이의 의사 확인에도 쓰인다.

내가 팥죽을 사 왔시다.

애기가 잠을 깼시다.

그 친환이 있는게비올시다.(대 726쪽)

㉡. 내가 돈을 어디다 썼시면 좋겠는디.

저녁거리가 있시야지.(서민 429쪽)

ㄷ. 그 눔이 사람한지 잡아 먹어버렸시유.(서민 314쪽)

재밀랑사리 고상만 잔뜻 했슈.(관촌 55쪽)

㉢. 물음: 워디 갔다 왔슈/왔시유?

대답: ㉮. 서울 갔다 왔슈/왔시유.

㉯. 서울 갔다 왔어요.

ㄹ. 여기 시방 과거를 하러 왔소.(부여(1) 169쪽)

(29ㄱ)에서 '-시었-'은 중앙어와 같이 주체 높임 표현이지만, (29ㄴ)에서 '-었시다'는 주체 높임의 선어말 어미와는 달리 듣는 이를 대우하는 높임법에 쓰인다. 충남 방언에서 주로 '-었-'에 후행하는 '-시-'는 주체 높임의 선어말 어미로서의 기능을 하지 않는다. '-시-'는 어말 어미 '-었'과 통합하고, 어말어미 '-다'와 결합하여 통합형 종결 어미 '-었시다'로 형성된다. 이는 '-아/어'와 '-이시/-잇'의 축약형 '-앳/엣/-앗/엇-'의 과정에서 '-어시-'가 유지되다가 '-었'과 융합한 것으로 생각할 수 있다.[54] 예를 들어, (29㉠) 현재형과 통합하는 '-슈'의 '-시-'와는 다른 기능을 수행한다. 이러한 경우는 고려가요나 중세 국어에서도 나타나는 현상이지만[55], 충남 방언에서 상당히 많은 예들을 만날 수 있다. (29ㄴ)에서는 서방님에 대한 주체

54) 충남 방언에서 "내가 그 술 잘 먹겠시다."에서 '-겠시다'도 통합형 어미가 나타난다. 이는 '-겠-'도 부동사 어미 '-게'와 '있-'의 합성이다(안병희 · 허경 1992: 179).

55) 고영근(1987: 2299)에서 '안높임'의 '-시-'와 기능상으로 주체 높임법이 아닌 것을 참조할 수 있다.
"즈믄 히롤 외오곰 녀신돌……信잇단 그츠리잇가.(서경별곡)"

의 낮춤으로 볼 수 있다. 그러나 (29㉡)은 대감이 선비에게 한 말로 주체를 높이는 표현인데, '자기 낮춤'[56]과 달리 실현되므로 주체 높임으로 볼 수는 없다. 그것은 '썼으면 → 썼이면'인데, 〔썻시면〕을 '썼시면'으로 표기한 것으로 보인다. 그리고 '-있-'에 후행하는 '-있시야지'의 '-시-'도 같은 경우이다.[57] 따라서 과거 시간 표현 형태소 '-었'과 통합하는 '-시다'는 종결 어미로 상대 높임의 '하오체'와 등급이 같은 '하시오체'로 보고자 한다.[58]

(29ㄷ)에서 '-었쇼/슈'도 '었+시+오'로 분석되지만, '-시-'를 주체 높임의 선어말 어미로 보기 어렵다. 오히려 듣는 이가 말하는 이나 주체보다 높은 발화 맥락에서 표현되지만 압존법으로 볼 수도 없다. 충남 방언에서 '-쇼/슈'는 듣는 이가 말하는 이보다 높음, 동등함, 나아가 나이와 친분 관계 등을 고려하여 실현하므로 상대 높임법의 한 양상이다. (29㉢)의 물음에 '왔쇼'와 '왔시유', 그리고 '왔어요'의 답변이 가능하다(29㉢: ㉮㉯). '-시-'의 분포는 시간 표현 어미에 후행한다.[59] 현대 국어에서 주체 높임의 선어말 어미가 시간 표현의 선어말 어미 앞에 위치하기 때문에 '-왔시-'의 '-시'를 주체 높임의 '-시'와는 달리 듣는 이를 대우하는 선어말 어미로 볼 수 있다. (29ㄹ)의 '-소'는 '-시+오'의 통합형으로 보기 어렵다. 말하는 이인 주체를 높이는 것이기 때문이다. 따라서 현대 국어의 '-소'는 중세 국어 '-ᄒᆞ야써'가 소멸되면서 변한 것으로 볼 수 있으

56) 임홍빈 · 장소원(1995: 375)에서 "(남 앞에서) ??아버님이 그 일에 반대하셔."는 '쓰는 사람이 적지 않지만, 올바른 어법으로 볼 수 없다'고 하였다.

57) 충남 방언에서 /ㅡ ɨ/→/ㅣ i/로의 전설 모음화는 많이 일어나는 음운 변동이다.
"고단하게 자는 걸 깨울 수가 없이니.(아 398쪽)
사실은 죽었입니다.(아 398쪽)"

58) 황대화(2007: 213-219)에서 '-시다'는 '-습니다'에 비해 친근감은 더하지만, 존대와 정중성은 떨어지는 것으로 보고 있다.

59) 충남 방언에서 '-겠시-'로도 실현된다.
"나는 가겠시다, 죽어도.(서민 287쪽)"

므로[60](안병희 · 허경 1992: 189), 충남 방언에서 상대 높임법에 '하소체'를 설정할 수 있다.

(30) 지가 다 알아챘습니다.(서민 330쪽)
　　지가 꼭 대감께 여쭐 말씀이 있어 왔습니다.(부설1: 203)

충남 방언 구어체에서는 '하십시오체'는 잘 쓰이지 않지만, (30)에서는 '하십시오'체를 실현한다. 이 '-하십시오'체는 주로 과거 시제 '-었-'과 통합하여 실현된다. 물론 충남 방언에서도 '-습니다, -ㅂ시다, -겄습니다' 등 '하십시오체'로도 실현할 수 있지만, 대부분 '-요/유, -시다'로 나타난다(가유/요, 가겄시다).

3.3 시간 표현 어미

우리말 문법에서 시제 분류상의 문제점이 제기된 것은 1960년대이다. 그 이후 우리말 문법에서 상을 시제나 서법과 분리하여 논의되기 시작하면서(나진석 1971), 시간 표현의 다양성은 의미론적 접근으로 다루기도 하였다. 이 연구에서는 이들 시간 표현에 대한 구체적 논의 대신에 충남 방언에 나타나는 시간 표현 어미를 중심으로 그 통사 구성과 의미 기능을 소략하게 모색하기로 한다. 대체로 충남 방언에 나타나는 시간 표현 어미는 '-었/-았-, -겠-, -더-, -느-'와 나아가 '-겠'과 유사한 기능을 수행하는 '-리', '-ㄹ러' 등의 그

60) "내 보아져ᄒᆞᄂᆞ다 ᄉᆞᆯᄫᅡ써(석상6: 14)
어데 부톄라 ᄒᆞᄂᆞ닛가 그 ᄠᅳ들 닐어써.(석상6: 16)"(안병희 · 허경 1992: 189에서 재인용).

변이 형태로 나타난다. 이들 시간 표현 형태소에 의하여 실현되는 통사 의미는 대체로 중앙어와 같다. 엄밀하게 시간 표현과 관계되는 것은 사건시가 발화시에 선행하는 과거의 '-었', '-었었'과 발화시와 사건시가 같은 현재의 '-느', 그리고 발화시에 사건시가 후행하는 '-겠'을 중심으로 시제와 상이 맥락에 따라 달리 표현된다.

충남 방언의 일부 보조 용언 구성에서도 양태와 상 기능을 수행하고, '-ㄹ것', '-ㄹ터/터, -ㄹ쳐〉-ㄹ처'와 '-ㄹ뀨', '-ㄹ껴', '-ㄹ꺼, '-ㄹ리', '-ㄹ러' 등은 시간 표현과 더불어 상의 역할도 수행하고 있다. 따라서 상이라는 용어를 사용한 것은 충남 방언의 구어에서 이들의 쓰임은 다른 어미와 융합되면서 단순한 시간 표현보다는 상이나 양태, 서법 등으로서의 복합적 기능을 보이고 있으며, '서법은 시제와 상이 분리된 구조는 아니고, 그것들이 단일 체계 안에서 배합되기' 때문이다((Elson · Pickett 1983/ 한영목 옮김 1995: 45).

시제와 상, 서법 등을 구분하지 않고 상 어미라는 개념을 도입한 것은 이들 시간 표현 형태소들이 다른 어말 어미와 융합하거나 보조 용언과 통합하여 시제와 상 개념이 혼합되어 있기 때문이다.[61] 이들 형태소들은 시간 표현보다는 상이나 양태와 서법 표현을 동시에 수행하거나, 어떤 경우는 그들 기능을 두드러지게 나타낸다. 따라서 충남 방언의 시제와 상, 나아가 양태 등을 표현하는 이들 융합 형태소들을 잠정적으로 '상 어미'라고 지칭한 바 있다(한영목 2000ㄱ, 2001ㄴ 참조). 충남 방언에서 시간 표현 어미는 형태, 통사 구성 및 의미 기능 면에서 다양하게 실현된다. 이 연구에서는

61) 상 범주는 많은 언어에서 시간의 범위와 대조하여 행위의 종류를 진술하는 접사, 특수한 어휘나 구의 집합을 의미한다(Elson & Pickett 1983: 25/ 한영목 옮김 1995). 그러므로 이 연구에서 상 개념은 넓은 범주로 사용하여, 상 어미는 시제나 서법, 양태 등을 동사와 통합하여 나타내는 어미라는 의미이지, 그것이 상을 실현하는 것은 아니다.

현재, 과거, 미래와 같은 시제를 구분하지 않고, 각 시간 범위에 따라 형태소별로 기술한다.

3.3.1 '-느-'

(1) ㄱ. 너 밥 먹(느)냐?
　　　너 집에 가ø냐/나?
　 ㉠. 자네가 강호인 아니겄나?(공 273쪽)
　 ㄴ. 꽃이 예쁘냐?
　　　이무기두 용이냐?

(2) ㄱ. 밥 먹는 일이 제일 큥(큰) 거여.
　 ㄴ. 자는 시절매루 집이 오는 사람두 모르는개벼.

충남 방언에서 현재형 '-느-'는 구어체에서는 거의 생략된다. 의문문에서도 '-느-'의 생략은 보편적이다. 충남 방언에서 의문문에 '-겄느-'로 시간 표현 형태소 '-느-'가 나타나지만 (1㉠)에서는 생략된다. (1ㄱ)에서 의문형 어미는 '-나?'보다는 '-냐?'가, (1㉠)의 시간 표현 형태소와 공기할 때는 '-나?'가 더 쓰인다. 형용사나 서술격 조사 '-이다'는 현재 시간 표현 어미 형태소가 없고, 의문형 어미는 '-나?'보다는 '-냐?'가 보편적으로 실현된다. 그리고 관형사형 현재형은 중앙어와 같이 동사는 'Vst(느)ㄴ+N'을(2ㄱ), 형용사나 '-이다'는 'Vst(으)ㄴ+N'(2ㄴ)을 구성한다.

3.3.2 '-노-, -너-, -느-, -누-'

(3) ㄱ. 이 만한 뿌리가 하나 나오놔서……먹었덩가 보데?(부 581쪽)
　　　그저 오놔서 보구서는 대뜸 '너는 내 사위다'(부 583쪽)

인저 나오놔서 사랑문 앞이 오놔서 읏[yɨt]을 듯네.(부 673쪽)

ㄴ. 도둑놈이 오너서라미……(서민 440쪽)

ㄷ. 배가 많이 들어오느서 있구 허니깨 색시집이 많어.(뿌 86쪽)

ㄹ. 이놈 너 조선에 오느설랑에 이놈, 난리를 칠라고 온 놈이닝께……(당 555쪽)

ㅁ. 아, 인제 참 즈 집이 사는 디를 오놔 보닝깨 쑥대밭 된 줄 알았더니……(부 663쪽)

(3)에서 충남 방언에서는 중세 국어의 어미 '-ᄂᆞ-'가 아직도 현재 시간 표현 형태소로 잔존하여 실현되고 있다. 충남 내포 지역이나 부여 지역어 등에서 특이하게 중세 국어의 현재 시간 표현 형태소 '-ᄂᆞ-'의 잔존을 확인할 수 있다. 충남 방언에서 이 '-ᄂᆞ-'는 '-나/너-, -느-, -노/누-' 등의 변이 형태로 나타난다. 그리고 이 '-ᄂᆞ-'는 주로 '-아서'와 통합형 '-느서, -너서, -놔서' 등으로 실현된다. 이 통합형 어미는 다시 또 다른 형태소와 통합하여, (3ㄹ)에서는 '-느서+을랑+에'의 어형이 나타난다. (3ㅁ)에서 '-서'의 탈락형 '-아'와 통합형 '-놔'로도 실현된다.

3.3.3 '-었-'

(4) 동네 사람꺼정 아주 잘 먹었거든.(홍민 482쪽)

인저 존 세상 왔응께 넘매루 살아볼 티여.(관촌 125쪽)

각씨 왔구나. 도라꾸 타구 왔디야.(관촌 166쪽)

그렁닝깨 당신 오실지(줄)까장 나 짐작했어.(보 46쪽)

충남 방언에서 '과거'나 '완료상'을 수행하는 '-었/았-'의 쓰임은 다양하다('-었-'으로 기술한다.). '-었'은 '시방, 금방' 등의 부사어와 호응할 때, 과거보다는 완료의 의미를 수행한다. 충남 방언에서 '-었-'에 의해서 표현되는 시간 표현은 대체로 중앙어와 같다. 충남 방언의 '-었'의 시간 표현 형태소들의 어순 배합은 '-었+(었)+(겠)+(더)+(느)+어말 어미'로 배치된다. 충남 방언에서 '-었-'과 통합 어미로 실현되는 어미에 대하여 좀 더 고찰하기로 한다.

3.3.4 '-었었-'

(5) ㄱ. 인자 예사 아무 말따나 금방 부자였었는데……(아 325쪽)
　ㄴ. 하, 임시 잠깐 호강시럽게 살었었입니다.(아 398쪽)

우리말 시간 표현에서 소위 '완료의 완료, 대과거' 또는 '단속상' 등으로 일컬어져 온 '-었었-'(임홍빈·장소원 1995, 한동완 1996)은 충남 방언의 구어체 담화에서의 쓰임은 그리 많지 않다. (5ㄱ)에서 '-었었-'이 '인자', '금방' 등과 같은 어휘와 호응한다는 것은 사건시가 '보다 먼 과거'의 시간이라기보다 말하는 이가 발화시에서 알고, 인식하는 '기억 공간'에서의 거리가 가깝다.[62] 따라서 '-었-'이나 '-었었-'은 행위주의 사건은 발화시보다 선행되어 끝남을 전제로 한다. 다만 인식시가 발화시보다 사건시가 가깝든 멀든 선행되어야 표현이 가능하다. 그러므로 말하는 이가 '-었었-'과 같은 과거 시간 표현 형태소들을 쓰는 것은 과거라는 인식보다 사건, 일, 행위 등의 끝남을 강조하여 표현하고자 하기 때문이다.

62) '기억 공간'에 대해서는 한영목(2001ㄴ)에서 논의한 '언어와 시간'을 참조할 것.

3.3.5 '-었는-'

(6) ㄱ. 밥 먹었는 줄두 몰렀나벼.
한밤중에 선생님네 집에 집에 갔는 기여.(청양 1421쪽)
이를 잡아주다 보니께 잠을 들었는 거여.(당 173쪽)

ㄴ. 그 사람한티 들은 얘기 많은디 치부(기억) 못해놨어.(보 46쪽)
근디 보닝께 즐한(절을 한) 객은 나이가 만하고(많고)……
(부설2: 203쪽)

충남 방언(6ㄴ)이나 중앙어에서 과거 시제 관형사 어미는 'Vst(으)ㄴ+N'으로 나타난다. 그런데 충남 방언 (6ㄱ)에서는 '-었/았는-'으로 실현된다('-었는-'으로 기술한다). 이는 현재 시간 표현 관형사 어미의 통사 구성과는 다르다. 이 '-었는-'의 쓰임은 '-(으)ㄴ-'과 같다. 최현배(1966: 618-623)에서는 '-었는-'을 "옛적법(古語法)이니 시방 쓰히는 곳(경상도)이 적다"면서 '-었었는-, -겄는-, 었겠는-' 등을 제시하였다.[63] 이에 대해 나진석(1971: 80)에서는 '-었었는-'은 "이론상 가능할지 몰라도 실제 사용하는 것 같지 않고, 그것을 '-었었더-'로 대치하면 뜻이 같다"고 논의한 바 있다. 나아가 나진석(1971: 88)에서 '-었겠는-'이나 '-었는-' 등에 대해서도 잘 쓰이지 않는 듯하나, 몇 표현에서 가능하다고 보았다.[64] 그러나 충남 방언에서 '-었었는-'은 실제 쓰이지 않고[65], '-었는-'도 주로 의존 명사(것, 거, 줄 등)와 수식 관계로 나타나 그 쓰임이 그렇게 많지 않다.

---

63) 최현배(1966)에서 제시한 몇 예를 들어보면, 다음과 같다.
"죽었는 범을 살았는 줄로만 알았지요.(618쪽)/ 조고만 방에 네 사람이 자겠는 형편인데.(620쪽)/ 이 약은 한 번 먹었었는 사람은 또 먹어서는 안 되오.(622쪽)/ 피었겠는 꽃이 아직도 이 모양인가?(623쪽)"

64) 나진석(1971: 89)에서 예로 든, "눈이 왔겠는 산중엘 뭘 하러 가는가?/ 범이 숨었겠는 굴에 불을 질렀다." 등에서 나타난 '-었겠는-'은 '었을-'로 대체된다.

65) 충남 방언에서 특이하게 다음 예가 보인다.
"십리 안쪽의 남녀노소를 모다서니 모았느았냐?"(당 534쪽)

3.3.6 '-었더-': '었드랬-', '-었더래-', '-었드래/랴-'

(7) 그 술얼 한 잔 먹었덩가.(부여 1108쪽)
자식이 한 2-3 남매 되었던 겨.(서민 318쪽)

(8) ㄱ. 그래, 그때 시절에는 곰두 말을 했더랬는지.(공 497쪽)
㉠. 옛날엔 호랭이두 지 말하먼 왔드랬어.
ㄴ. 그 망할 자식이 집어 내뿌리고 왔드리야.(청양 1452쪽)
그 총객의 엄마가 밥을 히서 이구 왔드래유.(당 258쪽)
그만 거기서 죽어 버렸드래유.(청양 1431쪽)

충남 방언에서 '-었더-'(7)는 과거 시간 표현 형태소와 회상의 통합형으로 실현된다(-었-+-더-). (8ㄴ)에서는 '-었+더+X'의 어형으로 실현되는 '-었드래'와 '-었드랴'는 '-었더래'의 변이 형태인데 종결형으로 나타난다. '-었드리야'의 '-리야'는 충남 방언에서 종결 어미 '-래'가 '-랴'로 바뀌면서 〔랴: rya:〕로 장음과 이중 모음을 실현한 것이다. 그러나 (8ㄱ)에서 '-었드랬-'은 '-었더랬-'의 변이 형태이다. '-더-'가 보고의 의미를 띤다는 면에서 이들의 과거 사건이나 행위에 대한 말하는 이의 경험이나 앎을 바탕으로 실현한다. '-었-'은 발화 맥락의 사건시가 발화 전의 행위인데, '-더-'는 발화 상황에서 말하는 이의 심리 상태와 관련된다. '-더-'에 대한 논의는 3.4에서 구체화할 것이다.

3.3.7 '-었겠-'

(9) 이렇게 잘 살었지 뭘루 잘 살억겼느냐.(부 485쪽)
어머니 낳기 전이니께 백년 훠낀 넘었겼네.(하4, 150쪽)
여수가 변해서 샥씨가 됐겼네.

(9)에서는 '-었겠-'의 변이 형태 '-억겄-, 었겄, 았겄' 등이 나타난다. '-억겄-'은 동서열 자음 동화로([얻건 → 억건 → 억껀/어껀]) 실현된다. 충남 방언에서 이들은 '-었+겠-'으로 중앙어와 쓰임을 같이한다. '-었-'이 발화 이전의 사건이 이루어짐이라면, '-겠-'은 발화 행위와 관련되므로 말하는 이의 확인할 수 없는 명제에 대한 추정, 추측과 관련된다. 그러므로 '-었겠-'은 말하는 이가 그러한 행위나 사건이 이루어졌음을 추정하는 심리적 양태가 발화에 나타난다. 그리고 충남 방언에서 '-었겠는-'의 쓰임은 발견되지 않는다.

3.3.8 '-더-'

(10) ㄱ. 순이가 시집가더라.
　　꽃이 이뻐게 피덩가?
　　벌이 월매나 잘 날든가?
ㄴ. 그 처녀가 잠을 못 자드리야.(청양 1445쪽)
　　그 장수가 역적이 되더래.
　　범떼가 열을 져서 나가는디 끝이 없더래야.(아 199쪽)

(11) 가만히 생각을 하닝께 다아 대인이렁개벼.(부여 1110쪽)

(12) ㄱ. 다 낳아 본께 아들일러래유.(서민 393쪽)
ㄴ. 잘 하믄 돈 대구 모을러래유.

소위 '회상 시제'로 알려진 '-더-'는 'Vst+(었)+(었)+(겠)+더-+(느)'의 통합형으로 실현될 수 있다. 충남 방언에서는 '-더-'가 주로 쓰이고, 변이 형태 '-드-'가 실현된다. (11)에서 '-더'와 다른 형태인 '-러-'가 쓰인다. '-이렁개벼'는 '-이던가벼'의 통합형으로 실현되는데 '-러-'는 '-더-'의 고어형이다.[66] (12ㄱ)에서 '-(으)ㄹ러'는 '-더-'의

66) 중세 국어에서 "부텻 나히 셜흔 세히러시니.(석상 6: 11)"로 '-러'가 쓰였다.

기능을 수행하고, (12ㄴ)에서는 '-겠더-'의 기능을 나타낸다. '( )+더'의 유형은 '-었더-'와 '-겠더-'가 있다. 앞으로 일어날 사건이나 행위 등과 관련된 '-겠더-'와 대응하는, 충남 방언의 '-(으)ㄹ러'에 대하여도 더 논의할 것이다. 그리고 '회상, 보고' 등으로 쓰이는 '-더-'에 대해서는 융합형 어미 '-데'와 '-댜'에서 상술한다(3.4 참조).

3.3.9 '-겠-', '-겄/갔-'

(13) ㄱ. 결혼날을 잡겄다.
그 말언 너두 하겄지.
우리 주인 인(은)공얼 갚으야 겄다.(보 230쪽)
천 량 주구 내 가겄다.(부 475쪽)
㉠. 나두 남잔디 그 놈 하나 해내면 되잖갔느냐.(당 409쪽)
자기는 다 머리다가 메칠 연구해서 다 해놓았잖었갔어.(당 414쪽)
ㄴ. 오늘은 비가 안오겄다.
자네가 강호인 아니겄나?(공 273쪽)
ㄷ. 도깨비두 노래럴 부르겄네.

(14) 나는 가겠시다, 죽어도.(서민 287쪽)
서방님, 나 서방님 따라가겠시다.(공 621쪽)

(15) 젊은 청년더러 어떻게 사람고기를 해줘라 하겠는기여.(청양 1419쪽)

용언의 미래 시제 선어말 어미 '-겠-'은 충남 방언에서 대체로 '-겄-'의 변이 형태가 쓰인다.[67] 그런데 (13㉠)에서는 '-갔-' 어형이

67) 시간 표현 선어말 어미 '-겠'-도 〔kət〕과 당진 지역어에서는 〔kat〕의 변이

나타난다. 이 '-겄-'은 단순한 미래에 대한 시간 표현이라기보다는 말하는 이의 의지와 가능, 미확인 추정 등에 쓰이는 상적 기능을 수행하고 있다. 그리고 (14)에서 '-겠시다'의 어형이 나타난다. (15)에서 '-겠는-'이 쓰인다. 이는 충남 방언에서 '-겄는-'이 '-었는-'과 마찬가지로 관형사형으로 의존 명사를 꾸밀 수 있다. 실제 충남 방언에서 나타나는 '-겄는-'과 '-었는-'은 주로 몇몇 의존 명사와 호응한다. 그리고 (14)에서 '-겠시다'도 '-었시다'처럼 쓰임은 다르지만 형성 과정은 비슷한 과정을 거친 것으로 보았다. '-겠-'과 기능을 거의 같이하는 '-(으)ㄹ 것'과 대응하는 충남 방언의 '-(으)ㄹ X' 구성에 대하여 살펴보기로 하자.

3.3.10 '-(으)ㄹ터, -(으)ㄹ쳐, -(으)ㄹ튜'

(16) ㄱ. 나 안 할쳐.
네가 할 것이냐?
⇒ 니가 하건냐? 니가 할쳐?
순이야, 순돌이가 고걸 하건니(하겠니)?
⇒ *순돌이가 할쳐?
ㄴ. 내/니/*그가 할쳐?
⇒ 나/네/*그가 할 터?

(17) 재상가 집이서 골루기두 어지간히 골룰 테지, 정승집이서.(대 640쪽)
저런 양반까지 깨딱하면 죽을 테닝께루 다른 디루 가라.(대 128쪽)

형태가 쓰인다. 충남 방언에서 어미 '-아'는 '-어'로 비교적 자유롭게 교체되는데, 이는 일종의 폐구조 모음화 현상으로 보인다. '-겠-'은 후설 모음 '-겄'으로 교체되지만 실제 발화에서는 동서열 자음의 강화로 실현된다.
"발씨 집이 각꺼찌(갔겠지)?"

(18) 니 이렇게 간단하게 하구 말텨.(공 59쪽)
느이 조상까지 그저 몇대까정 싸악 읎애 버릴텨.(보 230쪽)
저거 후제(나중에) 내 며느리 삼을 텨.(당 268쪽)
인저 존 세상 왔응께 넘매루 살아볼 티여.(관촌 125쪽)

(19) 저는 아마 이 콩 땜이 팔자가 이런 것 같튜.(관촌 184쪽)
내라 시켜볼 텡께 들어 보실튜?(유자 253쪽)

(20) 웬수 갚을 튜. 피루 갚을 츄.(해벽 286쪽)

충남 방언에서 '-(으)ㄹ+X'로 생성되는 상 어미 '-(으)ㄹ텨'와 -(으)ㄹ쳐, -(으)ㄹ튜', '-(으)ㄹ츄, -(으)ㄹ뀨' 등이 종결형으로 실현되고, 그리고 '-(으)ㄹ껴'와 '-(으)ㄹ리' 등의 어형은 종결형이나 어말 어미와 통합형으로 나타난다. 주로 충남 남부 지역어 등에서 중앙어의 '-(으)ㄹ것'과 '-겠-'에 상당하는 의미를 실현하는 'Vst(으)ㄹ+쳐' 어형이 보인다(16). 이 통합형은 '-(으)ㄹ 터이다'→'-(으)ㄹ 텨'가 구개음화를 거친 것으로 볼 수 있지만, 주로 말하는 이의 의지나 듣는 이의 의도에 대한 물음으로 표현된다. 또한, '-ㄹ쳐'와 같은 통사 의미 양상을 실현하는 '-튜'는 '-터+이+요/유〉테유〉튜'로 'Vst(으)ㄹ+튜' 구성을 이룬다. 이들 '-(으)ㄹ쳐, -(으)ㄹ튜'는 아직 일어나지 않은 행위나 사건에 대한 말하는 이의 심리적 양상을 반영한다. 일인칭에서는 말하는 이의 의지에, 2인칭에서는 행위 주체의 의지에 대한 의문문에 나타난다. '-테'는 구개음화 '-쳐〉처'로 실현되는 데 비해, (19)의 '-튜'는 충남 방언에서 구개음화를 실현한 '-츄'로 쓰이는 경우가 거의 없다.

그런데 (20)에서 '-(으)ㄹ츄'가 실현되는데, 이는 이문구가 소설의 대화에서 다양한 표현을 즐겨 사용하고, 개인어를 만들어 쓰는 경향에서 나타나는 현상이다.[68] 그러므로 '-ㄹ 터이다'가 말하는 이나 듣는 이

68) "이런 늙다리가 젊다리덜 허구 대거리를 헌들 말루다가 이길껴, 심으루다가

의 의도를 지니는 변이 형태 '-(으)ㄹ쳐[-(으)ㄹ처], -(으)ㄹ튜'로 실현되는 것으로도 볼 수 있다. 충남 방언에서 '-(으)ㄹ텨, -(으)ㄹ쳐, -(으)ㄹ튜' 등은 3인칭 의문문에서는 쓰이지 않는 제약성을 지니고 있다.

3.3.11 '-(으)ㄹ껴, -(으)ㄹ뀨'

(21) 니 말대루 그지헌티 시집갈껴.(관촌 67쪽)
당산 낭구는 베락때려두 끄떡 읎을겨.

(22) 웬체 존재 읎이 늘어놔서 성님은 잘 모르실뀨.(유자 148쪽)
바위가 집채마냥 클규/뀨.

'-(으)ㄹ 것/거-'와 관련된 충남 방언의 '-(으)ㄹ껴'와 '-(으)ㄹ뀨'는 '-(으)ㄹ겨, -(으)ㄹ규' 등 다양한 어형으로 나타나는데 이들은 형태만 다를 뿐 그들 간의 의미의 차이는 별로 없다(류구상 1996). 이러한 '-(으)ㄹ+X'로 구성된 어형들은 말하는 이가 주체로 실현되는 맥락에서는 '말하는 이의 의지나 의사 표현'에 주로 쓰인다. 그렇지 않은 상황에서는 말하는 이의 '추정, 추측 표현'에 쓰인다. 이 '-(으)ㄹ텨, -(으)ㄹ쳐, -(으)ㄹ튜', '-(으)ㄹ꺼', -(으)ㄹ뀨, -(으)ㄹ뀨' 등은 낮춤이나 동등함에 쓰이지만, 주체 높임의 '-시-'와 통합하여 높임 표현도 실현한다.[69]

3.3.12 '-(으)ㄹ꺼-'

(23) ㄱ. 순이가 시집 갔을꺼다.

이길쳐.(장천리 41쪽)"에서도 다양한 표현의 변화를 모색하고 있다. 이문구 소설어에 대한 성격은 한영목(2003, 2004ㅁ, 2005, 2006)을 참조할 것.

69) "당신두 말 함번 타보실텨/처/껴/려?"

권이 안 챙겼으믄 머슴두 죽었을꺼다.

ㄴ. 이승에 가서 느이덜 만날 수가 없을 거이다.

ㄷ. 순이가 시집 갔을꺼요/유.

충남 방언에서 '-ㄹ+X'로 생성되는 상 어미로 '-(으)ㄹ+거-'의 융합형 '-(으)ㄹ꺼'는 '-ㄹ텨, -ㄹ쳐, -ㄹ튜'나 '-ㄹ겨/껴, -ㄹ규/뀨'와는 달리 종결 어미 '-다, 나, 라, 네, -야, 요' 등과 통합한다. 충남 방언에서 '-거-'는 의존 명사 '-것-'의 어말음 /ㅅ/이 탈락한 구어체이다. 실제 충남 방언의 구어체에서 어말음 /ㅅ/이 탈락하는 어형들은 주로 의문 대명사 의존 명사에 많다(무엇 → 무어 → 뭐, 그것 → 그거 등). 이 '-(으)ㄹ꺼-'는 /ㄹ/ 아래 /ㄱ/의 경음화 '-(으)ㄹ 꺼'로 분석할지, 아니면 '-(으)ㄹ꺼'의 통합형으로 보아야 할지는 고찰이 필요하다. (23ㄴ)에서 통합형 '-ㄹ꺼'와 달리 '-(으)ㄹ 거(이다)'의 어형으로 쓰이기 때문이다. (23ㄷ)에서 보조사 '-요'와의 통합에서 듣는 이를 고려하는 화법에서는 융합 어미 '-껴'나 '-뀨'로 잘 실현되지 않는다.

(24) ㄱ. 틀림없이 오늘 바람이 불겄다.

ㄴ. 틀림없이 오늘 바람이 불꺼다.

나도 갈꺼다.

(25) ㄱ. 삭신이 쑤시넝걸 봉께 비가 오겄는디, 글씨 안 오겄네.

㉠. 삭신이 쑤시넝걸 봉께 비가 올껀디, 글씨 안 올꺼네.

ㄴ. 확실히/ 아마/ 혹시 자네가 강호인 아니겄나?(공 273쪽)

㉡. *확실히/ 아마/ 혹시 자네가 강호인 아닐꺼나?

ㄷ. 아마 도깨비두 노래럴 불르겄네.

㉢. 아마 도깨비두 노래럴 불를꺼네.

류구상(1996: 161-163)에서는 충남 천안 지역어에서 이 '-(으)ㄹ 꺼'(-ㄹ 것)에 대하여 '-겠-'보다 판단이 강한 확신을 바탕으로 하는 것으로 논의한 바 있다. 이에 대한 반대의 논의들도 있지만(이기용 1988), 충남 방언 구어체 담화에서 '-(으)ㄹ겠-'이나 '-(으)ㄹ꺼'로 실현되는데, 후자 (24ㄴ)을 더 많이 선용하므로 이 둘의 의미 양상을 비교하는 것은 중요하지 않다. 그러나 (25ㄱ)에서 '-(으)ㄹ꺼-'는 '-겄-'(25ㄱ)보다는 말하는 이가 경험이나 인지를 통해 안 믿음을 전제로 확신적 추정을 표현하는 상을 실현한다. 말하는 이가 좀 더 추정의 의미를 강조하여 뒷말로 이어지는 (25) 경우는 '-겄-'(25ㄱ)의 쓰임이 (25㉡) '-(으)ㄹ꺼'보다는 자연스럽고, 말하는 이의 확신이 더 드러난다. (25㉡)에서 직접 질문의 경우 '-(으)ㄹ꺼'의 쓰임은 부자연스럽다. 설령 부사어와 공기하는 경우에도 (25㉡)의 쓰임은 실현되지 않는다. 이러한 약간의 통사 구성이나 쓰임의 차이에도 불구하고, (24)와 (25)에서 '-(으)ㄹ꺼'는 '-겠'과 같은 의도, 가능, 추정 등의 상 기능을 실현한다.

3.3.13 '-(으)ㄹ리'

(26) 그 좀 얄이 좀 갈면 될 리 아니냐?(공 664쪽)
그 노강쟁이나무는 있을 리 아니냐?(공 664쪽)
나두 좀 알으야 할 리가 아니냐.(공 712쪽)
손님이 검은 마음을 먹을 리 아닙니까 말여.(공 714쪽)

그리고 충남 방언에서 '-(으)ㄹ+X'로 생성되는 '-(으)ㄹ리'는 의존 명사 '-리-'와 관형사형 어미 '-(으)ㄹ'과 통합형 구성으로 나타나는데 주로 부정문에서 쓰이며, '-(으)ㄹ+것'과 같은 의지, 추정, 가능 등의 상적 의미를 지닌다. 그러나 중앙어의 의존 명사 '-리'는 주로 '-리+없다'의 문장을 구성하는 데 비해, 충남 공주 지역어에서 '-리'는 '-리+아니다'의 통사 구성을 이룬다는 점이 특이하다 (26).

(27) ㄱ. 그루 자네 셩아베(수양아버지) 들어가면 자네 일평생은 괜찮을리.(홍민 520쪽)

ㄴ. *자네 일평생은 괜찮을리야/다/네.

(27)에서 '-(으)ㄹ리'의 통사 의미는 (26)과 같이 '-(으)ㄹ 것'과 같지만, 그 통사 구성은 종결형으로 쓰인다는 점에서 독특하다. (27)의 '-(으)ㄹ리'는 의존 명사 '-리'의 문법화가 진행되어 통합 어미로 실현된 것이다. (27)에서 실현된 '-리'는 '가리라, 껴입으리, 보리니' 등의 시상 실현 선어말 어미 '-리-'와는 다르다. 중앙어 '-리-'는 '-(으)리+다', '-(으)리+까', '-(으)리+니' 등과 통합형 어미로 한정된 문장에서 앞으로 일어날 사건과 관련된 시상으로 쓰이는데, 이런 표현은 충남 방언의 구어체 문장에서는 잘 쓰이지 않는다.[70] (27)과 같은 종결 어미로 통합된 '-ㄹ리'와 같은 연결도 흔하지 않은 표현이다. (27ㄱ)은 의미상으로 '-(으)ㄹ 거야'로 '-(으)ㄹ 꺼'와 비슷하지만 종결형으로만 쓰임이 다르다.

3.3.14 '-(으)ㄹ려-'

(28) ㄱ. 니가 해볼려?(네가 해보겠니?)

ㄴ. 워서 호랭이 떼들이 오는디 몇 십마리가 오는지 몰를려랴.(홍민 432쪽)

70) "내가 가리다. 내가 하리까."보다는 '내가 갈/각/가께. 내가 할/학/하까.' 등으로 표현한다.

ㄷ. 선생님한테 야단 맞으면 어떡할래느냐.(아 227쪽)

(28ㄱ)에서 이러한 의도나, 의지의 양태를 실현하는 '-(으)ㄹ려-'가 충남 방언에서 제한적으로 쓰인다. 충남 방언의 시간 표현 어미로 아직 일어나지 않은 사실이나 행위에 대한 듣는 이의 의도를 질문하는데 쓰이는 미래 시상의 양태를 실현하는 융합형 어미 '-(으)ㄹ려'(Vst(으)ㄹ+려)가 있다. 이 '-(으)ㄹ려'는 '-ㄹ 것'과 같은 의미를 실현하는 경우(28ㄱ)와 '-(으)ㄹ러'처럼 '-겠더'의 기능을 수행하는 (28ㄴ)의 동음 이의어로 나타난다. (28ㄷ)의 '-(으)ㄹ래'는 '어떻게 하려느냐'의 뜻을 갖는 '-(으)ㄹ려'의 변이 형태이다. 충남 방언에서 '-(으)ㄹ+려'는 대체로 말하는 이가 듣는 이의 의도를 묻는 의문문으로 사용된다. 충남 서산 지역어에서는 '-(으)ㄹ려'의 변이 형태 '-리'(27)가 쓰인다고 박광호(1983)에서 보고한 바 있다.

3.3.15 '-(으)ㄹ러-'

(29) ㄱ. 그러닝깨 큰 사위가 말칵 과거해가지구 과것돈 모을러래요.(보 165쪽)
아주 몹쓸러라구.(뿌 36쪽)
아, 이게 보통 걸음이 아닐러라 이게여.(홍민 379쪽)
워서 호랭이 떼들이 오는디 몇 십마리가 오는지 몰를려랴.(홍민 432쪽)
상석 모두 나자빠져서 못 쓸러만 그려.(서민 184쪽)
ㄴ. 아, 부자일러랴.(당 229쪽)
불빛을 찾아 보면서 들어가닌깬, 두 간 초옥일러랴.(당 223쪽)
그 숯굽은 이마 독을 보니께 금, 금댕이럴래유.(당 258쪽)

다 뫼인 디가 멍텅구리밸레유.(유자 277쪽)

다 낳아 본께 아들일러래유.(서민 393쪽)

ㄷ. 산골이란대두 그 마을이 부촌일렁개벼.

이놈두 잡술쟁일렁가 비대.(부 716쪽)

아덜이 오형젤러랴.(부 708쪽)

무슨 벼슬일렁가 그쩍이 대장인가……(부 826쪽)

ㄹ. 손님을 대할 적이는 초경일러니 지금은 삼경이 되야구나아.(보 61쪽)

첫 번이는 그 욱욱하구 웬술러니 인제 은인이거던?(보 248쪽)

솔섬, 게를 건너가 보닝개 게가 길러랴.(공 666쪽)

그래 그 걔 아버지 장사를 그렇게 지내구 명살러(사더)래요.(보 134쪽)

치마가 새카말러래요.(보 163쪽)

'-(으)ㄹ러'(Vst(으)ㄹ+러)는 회상의 '-더-'와 관련된다. 이는 '-(으)ㄹ리'나 , '-(으)ㄹ려'와는 달리 '-겠+더-'나 '-(Ø)+더-' 통사 구성을 수행한다. 이기갑(1999)에서는 충남 서산 지역어 등에서는 '-(으)ㄹ러'가 나타나는데 이들 의미도 '-겠더-'와 같다고 논의한 바 있다(29ㄱ 참조). 그러나 (29ㄴ)의 당진, 서산, 홍성, 보령 지역어 등의 서술격 조사에 쓰인 '-ㄹ러'는 '-겠더-'의 추정, 의도의 의미도 가능하지만, 그것보다는 인식을 바탕으로 하는 회상 '-더'의 기능을 더 수행하고 있음을 확인할 수 있다. '돌을 보니까, (확실히) 금덩어리겠더래요'보다는 '돌을 보니까, (확실히) 금덩어리더래요'의 뜻으로 더 선용된다. (29ㄷ)에서는 경험한 사실을 보고 형식의 담화로 '-겠더-'보다는 '-더-'의 기능에 더욱 근접한다. '무슨 벼슬이던가'가 자연스런 표현이지, '무슨 벼슬이겠던가'는 아무래도 어색하기 때문이다. (29ㄹ)에서 '장사지내고 명을 사더래요', '치마가 새까맣더래요' 등으로 '-겠더-'의 추정을 회상하여 말한 것이라기보다 앎을 전제로 일어난 상황을 기억하여 말하는 '더-'의 기능과 의미로 쓰인 예들이다. 충남 방언에서 실현되는 '-더-'의 통사 기능과 의미에 대하여 3.4에서 구체적으로 기술하기로 한다.

3.4 융합 어미 '-데'와 '-댜'

어미에 의해 실현되는 서법 표현과 선어말 어미에 의한 시간 표현은 다르고, 시간 표현 형태소와 어말 어미의 융합형은 서법이나 시제만으로 해결하기 어려운 과제이다. 그렇다면 우리가 논의하고자 하는 충남 방언의 '-더+이다'의 융합형 '-데'와 인용 구문 '-다데'('-다+고+하+데')와 유사한 의미를 지닌 '-댜'('-다+고+하+더+느냐/이아')에는 시간 표현 형태소들이 다른 어말 어미와 융합되거나 통합되어 있음을 전제로 한다. 충남 방언의 구어에서 '-데'와 '-댜'의 쓰임은 다른 어미와 융합되면서 단순한 시간 표현보다는 상이나 양태, 서법 등으로서의 복합적 기능을 보이고 있기 때문이다.

충남 방언에서 쓰이는 '-데'와 '-댜'는 이러한 융합 형태로 구성되었다. 따라서 이들을 단순히 시제나 서법으로만 볼 수 없고, 그렇다고 명제 아닌 양상의 개념으로 다루기도 어렵다. 따라서 이들 형태소들을 상 범주를 지시하는 상 어미로 부르기로 한다. 충남 방언에서 상은 동사로 실현되는 동작상과 형용사나 서술격 조사에서 실현되는 상태상으로 크게 분류하고, 문맥에 따라 지속상, 반복상, 완료상, 진행상, 비현실상, 가능상, 추정상, 미완상, 시점상, 기동상, 상태상 등이 나타난다.

(1) ㄱ. 순이는 많이 크데./컸데.
ㄴ. 순이는 많이 크겠데./컸겠데.
ㄷ. *순이가/는 많이 컸었데./컸었겠데.

예를 들어, (1ㄱ)의 '크데'는 진행상이나 상태상으로, '컸데'는 완료상으로, (1ㄴ)의 '크겠데'는 가능상으로 기능을 한다. 그리고 '컸겠데'는 완료 추정으로 실현 가능한 문이다. (1ㄷ)의 '-데'는 '먼 과거'나 '완료의 완료' 추정에서의 쓰임은 자연스런 표현이 아니다. 시간 표현 형태소들이 사건이 전개되는 과정이나 말하는 이의 심리적 상태를 진술하는 문법 요소와 융합하여, 상이나 양태를 실현할 때, 이미 시간적 질서는 언어로 굴절되어 표현될 수밖에 없다. 특히 '-데'와 '-댜'는 '-더-'처럼 시간이나 행위 등에 대한 구체화가 약하다. 사건시(인식시)나 발화시(기준시)보다는 인식을 중심으로 이루어진 일이나 일어날 사태를 기억을 되살려 표현하는 한계로 해서 그 의미는 더욱 모호해질 수밖에 없다.

이 연구에서는 시간 표현 형태소 '-더-'와 유사한 통사 의미 기능을 수행하는 어미 융합형 '-데'와 '-댜'의 구문 성격을 충남 방언의 구어 자료를 중심으로 분석, 기술하여, 이들의 통사 의미론적 특성을 확인하고, 문맥에 따라 다양한 상을 실현할 수 있음도 간략하게 논의하기로 한다.[71)]

3.4.1 '-데'의 통사와 의미

충남 방언에서 '-데'는 동사, 형용사, 서술격 조사와 통합하여 쓰이고(Vst+(었)+(었)+(겠)+(ø)+데),[72)] 인용 구문 구성에도 나타난

71) 이 글은 한영목(2001ㄴ)에서 다룬 '-데'와 '-댜'의 내용 일부를 고쳐 재정리하였다.

다('-다데 → 다고 하데'). 충남 방언에서 '-데'는 이른바 '회상, 보고, 전달, 무의도성, 신빙성 없음, 새로 앎, 단절의 인식 양상' 등을 표현하는 선어말 어미 '-더-'와 어말 어미의 통합형('-더+이다/이라)을 실현하여 종결 어미에 나타난다. '-데'는 'ᄃᆞ+이어 → 디어 → 데'로 문법화와 재구조화로 설명할 수 있으나 이에 대한 논의는 다음으로 미룬다. 이 '-데'는 "① 하게 할 자리(예사낮춤)에 쓰이어, 경험한 지난 일을 돌이켜 나타내는 베풂꼴 맺음씨, ② → -던가?"(한글학회 1992: 1035)로 풀이하고 있다. 물론 '-데'는 의문문 구성에서도 시간 표현 형태소와의 공기에는 제약이 따라 어간에 직접 결합하는 것이 자연스럽다(내가 쥐를 잡/?잡겠/*잡았었데? *네가 쥐를 잡/잡겠/잡았었데? 순돌이가 쥐를 잡/잡겠/잡았데/??잡았었데?). 이 '-데'는 선어말 어미 '-더-'와 시간 표현이나 통사 의미에서 상당히 밀접한 관계를 실현한다. 그러나 충남 방언의 '-데'는 '-는/-은데'와는 달리 같은 또래 간의 낮춤말에 주로 쓰이면서 평서문과 의문문을 실현할 수 있다.[73]

시간 표현 형태소 '-더-'는 발화시에 선행하는 '과거 지각'[74]으로, '인식시의 선시성'을 의미하는 것으로 논의되었다(한동완 1996: 71). '-더-'는 지난 일에 대한 인식을 바탕으로 듣는 이에게 말하는 이의 뜻이나 정보를 전달하는 데 쓰인다.[75] 우리가 논의하고자 하

72) '-데'는 시간 표현 형태소가 없으면, 어간과 직접 결합한다("이 젖 먹고 크더이다."(가람), "멀고도 가까운 소식/자네만이 알데나!"(무애)).

73) 허웅(1995: 599)에서 '-는/은데'는 "여운을 남기면서 감탄의 뜻을 풍기고, 뒷마디를 줄여 때로는 듣는 이 높임의 환경에서도 쓰이는 일이 있다."고 논의하였다. 우리가 논의하는 '-데'와는 통사 구성이 다르다.

74) 서태룡(1988: 181-182)에서는 '-ㄴ-'이 '현재 지각'이고, '-더-'는 발화시를 기준으로 '과거 지각'으며, 단절이나 회상은 '과거 지각'을 발화시에 다시 '지각'하여 서술하는 주변 의미로 보고 있어, '-더-'는 지각시에 초점을 두면 경험으로, 발화시에 초점을 맞추면 새로운 앎으로 인식되는 것으로 논의한 바 있다. 이 '지각'은 김영희(1981), '과거 지각'은 장경희(1985)를 참조할 것.

75) 유동석(1981: 226)에서는 '-더-'는 말하는 이의 의도와는 관계없는 무의도적

는 '-데'도 말하는 이가 하고 싶은 의지를 간접적으로 전달하는 경우, "나도 그 수학 문제 잘 풀겠데."는 과거에서 지금까지의 가능성을 추정하여, '수학 문제를 풀 수 있다.'는 의미를 함의하여, 가능상을 실현한다. 나아가 "순이야, 어제 우리 집에 도둑이 들었데.(→순이야, 어제 우리 집에 도둑이 들었더라/*다고 하더라.)"와 같은 문장에서 정보 내용은 말하는 이가 과거에 일어난 사건을 뒤에 직접 확인, 또는 인지하여 알고 있다가 발화시인 지금에 전달하여 듣는 이와 그 내용을 공유하는 경우로, 인식시는 사건시에 후행하지만 발화시에 선행하므로, '나중에 앎'과 유사한 의미 기능을 보인다.

그러므로 충남 방언에서 '-데'는 시간 표현이라기보다는 말하는 이가 지난 일을 돌이켜 인식에 바탕을 두고, 경험이나 앎을 근거로 추정하여 말할 때 쓰이는 양태적 표현에 주로 나타난다. 이 '-데'는 말하는 이 중심의 양태와 상을 동시에 표현하는 종결 어미의 융합 형태로 나타난다. 충남 방언에서 이 '-데'의 쓰임은 말하는 이가 경험한 사실이나 인지한 정보에 대하여 전달이나 보고 형식의 표현이므로 사건시나 인식 시점은 발화시에 선행하는 과거에 속한다. 그러면서도 '-데'는 특정한 시간 표현 부사와 공기하지 않으면, 그 시간의 위치가 애매한 경우도 있다.

(2) ㄱ. 밤이는 궁동이 참 시끄럽데.
ㄴ. 순이가 말을 다하지 못하데.
(3) 그 것두 그 속도 빠르게 축지두 허덩가 보데.(공 492쪽)

(2ㄱ)은 말하는 이가 '밤에는(마다) 궁동이 참 시끄럽더라.'는 반

인 사실을 발화 현장 밖에서 비로소 인지하여, 그것을 객관적으로 전달한다는 의미를 지닌다.

복적이고, 일상적 사태의 진행을 표현한다. 이는 행위나 사태의 반복적인 발생을 강조하는 반복상으로 볼 수 있다. 다시 말하자면, 시간상의 위치가 제약을 받지 않고, 상황에 대한 말하는 이의 내적 상태가 특정 시간의 영역에 한정되지 않는다. 그렇지만 (2ㄴ)은 말하는 이가 순이를 만난 과거 시점에서 볼 때, 어떤 상황 때문에 '순이가 말을 다하지 못하더라.'는 뜻으로 직접 경험한 일이나 내용을 듣는 이에게 전달이나 보고적 형식을 빌려 말하는 데 쓰인다.[76] (2ㄴ)에서 말하는 이는 순이의 행위에 대하여 듣는 이에게 언어 장면이나 상황 맥락을 주관화시켜 표현하고 있기 때문이다. 그러므로 이 '-데'는 절대적 시간 표현에서 쓰이기보다는 말하는 이가 발화시를 중심으로 지난날 경험한 일이나 사태에 대한 내용을 돌이켜 진술하므로 시간을 제한한다고 보기 어려워 시제보다는 상에 가깝다.[77] 나아가 말하는 이가 표현에 좀 더 의도성을 띤다면, '-데'보다는 '-더라'를 쓰는데, 이는 더 주관적이고, 확신성을 나타낸다. 그러므로 '-데'는 '새로 앎'만을 표현하는 것은 아니다.

충남 방언에서 '-데'는 문장의 쓰임에서 볼 때, 두 유형으로 나타난다. (2ㄱ)은 말하는 이가 인지하고, 감지한 사태나 사건에 대하여 듣는 이에게 단순히 전달이나 보고라고만 보기 어려운 진술이다. 이는 듣는 이를 의식하지 않고, 말하는 이의 주관적 감정이나 느낌을 반영하여 듣는 이에게 진술하고 있기 때문이다. 또한, (3)에서는 말하는 이가 행위주에 대한 행동을, 간접 경험으로 인지한 정보를 바탕으로 추정과 짐작을, 듣는 이에게 '보더라'라는 이야기 형식을 빌려, 주관적 인식을 함께 섞어 말하고 있다.[78] 이는 행위

76) 보고는 윗사람에게 인지한 내용을 알린다는 의미가 더해지므로, 이 연구에서는 정보나 명제 내용의 전달로 보지만, 유동석(1986)에서의 '객관적 전달'은 그대로 수용하지 않는다.

77) '과거 속의 시간의 연장은 완료상을 실현하는 것'이다(한영목 옮김 1995: 108).

주의 어떤 시점의 행위에 대하여, 말하는 이의 기억 공간에서 인지된 내용을 추정하여 전달하는 것으로 볼 수 있다. 따라서 이는 '새로 앎', '나중에 앎', '객관적 전달'과는 달리 쓰인다.

(4) ㄱ. *지금/옛날에 나는 부자로 잘 살데/더라.
ㄴ. 지금 너/순이는 부자로 잘 살데.
→ 너/순이는 부자로 잘 살데.
ㄷ. 옛날에 너/순이는 부자로 잘 살데.
ㄹ. *내일 나/너/순이는 부자로 잘 살데.

(5) ㄱ. 지금(보니까) 너는 부자로 잘 살더라.
→ *너는 부자로 잘 살더라.
ㄴ. 지금 순이는 부자로 잘 살더라.
ㄷ. 옛날에 ?너/순이는 부자로 잘 살더라.
ㄹ. *내일 나/너/순이는 부자로 잘 살더라.

직접 표현에서 (4ㄱ)은 이상문이다.[79] (4ㄱ)에서 '-데'는 '-더-'의 제약과 같이 행위주가 말하는 이 자신일 때는 비문으로 나타난다.[80] 그러나 (4ㄴ)에서 '네가 부자로 잘 사는 것'을 인지한 시점이 발화시에 선행할 때 주로 나타나지만, 말하는 이가 확신을 갖는 경우에는 동시성을 진술할 때도 사용된다. 특히 부사어 '지금'이나 '옛날에'와는 달리 '내일'의 쓰임은 통사적 차이를 보인다. (4ㄱ)에

78) "참말로/틀림없이 축지법도 했던가 보데/했댜."는 말하는 이가 사실이라고 기대하고 말하지만, 실현될 수 없는 행위로 비실현상(unreal)이다.

79) 이남순(1981: 27)에서는 "어제 밤 꿈에 내가/네가/순이가 학교에 가더라."는 정문인데, 이는 '그때-그곳'의 시점을 기준으로 일어나는 사건을 말하는 이가 '이때-이곳'에서 간접 서술하는 기능으로 '-더-'는 과거 표시도, 미완료상도, 회상법의 요소도 아니다.

80) 유동석(1981: 214)에서는 "나는 그 술집에 자주 가게 되더라. 나는 순희보다 더 예쁘더라."가 성립되는 것은 '이행주의 의도 제거와 인지시가 분명해지면 제약이 해소되는 것'으로 보았다.

서 1인칭의 경우 '-데'와 '-더라'는 이상문이다. (5ㄱ)에서 '-더라'가 '지금'과의 호응은 말하는 이가 듣는 이에 대하여 확실한 내용에 대한 것에는 나타나지만, 전제 부사어 없이는 비문이다. (5ㄷ)의 듣는 이가 행위주인 경우, '옛날에'와의 어울림은 비문은 아니지만 기피하는 표현인 데 비하여, (4ㄴ, ㄷ)의 '-데'는 자연스런 진술로 표현한다. (4ㄴ)에서 2인칭에 대한 진술은 무관심한, 약간 비꼬는 듯한, 진실성이 결여된 언어 표현에 쓰인다. (4ㄷ)은 지난날 어느 시점에서 '네가 부자로 잘 살았다.'는 인식에서 출발하므로 시점상으로 '재인식'에 대한 표현법에 쓰인다.[81] '-더-'는 단순히 과거적인 일을 현재에 회상하는 것은 아니고, 현재에도 쓰일 수 있어, 말하는 이가 사건에 대한 추정과 인지를 동시에 표현한다고 볼 수 있다. (4ㄹ)에서 '-데'는 미래 표현인 '내일'과의 호응은 자연스럽지 않다. 그럼에도 불구하고, '-데'는 생산적인 쓰임으로 볼 때, 단순히 과거의 일을 회상하여, 객관적으로 전달한다고 볼 수만은 없다. 적어도 '-데'는 시간 표현에서는 '-더-'보다는 자유롭다.

(6) ㄱ. 나는 수박이 좋데/맛있데: 좋더라/맛있더라.
ㄴ. 나는 수박이 좋아/맛있어 보이데.

(7) ㄱ. 나는/도/만 계산은 잘 하겠데, 뭐!
ㄴ. 나도/?만 계산은 잘 할 수 있데, 뭐!
ㄷ. 나도/만 계산은 잘 하데, 뭐!
ㄹ. ??나는/도/만 계산은 잘 하더라, 뭐!

이중 주어 구문에서 1인칭이 주제어로 쓰이는 경우에는 '-더라'와 같이 '-데'가 쓰인다.[82] 그러나 (6)의 예문을 '나는 수박을 좋아

81) 시간 부사어와 공기하여, '시간의 어느 한 순간을 강조하면, 시점상(punctual)'을 실현한다(한영목 옮김 1995: 45).

하데.'로 바꾸면 이상문이 된다. (6ㄱ)은 이중 주어 구문에서 말하는 이 '나는'은 주제어이고, '수박은 좋다'는 평언이다. '수박이 좋다'는 주관적 범주를 실현한 표현으로 정문이다. 서정수(1977)에서는 심리 동사에서 1인칭과 의문문의 경우 2인칭의 주어는 심층 구조에서 부사적 성분으로 진정한 주어는 보충된 성분이다("나는 간밤에 (몸이) 춥더라. 너는 그때 (마음이) 기쁘더냐?"). 그러나 김차균(1999)에서는 피동 구조와 부사어와 공기하는 몇몇 예문을 통하여, '비동일 주어 제약'이 불필요하다는 것이다.[83] 임홍빈(1993)에서도 "내가 결핵을 앓더라." 등의 '인지 전 비의식 상태'인 '나중에 앎'은 비동일 주어 제약이 적용되지 않는다. 충남 방언에서 "나도 고뿔을 앓데."는 정문이다. 이는 말하는 이가 공동체와 함께한 행위나 사건, 일에서 실현된다. 그리고 '나도/만/*는 집에 가데./책은 읽데.'는 '무의도성'으로 행위주의 행위를 한정하여 실현된 경우에 쓰인다. 예를 들어, "나도 이제 별 수 없데."도 집단에서 주어의 무의도적, 무의지적 행위가 전체에서 공동 행위일 때만 가능하다. 이러한 현상을 행위주의 부각을 통한 행위의 한정화라고 할 것이다.[84]

(7ㄱ)에서 '-겠데'는 '-겠-'의 시제보다는 앞으로 일어날 행위에

82) 한동완(1996: 78)에서는 '혼자서, 꿈에, 그때'와 같은 상황과 말하는 이가 문장 주체로 등장할 경우 형용사 구문에서는 잘 성립되지만, 동사 구문에서는 잘 성립되지 않는다.

83) 김차균(1999: 60)에서는 "세 사람 가운데서 내가 제일 춤을 잘 추더라.⇒*나는 춤을 추더라. 나도 모르게 (나는) 그의 집으로 가더라.⇒*나는 그의 집으로 가더라."와 같이 비동일 주어 제약이 불필요하다고 보았다. 그러나 '내가 춤을 잘 추데. → ??내가 춤을 잘 췄데.'는 무의지, 무의식 행위로 주로 현재 표현으로 나타나지만, '내가 일등을 했데. → ??내가 일등을 하데.'는 일등을 한 사실을 나중에 안 것이기 때문에 '-었-'과 공기할 수 있다.

84) 한동완(1996: 78)에서는 "(주위를 둘러보니) 나만 담배를 피우더라."의 경우, 행동 수행 과정에서 자신의 행동을 대상화시킬 경우, '-더-'의 출현은 아무런 제약이 없다는 것이다.

대한 '가능상' 실현으로 성립한다. (7ㄴ)도 앞으로 '잘할 수 있다.'는 가능성 때문에 '-데'가 실현된다. 그러면 '-데'는 미래 시간과는 관련성이 약하다고 말할 수 있다. 유동석(1981: 210)에서 "기차는 한 시간 후에 출발하더라."는 정문으로 보았으나, '기차는 한 시간 후에 출발하데.'는 이상문이다.85) 그러나 인용 구문인 '기차는 한 시간 후에 출발한다데.'는 한 시간 후에 출발한다는 사실을 인지한 내용을 말하기 때문에 정문이다.86) 따라서 '-데'가 앞으로 일어날 사건이나 일에 쓰임은 그 가능성을 안 시간과 관련을 맺고 있다. 이 경우 발화시에 선행하여, '계산은 잘 할 수 있음'을 안 시간은 행위나 사건의 일어남과는 다르게 해석할 수 있다.

(7ㄷ)은 '계산을 잘 할' 가능성에 대한 표현이다. 이는 지금에 와서 생각해 보니, '내가 계산은 잘했다.'는 뜻을 함의하고 있지만, '내가 계산은 잘 하데. →*내가 계산은 잘 했데.'와 같은 완료 표현에 쓰임은 제약이 따른다. 이 '-데'는 시간 표현 형태소와 호응도 표현에 따라 제약이 나타나므로 '-더-'의 '나중에 앎'이나 '새로 앎'으로만 볼 수는 없다. 나아가 (7)에서 융합 어미로 실현되는 '-데'의 쓰임은 '-도, -만' 같은 보조사나 시간 부사어와 호응 없이는 제약 조건이 된다. (7ㄷ)은 문맥으로 볼 때, 지난날에 있었던 사건이나 행위에 대하여 발화시인 지금에 말하는 시간적 제약이 따른다.

'-데'는 말하는 이의 문말 억양에 따라 의문문과 평서문을 구성할 뿐만 아니라, "말하는 이: 순이가 국어는 잘 하데?↗, 듣는 이: 순이가 국어는 잘 하데.↘"로 질문과 답변에서도 평서문과 의문문을 실현한다. 이 때문에(어제 밤 혼자서 내가 약을 잘 먹데/먹었데.:

---

85) 한동완(1996: 79)에서는 "나는 내일 떠나더라. 너는 내일 떠나더라."는 '객관적 전달', '무의도성'의 의미 산출이 가능하다고 보았다. 그러나 충남 방언에서 "*나/*너는 내일 떠나데."는 이상문이다.

86) '기차는 한 시간 후에 출발한다데.'와 유사한 통사 의미를 지닌 '기차는 한 시간 후에 출발한다.'가 쓰임은 '-다데'와 '-댜'의 관련성을 고려할 수 있다.

먹데?/*먹었데?) 이미 완료된 사실에는 '-었-'과의 호응은 잘 안 된다. 이는 말하는 이가 인지한 사실을 평서문으로 진술하지만, 의문문의 경우 듣는 이의 앎을 전제로 현재를 중심으로 발화하려는 경향으로 보인다. 이 '-데'는 말하는 이가 재인식한 정보를 평서문으로 진술하기 때문에 완료적 표현에 쓰일 수 있다. 그러나 의문문의 경우 듣는 이의 앎을 전제로 진술하기 때문에 '-었-'과의 공기는 제약이 된다. 이 '-데'는 시간 표현 형태소와의 호응도 표현에 따라 제약이 나타난다. 그러나 '-다데'는 그런 제약에서는 벗어나 있다.

(8) 순이가 시집가 잘 산다데/살았다데: 살더라데/살았더라데.
*ㄱ. 순이가 지금 시집가 잘 산다데.
ㄴ. 순이가 시집가 지금 잘 산다데.

(8)에서 '-데'의 구성은 간접 경험으로 인지한 내용을 전달이나 보고적 표현으로 나타낼 때, 실현되는 문장이다. (8)에서 '순이가 잘 산다데.'는 '순이가 잘 산다고 하더라.'의 의미로 간접 경험의 사건이나 내용을 말하는 이가 자신의 주관적 인지를 바탕으로 미확인된 정보 내용을 보고 형식을 통하여 전달하고 있다. '-데'는 문맥에 따라서는 말하는 이의 단순한 객관적 전달뿐만 아니라 추정적 판단이나 경험에 의하여 인식한 내용을 함께 전달하는 경우도 있다. 따라서 '-데'는 말하는 이의 진술 태도에 의지하기 때문에 문맥에 따라서는 단순히 시간적 표현이라기보다는 '-다/라고 하데'의 인용 구문의 어미와 융합되었다. '순이'가 시집간 것은 좀 더 지난 일이고, 잘 사는 것은 지금에 더 가까운 기억 속에 내재한다. 그러므로 (8ㄱ)은 이상문이고, (8ㄴ)은 자연스러운 문법적인 문장이다. 이 경우 '기차는 한 시간 후에 출발한다데.'가 자연스런 문장인 것은 간접 경험이나 인지한 내용을 전달하는 표현 양식이다. 이런

'-다데' 표현은 충남 방언 '-댜'의 통사 구성이나 쓰임 기능과 맥을 같이한다.

3.4.2 '-댜'의 통사와 의미

충남 방언에서 약한 의문을 내포하면서 인지된 정보나 명제에 대한 확인과 동시에 물음을 통한 정보 내용을 공유하기 위하여 전달의 의미를 지니면서 말하는 이의 심적 상태를 표현하는 종결 어미의 통합형으로 인용 구문 '-다고 하더냐/이아'(드+이아 → 디아 → 디야 → 댜)에 상당하는 '-댜'가 쓰인다. '-댜'는 중앙어의 '-ㄴ대'에 대응할 수 있지만, 그 통사적 구성과 의미는 다르다.87) '-다데'는 선행절의 시간 표현 '-더-'와 공기하지만(잡더라데), '-댜'는 '-더-'와 공기하지 않는다(*잡더/았더랬댜). 따라서 '-더-'는 '-댜' 구문에서는 중립 시제로 융합 어미 '-댜'에서 실현될 수밖에 없을 것이다. "순이가 사과는 시 개는 먹겄댜."는 '세 개는 먹겠더라고 하더라'의 의미로 선행절의 '-더-' 기능도 수행하고 있다. '-댜'는 음운 탈락과 융합에 대한 보상으로 대체로 장음화로 나타나 느린 어조를 이루기 때문에 다른 방언과 변별되는 충남 방언의 문장 특징으로 나타난다(한영목 1999ㄴ). 물론 '-댜'는 서술형의 종결 어미(성낙수 1972, 류구상 1996)라면, '-디+아', '디+야'로 분석될 수 있어(그 뒤에 누가 또 써 놨디야. 아 26쪽), '-댜'를 하나의 종결 어미로 볼 것인지, '-아'나 '-야'만을 종결 어미로 다룰 것인지(박경래 1998)는 형태 분석을 통한 재구조화에 대한 문제를 수반하기 때문에 이

87) '-댜'('드+이아 → 디아 → 디야 → 댜'의 재구조화로 볼 수 있으나, 논의는 유보한다.)는 중앙어 '-다고 해'나 '-ㄴ대'와 관련되지만, '-다고 하더냐 → 다더냐 → 다데'에 가까운 표현이므로 '-더-'와 관련하여 논의할 수 있다. '온다고 한다 → 온단다'로 '-고 하'의 탈락이지만, '??온단댜'는 '온다고 한다고 하더냐 → 온다(고) 한댜'의 융합형으로 가능하지만, 잘 안 쓴다.

연구에서는 이에 대한 논의는 하지 않기로 한다. 다만 '-댜'는 '-데'와 마찬가지로 평서문뿐만 아니라 문말 억양에 따라 의문문을 구성하면서도 말하는 이의 주관적 판단이나 심리적 상태를 반영하고 있다는 점에서, 우선 융합 어미로 보기로 한다. 그리고 충남 방언 '-댜'는 '-데'와 달리 평서문이나 의문문 구성에서 시간 표현 선어말 어미와의 결합에 제약이 거의 없다(순이가 간/겼/갔었댜(?)).

(9) 말하는 이: 으런들 철렵 잘 한/했댜?
 듣는 이: ㄱ. 잘 한다데/했다데.[88)]
 ㄴ. 잘/못 한댜/했댜. 그렇댜.
 ㄷ. 잘 해/했어.(확실히 잘 해.) *못 해/했어.(*아마 잘/못 해/했어.)

충남 방언에서 '-댜'는 (9)에서 보듯이 '어른들께서 천렵을 잘 한다고 하더냐?'로, 대체로 중앙어의 '-다고 하더냐?'에 해당하는 의문문에 쓰인다. 그러나 '-댜'는 단순히 인용 구문의 특성만을 표현하는 것은 아니다. 말하는 이가 전제하고 있는 명제나 정보 내용을 듣는 이에게 확인하는 질문 기능도 수행한다. 나아가 듣는 이가 알고 있는 정보 내용이나 사실에 대한 확인을 간접 화법을 통하여 표현할 때도 쓰고 있다. '-댜'는 현재 진행의 지속이나 완료 표현에 나타난다. 이 '-댜'는 미래적 시간 표현에도 잘 어울려 쓰인다(내일 철수가 학교 간댜?/다데?). '-댜'는 '-더-'가 지닌 제약을 벗어나, '-데'와는 다른 통사 구성을 지닌다. 〔너는 〔내일 철수가 학교 간다〕고 하더냐/(는 내용을)〕〕아느냐〕〕〕. 그러므로 '-댜'는 앞으로 일어날 사태에 대

88) 답변으로 '잘 하데/했데'도 가능한 대답으로 나타난다. 이는 '-데'가 직접 경험한 일에 대한 것이고, 간접 인지는 '-댜'로 표현된다. 충남 방언에서는 '-다데'는 '-댜'와 교체하여 쓸 수 있다.

하여 듣는 이의 앎을 전제로 의문 표현이 되기도 한다. 이것이 '-데' 보다는 시간 표현에서 제약성을 덜 받는 요인이다.

(9)에서 말하는 이의 물음에 듣는 이는 세 가지의 답변이 가능하다. (9ㄱ)은 '내가 들어 알기로는 확실히 모르긴 해도 잘 한다고 하더라.'는 듣는 이가 간접 경험하여 인지한 내용으로 '천렵을 잘 한다.'는 사실을 들었거나, 알았을 때 가능한 답변이다. (9ㄴ)은 듣는 이가 간접 인지한 사실에 대한 대답이므로 "천렵을 잘 한댜(-다데). 그런디 잘 하는지는 나는 (자세히/정확히) 몰라."는 가능한 답변이다. "*천렵은/을 잘 한/했댜(-다데), 그런디 잘 하/했는지는 난 알아."는 답변으로 부적절하다. 예를 들어, 말하는 이: "오늘 예식장에 누가 왔댜?", 듣는 이: "순이가 왔댜. 그런디 난 안/못 봤어."로 간접 경험이나 인지한 명제에 대한 사실을 전제로 하기 때문에 듣는 이의 대답에서는 직접 경험이나 인지하지 못한 사건, 행위, 일 등에 대한 부정적 진술에도 나타난다.[89] (9ㄷ)도 듣는 이가 '천렵은 잘 한/했다.'는 사실을 확신할 때, 가능한 답변이므로 직접 경험하여 인지한 내용이나 사실을 전제로 한다. 따라서 (9ㄷ)에서는 '*(모르긴 해도) 아마 잘/못 해/했어.' 등의 애매한 대답을 단정하는 문체에서는 잘 쓰이지 않는다. 특히 충남 방언에서 긍정적 대답인 '잘 살아'는 방언 토박이들이 잘 쓰지만, 부정의 단정 표현 '*못 살아'는 잘 사용하지 않는다.

충남 방언에서 '-댜'는 '앎'을 전제로 한 말하는 이의 추정에 의한 인지적 표현에, 그리고 듣는 이의 확인적 대답에도 나타나는 두 기능을 수행한다. 그러므로 '-댜'의 구성은 경험에 의한 인식을 전제로 말하는 이의 주관적 판단에 근거하여 안 내용을 전달이나 보고 형식으로 정보를 공유하는 의사소통에 표현되기 때

89) "고렁 걸 누가 여기다 써 놨댜?"와 같은 예문에서, 말하는 이가 알지 못하는 내용을 듣는 이로부터 인지한 내용을 확인하려는 표현에 쓰이기도 한다.

문에 어미 융합으로 선행 용언류와 통합하여, 양태나 상 기능을 나타낸다.

(10) ㄱ. 순돌이가 도깨비한테 가본댜?
　　 ㄴ. *내가/니가 도깨비한테 가본댜?

나아가 이런 의미 특성으로 해서, '-댜'는 인칭에 상당한 제약을 받고 있음을 (10)에서 확인할 수 있다. 어떤 사태, 행위의 내용을 확인하기 위한 질문을 통하여 정보를 재인식하거나 공유하려는 의도가 강한 표현에도 쓰인다. 그러므로 1인칭이나 2인칭과는 공기하지 않는다. 따라서 이들은 주로 3인칭에 관한 질문에 쓰이는 '예/아니오' 의문문을 구성한다. "순돌이가 도깨비한테 갔댜?"는 '순돌이가 도깨비한테 가 보았다고 하더냐?'와 같은 질문 확인[90]의 의미 영역에 가깝게 쓰이므로 말하는 이가 듣는 이에게 묻는 3인칭에 대한 간접 의문문의 형식을 띤다.

그러나 충남 방언에서 '-댜'는 쓰임과 의미 기능이 다양하지만, 1인칭이나 2인칭에서는 통사적 제약성을 보인다(10ㄴ). 이 점은 우리말의 시제 형태소 '-더-'는 주어가 말하는 이 자신일 경우나 2인칭에 대한 종결 어미 의문형에 쓰이지 않는 제약성과 맥을 같이 하고 있다.[91] 그러나 보조사와 공기하는 통사 구성에서는 가능한 표현이다(나/너도 간댜?, 나/너만 간댜?).

---

90) 질문 확인은 말하는 이가 어느 정도 공유한 정보 내용을 질문을 통하여, 듣는 이로부터 확인하거나 그 물음이 긍정으로 나타나기를 바라는 뜻이 담긴 문체에 나타난다.

91) "적벽강에 뱀장어가 다시 돌아왔댜(?)"에서, 말하는 이가 듣는 이에게 대답을 전제로 한 의문이라기보다는 가벼운 질문 확인에 불과하므로 굳이 대답을 전제로 하지 않는 경우도 있다. 또 문맥에 따라서는 듣는 이에게 내용을 단순히 인식시켜 전달하는 표현으로도 나타난다.

(11) ㄱ. 호랭이가 뛰면 하루 저녁이 만리 이 만리 간다.(공 477쪽)
ㄴ. 지금두 물 쪽 쓸 때면 뵌다.(당 89쪽)
ㄷ. 무슨 병인지 모른다/몰랐다.
ㄹ. 옛날이두 서당이라구 핵교 댕겼(었)다/*댕긴다.

(11)에서 말하는 이가 들어서 알고 있는 내용을 듣는 이에게 전달하기 때문에 사실이나 경험한 내용에 대한 확인을 바탕으로 하지 않는다. 말하는 이나 듣는 이의 직접적인 사건이나 경험에 대하여 쓰이지 않는다. 이는 단순히 '이런 일이 있었다고 하더라.'는 전달 표현이다. (11)의 '-다'는 전달 기능을 수행하지만, 말하는 이의 주관적 인식이나 '회상'은 아니다. 그러므로 '-다'는 '-데'보다는 말하는 이가 인지한 사건이나 행위의 인식에 크게 의존하지 않기 때문에 덜 주관적이다. (11ㄴ)에서 '지금도 보인다.' 명제를 담고 있지만 말하는 이가 그 내용을 확인한 것은 아니다. 어느 먼 시점에서 전달된 이야기를 지금 현장감을 살려 발화할 뿐이다.

'-다'는 '-데'보다는 '객관적 전달'로서 '-더-'의 의미 기능을 아울러 수행하고 있지만, '-더-'의 구성에서 나타나는 '새로 앎'이나 '회상'의 의미는 산출되지 않는다.[92] 왜냐하면, (11)에서는 말하는 이가 진술한 내용이 사실이 아닐 수 있기 때문에 의문과 긍정의 양면성을 가질 수 있는 표현 양식이다. 그러므로 '-다'는 듣는 이가 간접적으로 인지한 사실이나 경험에 대한 답변과 말하는 이가 인지한 사실이나 경험을 아울러 진술하거나, 나아가 말한 내용에 대하여 듣는 이와 생각이 같음을 확인하고자 할 때 쓸 수 있는 양면성을 지닌다. 이러한 현상들은 긍정 서술문에서도 3인칭에서만 주로 쓰이는 제약을 지니고 있다(11ㄴ, ㄷ).

---

92) 이 경우, '-더라'는 이미 '-더-'의 기능을 상실하고, '지난 일을 돌이켜 생각하여 말할 때 쓰는 종결 어미'로 기능을 한다.

또한, '-다' 구성은 억양에 따라 긍정문에서는 사태나 일 등에 대한 전달이나 보고 형식에 쓰이기도 한다. 예문 (11)에서는 긍정 서술형으로 진술하고 있다. 이러한 문장은 '-더라고 한다'나 '-다고 하더라→-다더라'에 해당한다. 즉, (11ㄷ)에서 '무슨 병인지 모른다고 하더라./모른다더라./모른다.'로 간접적으로 인지한 내용이나 정보에 대한 인용으로 일종의 간접 전달이나 보고 형태의 서술형 어미로도 쓰인다. 그러므로 '-다'는 말하는 이의 자의적이고 주관적인 상황에 대한 해석은 피하고, 3인칭에 대한 객관적 상황만을 전달할 때 나타난다.

그런데 '-ㄴ다'와 '-었/았다'는 쓰임의 영역에 약간의 차이를 보인다. "무슨 병인지 몰랐다."는 당시는 아무도 몰랐지만, 발화시인 지금은 알 수 있다는 의미를 함의하고 있어 완료상에 쓰일 수 있다. 그러나 '-ㄴ다'는 발화시인 지금도 모름을 전제로 표현한다. 따라서 '-ㄴ다'는 행위나 사건, 상태 등의 지속으로 지속상에 쓰인다. 그리고 (11ㄹ)에서 '-다'는 시간 부사어와 공기하면, 제약을 받아 '-댕긴다'는 부자연스러운 문장이다(어제 했다. 지금 한다. 내일 하겠다.).

따라서 '-다'는 어미끼리의 융합 형태로 동사류와 통합하여, 상 범주를 실현하는 문법 범주나 문맥에 의하여, 다양한 상을 나타내는 인용문을 구성하면서 전달이나 보고의 통사 의미를 실현한다.

3.4.3 '-데'와 '-다'의 차이

우리가 지금까지 다룬 '-데'와 '-다'의 내용을 간략하게 정리하여, 그 차이를 살펴보면 다음과 같다.

'-데'는 시간 표현 선어말 어미와 서법을 실현하는 어말 어미의 융합으로 구성되어, 행위나 사건의 정보 내용에 대한 전달・보고의 통사 의미를 실현하면서, 문맥에 따라서 반복적인 발생을 강조하는 반복상으로, 과거 속의 시간 연장인 완료상으로, 어느 한 순간을 강조하는 시점상, 비현실상 등으로 다양하게 나타난다. 다시 말하자면, 시간상의 위치가 제약을 받지 않고, 상황에 대한 말하는 이의 내적 상태가 특정 시간의 영역에 한정되지 않는다. '-더-'는 단순히 과거적인 일을 현재에 회상하는 것은 아니고, 현재에도 쓰일 수 있어, 말하는 이가 사건에 대한 추정과 인지를 동시에 표현한다고 볼 수 있다. 그러나 '-데'는 미래 표현인 '내일'과의 호응은 자연스럽지 않다. 그럼에도 불구하고, '-데'의 생산적인 쓰임으로 볼 때, 단순히 과거의 일을 회상하여, 전달한다고 볼 수만은 없다. 적어도 '-데'는 시간 표현에서는 '-더-'보다는 자유롭다. '-데'가 앞으로 일어날 사건이나 일에 쓰임은 그 가능성을 안 시간과 관련을 맺고 있다. 이 경우 발화시에 선행하여, 안 시간은 행위나 사건의 일어남과는 다르게 해석할 수 있어 가능성에 대한 표현이다. 이는 '나중에 앎'이나 '새로 앎'으로만 볼 수는 없다. 나아가 '-데'의 쓰임은 '-도, -만'과 같은 보조사나 시간 부사어와 호응 없이는 인칭 제약 조건이 된다.

'-다'는 인용 구문 '-다데'와 유사한 통사 구성과 인지한 정보 내용에 대한 전달, 보고의 의미를 실현한다. '-다'는 간접 경험이나 인지한 명제에 대한 사실을 전제로 하기 때문에 직접 경험이나 인지하지 못한 사건, 행위, 일 등에 대한 부정적 진술에 나타난다. 물음에 대한 긍정문의 '-다'는 사실을 확신할 때 가능한 답변이므로 직접 경험한 사실을 전제로 한다. 그러므로 '-데, -다'는 직·간접 경험에 대한 전달 기능으로 인칭에 제약을 갖는다. '-다'는 '-데'보다는 말하는 이의 인지한 사건이나 행위의 인식에 크게 의존하지 않는다. 그러므로 '-다'는 듣는 이가 간접적으로 인지한 사실이나 경험에 대한 답변과 말하는 이가 직접 인지한 사실이나 경험을 아울러 진술하여, 듣는 이와 생각이 같음을 확인하고자 할 때 쓸 수도 있다. '-댜'도 문맥에 따라 시간 표현 형태소와 통합하여, 다양한 상 기능을 나타내는데, '-었/았댜'는 행위나 사건, 상태 등의 완료상에, '-ㄴ댜'는 그 지속상에, '-겠댜'는 가능상에 쓰인다.

충남 방언 '-댜'는 '-데'보다는 '객관적 전달'로서 '-더-'의 의미 기능을 아울러 수행하고 있지만, '-더-'가 지닌 '새로 앎'이나 '회상'의 의미는 크게 산출되지 않는다. 왜냐하면, 진술한 내용이 사실이 아닐 수 있기 때문에 의문과 긍정의 양면성을 가질 수 있는 표현 양식이다. 나아가 '-데'와 '-댜'는 억양에 따라 의문문과 평서문 구성에 나타나는데, 시간 표현 형태소와의 제약은 '-데'는 서법에 따라 달리 실현되지만, '-댜'는 인용 구문의 성격으로 그 제약성이 별로 없어 '-다데'와 유사한 통사·의미 기능을 실현한다. '-데'와 '-댜'는 말하는 이가 앎을 전제로 명제 내용을 확인하는 질문 확인 기능도 수행한다.

충남 방언에서 '-데'와 '-댜'의 통사 의미는 '-더-'와 관련되지만, 그 쓰임은 다름을 확인하였다. 그리고 충남 방언의 '-더래, -더랬-, -ㄹ러-' 등도 '-더-'와 관련성을 가진다.

3.5 마무리

지금까지 간과되어 온 충남 방언에서 쓰이는 어미의 통사론적 구성과 의미의 특징을 연결 어미와 종결 어미, 그리고 시간 표현 어미, '-더-'와 관련된 융합형 어미 '-데'와 '-댜'에 대하여 논의하였다. 그 결과 충남 방언에서 나타나는 어미는 다른 방언권과 통사, 의미 등에서 나름대로의 특성이 드러남을 찾을 수 있었다. 이러한 차이는 충남 방언의 각 지역어들 간에서도 변별적 작용을 하고 있다.

충남 방언의 연결 어미 '-문/믄/먼'이 '-면'의 변이 형태이고, '-면서'는 '-마, -ㅁ서, -머루', '-자면'은 '-자매, -매' 등으로 실현되고, '-어서, -고서'는 보조사 '-나, -루, -을랑/람' 등과 통합하여 융합할 수 있다. '-수록'에 상당하는 '-다락, -쓰락, -쑤럭'이, '-자마자'의 '-말루', '-마따나'의 '-앙쿠', 그리고 의도나 목적의 '-(으)러'는 '-으루, -라구, -래나'로 나타난다. 가정, 조건의 '-러면'은 '-람'이, '-거든'은 '-거들랑, 건/걸랑'이, '-도록'은 '-도/드락'이, '-듯이'의 '-드끼, -디끼' 등이 나타난다. 이유나 원인의 '-니까'는 다양한 변이 형태 '-께루, -잉께, -닝깨, -응께, -니께, -니꺼시' 등을, '-(느)ㄴ디'도 '-깐디, -깐' 등을 실현하는데, 이들의 통합과 통사적 기능 및 의미의 성격을 밝히려고 하였다. 전환의 '-다가'는 '-서을랑은이'와 융합형 '-다가설래미' 등도 나타난다. 충남 방언에서 '-지를 아니하다'의 '-지를'에 상당하는 '-들/덜, -도/두, -든/던' 등이 실현된다. 나아가 '-(으)ㄹ가+보다'와 유사한 의미를 지닌 '-벼'와 '-깨미' 등에 대해서도 형태·통사 의미의 특성을 살펴보았다.

충남 방언에서 종결 어미는 연결 어미보다 그 통합 형태와 쓰임이 다양하다. 두루 높임의 해요체 '-요'는 '-유'로 장모음이 된다. 이런 유형으로 높임 표현의 '-쇼'와 '-슈'가 있다. 의문형 어미와 의문 표현이 상당히 잘 발달되었다. 의문형 어미 '-닝가, -냐, -가니' 등이 쓰인다. 어조에 따라 의문문으로 쓰이는 '-ㄴ대, -느냐'에 대응하는 '-댜, -냐' 등은 시제 형태소 '-더'의 의미 기능을 아울러 수행하고 있어 앎을 전제로 한 보고의 성격을 지니고 있다. 반말체로 반어적 의문형 종결 어미 '-감, -남, -담' 등은 예/아니오 의문문을 구성하고, 높임의 등급이 없어 해요체의 '-요'와 통합하여 높임의 등급을 표시하고 있다.

그리고 '-간, -깐'과 그 변이형 '-까니, -깐디' 등은 명제를 부정하는 부가적 의문문을 수행한다. '-X여/야' 구성의 '-겨/갸, -랴, -텨, 쳐' 등과 '-X요/유' 구성의 '-쇼/슈, -뀨, -뷰, -튜' 등이 종결 어미로 실현된다. '-겨/갸'는 전제된 내용에 대한 답변으로 쓰이는 '기다'의 '그렇다'와 '-것이여'의 뜻으로 쓰이면서 존대 표현의 '-시-'와 통합한다. 명제에 대한 강조 표현의 '-다구'와 '-까나'에 대하여도 살펴보았다. 주로 과거의 '-었'과 통합하는 '-시다'는 '하오체'를 실현한다. 충남 방언에서 '-쇼/슈, -시다'는 '하소체'로 쓰임에 대하여 논의하였다.

시간 표현 어미 형태소 '-느, -노-, -었-, -겄-, -더-' 등과 그 통합형에 대하여 고찰하고, 중앙어 '-ㄹ 것'의 의미 기능과 같이 하는 충남 방언의 '-(으)ㄹX'로 형성되는 '-(으)ㄹ쳐, -(으)ㄹ텨, -(으)ㄹ껴, -(으)ㄹ뀨, -(으)ㄹ러/레, -(으)ㄹ리' 등에 대하여도 그 성격을 논의하였다.

'-데'는 행위나 사건의 정보 내용에 대한 전달·보고의 통사 의미를 실현하면서, 문맥에 따라서 반복적인 발생을 강조하는 반복상으로, 과거 속의 시간 연장인 완료상으로, 어느 한 순간을 강조하는 시점상, 비현실상 등으로 다양하게 나타난다. '-더-'는 말하는 이의 사건에 대한 추정과 인지를 동시에 표현한다. '-데'는 시간 표현에서는 '-더-'보다는 자유롭다. '-데'가 앞으로 일어날 사건이나 일에 쓰임은 그 가능성을 안 시간과 관련을 맺고 있다. 이 경우 발화시에 선행하여, 안 시간은 행위나 사건의 일어남과는 다르게 해석할 수 있어 가능성에 대한 표현이다. 이는 '나중에 앎'이나 '새로 앎'으로만 볼 수는 없다.

'-댜'는 '-다데'와 유사한 통사 구성과 인지한 정보 내용에 대한 전달, 보고의 의미를 실현한다. '-댜'는 직접 경험이나 인지하지 못한 사건, 행위, 일 등에 대한 부정적 진술에 나타난다. 물음에 대한

'-댜'는 사실을 확신할 때 가능한 답변이다. 그러므로 '-데, -댜'는 인칭에 제약을 받는데, '-댜'는 '-데'보다는 말하는 이가 인지한 사건이나 행위의 인식에 크게 의존하지 않는다. '-댜'는 말하는 이가 직접 인지한 사실이나 경험을 아울러 진술하여, 듣는 이와 생각이 같음을 확인하고자 할 때 쓸 수도 있다. '-댜'도 문맥에 따라 다양한 상 기능을 나타내는데, '-었/았댜'는 행위나 사건, 상태 등의 완료상에, '-ㄴ댜'는 그 지속상에, '-겠댜'는 가능상에 쓰인다.

충남 방언 '-댜'는 '-데'보다는 '객관적 전달'로서의 '-더-'의 의미 기능을 아울러 수행하고 있지만, '-더-'가 지닌 '새로 앎'이나 '회상'의 의미는 크게 산출되지 않는다. 왜냐하면, 진술한 내용이 사실이 아닐 수 있기 때문에 의문과 긍정의 양면성을 가질 수 있는 표현 양식이다. 나아가 '-데'와 '-댜'는 억양에 따라 의문문과 평서문을 구성하는데, 시간 표현 형태소와의 제약은, '-데'는 서법에 따라 달리 실현되지만, '-댜'는 제약성이 별로 없어 '-다데'와 통사·의미 기능이 비슷하다. '-데'와 '-댜'는 말하는 이가 앎을 전제로 명제 내용을 확인하는 질문 확인 기능도 수행한다.

충남 방언에서 '-데'와 '-댜'의 통사 의미는 '-더-'와 관련되지만, 그 쓰임은 다름을 확인하였다. 그리고 충남 방언의 '-더래, -더랬, -ㄹ러' 등도 '-더-'와 관련성을 띠고 있음도 확인하였다.

제 4 장

충남 방언의 보조 용언

4.0 들어가는 말

4.1 '-번지다'

4.2 '-쌓다'

4.3 '-보다'의 융합형 '-벼'와 '-깨미'

4.4 그 밖

4.5 마무리

제4장 충남 방언의 보조 용언

4.0 들어가는 말

4.01 연구 목적

4장에서는 논의의 범위를 충남 방언의 몇몇 보조 용언에 나타나는 특이한 형태 변이나 통사 의미 기능에 국한하여 고찰하고자 한다. 이러한 작업은 충남 방언의 언어 체계를 구명하고, 그 독자성을 수립할 수 있는 계기를 마련하고자 통사론적 연구의 일환으로 보조 용언의 특성을 밝히려고 하는 것이다. 우리말 보조 용언에 대한 논의는 본 용언에 후행하여 말하는 이나 서술 주체의 심리 상태를 나타내는 양태의 역할, 합성 동사의 기능, 나아가 내포문을 보문으로 갖는 상위문의 용언 등으로 크게 나눌 수 있다.

우리말 연구에서 보조 용언에 대한 논의는 상당히 많이 진척되었지만, 주로 문어나 중앙어를 대상으로 논의되어, 그 성격이나 변별성을 밝히는 데 어려움 또한 노정하고 있는 실정이다. 그러므로 각 지역 방언에서 보조 용언의 쓰임의 실례를 찾고 분석하여, 중앙어나 문어와의 변별성이 밝혀진다면, 이는 우리말 문장 구성에 대한 연구가 진전을 이룰 수 있는 계기를 마련하게 될 것이다.

이 연구에서 충남 방언에 나타나는 보조 용언의 목록 설정이나 음운, 형태, 통사, 의미론적 특성의 전반적인 문제를 다루려는 것은 아니다.[1] 충남 방언의 보조 용언에 대한 전체적 윤곽은 형태, 통사, 의미 등을 종합적으로 고찰하여야 그 특징을 알 수 있지만, 중앙어와 큰 차이를 보이지 않는다. 그럼에도 불구하고, 중앙어와 형태, 통사, 의미 등에서 차이를 나타내면서 충남 방언에서 실현되는 '-보다'의 융합형 어미로 실현되는 '-벼'나 '-깨미', 그리고 중앙어 '-버리다', '-대다'와 유사한 통사적 기능과 의미를 지니고 서로 뒤섞어 쓰면서도 통사, 의미 면에서 변별적 기능을 수행하는 '-번/-뻔지다', '-쌓다'를 구체적으로 논의하고자 한다. 나아가 '-쓰다', '-놓다', '-싶다', '-상부르다'와 '-상싶다', '-지다' 등에 대한 보조 용언으로서의 성격을 살피기로 한다.[2]

4.02 연구 동향

우리말 문법에서 보조 용언에 대한 연구는, 다양한 명칭만큼 설정 목록이나 논의도 여러 측면에서 그 형태, 통사, 의미의 특성이 고찰되었다. 대체로 보조 용언은 그 의미의 추상성과 형식적 의존성으로 본 용언에 붙어서 그 서술 기능을 도와주는 것으로 전통문법에서 논의되어 왔다. 보조 용언을 형태론적 복합 동사 구성에서

---

1) 이 연구에서 '보조 용언'은 의존 용언, 도움 풀이씨 등과 같은 개념으로 보고, 보조 동사와 보조 형용사로 나누지 아니한다.

2) 충남 방언에서 '-어 쓰다'는 '당위성' 보조 용언 '-해야 된다'와 같은 의미로 쓰이고, '-버리다'와 같은 기능을 지닌 '-번/-뻔지다'(앞으로 '-번지다'로 씀)와 '-대다'와 혼용하여 쓰이는 '-쌓다' 등도 보조 용언 목록으로 추가할 수 있다. 그러나 '-접/잡/잪/시프다'는 '-싶다'의 변이형으로 나타난다(한영목 2000ㄴ, ㄷ).
그리고 '-고 자빠지다'와 그 기능이 같은 '-어 나자빠지다'도 쓰인다. '-어/-고 나자빠지다'는 '-나+자빠지다'의 복합 보조 용언 구성으로 '강조' 표현으로 볼 수도 있지만, 그 통사, 의미에서 다른 특성을 지니고 있다. 그리고 '반복, 강조' 등의 '-어 재끼다'와 '-어 빠지다' 등도 충남 방언에서 보조 용언의 목록으로 설정할 수 있다.

복합 동사구로도 보려는 견해(김기혁 1995)도 있지만, 김영희(1993)에서는 통사론적 구성으로 논의한 바 있다. 손세모돌(1996)에서 보조 용언은 통사론적 의존성, 대용형에 의한 비대치성, 두드러진 문법성 등을 들고, 문장의 논항 수와 관련성이 없는 독립된 범주로 잡고 있다. 또 다른 견해는 본 용언과 보조 용언의 연속체를 별개로 보고, 보조 용언이 본 용언 절을 보문으로 가지며,[3] 그것은 두 개의 절로 두 번의 굴절이 가능하므로 내포문을 구성한다는 입장이다. 그러므로 보조 용언 구문은 통사적인 층위에 따라 동사 보문을 가지고 있기도 하고, 그렇지 않기도 한 이중적 성격을 보이는 문장으로 논의한 바 있다(엄정호 1999).[4]

보조 용언에 대한 분류는 최현배(1937)에서는 '도움 움직씨'와 '도움 그림씨'로, 김석득(1986)의 '말본적 뜻'과 '사서적 뜻'의 기능으로, 민현식(1999)의 '상적 속성'과 '양태적 속성'으로, 김기혁(1995)의 '-아 계열'과 '-고 계열' 등으로 다양하게 고찰되었다. 우선 최현배(1937)에서는 동사와 형용사로 구분하여, 대체로 '부정, 사동, 피동, 진행, 종결, 봉사, 시행, 강세, 당위, 시인, 가식, 과거 기회, 보유'와 '희망, 부정, 추측, 시인, 가치, 상태' 등으로 분류하였다. 민현식(1999)에서는 이 보조 용언 구성을 '상적 속성'과 '양태적 속성'으로 보고, 그 하위 범주를 '피동화, 사동화, 부정화, 인용화, 상화(반복상, 습관상, 미실현 회상, 완료상, 진행상, 지속상, 완료 지속상, 예정상), 양태화(단위, 시행, 봉사, 가식, 가치(가능), 선택, 강조)' 등으로 세분화하였다. 그리하여 보조 용언의 설정에서

3) 임홍빈 · 장소원(1995)에서는 동사 부사절로 보아 선행 동사는 동사 부사어로 논의하였다.

4) 우리말의 '본 용언+보조 용언'의 통사 구성은 대체로 합성 용언으로, 보조 용언을 독자적인 범주로 인정하여 문장 전체를 지배하는 상위 범주로, 보조 용언을 모문의 서술어로 보아 내포문을 보문으로 하는 복문 구성으로 보고 있다(이선웅 1995, 엄정호 1999).

그 목록도 적게는 13개(손세모돌 1966)에서 많게는 32개(남기심·고영근 1985)부터 최현배(1937/1980)에서 38개, 민현식(1999)에서 58개나 설정할 만큼 논의가 다양하다. 이러한 문제는 보조 용언 설정 기준이 연구자마다 모호하고, 주관적인 의미 판단에 기인하고 있기 때문이다. 물론 이들 보조 용언에 대한 기존의 논의가 지나치게 통사·의미 기능에 중점을 두고 유형화한 것도 사실이다.

보조 용언 '-보다'에 대한 통사 의미론적 논의는 다양하게 이루어졌다. 김청자(1985)에서 '-보다'를 시각적 의미와 사고적 의미로 파악한 바 있고, 김지은(1998)에서도 '상황을 명제가 가리키는 사태처럼 추측하게 되었음을 나타내는 양태 용언'으로 보고 있다. 손세모돌(1996)에서는 '-어 보다'는 주어 중심, '-는가/ㄴ가/나 보다'는 말하는 이 중심의 양태 용언으로 파악하고, 그 제약을 논의하였다. 그러므로 '-ㄴ가 보다'나 '-나 보다'는 종결형 선행 보조적 연결 어미와 결합하는 보조 용언이다. 따라서 '-ㄴ가 보다'나 '-나 보다'의 안긴 문장의 서법은 반드시 의문법을 실현하는 보조 용언으로 다루어 왔다(권재일 1986).

보조 용언 '-보다'에 대한 논의를 학위 논문에서 일부 다룬 경우가 상당히 많다(김기혁 1987, 류시종 1995, 손세모돌 1995, 이기종 1996, 김지은 1998, 강흥구 2000, 권순구 2004 등). 그러나 충남 방언의 '-벼'와 '-깨미'에 대응하는 중앙어 '-보다'에 대한 본격적인 논의는 김청자(1983), 우형식(1986), 이기동(1988), 이상복(1986), 호광수(1997), 황병순(1989) 등에서 나타난다. 특히 송효빈(2003)에서는 '-보다'에 대한 인지적 접근을 통해 '경험과 가정'의 확장 의미로 논의한 바 있다.

그리고 이승재(1980)에서 전라 방언의 의존 명사 '갑'에 대한 논의는 방언 연구에서 '-가 보다'와의 상관성을 갖는 연구이다. 경북 방언의 경우, 김태엽(1996)에서 '-ㄴ갑네, -ㄴ갑세, -ㄴ갑데'는 '-ㄴ

가#보+네/세/데'가 재구조화하여 형태론적 구성을 이루는 것으로 파악한 바 있다. 구종남(1999)에서도 전라 방언에서 실현되는 연결형 '-ㄹ깨미'와 '-ㄴ개미' 구성에 대한 통사·의미론적 논의가 있다. 그러나 충남 방언의 보조 용언의 논의는 한영목(2000ㄴ, ㄷ, ㄹ)에서 시도되었으며, 이 '-보다'에 대응하는 충남 방언에 대한 일부 논의가 한영목(2000ㄱ, ㄷ, ㅁ)에서 다루어졌고, 한영목(2002)에서 본격적으로 고찰하고 있을 뿐이다. 지금까지 보조 용언 '-보다'와 대응하는 우리말 방언에 대한 논의는 물론, 방언 구문 '-벼'와 '-깨미'에 대한 전반적 논의는 한영목(2002)에서만 다루고 있을 뿐 영성한 실정이다. 이에 대한 체계적 연구로 우리말 보조 용언의 성격이 규명되고, 특히 '-보다' 구문에 대한 통사·의미론적 성격이 밝혀져야 할 것이다.

4.1 '-번지다'

4.1.1 '-번지다'와 '-버리다'의 성격

두루 낮춤에 주로 쓰이는 충남 방언의 '-번지다', '-뻔지다'는 '종결'의 의미를 지닌 보조 용언 '-버리다'와 대응하는 통사적 기능과 의미를 지니고 있다.[5] 물론 충남 방언에서 '-번지다'는 '-버리다'와 대응하는 통사 구성과 의미 양상을 보이지만, 그렇다고 완전히 똑같은 것은 아니다. '-버리다'는 형태소 삽입이 가능하고(순돌이가 고기를 잡아서 버리다.), 합성 동사 구성으로도 쓰여 타동사

5) 이 글은 한영목(2000ㄷ)에서 다룬 '-번지다'의 내용을 깁고, 고쳐 정리한 것이다.

기능과 보조 용언의 두 기능을 수행한다(김영희 1993, 손세모돌 1996). 그러나 '-번/뻰지다'는 형태소 삽입이 불가능할 뿐만 아니라 분리성도 없어 보조 용언으로서의 기능만을 수행한다(*순돌이가 고기를 잡아서 번지다.).

충남 방언에서 '-버리다'도 보조 용언의 기능을 수행할 때, '-번지다'와 크게 구분하여 쓰지는 않는다. 전북 접경 지역어에서는 '-번지다'(1)가 '-버/빼리다'(2)보다는 더 생산적으로 폭넓게 쓰고 있다. 충남의 그 밖의 지역어에서도 토박이에 따라서 꼭 그런 것은 아니지만, 대체로 '-번지다'의 쓰임이 훨씬 생산적이고 다양하게 실현된다.

(1) ㄱ. 여수가 되 도망가 뻰져.
ㄴ. 모가지가 쑥 빠져 뻰졌어.(공 34쪽)
놀음허던 거 다 집어쳐 뻰진 겨.(당 31쪽)
굴이서는 말여 그저 있는 대루다 죽어 번졌네.(부 542쪽)
(2) ㄱ. 이 눔 당장이 목을 쳐 죽여 빼릴라.(대 331쪽)
ㄴ. 쪼꼼쪼꼼 짤룩게 해 빼렸어.(부 565쪽)
시배 한 번 하구서 가 빼렸네.(부 672쪽)
이젠 아주 그지가 되 버렸네.(당 58쪽)

충남 방언에서 보조 용언의 기능을 담당하는 '-번지다'는 억양에 따라 말하는 이가 듣는 이의 행위를 요구하거나, 주어의 행동에 대한 질문으로, 상이나 양태 기능으로, 연속 용언 구를 구성하는 종결 형식으로 쓰인다. 연속 용언 구는 하나의 주어가 본 용언이나 보조 용언의 주어로 함께 쓰일 수 있음을 뜻한다.

그러나 의문문에서는 '-번지까?'나 '-번져?' 등으로 실현되지만, 그 속뜻에는 듣는 이에게 어떤 행위에 대하여 동의나 함께하기를 요구하는 청유의 의미로도 쓰인다(우리 집에나 가 뻰지까?). 충남 방언에서 '-번져'는 명령형이나 종결형으로 비격식체 낮춤인 '해체'에 주로 나타나는데, 명령문 표현에 쓰이면서도, 이 경우는 부정 내용을 깔고 다소 원망스런 표현법으로 나타난다("그만 집어쳐 뻔져.", "(거기서 얼씬대지 말고) 도망이나 가 뻔져."). 이 '-번/뻔지다'는 문맥이나 억양에 따라 의문문과 청유문, 명령문으로도 쓸 수 있다. 이 '-번지다'는 대체로 듣는 이의 대답을 요구하지 않는 수사 의문문 구성에도 쓰여 문맥에 따라 미묘한 차이를 드러내 보인다(그 망나니가 서당에나 가 뻔졌을라구/뻔진 겨?).

4.1.2 '-번지다'의 통사 구성

충남 방언에서 '-번지다'는 시제 형태소 '-었-'과 함께하여 완료상이나 여러 가지 양태를 실현할 수도 있다. 그러므로 시제 형태소 '-었-'과의 통합에서는 완료상을 실현하면서(1ㄴ) 그 통사 의미는 '아쉬움, 의아함, 원망' 등으로 실현된다(아니 누구 맘대로 집에 가 뻔졌어.). 물론 '-겠'과 '-ㄹ'이 결합하면 주어의 의도나 예정성이 분명히 드러나지만(2ㄱ, "너 삭 죽여 번질라."), 이런 시제 형태소 없이도 '-번지다'는 앞으로 일어날 일에 대한 '의도'는 '예정성'의 의미 자질을 띤 문에서 실현된다("이 눔 모가지를 당장 잡아 빼 뻔져."). 미래 시제 형태소 '-겠-'과의 어울림은 잘 나타나지 않지만, 이때는 주어의 행위에 대해 말하는 이의 '전망, 추정, 의도' 등 상적 기능도 수행한다("순돌이는/도 집에 가 뻔지겠네."). 그러나 이선웅(1995)에서는 '일인칭 행위주인 경우 예기치 못한 사건이나 기대에 어긋난 일에 대한 아쉬움이나 섭섭함은 없고, 반드시 부담의 제거로 해석되는 것'으로 보았다. 이 경우는 상황에 따른 것이 아닌 일인칭 행위주의 의도성에 달려 있으므로 그것이 꼭 '부담의 제거'로만 쓰이지 않는다(3㉡, ㉢, ㉣).

(3) ㄱ. *그냥 산이 꽉 차 안/못 뻰졌단 말여, 사람이.
㉠. *그 사람 오머넌 나는 집에 가 안/못 뻰져.
ㄴ. 그냥 산이 꽉 안/?못 차 뻰졌단 말여, 사람이.
㉡. 그 사람 오머넌 나는 집에 안/*못 가 뻰져.
ㄷ. 그냥 산이 꽉 차지 안/*못해 뻰졌단 말여, 사람이.
㉢. 그 사람 오머넌 나는 집에 가지 안/*못해 뻰져.
ㄹ. 그냥 산이 꽉 차 뻰지지 안/못했단 말여, 사람이.
㉣. 그 사람 오머넌 나는 집에 가 뻰지지(는) 안/못해.

이 '-번지다'는 부정문 구성에서는 상당한 제약성을 띠고 있다(3). '-번지다'는, '안' 부정문에서는 약간의 제약을 보이고, 특히 '못' 부정문은 형용사처럼 제약이 심하다(밥이 식어 번졌/버렸네 → ?밥이 안 식어 번졌/버렸네. *밥이 못 식어 번졌/버렸네). 그러나 '-지 아니/못하다'의 긴 부정문 구성에서는 성립된다(밥이 아직도 식지 안/*못해 번졌네. 밥이 아직도 식지 안/*못해 버렸네. 밥이 아직도 식어 번지/버리지 안/?못 했네.).[6] 이러한 제약성은 '-번지다'보다 '-버리다'가 훨씬 크다. 이러한 현상은 충남 방언 토박이들에게 '-번지다'가 '-버리다'보다 더 친숙한 보조 용언으로 쓰이기 때문이다.

(3ㄱ)에서 '-번지다'는 부정의 범위가 '본 용언+보조 용언'의 용언 구 전체와 결속되기 때문에 분리할 수 없어 보조 용언의 기능을 지닌다. '-번지다' 구성의 용언 구는 상황 부정의 '못' 부정소와 어울림에 많은 제약이 따르지만, '안' 부정소와는 행위주의 의지와 관련되기 때문에 잘 호응한다(3ㄴ). 이런 특성은 (3ㄷ)의 긴 부정문에서도 '못'과는 어울림에 제약을 보인다. '-번지다'는 행위주의 의지나 의도와 관련을 맺고 있기 때문에 상황 부정의 '못'보다는 의

6) 김기혁(1995: 431)에서는 '단순 부정과 복합 부정 모두는 보조 용언 구성 전체에 대한 부정만 가능하다'고 논의하였다.

지 부정인 '안'과 어울림이 자연스럽다. 그러나 이때도 긴 부정문에서 '-번지다'는 본 용언과 결속되기보다는 '-지 아니하다'와 어울리기 때문에 문법적이다. (3ㄹ)에서 보조 용언을 본 용언과 분리하지 않은 문장에서는 성립된다. 그러므로 충남 방언의 '-번지다'는 강한 의존성으로 분리성이 없어 부정문 구성에서 같은 용언 구 안에서 결속되는 제약을 보여, 보조 용언으로서의 기능을 수행한다.

4.1.3 '-번지다'와 '-버리다'의 통사와 의미

충남 방언에서 실현되는 '-번지다'의 특성을 알아보기 위하여, '-버리다'의 성격을 먼저 살펴보기로 하자. 김지은(1998)에서 '-버리다'는 '주어, 선행 용언 제약이 있어 행위 동사류만 올 수 있고, 지속적인 움직임을 나타내는 동사나, 어떤 행위나 사건이 진행 중임을 나타내는 표현 뒤에서는 실현되지 않는 것'으로, 허철구(1991)에서는 앞 동사가 반드시 타동사여야 한다고 논의한 바 있다. 나아가 김지은(1998)에서는 '-버리다'는 '형용사나 서술격 조사와는 결합할 수 없으나 선행 용언도 상태 변화를 동반한다면, 반드시 의도성 행위가 아니더라도 결합할 수 있다'고 하였다.

이러한 제약성은 충남 방언에서 '-번지다'도 거의 함께하고 있다. 충남 방언의 보조 용언 '-번지다'는 자동사와 어울릴 때는 주어의 행위 종결, 즉 '끝맺음'을 나타낸다. 타동사와의 결합에서 제약성은 거의 없다("그 사람 오머넌 때려 부셔 번질라구?"). 대체로 '-번지다'는 동사와 어울려 주어의 행위나 상태 등에 대하여 다소 부정적 의미를 내포하고 있다. 그 속뜻은 그러한 사건이나 일이 이루어진 것에 대한 다소 의아함이나 놀람, 아쉬움 등을 함께 나타내고 있다.

(4) ㄱ. 순이는 돼지처럼 살이 쪄 번졌어/버렸어.

ㄴ. ?순이는 데/되게 기분이 좋아 번/뻔졌네!

*순이는 데/되게 기분이 좋아 버렸네.

ㄷ. ?인저 그만 니가 싫어 번/뻰졌어.

*인저 그만 니가 싫어 버렸어.

ㄹ. 서울 가더니 되루 콧대만 높아 번졌어.

*서울 가더니 되루 콧대만 높아 버렸어.

그러나 '-번지다'와 '-버리다'는 형용사와의 결합에 많은 제약을 보이지만(4ㄴ, ㄷ), 앞 절이 이유, 원인 등을 나타낼 때는 자연스럽고 문법적이다("만사가 귀찮아 세상살이가 싫어 뻰졌어."). (4)에서 충남 방언 토박이들이 다소 원망스런 표현에서 '-버리다'와는 달리 형용사와 결합하는 '-번지다'를 더 사용하고 있음을 확인할 수 있다. 이에 대하여 손세모돌(1996)에서 형용사와의 결합 가능성은 '-버리다'가 동작의 '완료'로 의미 기능을 하지 못함을 드러내는 것으로 상태의 변화가 완전히 이루어진 '종결'로 설명하고 있다.[7)]

그렇다면 '-번지다'가 '-버리다'보다는 사건의 종결 표현으로 더 쓰일 수 있기 때문에 명제에 대해 말하는 이의 강한 인식을 바탕으로 출발하는 것으로 보아야 할 것이다. 충남 방언 토박이들이 쓰고 있는 '-번지다'가 '-버리다'보다는 말하는 이의 더 강한 주관적 인식에서 출발하고 있어 행위의 종결이나 의지, 원망 등의 표현으로 실현됨을 확인할 수 있다. 그러므로 '-번지다'는 '-버리다'보다 더 추상화, 문법화가 진행되어 상이나 양태 의미의 기능이 강해졌을 뿐만 아니라 주어의 행위에 대하여 낮추거나 다소 부정적, 냉소적, 낮춤의 비어 표현에서도 나타남을 알 수 있다.

---

7) 손세모돌(1996: 190)에서 "줘 버려"는 주는 행위를 마침으로써 어떤 일에 대하여 놓여나고자 하는 표현으로 '완료'와 '종결의 강조, 아쉬움과 부담의 제거' 등의 의미로 이루어졌다고 보았다.

(5) ㄱ. 알게되느니 만큼 알텐게 넘겨 버려 뻐렸어.(당 129쪽)
*알게되느니 만큼 알텐게 넘겨 번져 뻔졌어.
ㄴ. 그 집이 부자가 되 버렸기 때문에 큰 요릿집이 되어 버렸다는 겨.(당 59쪽)
*그 집이 부자가 되 번졌기 때문에 큰 요릿집이 되어 번졌다는 겨.
ㄷ. 죽일 사람은 아주 죽여라 허면 죽여 뻐리고 죽여 뻐렸어.
죽일 사람은 아주 죽여라 허면 죽여 뻔지고 죽여 뻔졌어.

계속하여 충남 방언에서 '-번지다'와 '-버리다'가 어떻게 달리 쓰고 있는가를 통사 구성에서 더 살펴보기로 하자. (5ㄱ)에서 '-버리다'는 낱말 겹침에 의한 표현으로 강조를 나타낼 수 있으나, '-번지다'는 그렇지 못하다. 손세모돌(1996)에서 예로 든, "그 사람이 미숙이를 완전히 버려 버렸어."는 문법적이지만, 충남 방언에서 '-번지다'는 겹침 표현이 불가능하기 때문에 "*그 사람이 미숙이를 완전히 번져 번졌어."는 비문이 된다.[8)] (5ㄴ)에서 보조 용언 '-번지다'는 용언 구의 겹침 표현에서는 비문으로 나타난다. 이것은 '-번지다'가 '-버리다'와 달리 주어의 행위에 대한 강조로 쓰고 있는 겹침의 경우, 본 용언과 보조 용언의 용언 구의 연속 이어짐에 의한 표현으로만 성립될 수 있다(5ㄷ). 따라서 충남 방언에서 보조 용언 '-버리다'의 겹침 표현은 분리나 부분 이동 대신 용언 구 전체 구성 성분이 대등하게 이어진 겹침 현상으로 나타난다.

---

8) 충남 방언에서도 겹침 표현은 강조로 낱말, 구, 절, 문장 등 입말에 나타난다.
"참 모두 인저 안방이다 모두 차려 채렸는디.(부 681쪽)
하두 점을, 하두 잘 하신다구 해기 또래미 점을 하러 왔습니다.(대 51쪽)
인제 갖다가 매달어 논 것이 어따 매달어 논 것이 버드나무가지에다 매달어 논거여.(당 185쪽)
호랑이가 되네, 호랑이가 돼, 억다구 늙은가 댜.(대 349쪽)"

(6) ㄱ. 죽일 사람은 아주 죽여라 허면 죽여 빼리고 그래 빼렸어.
ㄴ. *죽일 사람은 아주 죽여라 허면 죽여 뻔지고 그래 뻔졌어.
ㄷ. *그 사람 오머넌 때려부셔 버리고 때려부셔 그랬어.
ㄹ. *그 사람 오머넌 때려부셔 뻔지고 때려부셔 그랬어.
ㅁ. 그래가지구서는 양국에 공주부마가 돼가지구서는 자알 살더랴.(공 51쪽)

(6ㄴ)에서 '-번지다'는 선행 용언의 대용 표현을 꺼리는 통사 특성을 보인다. 충남 방언에서 대용 표현의 경우도 '-버리다'가 '-번지다'보다 더 생산적이다. 겹침과 대용 표현에 '-번지다'보다 '-버리다'가 더 쓰임은, '-버리다'는 아직 어휘화 단계에 있고, '-번지다'는 추상화가 더 진척되어 어휘화 단계에서 문법화 과정에 있기 때문이다. 또한, 이 대용 표현도 본 용언은 가능하지만, 보조 용언의 대용은 불가하다(6ㄷ, ㄹ). 그러나 충남 방언에서 이 대용은 이동이 가능하다(6ㄹ).

(7) ㄱ. *다행히/벌써/정말 너는 머리가 세 뻔졌네!
아쉽게도 너는 머리가 세 뻔졌구나!
ㄴ. ?당연히/*마땅히/정말 곰을 잡아 뻔져?/구나!
당연히/*마땅히/정말 곰을 잡아 뻔졌어.
ㄷ. 다행히/정말/벌써 눈이 녹아 뻔졌네.
ㄹ. *설마/다행히/정말/벌써 나/너/그는 빚을 갚아 뻔졌어/구나!/뻔진겨?
ㅁ. 설마/행여/정말/벌써 그 꼬맹이가 집에 가 뻔졌을라구/뻔진겨?

이제 '-번지다'가 부사와 어울리는 경우를 살펴보기로 한다. (7

ㄱ)에서는 '머리가 벌써 희어진' 사실에 대한 안타까움이나 아쉬움을 표현하고 있지만, 대체로 그 상태는 '완료, 종결, 이루어짐'의 뜻으로 나타난다. 그렇지만 "그래도 너는 머리가 안 빠지고, (아쉽지만) 세 뻔져 다행이구나!"와 같이 이어진 문장에서는 앞 절의 상태보다 뒤 절의 그런 현상이 바람직하다고 말하는 이가 판단할 때, '다행히'를 어울려 쓸 수 있다. (7ㄴ)에서 '-번지다'는 미래의 사건에 대한 주어의 의도를 표현하는 데 쓰이기 때문에 확실히 일어날 일에 대한 표현에는 소극적이어서 완료 표현에 주로 쓰인다. 그러나 원인이나 이유를 나타내는 앞 절이 올 때 완료 표지 '-었-'과 어울려 완료, 종결의 의미를 실현한다(총 맞구서 당연히 곰이 죽어 뻔졌지.).

나아가 말하는 이의 의도나 생각과는 다른 사건이나 행위가 일어나거나(7ㄷ), 기대하지 않은 일이 실현될 때도 사용된다(7ㄹ).[9] 이때 말하는 이의 긍정적 입장은 '부담의 제거'뿐만 아니라 자신의 행위에 대한 확신적 '의도성'(나는 담배를 먹어 번졌어.)을 강조한다. 또한, '-번지다'는 거의 부정적 내용을 띠기 때문에 이, 삼인칭에서는 기대하지 않은 일이 이루어진 데 대한 '의외성'을 지닌다. 그러므로 '-번지다'는 형용사와의 어울림에서 제약성을 보이지만, 동사 문에서 부사와의 어울림은 자연스럽고, 그 의미는 다소 의아함이나 놀람, 기대하지 않은 일이 이루어짐 등으로 '의외성'의 자질을 띠기도 한다(7ㄹ, ㅁ).

그러면 충남 방언에서 본 용언이 형용사인 경우 피동과 사동 표현에서 '-번지다'와 어울리는 통사 구성에 대하여 살펴보기로 하자.

---

9) 이기동(1976)에서 '-버리다'의 경우, 완료 이상의 '기대에 어긋남'이나 '부담의 제거'로 논의한 바 있으나, 김용석(1983)에서는 일인칭에 한하여 '부담의 제거'로 보았다.

(8) ㄱ. 인저 그만 니가 싫어져 번/뻔졌네.

*인저 그만 니가 싫어 번/뻔졌네.

ㄴ. 금새 날씨가 더워져 뻔졌어.

*금새 날씨가 더워 뻔졌어.

(8)에서 '-어 지어'의 피동 구성에서 '-번지다'는 형용사와 잘 어울린다. (8ㄱ)은 '싫어진 상황에 도달한' 주어의 의지(도)가 더해져 어떤 상태가 종결되어 '끝맺음'을 나타내고 있다. 그러나 (8ㄴ)은 상황에 의하여 어떤 상태에 이르게 되어, 그러한 것이 이루어짐을 말하는 이의 판단에 크게 기대어 표현한다. 이때 날씨가 더워진 상태의 완료라기보다는 그러한 상태에 이른 것에 대해 말하는 이의 부정적 견해를 반영한다. 그러므로 (8)에서는 말하는 이의 주관적 인식 판단에 크게 따르는 표현법이다.

(9) ㄱ. 원님이 온다구 그 때두 질을 넓혀 뻔지구 그랴.

ㄴ. 원님이 온다구 질을 넓게 해 뻔지구 그랴.

ㄷ. 원님이 온다구 질을 넓게 만들어 뻔지구 그랴.

ㄹ. 원님이 온다구 질을 넓도록 만들어 뻔지구 그랴.

ㅁ. *그 때두 질이 넓어 번지구 그랴.

(9)의 사동 구성에서 형용사의 파생적 사동 구성 '(-이, -히, -리, -추)+어 번지다'는 말할 것도 없고, 긴 사동(통사적 사동) '-게 해+번지다, -게 만들어+번지다' 등의 구성과도 잘 어울림을 알 수 있다. 충남 방언도 표준어와 마찬가지로 사동 표현의 경우 어떤 형용사는 어휘적 파생으로 사동사로 쓰이기 때문에 '-번지다'와 어울리는 데 제약은 거의 없다. '-번지다'는 사동사를 본 용언으로 하는 보조 용언 구를 구성하기 때문에 사동사와는 잘 어울린다고 말할

수 있다.

그러므로 충남 방언의 보조 용언 '-번지다'의 경우 형용사의 피동과 사동 구성과의 결합은 제약성이 완화된다(작아져/켜져/높아져/좋아져 번졌어, 높여/좁혀 번졌어).

4.1.4 '-번지다와 '-버리다'의 차이

충남 방언에 나타나는 '-번지다'의 통사 의미 특성에 대하여 유사한 기능을 나타내는 보조 용언 '-버리다' 등과 비교하여 보기로 한다.[10] 보조 용언 '-버리다'의 양상 의미는 '종결, 완료, 완결'을 나타내고, 그 의미는 '부담의 제거'(이기동 1976)로, '소유 상태에서 비소유 상태로의 전이'(허철구 1991)나 '성취성과 기대에 못 미침에 대한 단정'(강홍구 1999) 등으로 논의된 바 있다.

종결은 어떤 사건이나 사태의 완전한 '끝남'에 대해 말하는 이의 인식에서 출발한다. 그러므로 '-번지다'는 '-버리다'처럼 평서문에서는 '완료, 종결, 완결'뿐만 아니라 '끝맺음, 이루어짐'의 의미도 나타내지만, 명령문에서는 말하는 이의 강한 원망과 의지를 표현하는 경우도 있다. "그만 집에나 가뻔져!"는 '우리 그만 집에나 가 버릴까/번지까'와 같은 표현으로 장차 일어날 일이나 사건, 사태 등에 대해 말하는 이의 의도를 표현하는 것이다. 그러나 "돌쇠가 집에 가뻔졌네!"는 문맥에 따라서는 말하는 이가 기대하지 않은, '돌쇠가 집에 간' 행위가 일어난 데 대한 '아쉬움, 의아함, 원망' 등을 표현할 수 있다. 대체로 '-번지다'는 완료, 즉 끝맺음 표현이지만,

10) 민현식(1999: 151)에서는 완결의 의미를 나타내는 '-어 빠지다', '완료의 강조'의 '-어 치우다'에 대한 논의에서 '-어 빠지다'는 대개 부정적, 소극적 자질의 용언 뒤에 '비어적 강조'의 양태를 실현하는 것으로 보았다.
충남 방언에서 '완결'의 뜻을 지닌 '-어 재끼다'가 나타난다(놀아 재끼다, 먹어 재끼다). 이에 대한 논의는 다음으로 다룬다.

거의 지금 상황에서 벗어 나오고 싶은 속뜻과 함께 부정적인 내용을 담고 있다. 그러므로 '-번지다'는 기대하지 않은 일이 이루어지는 '의외성'의 자질을 띠기도 한다. 물론 함께하면 거북스러운 인물이나 사태에 대한 '부담감'을 낮추거나 다소 냉소적으로 표현한 것일 수도 있다.

4.2 '-쌓다'

4.2.1 '-쌓다'와 '-대다'의 성격

충남 방언에서 보조 용언 '-쌓다'는 '강세' 보조 용언과 '반복상'으로 알려진 '-대다'와 공존하여 쓰고 있다.[11] '-쌓다'는 '-대다'와 서로 바꾸어 쓸 수 있기 때문에 지금까지의 논의에서는 크게 이 '-쌓다'를 보조 용언으로 설정하는 입장(최현배 1937)과 '-대다'의 방언으로 보아 제외하려는 견해(민현식 1999)로 나타난다. 이러한 논의는 '-쌓다'와 '-대다'가 같은 통사 · 의미 기능을 갖는다는 전제가 깔려 있다.[12]

'쌓다'는 타동사로 본 의미는 물건을 겹겹이 포개 놓거나, 주로 추상적인 행위, 사건 등이 여러 번 거듭하는 반복적 의미를 지닌다. 이에 비하면, '대다'는 타동사로 물건을 이어 대거나, 연결하거

11) '쌓느냐, 쌓니' 어형으로 분화를 보이는 충남 지역어는 '서산, 당진, 아산, 예산, 청양, 연기, 보령, 서천, 논산' 등이고, '댄다, 대니' 어형으로 쓰는 충남 지역어는 '천안, 예산, 홍성, 공주, 보령, 부여, 대전, 금산' 등이다. 예산과 보령 지역어는 '쌓느냐, 쌓니'를 우선적으로 사용하면서 그 둘을 혼용하여 사용하고 있다(정문연 1990). 그러나 충남 방언에서 '-댄다'보다는 대부분 '-쌓다'를 쓰고 있다.

12) 이 글은 한영목(2000ㄷ)에서 다룬 '-쌓다'의 내용 일부를 고쳐 정리하였다.

나, 행동을 드러내는 등의 다양한 뜻을 지닌다. 이들 사이의 차이는 '대다'는 자립 서술어(한영목 · 이금영 1994)가 될 수 있지만(매대다, 물대다, 줄대다, 뒤대다, 밑천대다 등), '쌓다'는 '모래쌓다, 담쌓다' 등의 수직적 포개짐에서는 자립 서술어가 되는데 추상 자질의 명사와는 자립 서술어를 구성할 수 없다(*핑계쌓다, *우정쌓다 등).[13]

충남 방언에서는 '-쌓다'와 '-대다'가 보조 용언으로서의 기능을 할 때, 대체로 이 둘을 교체하여 쓰고 있다. (10)에서 보듯이 충남 방언에서 강세 보조 용언 '-대다'는, 지역과 토박이에 따라 다르지만 거의 '-쌓다'로 바꾸어 표현할 수 있다.

(10) ㄱ. 일이 없어/*일이 있어 철수는 만화책만 읽어 쌓네/대네.
ㄴ. 다행히/정말/불행하게도 순이는 만화책만 읽어 싸/대.
ㄷ. 아빠만 보면 반갑다고 꼬리를 흔들어 싸/대.
ㄹ. 인사두 잘 하구 하니까 머리를 쓰다듬어 쌈/댐서나 참 귀엽다구.
ㅁ. 막 득득 긁고 그래가면서 자기 아들 이름을 불러 싼단 말이지.(당 34쪽)
자꾸 그 사람 같은디 귀퉁배기를 쌔려 쌌더랴.(부 582쪽)
여자가 나쁘구 자꾸 조사 쌓구 허머는 싸움이 될턴디.(뿌 24쪽)

(10ㄱ)에서 말하는 이는 주어의 연속적 반복 행위가 지나친 행

13) "ㄱ. 사랑을 쌓다. → 사랑이 *쌓다/쌓인다. → *사랑쌓다.
*핑계를 쌓다. → 핑계가 *쌓다/쌓인다. → *핑계쌓다.
ㄴ. 줄을 대다. → 줄이 *대다/대진다. → 줄대다.
핑계를 대다 → 핑계가 *대다/대진다. → 핑계대다."
이들 '대다'와 '쌓다'의 쓰임을 통하여, '쌓다'가 훨씬 반복 행위의 의미가 큼을 확인할 수 있다.

동으로 나타난 데 대한 부정적 견해도 함께 표현하고 있다. 그러면서도 (10ㄴ)에서는 그러한 행위가 말하는 이나 사회가 원하는 행위는 아니지만, 그것보다 더 잘못된 사건을 일으키지 않아 어쩌면 다행스럽다는 전제가 깔린 경우에 표현하고 있다. 충남 방언에서 '-쌓다'는 '-대다'와는 달리, "*개가 울어 싸서 개 값을 톡톡히 한다."는 개의 울음이 지나친 것에 대한 말하는 이의 부정적 견해도 나타나기 때문에 뒤 절의 긍정적 표현에는 적합하지 못하므로 비문이 된다. 이러한 표현을 긍정이나 '고마움'으로 보아야 할 것인지는 의문스럽다.[14] (10ㄷ)에서 '-쌓다'나 '-대다'의 긍정적 표현은 말하는 이보다 낮은 위치에 있는 주어의 행동이 평균이나 기대 이상으로 수행될 때 쓰인다. 그것을 '고마움'이나 '긍정적 견해'로 보기보다는 다소 '의외성'이나 '기대하지 않은 일이 이루어짐'으로 보고자 한다.

그러나 (10ㄹ)에서는 말하는 이보다 낮은 위치에 있는 어린이의 행동이 기대 이상으로 이루어진 것에 대한 '의외성'을 표현하지만, 그것이 원인이 되어 어른인 행위주의 행동이 연속적 반복 수행이라기보다는 쓰다듬는 행위의 강조 표현이다. 충남 설화 자료에 나타나는 (10ㅁ)에서 '-쌓다'는 행위주의 지나친 반복적인 행위에 대해 말하는 이의 주관적 태도를 표현하고 있다. 이러한 표현은 주체의 지나친 행위가 반복되는 데 대한 말하는 이의 부정적 심정을 주관적 인식을 통하여 나타낸 것이다.[15]

---

14) 손세모돌(1996)에서 '-대다'의 문맥 의미로 '강세, 짜증과 고마움'으로 보고 있다. 예를 들어, '개가 낯선 사람을 보면 언제까지고 짖어 대어 개 값을 톡톡히 하면' 고마움이고, '그것이 울어 대어 달랠 수 없으면' 짜증이 된다고 하였다. 그러나 충남 방언에서 앞 절에서 '-쌓다'의 쓰임은 뒤 절이 부정적인 문맥에서 나타난다.

15) "너 삭 죽여 버린다구, 이 눔얼 을러밍개.(부 573쪽)"에서 '을러메다'는 '을러대다'와 대응하는 것으로 '-메다'는 접미사로 행위주의 행동에 대한 강세일 뿐, '반복, 강조, 지나침' 등과 같은 표현이 아니므로 보조 용언으로 볼

사실 '-쌓다'와 '-대다'는 말하는 이가 행위주로 등장하는 문장에서는 잘 쓰이지 않고, 듣는 이나 삼인칭에 대한 행위를 말하는 통사 구성에서 적절하게 사용하고 있다. 그러므로 '-쌓다'는 이루어진 행위, 사건, 사태, 일 등이 계속 쌓여 가는 상태라기보다 지속적인 변화 과정이 뒤따를 때 쓰고 있다. '-쌓다'는 말하는 이의 주관적 판단을 어느 정도 객관화시켜, 행위주의 지나친 행위에 대한 연속적 반복이나 강조 표현에 초점을 두려는 의도가 내재하고 있기 때문에 말하는 이의 부정적, 긍정적 인식이 뒤섞여 상이나 양태적 의미로도 표현된다. 따라서 충남 방언에서 보조 용언 '-쌓다'는 문법화로 본래의 의미를 상실하고, 본 용언의 동작에 대한 지속적, 반복적 행위 과정을 강조하고 있다.

4.2.2 '-쌓다'의 통사와 의미

충남 방언의 '-쌓다'의 통사 구성을 더 살펴보기로 한다. 우선 '명사+하다'와 어울림에 대하여 논의하기로 한다. 충남 방언에서 (11ㄱ)은 '-쌓다'와 '-대다'는 같이 쓰일 수 있지만, '명사+하다'와 함께 나타나는 경우, '-쌓다'가 훨씬 자연스럽고 생산적이다.[16] 충남 방언에서는 '명사+하다'와의 어울림에서 거의 '-쌓다'로 실현된다. 그렇다고 '명사+하+대었다' 구성이 문법적으로 비문으로 나타나는 것은 아니다. 충남 방언 토박이들의 언어 의식 속에서 '명사+하+대었다' 구성이 '반복과 강조', 또는 '부정적 강조에서 오는 지나침'과는 다소 다르다는 거리감을 느끼게 된다. 이는 '-대다'가 '이어댐'의 의미이므로 보다 지속적 반복으로 '쌓여짐'과는 다르기

수 없다.

16) '-쌓다'가 '-대다'보다는 〔+추상성〕 자질을 더 지니고 있어 지속적 변화 과정에 대한 반복 표현에 더 적합한 것으로 볼 수 있다.

때문이다.[17] 따라서 충남 방언에서 보조 용언 '-쌓다'는 '명사+하다' 구성과 잘 어울려 주어의 반복적 행위나 사태 등의 결과에 대한 지나침을 나타낸다.

(11) ㄱ. 아 그래 들구 인제 그걸 또 팔으라구 사정해 쌌네.(부 577쪽)
그래 하아두 사정해 싸닝개는, "내 일러 주지이."(부 426쪽)
ㄴ. 순이는 친정만 말해 쌓는다/댄다.
ㄷ. 즈도 걱정을 워치게나 많이 해 쌌는지/댔는지 몰라.
즈도 걱정을 워치게나 많이 했 쌓는지/*대는지 몰라.
ㄹ. *즈도 걱정을 워치게나 많이 했 쌌는지/댔는지 몰라.

그러면 충남 방언에서 과거 시제 형태소 '-었/았-'과 '-쌓다, -대다'의 어울림에 대하여 더 논의해 보기로 하자. 이선웅(1995: 25)에서 '보조 용언 구문은 시제 선어말 어미 '-았/었-'이 통합될 때, 뒤 용언에만 그 형태소가 표시되는 것'으로 논의한 바 있으나, (12ㄷ)에서 '-쌓다'는 이런 제약 조건을 벗어나고 있다. 그러나 (11ㄹ)에서 본 용언과 보조 용언 둘 다 완료상 어미(시제 형태소) '-었-'(한영목 2000)이 오면 비문이 된다.

(12) ㄱ. 천석거리가 다 올라 갔 싸.(당 86쪽)
*천석거리가 다 올라 갔 대.
ㄴ. 창꽃/참꽃이 산에 잔뜩 폈(피었) 싸도/*대도 그게 싫었네.[18]
ㄷ. 창꽃이 산에 잔뜩 펴 쌌지만/댔지만 그게 싫었네.

17) "(ㄱ). 끈을 이어 대다.", "(ㄴ). 끈을 이어 쌓다."에서 (ㄱ)은 길게 계속 이어 연결한다는 의미를 강조하고, (ㄴ)은 잇는 행위의 지속적 반복을 의미한다.
18) 어린 시절 문둥이가 진달래꽃 속에 숨어 있었다는 이야기를 듣고, 그때를 회상하는 문맥에서 토박이가 쓰고 있다.

(12ㄱ)에서 '-쌓다'는 자연스러운 정문이지만, '-대다'는 이상문 구성이다. 이는 (12ㄴ)에서 본 용언의 시제 형태소 '-었'과의 결합에서 '-쌓다'는 비교적 자유롭지만, '-대다'는 상당한 제약을 보인다. 그러나 보조 용언 구문 (12ㄷ)에서 '-쌓다, -대다'는 완료상을 실현하는 통사 구성에서는 상 어미 '-었-'을 받아들일 수 있다. 그러므로 '밥을 먹었 싸.'는 문법적인데 '밥을 먹었 싸았다.'는 비문이다.

(13) ㄱ. 호랭이를 보자마자 빌어 싸.[19]
ㄴ. 그 때 엥간히 키두 커 쌓더니 지금 봉게 별로여.
ㄷ. 물두 끓어 쌓더니 인자 식었남?
ㄹ. *집두 낡아 쌓았더니 인자 고쳤남?

이선웅(1995)에서 '-쌓다'는 '-대다'보다 문법화가 크기 때문에 의미의 추상화가 진척되어 반복적인 행위와 관련이 적은 독자적인 강조 표현에도 사용되고 있으나, '-대다'는 지속적, 반복적 행위를 한다는 의미와 관련된 강조 표현에만 사용되므로 동사와 통합되고, 형용사와는 통합되지 못하는 것으로 논의한 바 있다. 그러나 이기동(1975)에서 '-쌓다'는 형용사, 자동사와 같이 쓰일 수 있는데, 형용사와 같이 쓰인 복합 동사의 뜻은 통상 '강조'를 나타낸다고 하였다.[20] (13ㄱ, ㄴ)에서 '-쌓다'는 타동사나 자동사와 어울림을 알

19) 강홍구(1999)에서 앞 절이 순간적이거나, 비교적 짧은 시간을 나타내면 '-대다'는 반복보다는 강세가 분명해지고, '-쌓다'가 오면 어색한 내용이거나 부자연스런 문장으로 보았다("비가 오자마자 청개구리가 울어 댄다/?쌓는다."). 그러나 우리의 직관은 "그 도선이가 밥을 보자마자 허겁지겁 먹어 싸/대."로 문법적이다.

20) 이기동(1975)에서 제시한 예들은 다음과 같다.
"그 물은 뜨거워 쌓았다.
여우의 꼬리는 길어 쌓았다.
이런 단편소설 하나 읽기에는 여름밤은 길어 쌓았다."

수 있다. 그리고 (13ㄷ)에서 '-쌓다'는 형용사와 호응 가능함을 찾을 수 있다. 이는 상태의 변화를 수반하는 형용사로 종결 어미 '-(느)ㄴ다'의 경우는 '-쌓다'와 어울릴 수 있다. 충남 방언에서 반복 진행상의 의미로 쓰이는 '여우의 꼬리는 길어 쌓는다/??쌓았다.'는 문법적이지만, 과거 표현 형태소 '-었/았-'과의 통합은 부적합한 표현이다.

그러나 (13ㄴ, ㄷ)에서 지난 일에 대한 회상 표현 '-더'와 '-쌓다'가 통합하여 연결 어미로 나타날 때 안은 문장은 긍정 표현보다는 부정에 쓰일 수 있다. (13ㄷ)의 '-쌓다'의 경우는 상태 변화를 수반한 과정성 형용사 '-(느)ㄴ다'의 성격에 기인하고, '-더'가 보고적 성격을 보이는 상적 기능을 수행하기 때문에 안긴 문장에서 쓰이지만, (13ㄹ)에서 '-았-'과의 통합은 이상문(deviant sentence)으로 나타난다. 그러므로 본 용언이 상태 변화를 수반한 과정성 '-(느)ㄴ다'이므로 '-쌓다'와 어느 정도 어울림을 보이지만(쌩동쌩동거려 쌓는다, 미워해 쌓는다), '*미워 쌓는다, *마음이 좁아 쌓는다'는 비문이다. 더구나 형용사에 뒤따르는 '-쌓았다'의 구성은 받아들이기 어려운 문장을 만들어 낸다(*예뻐 쌓았다, *미워 쌓았다, *마음이 좁아 쌓았다, *얼굴이 검어 쌓았다).[21] 그러나 '검다, 붉다, 희다' 등의 상태 변화를 수반하는 과정성 형용사와의 어울림에서는 '-쌓다'는 다소 생산적이다(얼굴이 검어/붉어 쌓는다.).

계속하여 (14)에서 상태 변화를 수반하는 상징어의 파생 형용사와 '쌓다'의 어울림에 대하여 살펴보기로 하자.

(14) ㄱ. 너는 왜 순이한티 치근치근대니/굽신굽신대니?
ㄴ. *너는 왜 순이한티 치근치근싸니/굽신굽신싸니?

---

21) 손세모돌(1996)에서는 〔+정도성〕 자질의 동사들이 '-대다'와 결합에 제약을 받는다고 논의한 바 있다.

ㄷ. 출석이 들쑥날쑥해 쌓니?/대니?

생각이 왜 들쑥날쑥거려 쌓니?/대니?

ㄹ. 왜 순이한티 치근치근대 쌓니?/*치근치근싸 대니?

ㅁ. 입을 삐쭉삐쭉거려 대 싼다/?싸 댄다.

ㅂ. *왜 순이한티 치근치근대 대니/싸 쌓니?

(14ㄱ)에서 상징어와 어울리는 낱말 만들기에서 볼 때, '-대다'는 '-거리다, -하다' 등처럼 접미사로서의 기능도 지니고 있다. '-대다'는 상징어와 어울려 낱말 만들기가 가능하지만(치근대다, 굽신대다, ?들쑥날쑥대다), (14ㄴ)에서 '-쌓다'는 그것과는 직접 어울려 낱말 만들기를 할 수 없다(*치근쌓다, *굽신쌓다, *들쑥날쑥쌓다). 그러나 (14ㄷ)에서 '-쌓다'와 '-대다'는 '-거리다, -하다' 등에 의하여 만들어진 낱말과는 잘 어울린다. (14ㄹ)에서와 같이 '-대다'에 의하여 만들어진 낱말과도 '-쌓다'는 잘 어울린다. (14ㅁ)의 경우 '-거려 대 쌓다' 구성은 잘 쓰는 데 비하여, '-거려 쌓 대다' 구성은 말하는 이가 의도적으로 표현하지 않고는 부자연스럽게 들린다. (14ㅂ)에서 상징어와 어울려 만들어진 파생어는 겹침 표현에 따른 강조를 실현하지 못한다. 상징어와 어울린 '-쌓다'는 대체로 행위주의 행동 상태에 대하여 말하는 이의 부정적, 냉소적, 빈정거림의 표현으로 나타난다.

(15) ㄱ. 아 워떤 상주가 내가 아니라구 해싸구 이래싸(보 671쪽)/그래싸/저래싸.

*아 워떤 상주가 내가 아니라구 해대구 이래대/그래대/저래대.

ㄴ. 그냥 참 디립대 해쌓구 이래쌓구 허질 않았어.

*그냥 참 디립대 해대구 이래대구 허질 않았어.

ㄷ. *아 워떤 상주가 울어 쌓구/대구 울어 그랬어.

또한, 충남 방언에서 반복 표현에 의한 강조 표현은 앞 용언을 대용하여 실현한다. (15)에서 대용적 접속어와의 어울림에서 '-쌓다'는 '-대다'보다 훨씬 더 생산적이다. '-쌓다'는 '-대다'보다 낱말 만들기의 기능은 덜 생산적이지만, 대용 표현을 더 실현할 수 있다. 이들 대용 표현은 본 용언은 자연스럽지만, 보조 용언의 대용은 잘 안 된다. 그것은 충남 방언에서 대용보다는 겹침 표현에 의한 강조를 즐겨 쓰기 때문이다.[22] 충남 방언의 '-쌓다'는 상과 양태적 기능을 담당하는 보조 용언으로 자리 매김을 하고 있어, 어휘화 과정에서 문법화 단계로 옮겨 가는 과정에 놓여 있다. 따라서 '-쌓다'는 대용에 따른 반복적 행위의 연속을 나타내면서 주어의 그러한 행위나 사태 등에 대한 빈정거림의 부정적 강조를 실현하는 기능을 수행한다.

(16) ㄱ. *사람들이 엥간히 모여 싸 쌓는다/싸네.[23]
*사람들이 엥간히 모여 대 댄다/대네.
ㄴ. 사람들이 엥간히 모여 싸 대네.
사람들이 엥간히 모여 대 쌓네.
ㄷ. 사람들이 엥간히 모여 쌓구 싸네/대구 대네.
ㄹ. 사람들이 엥간히 모여 쌓구 또 쌓네/대구 또 대네.

우리말의 겹침 현상은 낱말, 구, 절, 문장에 이르기까지 강조에

---

22) 예를 들어, "인제 갖다가 매달어 논 것이 어따 매달어 논 것이 버드나무가지에다 매달어 논 거여."를 대용한다면, 다음과 같이 나타날 것이다. "인제 갖다가 매달어 논 것이 어따 그렁 것이 버드나무가지에다 그렁 거여."
23) "그 때두 시한이는 눈도 참 많이 쌔여 쌓더랴."에서 '쌔여'는 피동사로 전성하여 본 용언으로 보조 용언 '-쌓다'와 함께 쓰여 겹침 구성을 실현한다.

초점을 두는 표현법이다. 충남 방언에서도 말하는 이가 의도적인 표현이 아닌 때를 제외하고, (14ㅁ)에서 살펴본 바와 같이 (16ㄱ)에서 '-싸 쌓다'나 '-대 대다'의 겹침 현상은 잘 쓰지 않는다.[24] (16ㄴ)에서 충남 방언의 보조 용언 '-대 쌓다'와 '-싸 대다'가 서로 어울리는 구성에서는 문법적인 문장을 실현할 수 있다. (16ㄷ)에서 '-쌓고 쌓다'로 대등하게 이어짐을 실현하는 연결 어미에 의한 겹침 현상은 대체로 '강조'의 뜻으로 실현된다. (16ㄹ)에서 "모여 쌓구 또 모여 쌓네."는 선행 용언을 생략하고, '또'가 본 용언의 대용적 역할을 수행하는 경우이다.

이 '-쌓다'의 다른 낱말들과 어울림에 의한 강조 표현은, (14ㅁ)에서 '-거려 대 쌓다'는 문법적 표현이고, 또 (15)의 대용에 의한 중복 표현인 '-싸 그래 쌓다'도 적격한 문장을 만들 수 있다. 충남 방언의 '-싸 쌓다'는 보조 용언의 반복 현상에 대하여 제약을 보인 반면, 접속 어미나 '또'로 겹침 구조를 만들 수 있다. 이들 '-쌓다'의 겹침과 어울림의 표현 의미는 중복에 의한 주어의 행위나 사태가 지나침에 대하여 말하는 이가 다소 부정적인 내용을 바탕으로 빈정거림이나 의외의 일이 일어남을 강조하는 데 있다.

충남 방언의 '-쌓다'가 다른 보조 용언과 어울려 그 뜻을 강조하는 경우를 더 살펴보기로 한다. '-쌓다'는 '-대다'와 대응하는 보조 용언으로 (17)에서 서로 뒤바꾸어 중복으로 나타난다. 이 둘이 함께 어울려 쓰는 경우를 보면, '-대 쌓다'의 구성이 '-싸 대다'보다 충남 방언에서 더 적극적으로 쓰이고 있다.

---

24) 김기혁(1995) 등에서는 보조 용언의 중출 현상은 보조 용언의 통사적 특성으로 '강조의 의미'의 실현으로 보고 있다. 강홍구(1999: 59)에서 "웬 애들이 이렇게 떠들어 싸 쌓지?"는 적격문으로 기술하였다. 그러나 20대 이하의 젊은이들이 자주 쓰는 "엄마 엄마, 어디 어디 가 갔어?"를 강조의 의미 실현으로 보기는 어렵다.

(17) ㄱ. ?너는 지금도 꿈만 꿔 싸 대니?

ㄴ. 너는 지금도 꿈만 꿔 대 쌓니?

나아가 '-쌓다'는 '-대다'뿐만 아니라 충남 방언에서 보조 용언의 기능을 나타내는 '-재끼다'와 어울려 주어의 행위가 지나침에 대한 반복 강조를 실현하기도 한다(18ㄱ). 이 경우는 주어의 행위에 대한 반복 강조를 나타내지만, 그 속뜻은 그러한 행위나 사태 등이 말하는 이에게 못마땅하기 때문에 부정적 의미를 낮추어 표현한다. 그러나 (18ㄴ)에서 '-대다'는 '-재끼다'와 어울려서 용언 구를 구성하지 못한다. (18ㄷ)에서 '-쌓다'는 '-번지다'나 '-버리다' 등과도 어울려 반복 강조, 완료, 끝맺음 등을 두루 낮춤으로 표현한다. 그러나 '-대다'는 (18ㄹ)에서도 비문으로 나타난다. 따라서 '-쌓다'가 '-대다'보다 문법화가 더 진행되어 다른 보조 용언들과 어울림에 제약이 덜한 것으로 보고자 한다.

(18) ㄱ. 사람들이 엥간히 모여 싸 재끼네.25)

ㄴ. *사람들이 엥간히 모여 대 재끼네.

ㄷ. 사람들이 엥간히 모여 싸 뻔졌네/버렸네.

ㄹ. *사람들이 엥간히 모여 대 뻔졌네/버렸네.

이제 피동 구성의 '-지다'와 '-쌓다', '-대다'의 어울림 관계를 확인하여, 그 통사 제약을 살펴보기로 하자. 박진호(1998)에서는 피동 보조 용언 '-지다'는 형용사와 가장 자유롭게 어울리고, 타동사와의 어울림은 약간 제약되며, 자동사와는 매우 제약적으로 어울리는 것으로 보았다.

---

25) 충남 방언에서 '-재끼다'는 '-제끼다'로 상승 모음화를 실현한다.

(19) ㄱ. 순이는 날로 예뻐지네.

ㄴ. 순이는 날로 예뻐*쌓네/*대네.

ㄷ. 순이는 날로 예뻐져 쌓네/*대네.

책이 힘없이 찢어져 쌓는다/*댄다.

ㄹ. 순이는 날로 예뻐지게 된다.

ㅁ. 순이는 날로 예뻐져 쌓게/*대게 된다.

(19ㄴ)에서 '-대다'나 '-쌓다'는 형용사와의 결합에서 제약을 보인다. 그러나 (19ㄷ)에서 '-어지다'의 피동 구성과의 결합에서 '-쌓다'는 '-대다'보다 생산적이다. (19ㄹ)처럼 내포문의 구성에서는 안은 문장의 서술어가 주어와 일치를 요구한다(〔순이는i 〔ei 날로 예뻐지게〕 된다〕〕). 그러나 (19ㅁ)은 이들 동사 구성이 하나의 서술어가 되어 주어와 공유하므로 문법적이다(〔〔순이는i 〔ei 날로 예뻐져〕 싸〕〕 된다〕〕〕). 이들 (19ㄷ)의 피동 구성의 '-져 쌓다'의 의미 표현은 '순이가 예뻐져 쌓는 것'은 말하는 이가 볼 때는 부정적 의미보다는 '다소 의아함이나 놀람, 기대하지 않은 일이 이루어짐'을 나타내는 긍정적이면서 의외성을 나타낸다. (19ㄷ)에서 '책이 찢어져 쌓는 것'은 말하는 이의 인식에서 '찢어지는 사태'의 반복 강조이지만, 그 양상 의미는 말하는 이의 부정적인 시각에서 '다소 의아함이나 놀람, 기대하지 않은 일이 이루어짐'을 표현한다.

(20) ㄱ. 지금이니께 불얼 밝혀 싸.

ㄴ. 지금이니께 불얼 밝게/밝히게 혀 싸.

ㄷ. 지금이니께 불얼 밝게/밝히게 만들어 싸.

ㄹ. 지금이니께 불얼 밝도록/밝히도록 혀 싸.

(20)을 통하여 충남 방언의 사동 구성에서 보조 용언 '-쌓다'는 형용사와 어울리는 데 별다른 제약을 보이지 않는다는 사실을 확인할 수 있다. 그리고 '-대다'도 사동 구성에서 제약성은 별로 없다.[26] '-번지다'에서 살펴본 것처럼 파생적 사동과 통사적 사동 구성에서도 잘 어울리고 있다. '-게 해 쌓다'가 하나의 서술어로 주어를 공유하는 경우는 주어의 반복적 행위가 지나침을 표현하고, '해 쌓다'가 하나의 서술어로 주어와 공유하는 사동 구성에서는 상위문 행위자의 행동에 대한 반복 강세로 실현된다.

4.2.3 '-쌓다'와 '-대다'의 차이

지금까지 논의한 충남 방언에서 보조 용언으로 쓰이는 '-쌓다'와 '-대다'의 통사 의미를 비교하여 보기로 한다. 대체로 이에 대한 견해로, '-대다'는 '반복과 강세' 또는 '지나침'으로, '-쌓다'에 대한 논의도 '반복과 강조' 나아가 '지나침'으로 기술하고 있다(강홍구 1999). 결국 이들은 사건이나 행위, 일이 연속적 반복으로 나타나 그것이 정도를 지나친 데 대한 말하는 이의 부정적 시각을 반영하거나, 그 행위를 강조하는 표현에 쓰이지만, 이선웅(1995)에서는 '-쌓다'가 '-대다'보다 문법화가 진척되어 더 강조하는 것으로 보았다. 박덕유(1998: 209)에서 '이 둘은 연속적인 반복에 사용되는 것으로 '-어 대'는 정도가 지나친 경우에 사용되는데 말하는 이의 부정적 경우나 동정적 경우이거나 단순히 연속적 반복에 쓰이고, '-어 쌓다'는 말하는 이의 못마땅한 경우에 쓰이는 것'으로 논의한 바

26) "ㄱ. *담이 높아 대다 → 돌쇠가 담을 높여 댄다.
ㄴ. 돌쇠가 옷을 입어 대다 → 순이가 돌쇠한티 옷을 입혀 대다/입게 혀 대다/입게 만들어 대다."
보조 용언 '-대다'는 사동 구성에서 비교적 자유롭게 쓰인다.

있다.

충남 방언에서 '-쌓다'는 문법화, 추상화로 처음 의미를 잃고, 본용언의 동작에 대한 지속적, 반복적 행위의 연속을 나타내기 때문에 그 행위의 강조를 실현한다. 보조 용언 '-쌓다'는 다양한 통사적 환경에서 나타나고, 말하는 이의 주관적 인식을 전제로 표현한다. 그러므로 '쌓다'는 '-대다'보다 문법화가 진척되어 보조 용언으로서의 상과 양태 기능을 수행하므로 주어의 지나친 행위에 대하여, 적극적이고 강한 의미를 나타내는 것이다.

사실 충남 방언에서 '-쌓다'와 '-대다'는 말하는 이가 행위주로 등장하는 문장에서는 잘 쓰지 않고, 듣는 이나 삼인칭에 대한 행동을 말하는 통사 구성에서 적절하게 사용하고 있다. 충남 방언의 '-쌓다'는 이루어진 사건, 사태, 일 등이 계속 쌓여 가는 상태라기보다 지속적인 변화 과정이 뒤따를 때 쓰고 있다. 그러므로 보조 용언 '-쌓다'는 주어의 행위에 대한 반복 강조를 나타내지만, 그 속뜻은 그러한 행위나 사태 등이 말하는 이에게 못마땅하기 때문에 부정적 의미를 실현한다. '-쌓다'는 대체로 행위주의 행동 상태에 대하여 말하는 이의 냉소적, 빈정거림의 부정적 강조 표현으로 나타나고, 다소 의아함이나 강조로 놀람, 기대하지 않은 일이 이루어짐에 대한 의외성도 지닌다. 나아가 '-쌓다'의 겹침 표현 의미는 중복에 의한 주어의 행위나 사태가 지나침에 대하여 말하는 이가 다소 부정적인 내용을 바탕으로 빈정거림이나 의외의 일이 일어남의 반복 강조를 표현한다.

4.3 '-보다'의 융합형 '-벼'와 '-깨미'

이 4.3에서 주된 논의는 중앙어 보조 용언 '-(느)ㄴ가/나 보다'와 '-(으)ㄹ까 보다'와 의미 기능을 같이하는 충남 방언의 융합형 어말 어미로 실현되는 '-벼'와 연결형 어미 '-깨미'의 구문과 그 쓰임을 살펴보는 데 있다. 이 '-벼'와 '-깨미'는 중앙어 보조 용언 '-보다'와 그 통사 구성과 의미가 밀접한 관련을 맺고 있다. 충남 방언에서 이 융합형 어미 '-벼'는 'Vst(느)ㄴ가+보다'의 '-개벼'와 'Vst나+보다'의 '-내벼'로 종결형으로 구성되고, '-깨미'는 'Vstㄹ까+보아(서)'로 주로 연결형에 나타나 추정, 추측, 짐작 등의 의미를 실현한다. 물론 '-깨미'는 종결형에도 나타나 수사 의문문을 구성하거나 행위주의 의도나 의지를 실현하여, 연결형에서의 쓰임과는 다르다.

충남 방언의 '-벼'와 '-깨미'의 융합형은 이미 문법화로 하나의 어미로 융합되어, 그것을 의존 용언으로 보아 보조 용언으로 다루어야 하는 데에 따른 문제점이 제기된다. 이는 충남 방언의 '-벼'와 '-깨미'는 문법화로 양태 기능만을 수행하고 있기 때문이다. 그럼에도 불구하고, 충남 방언의 '-벼'와 '-깨미'의 구문을 보조 용언 구문의 성격을 적용하여, 그 쓰임을 논의하는 것 또한 문제점이 분명 내재되어 있다. 따라서 충남 방언의 성격을 고려하여, '-벼'와 '-깨미'의 문법화에 따른 변이 형태나 통사 구성과 의미 기능에 대하여 논의를 진행하게 된다. 이러한 기술이 갖는 의의는, '-보다'의 융합형 '-벼'와 '-깨미' 구문의 분석을 통하여, 그 통사 구성과 쓰임의 성격을 밝혀 현대 국어 보조 용언의 문제 해결에 접근해야 하는 것이다.

이 연구의 목적은 보조 용언 '-보다'의 융합형 '-벼'와 '-깨미'의 구문을 분석하고, 쓰임의 영역을 기술하여, 통사·의미론적 특성을 고찰함으로써 다른 방언권과 중앙어와의 변별성이 밝혀지는 계기를 마련하고, 우리말 보조 용언의 또 다른 실상을 밝히는 데 있다. 또한, 이러한 논의는 앞으로 충남 방언의 보조 용언의 성격을 밝히는 계기를 마련하고, 통사 의미의 전반적 특징을 고찰하여 충남 방언의 통사 구성의 윤곽을 규명하는 데 이 연구의 목적이 있다. 나아가 이는 충남 방언의 구문에 대한 정밀한 분석과 기술을 통하여 우리말 연구 발전에 기여하는 길도 될 것이다.

이 연구에서는 보조 용언 '-보다'의 전반적 논의에서 벗어나, 주로 추정의 의미를 지니는, 충남 방언에 나타나는 종결형 '-벼'와 연결형 '-깨미'의 구문을 고찰하여, 그 성격을 구명할 것이다. 이미 문법화로 충남 방언의 '-벼'와 '-깨미'는 거의 하나의 융합 형태로 굳어졌다. 이들의 형태, 통사, 의미에 대한 윤곽을 제시하여, 중앙어와의 변별성을 밝히는 계기를 마련하고자 한다.[27]

4.3.1 '-보다'의 통사와 의미

우리말 보조 용언은 수도 많고, 그 쓰임 또한 다양하여, 그 쓰임만큼 형태 변이도 각 방언과 심지어 개인어에 따라 차이를 보인다. 특히 보조 용언 '-보다'는 통사 의미는 물론 시제 선어말 어미와 융합되기 때문에 형태 변이 또한 다양하게 실현된다. 이 보조 용언 '-보다'는 우리말 통사 구성에서 아주 다양하게 실현될 뿐만 아니라 구어에서는 문법화로 융합 형태 또한 여러 가지로 나타난다.

우리는 우선 보조 용언 '-보다'의 구성을 알아보기 위하여, 연속동사 '-보다'가 쓰이는 통사적 환경을 살펴보기로 한다. '-보다'는

27) 이 글은 한영목(2002)에서 다룬 '-벼'와 '-깨미'의 내용 일부를 깁고, 고쳤다.

우리말 통사 구성에서 아주 다양하게 실현되는데 그 통사적 구성은 대체로 다음과 같다.

① V고+보다
② V어/아+보다
③ V나+보다
④ V어는/어만/어나+보다
⑤ V고나+보다
⑥ V다/다가+보다
⑦ V는가+보다
⑧ V던가+보다
⑨ V을까+보다
⑩ V었나+보다

위 예에서 '-보다'는 합성 동사로, 보조 용언으로의 다양한 환경을 보이고 있다. (①)의 'V고+보다'는 연결형에서는, "앞말이 뜻하는 행동을 하고 난 뒤에 뒷말이 뜻하는 사실을 새로 깨닫게 되거나, 뒷말이 뜻하는 상태로 됨을 나타내는 말"(국립국어연구원 1999: 2719)이지만, 종결형에서는 "시험삼아 해냄"으로 '일단 어떤 행위를 해 둔다(박진호 1998: 158)'는 시행의 의미를 지닌다.

이와 비슷한 의미를 지니는 (⑥)의 'V다/다가+보다'는 '-보니, -보면' 등의 연결 어미로만 실현되는 경우로, 종결형으로도 나타나는 '-보다'와는 통사 의미 면에서는 다름을 보인다("줄다 줄다 보니께 다 먹었다, 이 말여." 당 58쪽, "일본놈들이 한국을 넘어다 보구, 압제를 주구, 그래싸니께." 금 207쪽). 이 '-다/다가 보다'의 '-보니, -보면'은 일, 행위, 사건 등의 '결과, 원인' 등으로 쓰이지 상적 의미로는 잘 쓰이지 않는다("장이 가다(가)봉께 구신이 머리를 산발하구 막 쪼차 오는디." 금산 장동이).

그리고 (②)는 전형적 보조 동사로 이기동(1988: 135)에서 '어떤 행동을 시험 삼아 해 보거나("저거나 한 번 때려보구나 죽는다구……" 당 188쪽), 어떤 일을 경험("나무를 가서 팔구 오너[28] 보니께……나무 한 지게가 없시유." 서민 362쪽)했음(우형식 1986: 47, 호광수 1997: 153)을 나타내는 수행의 의미'로, '어떤 움직임이나 상태를 실제로 겪음'(이상복 1986: 431)으로, 나아가 이기종(1996: 180)에서는 '시행, 추정, 짐작' 등 여러 의미 기능을 수행하지만 문맥에 따라서는 '먹어 봐'처럼 말하는 이가 듣는 이의 행위가 일어나도록 강요하는 '시킴'의 기능도 나타난다. (③)과 (⑦－⑩)은 시제 형태소와 결합하여 시간 표현이나 상적 기능도 수행하고 있다. 물론 시간 표현 형태소 '-겠-'은 (③)과 (⑦－⑩)에서는 본 용언에서도 나타나 상이나 양태 기능을 수행한다. 대체로 이들 '-보다'의 의미는 '해냄', '시도', '시킴', '의지', '추측', '짐작' 등을 나타내지만, (④)는 '마지못해 하다'는 의미를 지니는 것으로 논의되어 왔다.

충남 방언에 나타나는 '-벼'와 '-깨미'는 보조 용언의 '-보다'가 문법화 과정을 거쳐, 형태 변이로 다양한 융합형이 나타나지만, 그 통사 구성에서 '-벼'는 말하는 이 중심의 양태를, '-깨미'는 말하는 이 중심·주어 중심의 양태를 실현하고 있다.

이 연구에서 논의하고자 하는 '-벼'의 출현 구문은 (③)과 (⑦)로 그 기저형으로 잡는다면, 그 통사적 의미는 '앞말이 뜻하는 행동이나 상태를 추측하거나 어렴풋이 인식하고 있음을 나타내는 말'(국립국어연구원 1999: 2720)로 폭넓게 잡고 있다. 김석득(1986: 25)

---

28) 충남 방언에 나타나는 '오너-'는 중세 국어의 '오ᄂᆞ다'의 잔영으로 보인다. 이 '-ᄂᆞ-'에 대해서는 한영목(1999ㄴ: 67)과 3.3.2를 참조할 것.

에서는 이러한 추정을 나타내는 '듯하다, 듯싶다, 법하다, 성싶다, 싶다, 보다' 등도 보조 형용사로 잡고 있다. 그러나 충남 방언에서 '-(느)ㄴ개벼'와 '-내벼'는 말하는 이가 직접 체득하거나 경험하여, 또는 실제 확인하여 비교적 확실한 전제나 명제에서도 쓰이고 있어, 그 사용역이 넓다(이에 대한 논의는 3장을 참조하라). 시행의 의미를 포함하고 있는 (②), (④), (⑤)에서는 '-벼'가 안 쓰인다. 따라서 앞으로 '-ㄴ가 보다'와 '-나 보다'를 기저형으로 잡고, 다른 시간 표현 형태소와의 융합은 별도로 논의하지 않을 것이다('V+었+었+겠+더+(느)+ㄴ가#보다'/'V+었+었+겠+나#보다').

나아가 (⑨)는 종결형에 '-ㄹ까 보다/네/아요' 등으로 쓰여 말하는 이의 미확정인 결심을 나타내는 데[29] 비하여, 연결형에서는 '-ㄹ까 보아/봐서'로 활용형이 고정되고 경계·두려움을 나타낸다(박진호 1998: 159). (⑨)는 연결형에서는 선행절이 뜻하는, 상황이 될 것 같아 걱정하거나 두려워함을 나타내거나, 그와 같은 행동이나 행위를 할 의도가 있음을 말하는 이가 추정할 때 실현되는 표현이다. 이 '-ㄹ까 보다'는 충남 방언에서도 '-ㄹ까봐/봐서'로 나타난다. 이와 유사한 의미 기능을 수행하는 연결형에 쓰이는 '-ㄹ깨미'는 걱정, 두려움 등의 표현에 쓰이지만, 의문문에서는 수사 의문문을 구성하여, 전제나 상황에 대한 부정적 표현에 쓰이기도 한다.

예를 들어, "너랑 놀깨미/깨비?"는 '나/그는 너랑 안 논다.'는 강한 부정을 내포한다. 그러나 부사와 공기하면, 그 의미는 약화되어 "설마 도깨비가 있을깨미."는 '도깨비가 없다.'는 강한 부정보다는 '도깨비가 있지 않다.'는 의미를 함의하고 있어, 서술 주체의 행위나 의지가 듣는 이와 다름을 말하는 이가 의지, 의도 나아가 확신

29) 이기종(1996: 180)에서는 "비가 많이 오네. 우산 써야할까 보다."의 예문을 제시하고, 이 '-ㄹ까 보다'는 '의향이나 짐작'의 중의적 해석이 가능함을 논의하였다.

하거나 추정하여 나타내는 말이다. 그러므로 이 '-ㄹ깨미'의 경우는 말하는 이 중심이나, 주어 중심의 구문 구성으로 말하는 이 중심의 '-벼'의 구문과는 다르다.

김청자(1985)에서 '-보다'가 시각적 의미가 주축을 이루는 경우는 '시행, 경험, 완곡'의 의미로, '가정, 추측, 의도'는 사고적 의미가 주축을 이루는 것으로 파악한 바 있다. 이런 면에서 충남 방언의 '-벼'와 '-깨미'는 시각적 의미와는 달리 말하는 이의 사고와 판단의 의미를 이루고 있어 보조 용언 '-보다'의 기능을 수행한다. 따라서 이들은 일인칭과 이인칭에서 행위 주체로 실현되는 구문에는 거의 안 나타난다. 물론 김지은(1998)에서도 '-보다'는 '말하는 이의 어떤 사실을 근거한 직관이나 이성적 추리 등을 통해 어떤 사태의 조건이 되는 상황을 명제가 가리키는 사태가 사실일 것이라고 추리하게 되었음을 나타내는 양태 용언'으로 보고 있다. 그러나 이상복(1986: 431)에서는 '-보다'의 중심적인 뜻은 '시행, 꾀하기'가 아니라 본 용언에 의하여 표현되는 어떤 움직임이나 상태를 '실제로 겪음'으로 보고 있어, 송효빈(2003)의 '경험'과 같은 의미이다.

손세모돌(1996)에서 '-보다'는 '경험, 가정, 공손' 등의 뜻으로 쓰이는데, '-어 보다'는 주어 중심, '-는가/ㄴ가/나 보다'는 말하는 이 중심의 양태 용언으로 파악하여, 그 활용 형태가 다르기 때문에 말하는 이 중심의 양태 용언은 문장 종결 어미에만 쓰이는 제약이 있다고 논의하였다. 그러므로 이들 '-ㄴ가 보다'나 '-나 보다', '-ㄹ까 보다'는 종결형으로 선행 보조적 연결 어미와 결합하는 보조 용언이다. 권재일(1986)에서는 이 '-ㄴ가 보다'나 '-나 보다'의 안긴 문장의 서법은 반드시 의문문을 실현하는 보조 용언으로 다루어 왔다. 이기종(1996: 186)에서 '-(나/ㄴ가/ㄹ까) 보다' 구문은 객관적인 원인 미룸 짐작의 상황에 쓰는데, '-ㄴ가 보다'는 직접 경험한 사실을 근거로 발화 현장과 밀접한 화맥에서 일반적인 사실을 짐작하는데, '-나 보다'는 '-ㄴ가 보다'의 응축형으로 즉각적인 판단 상황에 적합하여 외적 정보를 내적 정보로 수용하여 짐작 발화하는 데 잘 사용되므로 더 주관적이다. 그리고 '-ㄹ까 보다'는 '의향' 표현으로 살아 있고 문어에서 당위적인 상황에 대한 짐작 기능을 수행하는데, '-아서'와 융합하여 '지레 짐작'이라고 보았다.

우리가 논의하고자 하는 '-ㄴ가+보다'와 '-나+보다' 구문은, 충남 방언의 종결형에서 '-벼'로 융합되는데 (⑦)의 '-는/능개벼'와 (⑧)의 '-던/덩개벼'로, (③)의 '-나/내벼'의 유형으로 나타나, 대체로 이는 말하는 이의 미확인 명제에 대한 추리와 인식 또는 감각을 통한 주관적 '앎'을 전제로 추정하거나 확인 명제에 대한 '앎'을 듣는 이에게 간접적 질문 형식을 빌려 추정한 것처럼 질문을 통하여 확인하여 정보를 공유하려는 양태적 기능을 한다. 그러나 충남 방언에서 '-ㄹ까+보다' 구문은 말하는 이가 행위주일 때는 '-ㄹ까 보다'로 종결형에서 의지, 의도를 실현되지만("나도 그만 갈까 바/봐/보다."), 연결형으로 쓰이는 경우 내포문의 주어는 1, 2, 3인칭 모두 가능하다(호광수 1977: 160).[30] 충남 보령 지역어에서 (⑨)가 종결형에 쓰이는 경우는 말하는 이의 의도나 의지를 나타낸다('나도 갈까 보다. →"나도 갈까벼." → 나도 갈까 한다.'). 또한, 이 '-ㄹ깨미'가 종결형에 나타날 때는 수사 의문문으로 실현되면서 대체로 전제 명제에 대한 부정적 의미로도 쓰인다('너랑 놀깨미/깨비? → 너랑 놀까봐? → 너랑 놀까봐(서) 그러니?/걱정/근심이니? → (걱정 말아) 너와는 안 논다.').

이 연구에서 보조 용언 '-보다'의 형태, 통사 구성, 의미 기능에 대하여 전반적으로 논의하려는 것은 아니다. 말하는 이 중심의 보

30) "어머니는 〔내가/니가/도깨비가 또 장난칠까봐/깨미〕 걱정여."
"나는/너는/ 어머니는 〔내가/니가/도깨비가 또 장난칠까봐/깨미〕 걱정여."

조 용언 '-ㄴ가 보다'나 '-나 보다'와 유사한 추정의 의미와 문법적 기능을 수행하는 충남 방언의 종결형 '개벼'와 '-내벼'의 '-벼' 구문의 형태나 통사 의미에도 관심을 가질 것이다. 나아가 연결형에 나타나는 '-ㄹ까 보아'와 의미가 대응하면서도 그것과 변별성을 보이는 '-깨미'의 구문의 형태, 통사적 구성, 나아가 쓰임에 대하여도 논의하여 그 성격을 밝히려고 한다.

4.3.2 '-벼'의 통사와 의미

4.3.2.1 '-벼'의 통사

(1) ㄱ. 순이가 집에 갔(었)는/능개벼, 갔덩개벼/*갔더내벼.
ㄴ. 순이가 참 예쁜/뿡개벼, 예뻤덩개벼/*예뻤더내벼.
ㄷ. 그게 삼발한 귀신잉개벼. 그링께 여름이덩개벼/*이더내벼.

충남 방언에서 보조 용언 '-ㄴ가+보다'와 '-나+보다'는 특이한 융합 활용형 '-ㄴ개벼'와 '-내벼'로 실현된다. 충남 방언의 이 '-벼'는 선행 용언과의 결합에서 보조 용언 '-보다'와 같이 제약이 없다. 이들 (⑦)과 (⑧)의 '-보다'의 통사 구성은 동사, 형용사, 서술격 조사와 어울리고, 시제 형태소('-느/-더, -었느/-었더' 등)와 다양하게 결합하므로 같은 구조(-ㄴ가 보다>-ㄴ개벼, -나 보다>-내벼)로 다루기로 한다. (1)에서 '-개벼'는 '-내벼'보다 동사, 형용사, 서술격 조사와 잘 연결되어 실현되고, 여러 시간 표현 형태소들과도 공기한다.

그러나 '-나 보다' 구성은 (③)과 (⑩)의 환경에서 나타난다. (④)는 연결형 선행 보조적 연결 어미와 결합되는 보조 용언이므로("야, 이놈의 궤짝이 무언가 뜯어나 본다." 당 188쪽) '-나/내벼'의 융합형은 나타나지 않는다(*먹어/는/만벼, *먹어내벼, *먹고나/내벼). 따라서 (③)의 통사 구성에서만 '-나/-내벼'의 융합형이 나타난다. 이 '-나 보다'의 경우, 충남 방언의 '-내벼'는 선행 용언과의 결합은 형용사나 서술격 조사와 (⑩)에서는 잘 결합하지만(2), (③)에서는 현재 시간 표현에서는 제약을 보이는 통사 구성의 특성을 지닌다(*예쁘나/내벼, *아프내벼). 이는 서정목(1991: 109)에서 '추측의 보조 용언 '보-'가 모문 동사로 쓰인 구성에서 '-나+보다'는 동사 어간 뒤에서만 가능한 것으로 논의한 바 있다.

(2) ㄱ. 그게 아마 사람이었내벼/*사람이내벼.
ㄴ. 괭이가 사람이 그리웠내벼/*그리우내벼.
ㄷ. 옛 날에 그래도 예뻤내벼./*예쁘내벼.
ㄹ. 즘신을 대접허야지 앙컸나베.

그러므로 충남 방언에서 이들 구성은 'V+(었)+(었)+(겠)+(더)+(느)+ㄴ가/나#보다'는 'V+(었)+(었)+(ø)+(더)+(느)+ㄴ가#보다', 'V+(었)+(었)+(ø?겠)+(ø)+(ø)나#보다'로 실현된다. 충남 방언에서 추정의 '-겠+나보다'의 구성은 (2ㄹ)에서와 같이 부정의 '안+하+겠+나#보다'의 구성에서 일부 방언 토박이들에게서만 나타난다.[31] 충남 방언에서 이들 융합형은 '-가벼 : -개벼'와 '-나벼 : -내벼'로 실현되는데 움라우트를 실현한 후자가 적극적으로 쓰인다.[32] 그

---

31) 당진 지역어에서 '안' 부정문에서 '-겠-'과 '-보다'의 융합형이 쓰이고 있다.
"인제 빈 지게만 지고 들어갔지 않았갔나베.(당 424쪽)
그 아이를 이제 저런 궤짝에다 넣어설라무네 데리구 가잖았겠나비.(당 442쪽)"
서정목(1991: 111-115)에서는 '먹-겠-나+보다'의 연결은 가능하고, '-ㄴ가 보다'는 '-느-, -더-'가 선행될 때만이 가능하여 다른 경우는 제약을 보이는 것으로 논의한 바 있다.

32) '-가벼'와 '-나벼'는 '-개벼'와 '-내벼'의 흉내거나 조작된 사투리(2002년 예산문화원 사무국장 김문회 씨)라고 말하고 있을 정도로 충남 방언에서 움라우트의 실현이 절대적으로 나타난다.

리고 충남 방언에서는 '-내벼' 융합형보다는 '-개벼' 융합형을 주로 사용하고 있는 데 비하여, '-내벼'는 주로 부정 표현에 적극적으로 실현된다.

(3) ㄱ. 그 양반 집에 가셨는개뷰?
ㄴ. 고연시리 븐다고 지집 색긔만 고상시키는개뷰.(관 66쪽)

충남 방언에서 이들 '-벼' 구성은 선어말 어미 '-시-'와의 직접 결합에서는 거의 나타나지 않지만(?가시는/능개벼, *가시내벼), (3)에서와 같이 과거 시간 표현 형태소 '-었-'과의 결합에서는 비격식체에서 다소 쓰이고 있다.[33] 높임의 경우도 '-시-'를 쓰지 않고, 두루 높임의 '-요/-유'와 융합형 '-뷰/-비유'를 쓰고 있다. 보조 용언 '-보다'의 구성 중 '-어 보다, -어 보이다, -고 보다'는 높임 선어말 어미 '-시-'와 연결되지만('먹어 보시다, 젊어 보이신다, 쉬고 봅시다' 등), 우리가 논의하고자 하는 '-벼'는 '-시'와 융합되는 경우가 없다. '-벼'는 선행 용언에만 '-시'가 출현하여 다른 통사 구성을 이룬다. 특히 이 '-벼' 구문과 유사한 의미를 실현하는 '-듯하다/ 싶다, -성싶다, -것 같다'는 시제 선어말 어미가 올 수 있지만, '-벼'는 그런 요소들을 후행할 수 없어 이제는 하나의 문법화를 거친 융합 어미로 기능을 수행한다. 그러므로 충남 방언에서 '-벼'는 '-ㄴ가 보아/어 →-보+ㅣ(조음소)+어 →비어 →벼'로 융합되었다고 볼 수 있다.[34]

---

33) 충남 방언 제보자들은 '이 '-벼'와 '-깨미'는 어른에게는 안 쓰고, 평교적 표현에 쓰는 말'(대전시 중구 옥계동에 거주하는 한상오(70세), 송후영(83세), 차수옥(73세) 등)이라고 하였다.

34) 기세관(2002: 121)에서는 '-벼'는 통시적으로 '보+이-(피동 접미사)〉뵈-〉베〉비'의 과정을 겪어 재구조화하여 형태론적 구성을 이룬 것으로 '보-'에 대응하는 '비-'를 기저 융합형으로 볼 수 있음을 지적하였다. 그리하여 '-ㄴ가/나+비+어〉-ㄴ가/나벼〉-ㄴ개/내벼〉-ㄴ개/내벼'의 음운 변동 과정을 밟아 형성

충남 방언에서 '-벼'는 통사 구성의 분포에 있어 본 용언 뒤에서 실현되고("그게 삼발한 귀신잉개벼.") 그 명제에 대한 양태나 상 기능으로 실현된다. 그러므로 충남 방언의 '-벼'는 보조 용언 '-보다'와 같이 구조 의존성을 지니고 있어, 대용화('개가 들루 간나벼. → *개가 들루 간나 그렇다. → *개가 들루 간나 그래벼.'), 분열문 형성 등을 실현할 수 없는 제약을 지닌다. 나아가 '-벼'는 부정문 구성(*"그게 삼발한 귀신인가 안 벼."), 피동·사동문 구성 등을 실현할 수 없는 통사론적 제약을 지닌다.35)

충남 방언 '-벼'의 통사 구성상의 특성은 말하는 이 중심의 양태 용언 '-보다'의 융합형으로 문장 종결 어미로만 쓰이는 제약을 지니므로 분포상 선행 용언 뒤에서만 융합형 어미로 실현되기 때문에 결코 단독으로 생략될 수 없다.36) 예를 들어, "개가 들루 간나벼."에서 '개가 들로 갔나 보다'의 추정에 대한 의문을 내포하고 있어, '-벼'를 생략하고, "개가 들루 간나(?)↑"로 말하면 대체로 추정적 의혹에 대한 의문의 의미를 실현할 수 있지만, '-벼'와는 전혀 다른 통사적 구성이 된다.37)

(4) ㄱ. 그 때는 소백산두 아마 아랫녁이 있는가/나 보았다.
*그 때는 소백산두 아마 아랫녁이 있능개/내벼.
ㄴ. 그 때는 소백산두 아마 아랫녁이 있는가/나 보다 생각했다/짐작했다/믿었다.
*그 때는 소백산두 아마 아랫녁이 있능개/내벼 생각했다/짐

되었을 것으로 추정하였다.

35) 보조 용언의 통사 구성에 대하여는 손세모돌(1996)을, 양태 용언에 대한 논의는 김지은(1998)을 참고할 수 있다.

36) 김지은(1998: 39-150)에서 양태 용언 구문의 통사적 특성을 참고할 수 있다.

37) "개가 들루 간나벼."에서 '-벼'가 생략된, "개가 들루 간나."는 '-벼'가 지닌 추정이나 짐작의 의미는 실현되지 않고, 간접 의문문을 구성하여 다른 통사 구성을 실현한다.

작했다/믿었다/보았다.

나아가 '-ㄴ가/나+보다'의 구성에서 '-ㄴ가/나+보았다'의 시간 표현이 가능하지만, '-벼'는 어떤 시간 표현 문법 요소와 연결될 수 없다(4ㄱ). 또한, '-ㄴ가/나+보다+생각하다, 짐작하다, 믿다' 등과 결합하여 내포문을 구성할 수 있지만, (4ㄴ)에서 '-벼'는 항상 종결 어미로 쓰여 내포문 구성에는 나타나지 않는 특성을 보인다(*〔-개/내+벼〕+〔생각하다, 짐작하다, 믿다〕).

(5) 그래 그 아들이 인저 나셨다능가/내벼.

(5)에서는 '〔나+시+었+다〕+나/는가 보다'의 인용절에 나타난 명제 내용을 추정할 때에도 '-나/는/능가 보다'의 '-벼' 융합형 어미로 나타난다. 이 경우 충남 방언에서는 결과에 대한 원인의 추정에도 '-벼'가 실현된다고 말할 수 있다.

4.3.2.2 '-벼'의 변이 형태

(6) ㄱ. 그게 삼발한 귀신잉개벼.
장수 나온 것은 확실한게벼, 확실햐.(금 74쪽)
그 사람두 아마 쌀말이나 먹능게벼.(대 80쪽)
호랑이 보구설라무니 무슨 말을 헐 수가 있는가배.(당 235쪽)
우리 아들이 겁나게 신경을 썼는개비드라구.(금산 장동 심경옥(85세))
그것이 내가 생각할 적에는 안개같이 나는게비더구먼.(금 15쪽)
에이 저 놈의 지집아들이 숨는 개비다.(금 17쪽)

저 왕탱이 집 근처께 가서 드러 누웠었던게뷰.(당 120쪽)
모이를 쓰게 됬넌디 할아버진가뵈.(당 289쪽)
난리 속에서두 서울이 좋기는 좋은가뵈.(관 52쪽)

ㄴ. 이불을, 옷을 그전 말루 명주이면 그만 아녔나베.(당 211쪽)
인저 마누라보구서 어머니께 공경 잘 하라면서 워디를 갔나비여, 아마.(서민 331쪽)
소백산두 아마 아랫녁이 있내벼.(대 324쪽)
개가 들루 간나벼.

ㄷ. 즘신을 대접허야지 앙컸나베?(부 658쪽)

충남 방언에서 융합형 '-벼'의 변이형은 주로 '-베'와 '-벼'로 실현된다. 충남 방언에서 /ㅕ/는 〔+순음〕 아래에서 /ㅔ/로 실현된다('yə → e/+bilabials—', 한영목 1986). 그러나 충남 방언에서 '-벼'가 '-베'보다는 적극적으로 쓰이고 있다. 말하는 이가 추정한 내용을 서술하는 종결형에 '-벼'를, 의문형에는 변이형 '-베'를 구분하여 사용하려는 경향을 보이지만, 수의적이어서 꼭 그렇게 실현되지 않는다.[38] 충남 방언에서는 (6)과 같은 변이형이 보여, '-벼'와 '-베'의 음운 차이는 그리 중요한 것은 아니다. 그 변이형은 '-베, -뷰, -배, -뵈, -비다/오/네' 등으로 실현된다. 우리는 충남 방언에서 '-보다'의 융합 기저형을 '-벼'로 잡고 논의를 진행하기로 한다.

피동 용언 '-보이다'는 충남 방언에서는 '-비다'로도 실현된다.[39]

38) 성기철(1987)에 따르면, 예산 지역어 등에서는 중앙어 '-보아'에 해당하는 '-벼'는 서술형 종결형에, '-베'는 의문 종결형으로 두 어형이 나타나지만, 대체로 '-베'형이 더 쓰이는 것으로 논의하였다. 충남 서북 지역어에서 '-베'는 '-나베'로, '-벼' '-ㄴ가/개벼'로 실현되는 양상을 보인다.

39) '보+이+다'의 피동 접미사와의 결합 관계로 '-비다'를 기저형으로 잡는 문제에 대하여 생각할 수 있지만, 충남 방언의 '-벼'는 통사 구성이나 의미 기능에서 피동 보조 용언의 융합 어미로 잡기 어렵다. '-벼, -베'는 종결형 '보이'("사람인가 보이.")에서 음운 변이를 거친 것으로 추정할 수 있다.

예를 들어, 충남 방언 제보자들은 '산이 보이냐? → 산이 비냐?'로 말하고 있다. 충남 방언의 '-비다'는 '보이다〉뵈다〉베다〉비다'의 음운 변화 과정을 겪은 것으로 볼 수 있다.[40]

(7) ㄱ. 아이구, 우리 어머니가 이냥 파놨내비라구.(부 493쪽)

ㄴ. 집이 불났다구 지끔 급히 가는가비오.(부 564쪽)

ㄷ. 그 지관이 땅속을 보기는 잘 보는개비다.

(7ㄴ)에서 '가는가비오'는 '가는갑이오'로 분석하기보다는 '가는가 보+ㅣ(조음소)+오'의 통사론적 구성으로 다루는 것이 (7)의 기술을 위해서도 합리적이다. 그것은 서술 주체의 행동이 말하는 이에게는 '그렇게 생각된다/ 추정된다/ 짐작된다/ 보인다'는 앎을 전제로 추정해서 표현하는 통사적 구성이기 때문이다. 그러므로 '-나/내벼'는 '-나 보아'에 해당하는 '-나+보+ㅣ+어'의 어형이 '-나/-내비'로도 실현된다. 따라서 '-ㄴ개벼'나 '-나/-내벼'는 보조 용언 '-보다'의 '-보-'가 재구조를 겪은 '-비-'와 어미 '-어'의 융합형으로 볼 수 있다. (7)에서 '-비'는 남부 방언의 의존 명사 '-갑'과 같이 '-ㄴ+갑+이'로 움라우트를 거쳐 '-ㄴ개비'의 융합형을 실현하는 것으로 볼 수 있지만, (7ㄱ)에서 '나 보다'의 유형이 '-내비'로 나타나므로 의존 명사 '-갑-'으로만 다룰 수 없다. 그러므로 이들 문법화에 대한 논의도 고려되어야 하지만, 충남 방언에서 본 용언으로 쓰인 '보다'의 '-보-'도 어말 어미 '-어'와 '-아'의 교체형 '-벼/뱌'로 실현되기도 한다는[41] 점에서 생략과 융합에 대한 문제점도 제기될 수

---

40) 충남 방언에서 /ㅔ/는 상승 모음화로 /ㅣ/를 실현하므로 '베다'와 '비다'가 수의적으로 나타난다.
"도깨비는 베지(보이지) 않고, 사람으로 베지.(홍민 262쪽)
덤풀 구녁이 인제 잘 안 비는 디다가 설랑은 감춰놓구 있는 거여.(부 445쪽)"

41) "그래서 그(마누라)가 재주럴 다 벼줬다더먼그려.(부여 1117쪽)

있다.

(8) ㄱ. 그것두 그 속도 빠르게 축지두 허덩가 보데.(공 292쪽)
ㄴ. 나보덤 더 훌륭한 사람을 맞어 오능가 보우.(공 276)
ㄷ. 그 옴마니란 사람 조금 고집스런 그런 분인가 봐유.(당 210쪽)

그러나 이 경우 또 다른 해석은 '-갑'의 생산성의 문제이다. 그것은 남부 방언에서 의존 명사로 굳어진 '-갑'은 서술격 조사 '-이'와 결합하여 항상 종결형으로 나타난다는 논의이다. 나아가 그중에서 관형사형 어미에 후행하여 나타나고 있는 경우 보문소로 다룰 수 있다(이승재 1980). 경북 방언의 경우, 김태엽(1996)에서 '-ㄴ갑네, -ㄴ갑세, -ㄴ갑데'는 '-ㄴ가#보+네/세/데'가 재구조화하여 형태론적 구성을 이루는 것으로 파악한 바 있다. 그러나 (8)에서는 '-ㄴ가 보데/우/아유' 등으로 나타나 (7)과 공존하고 있다. 그러므로 (7)의 경우는 '-갑+이-' 형으로 나타나지만, 이는 '-ㄴ가 보-'와 '-나 보-'에서 재구조화 '-비'로도 실현되어 의미상으로 '-ㄴ가 보다'와 같은 보조 용언의 의미 기능을 수행한다.[42]

충남 방언에서 '-갑'의 형태로만 보이는 경우는 극히 드물어 남부 방언의 의존 명사 '-갑'처럼 아직 구체화되지 않고 있다. (6−8)에서처럼 가급적 '-갑+다/데/네/세' 등의 어말 어미와 구성을 회피하기 때문이다. 충남 방언에서 '-갑-'은 전북 접경 금산 지역어 등에서 '-갑다'로 종결형에서 일부 쓰이지만, 말하는 이의 강한 추정을 바탕으로 미확인 미래 표현에만 제한적으로 나타난다("그게 도깨비불인갑다. 도깨비가 있기는 있는개벼.").[43] 따라서 충남 방언의

그거 쓰먼 안 뱌, 그거 쓰머언 안 뱌.(부여 1118쪽)"

42) 배주채(1998: 13)에서는 서남 방언에서 이 '-응갑'의 의미는 추정인데, 추정의 주제는 평서문에서는 말하는 이, 의문문에서는 듣는 이로 보고 있다.

43) 금산읍 장동이 심경옥(85세), 전옥림(70세), 한어래(67세) 등의 제보자들 중

‘-ㄴ개벼’도 ‘-ㄴ가#보+ㅣ+어’가 ‘-ㄴ가#뵈+어〉-ㄴ가#베+어〉-ㄴ가#비+어〉-ㄴ가벼〉-ㄴ개벼’로 재구조화를 겪은 융합형으로 분석할 수 있다.

충남 방언에서 ‘-벼’가 의존 명사 ‘-갑+이다’ 구성일 수 없는 또 다른 이유는, 그것이 ‘-ㄴ가+보다’ 구성에서만 나타나고, ‘-나+보다’ 구성에서는 실현되지 않는다는 점이다. ‘비가 오는가 보네 → 비가 오능개비네’로 ‘-갑-’은 ‘가+ㅂ’의 융합형이다. ‘비가 오나보네 → 비가 오내비네 → 비가 오내벼’로 ‘-갑’이 출현할 음운 환경이 없다. 따라서 같은 융합형을 ‘-갑+이-’와 ‘-벼’로 다룰 수 없어 충남 방언에서는 소위 의존 명사 ‘-갑’을 따로 설정하여 논의할 이유는 없다.

4.3.2.3 ‘-벼’의 통사 의미

(9) ㄱ. 그 지관이 아마 땅속을 보기는 잘 보는개비다.
ㄴ. 그 지관이 확실히/틀림없이 땅속을 보기는 잘 보는개비다.
ㄷ. 그 지관이 내 생각에/ 짐작에 확실히/틀림없이 땅속을 보기는 잘 보는개비다.

충남 방언의 ‘-벼’는 보조 용언 ‘-보다’와 같은 말하는 이 중심의 양태를 실현한다. 이 ‘-벼’와 연결된 문장의 명제가 말하는 이

한 분만이 ‘-갑다’를 한번 썼고, 그 제보자도 “그게 도깨비였는개벼.”, “구신이 있기는 있는개벼.”와 같이 ‘-개벼’ 융합형을 계속 사용했다.
나아가 전북 무주군과 접경을 이루는 금산군 부리면 수통리 지역어 제보자(한영복(74세), 한영현(74세), 박찬문(72세) 씨 등)들에게서 ‘-갑-’을 들을 수 없어, 혹시 “춘갑다”라는 말을 쓰느냐고, 필자가 질문하자, ‘옛날 어른들이 쓰기는 써도 많이 안 쓰고, ‘추운개벼’를 많이 쓴다’고 하였다. 실제 발화에서도 “삭신이 아파서 날이 구질랭개비다.”, “한 사(4)뱅년 되는 개벼.”로 말하여, ‘-갑다’는 전혀 나타나지 아니하였다.

와 시간이나 공간적으로 단절된 상황에 대하여, 직접 경험하지 못한 사실에 대하여도 경험이나 추리를 통한 확신이나 믿음을 내세워 말하는 이의 판단이나 가정, 나아가 생각을 표현한다("장수 나온 것은 확실한게벼, 확실햐." 금 74쪽). 예를 들어, "옛날엔 도깨비가 있는개벼."에서 말하는 이는 도깨비를 보지 못했지만, 여러 정황에 따라 도깨비가 있을 것이라는 판단이나 생각을 통하여 말하고 있다. 그러나 이 믿음의 근거는 주관적이고 추정적이다. 왜냐하면, 말하는 이는 자기가 말한 명제 내용이 참이기를 기대하는 '믿음'을 가지고 말하기 때문에 그에 대한 객관적 근거는 그리 중요한 것은 아니다. 그러므로 (9ㄴ)에서와 같이 "확실히/틀림없이 옛날엔 도깨비가 있는개벼."의 표현이 가능하지만 객관화된 것은 아니다.

그러면서도 '-벼' 구문이 지닌 다른 특성은 (9ㄱ)에서와 같이 부사 '아마'와 연결되어 말하는 이의 불확실성 추정에도 쓰인다. 이런 면에서 볼 때, '-벼'는 말하는 이가 듣는 이에게 얼마만큼 자신의 심리적 상태를 표현하려는 의지에 따라 확신과 불확실한 근거로 추정한다는 사실이다. 충남 방언 '-벼' 구문은 말하는 이의 단순한 짐작에서부터 믿음을 바탕으로 확실한 명제에 이르기까지 다양하게 추정적 표현 양식으로 실현된다.

또한, '-벼' 구문의 다른 의미는 말하는 이가 체험한 사실에 대하여도 쓰인다는 점이다. "밥이 설었내벼."에서 말하는 이는 밥을 먹으면서, '밥이 설었다'는 사실을 알고도 추정의 '-벼'를 사용한다. 이는 말하는 이가 감각을 통하여 인지한 내용, 즉 감각적 앎에 대하여 듣는 이의 확인을 거쳐 객관화하려는 경우에 주로 사용된다. 달리 말하자면, 명제 내용에 대한 말하는 이의 주관적 판단을, 듣는 이와 정보를 공유하여, 객관화시키려는 추정 표현에 쓰일 수 있다.[44]

(10) 참 어떻게 됐는갑지 사람을 죽였구나, 이렇게.(당 472쪽)

논의를 좀 더 구체화시키기 위하여 예문 (10)을 보자. 이 경우는 '어떻게 됐는가 보지 → 어떻게 됐는개벼'의 의미로 사건이 일어난 시간은 과거 일이고, 행위주가 실행한 사건으로 이미 체험하여, 체득한 앎에도 추정의 표현 '-벼'를 실현한다. 그러나 이 경우는 정보 공유나 객관화는 아니다. 말하는 이의 의식이나 의지의 실현에서 이루어진 것은 사실이나 사태에 대해 현재 시점에서 추정하여 '새로 인식함' 정도의 표현이다.

4.3.2.4 '-ㄴ개벼'의 쓰임

(11) ㄱ. 장수 나온 것은 확실한게벼, 확실햐.(금 74쪽)
내 짐작에/생각에 살림이 째는개벼.
ㄴ. ?장수 나온 것은 확실하내벼, 확실햐.
내 짐작에/생각에 살림이 째내벼.
ㄷ. 야! 이거 암만 해두 뭐이 왔능개벼, 이상한데.(대 420쪽)
㉢. 야! 이거 암만 해두 뭐이 왔내벼, 이상한데.

충남 방언의 '-개벼'는 '-(느)ㄴ가 보다'로 본래 간접 의문문을 실현하는 종결 어미 '-가'와 보조 용언 '-보다'가 융합 어미로 실현된다. 이 '-개벼'는 충남 방언에서 '-내벼'와는 달리, '-는/능게벼'와 '-는/능개벼' 변이형(11ㄷ)이 사용되어 /ㅔ/와 /ㅐ/는 변별성을 잃어가고 있지만, 대부분 '-ㄴ개벼' 어형이 발화에서 많이 선용되므로

44) 김지은(1998: 157)에서 '보다' 구문의 범위가 객관적 사실을 근거로 추리된 생각이나 느낌에서부터 감각적 경험에 따른 직관적 생각과 느낌에 두루 걸쳐 있어, 일반 용언 '보다'의 어휘적 의미와 무관하지 않다고 논의하였다.

'-ㄴ개벼'를 기저형으로 잡고, 논의를 진행한다.[45)]

김동욱(2000: 176)에서 '-ㄴ가 보다'는 명제 내용에 대한 내면적 의심과 '-보다'가 나타내는 판단의 의미가 결합하여, 전체로는 '객체 추측'의 의미를 실현하는 것으로 논의하고 있다. 따라서 이들 '-개벼'는 대체로 미확인된 추정을 보다 객관적 인식을 바탕으로 가벼운 판단을 나타낼 때 사용되며, '-나/-내벼'는 주관적, 상황적 추정의 표현 양상을 지니고 있다. 나아가 이 '-벼'는 '참'임을 기대하고, '앎'을 전제로 표현되므로 보조 용언 '-보다'의 통사적 의미와 거의 같게 쓰이고 있다.

달리 말하자면, (11ㄱ)이 (11ㄴ)보다 객관적 사건이나 상황을 추정하여 표현할 때 좀 더 선용하는 경향을 보인다. 그러므로 '-ㄴ개벼'는, '생각에/짐작에' 등과 잘 어울릴 뿐만 아니라, '확실히/틀림없이' 등과 호응한다. (11ㄴ)은 말하는 이의 주관적 판단에 의지하여 사건이나 상황을 추정할 때 더 사용된다. 그것은 '-어나/어는 보다'는 행위주가 '마지못해 억지로 행하다'는 의미가 강한 것과 비교된다(나/너/그는 고기는 먹어나/먹어는/먹어만 본다.). (11ㄷ)에서 '-개/내벼'는 '이상한데, 아마' 등과 공기하여, 미확인 추정에 쓰이고 있다. 그러므로 '-개벼'는 말하는 이의 다양한 판단이 전달할 내용에 대한 사실성의 확인과는 다소 거리를 나타내는 주관적 판단에 의한 추정이나 짐작을 실현한다.

그리고 충남 방언에서 '-ㄹ랑개벼'는 짐작이나 추정 구문에 쓰여, '비가 올 것 같다/듯하다/모양이다/성싶다'와 유사한 통사적 의미를 실현한다. '비가 올라는가 보다→비가 올란가 보다→비가 올랑개벼'에서 '-ㄹ것 같다/듯하다/모양이다/-ㄹ 성싶다' 등도 '-ㄹ랑개벼'

45) 충남 방언에서 '-ㄴ가#보+y(이)+어 → -ㄴ가# 뵈어 → -ㄴ가# 베어 → [-ㄴ개벼/-ㄴ게벼]'로 움라우트와 축약으로 나타난다. 그리고 충남 방언에서 [ㅔ e]와 [ㅐ ε]는 변별성을 잃어 가고 있다.

로 교체하여 쓰인다. 다만 충남 서북 지역어에서는 '-ㄹ라는 겨'를 쓰기도 한다.46)

(12) ㄱ. 아이구, 우리 어머니가 이냥 파놨내비라구.(부 493쪽)

㉠. 내가 깜빡 잔내벼.

ㄴ. 집이 불났다구 지끔 급히 가는가비오.(부 564쪽)

ㄷ. 슨달 그믐은 짝은슬 아닌가베.

ㄹ. 암소가 송아칠 낳지, 황소가 무신 송아칠 낳나베.(당 418쪽)

그러므로 (12)에서 '-개벼'나 '-내벼'는 삼인칭 주어의 사건, 행위, 사태에 대한 말하는 이의 추정을 나타내는 상이나 양태도 실현한다(*나/*너/그는 고기를 먹내벼.). (12㉠)에서와 같이 1인칭 말하는 이가 자기가 한 행위가 확실하지 않을 때 간접 질문에 '-개벼'를 사용한다. (12ㄱ)은 말하는 이가 설화 속의 행위주의 주관적 추정을 '앎'을 전제로 표현하고 있다. (12ㄴ)에서 행위주가 지금 가고 있는 상황을 알고, (12ㄷ)에서 섣달그믐이 작은설이란 것을 알고, (12ㄹ)에서도 암소가 송아지를 난다는 등의 사실을 알고 있음에도 불구하고, '-개/내벼'를 사용하고 있다. 이는 충남 방언에서 이 '-벼'가 객관적 추정을 통한 강한 '앎'을 전제로 표현하고 있다. 따라서 말하는 이는 좀 더 확실한 서술 주체의 행위나 사태 등에 대한 '앎'을 전제로 한 추정적 표현에 '-개벼'를 사용한다.47)

46) 서산시, 태안군, 당진군 지역에서는 추정의 '-는가 보다'를 '-ㄹ라는 겨'로 쓰고 있다. 서산시 팔봉면 어송 3리 제보자들(양신만(70세) 씨와 회관에 오신 할아버지와 할머니들)도 '-개벼/-내벼' 대신에 '-ㄹ라는 겨'로 쓴다고 주장하였다.

"아이 비올라는 겨. 아이 또 비 올라는가 보다.(당 550쪽)

자식이 2-3 남매 되었던 겨.(서민 318쪽)"

47) "효종하고 아마 동서간이지, 박엽이가 효종하고 동서간인가봐.(아 202쪽)"에서 부사 '아마'를 사용하면서도 박엽과 효종이 동서 간이라는 '앎'을 추정적으로 말하고 있다.

(13) ㄱ. 날이 꾸믈꾸믈하믄 인자 '아이구!' 삭신이 아파서 뭐가 올랑개비다.

ㄴ. 그 친환이 있는게비올시다.(대 726쪽)
하눌님이 아마 이걸 줌지하(점지하)셨능개비라.(대 629쪽)
그래 '독독독독' 하덩개비지.

김동욱(1998)에서 '-가 보다'는 '객체 추측'의 서술 태도를 보인다고 논의한 바 있다. 그러나 (13ㄱ)에서 말하는 이는 이야기 형식을 빌려 '아픈 것'을 볼 때, 그 원인으로 일이 일어남을 추정하여 주관적 일반화시키고 있다. (13ㄴ)에서도 말하는 이는 옛 이야기를 빌려 이야기 속의 행위주의 행동이나, 사건, 사태 등에 대하여, '앎'을 전제로 상황적 판단에 따라 사건 내용을 다소 객관적으로 추정하여 표현한다.

4.3.2.5 '-내벼'의 쓰임

충남 방언에서 '-나 보다'는 '-나벼'와 '-내벼'(6ㄴ) 어형으로 나타나는데 움라우트를 실현한 후자가 더 선용된다. '-ㄴ개벼'는 말하는 이가 듣는 이에게 의문 형식을 통하여 자기가 추정·짐작한 전제나 내용을 확인, 환기시켜 보다 객관화시키려고 할 때 쓰는 표현 양식이다. 그러므로 '-ㄴ개벼'는 지난 일이나 행위의 완료적 표현에 주로 쓰인다. 나아가 직접 경험한 사실에도 객관적 사실을 전제하지 않고 간접 의문의 형식을 빌려 추정적 표현으로 실현하기도 한다. 그러므로 '-나 보다'의 '-내벼'는 주관적 느낌, 믿음, 생각 등을 표현하므로 전제 내용에 대한 객관적 정보나 사실은 그리 중요한 것이 아니다.

(14) 벌써 (운동장을) 도랜내비네.(대전시 중구 유천동 60대 후반 여자)

학교 운동장 옆에서 걷기를 마치고, 맨손 체조를 하는 분들께 질문 겸 확인 인사로 말할 때 나타난 표현이다. 말하는 이는 이미 그 분들이 운동장을 돌고 나서 맨손 체조나 쉬는 것을 보아 알고 있으면서, 즉 확인하고도 추정적 표현으로 인사를 건넨다. 충남 방언 토박이들은 이것을 "?벌써 도랜능개비네."라고 잘 사용하지 않는다. 이는 '-내벼'가 '-개벼'보다 실제 확인한 앎에 대한 추정적 표현에 더 적극적으로 쓰인다는 사실이다. 달리 말하자면, '-나 보다'는 '-ㄴ가 보다'보다 행위나 사태에 대한 직접적이고 적극적인 관여(이기종 1996: 182)로 말하는 이의 주관화에 따른 추정적 진술에 선용된다.

(15) 그 저녁 셍묘허던 그 부인이 그 쥔양반에 메누리가 되나비다. (보 151쪽)

(16) 내가 죄를 지어서 베락이 때릴게다, 때릴 겐가부다, 벼락을 때릴려나 보다.(온양 1472쪽)

(15)에서 말하는 이는 성묘하던 부인이 주인의 며느리가 된다는 사실을 알면서 '-나보다'의 추정적 표현으로 말하고 있다. (16)에서 '-ㄹ 것이다→-ㄴ가 보다→-나 보다'순으로 추정의 강도를 나타내고 있다. 그러면서도 알고 있는 사실 정보에 대하여 추정적 질문을 함으로써 듣는 이를 통하여 확인하고자 하는 의문의 표현에도 사용한다. 예를 들어, 전제 상황: '아침에 비가 왔음', 말하는 이: "오늘 비 왔내벼."(오늘 비 왔나 보다)로 발화하여 듣는 이의 긍정적 대답을 원할 때에도 쓰는 표현이다. 이때도 "오늘 비 왔능개벼."는

말하는 이의 추정적 판단으로 듣는 이의 응답과는 관련 없이 표현할 때 나타난다.

(17) ㄱ. 그렇게 말허니께 박씨야 돌아앉아서 웃을 일이지 할 말이 있나베.(홍민 492쪽)
ㄴ. *그렇게 말허니께 박씨야 돌아앉아서 웃을 일이지 할 말이 있능개벼.

또한, '-내벼'의 의미 기능에는 부정 형식소 없이 부정문의 의미를 실현하는 경우도 있다. (17ㄱ)은 박씨는 '할 말이 없다'는 부정 의미를 실현한다. 그러나 (17ㄴ)은 충남 방언에서 잘 실현되지 않는다. 설령 그것이 실현된다 하여도 '할 말이 있다'는 추정적 표현에 쓰임으로 차이를 보인다. 이런 면에서 볼 때, 충남 방언에서 '-나 보다'의 '-내벼'는 '-ㄴ가 보다'의 '-개벼'보다 그 쓰임이 다소 주관적 · 감각적 추정에 더 쓰인다.

(18) ㄱ. 그랑께 그게 업이던게벼, 그래 그게 가물치 업여.(금 124쪽)
ㄴ. *그랑께 그게 업이더나/내벼, 그래 그게 가물치 업여.

(18)에서 '-더+ㄴ가벼'와는 달리 '-더+나벼'의 구성은 나타나지 않는다. 이는 과거 경험에 대한 회상과의 어울림에 '-개벼'가 선용된다는 점이다. 말하는 이는 '업'에 대한 충분한 내적 정보나 지식 없이 짐작이나 추정한 사실을 회상이라는 형식을 빌려, 자신이 알고 있는 내적 판단이나 정보에 근거하여 그럴 것이라고 추측하여 말하고 있지만 거의 확신에 찬 경우에 쓰인다. 달리 말하자면, 주관적 정보를 어느 정도 객관적 정보로 바꾸어 말하는 경우이다. 충남 방언 토박이들은 이런 표현에 (18ㄴ)은 잘 안 쓴다. 그러므로

'-내벼'가 말하는 이의 주관적 사유를 바탕으로 추정적 표현이나 확인을 통한 정보 공유로 나타난다.

(19) 냄펜이 죽은 뒤 맴이 영 심난혔내벼.

나아가 (19)에서와 같이 어떤 사실에 대하여 확인하지 못한 경우, 주관화 표현에도 '-나/내벼'를 즐겨 쓴다. '-내벼'는 미확인 정보에 대하여 말하는 이가 지레 짐작하거나 추정하거나, 다소 불확실한 명제에 대한 입장을 전달할 때 표현된다. 이 경우 '-내벼'는 '-ㄴ개벼'보다 주관적 표현에 쓰인다.

예를 들어, 전제 상황: '솥에 물이 끓고 있음.'; 말하는 이: "소시서 물 끄내벼.(솥에서 물이 끓고 있나 보다)"로 표현한다. "소시서 물 끄는개벼."도 가능한 표현이지만, 충남 방언 토박이들은 전자를 선용하는 경향을 보인다. 충남 방언 토박이들은 감각 기관을 통하여 확인하거나 안 사실까지도 추정하여 표현할 때는 '-개벼'보다는 '-내벼'를 즐겨 사용한다.

4.3.3 '-깨미'의 통사와 의미

4.3.3.1 '-깨미'의 형성과 통사 성격

충남 방언에서 중앙어 '-ㄹ까 보아(서)'와 대응하는 연결형에 융합형 '-ㄹ깨미'(-ㄹ까+ㅁ+이) 어형이 나타난다. 이 '-깨미'는 동사, 형용사, 서술격 조사에 융합되어 접속어로서의 기능을 실현한다(20). 그러나 충남 방언에서 이 '-깨미'는 주로 동사에 융합되어, 앞절의 명제가 후행절의 내용에 대한 이유나 원인 등을 실현하는 접속어로의 의미를 나타낸다(20). 충남 방언에서 이 '-깨미'의 쓰임은

'의도, 의지'를 나타내는 '-(으)ㄹ까'와 보조 용언 '-보아(서)'와 결합하여 주로 연결 어미와 융합형으로 쓰인다. 충남 방언에서 '-깨미'는 종결형으로 쓰이는 경우는 극히 적고, '-ㄹ까 봐'가 종결형에서 수사 의문문으로 '-ㄹ깨미'나 '-ㄹ깨비'로 나타나 쓰이는 경우는 간혹 있다. 서남 방언에서도 의문의 억양을 지니는 경우 수사 의문문으로 쓰여 주어의 강한 의지를 표현하는 것으로 '-까마/-까마니/-까미/' 등으로 실현된다(이기갑 1998: 106).

충남 방언 종결형에 실현되는 '-깨미, -깨비'는 후행절이 생략된 경우를 제외하면, 대체로 전제 명제에 대한 부정으로 쓰여 수사 의문문을 구성한다. 충남 방언의 종결형으로 나타나는 '-깨비'는 억양이 높아지고 길어지면서 서술 주체의 강한 의도와 더불어 '의문'을 전제로 실현하는 구문에 나타난다.[48] 이 '-깨비'는 논산, 부여 지역어 등에서 주로 쓰인다. 충남 방언에서 '-깨미/비'가 종결형에 쓰이는 경우는 후행절의 생략에서 가능하다(21). 일부 말하는 이들은 연결형에 '-ㄹ깨비'로도 실현하지만(19ㄴ), 그 통사 의미는 '-ㄹ깨미'와 같다.

(20) ㄱ. 즤 어머니 저 죽으면 호상이 물려 가먼은 속 쎡여서 죽으깨미 가서 일번 가던절루.(대 338쪽)
ㄴ. 아버님! 걱정 들을께비 숨겼오.(부여구비 536쪽).
ㄷ. 주인이 싫어할깨미 조마조마했지.
ㄹ. 다정도 병일깨미 그라는가?

(21) ㄱ. 놔두면 눈멀깨미?(관 231쪽)
ㄴ. 급살허네. 암시러면 제련년 같을깨미.(관 300쪽)

48) "너랑 놀깨비?"는 수사 의문문 구성으로 '너랑 안 논다.'는 강한 의미를 나타낸다. 전북 방언에서 종결형에 나타나는 이 '-깨미' 구문을 구종남(1999)에서도 수사 의문문으로 논의한 바 있다.

충남 방언에서 연결형에 나타나는 '-ㄹ깨미'의 변이형은 '-까마, -까미, -깨비/-께비, -개미[49], -깜니, -깸니, -깸시,' 등으로 실현되는 데 비하여, '-ㄴ개미' 어형은 나타나지 않는다.[50] '-깜니'는 '-ㄹ까+ㅁ+이 →-ㄹ깜+이 →-ㄹ깜+ㄴ+이 → ㄹ깜+니'로 실현된 것이다. 그리고 "얼음이 녹을깨메/깨미 걱정여."(공주시 우성면: 이 지역에서 '깨미'와 '깨메'의 두 유형이 쓰인다.)에서 '-ㄹ깨메'는 'ㄹ까+ㅁ+에 → ㄹ까+ㅁ+이'의 변화를 거친 상승 모음화로 설명할 수 있다. 그러면 이 '-에'는 원인을 나타내는 연결 어미로 설명할 수 있다. 또한, '-깸시'는 충남 방언에서 '때문에'를 '-때미' '-또래', '-또래미', '-뜨래메, -때밀레, -땜시'[51] 등의 변이 형태들이 나타나는 것과 같다. '때미'가 '땜시'로 나타난 것처럼 '-깨미'가 '-깸시'로 변이된 것으로 유추하여 설명이 가능하다. 나아가 충남 방언에서 이 '-ㄹ깨미'는 대전, 논산, 부여 등 지역어에서 '-ㄹ깨비'로도 나타난다. 이 '-깨비'는 '-ㄹ까+보다'로 '-ㄴ가+보다' 구성과 같은 변이 과정을 거쳐 융합된 것으로 볼 수 있다.

그러면 '-깨미'와 '-깨비'는 다른 구문 구성인가에 대한 의문이 남는다. 이 '-깨미' 구문에 대한 또 다른 논의는 'Vstㄹ+까' →'Vst

---

49) 2001년 12월 29일 대전시 가오동에 거주하는 송후영(83세), 한상오(70세), 차수옥(73세) 씨를 모시고 방언 조사를 하였다. 차수옥 씨는 대전시 어부동에서 나고 성장한 분으로 '-ㄹ깨미' 대신에 '-ㄹ개미'를 쓰지만, '-ㄴ개미'는 못 들어 보고, 말하지 않는다고 하였다.

50) 2002년 1월 15일 서천군 조사에서 나이균 씨는 문산면에서 '-까미, -깜니'가 나타나는데, 마서면에서는 '-까미'는 안 쓰고 '-깨미'로 쓰며, '-ㄹ깨비' 어형에 대해서는 '쓴다'는 경우도 있지만(노진한 씨), 거의 '안 쓴다'고 말하였다. 2007년 4월 조사에서 서동례 씨도 '-깨미'로 쓰고 있다. 그러나 전남 방언(이기갑 1998)이나 전북 방언(구종남 1999)에 나타나는 '-ㄴ개미'는 충남 방언에서는 나타나지 않는다. 따라서 충남 방언에서는 '-ㄴ개미' 융합형은 이미 사라진 것으로 보고, '-ㄹ깨미' 구문만 논의한다.

51) 2.3.23 (50)에서 '때문에'의 충남 방언의 변이 형태를 참조할 것.
"수박 있는 줄은 모르고 눈비 와서 이렇게 서 있는디 실은 수박 땜시 이렇게 서 있는 거러구.(청양 1429쪽)
그 말 않기 때밀레 당신두 인제 살게 됐구……(홍민 509쪽)"

ㄱ까' →'Vst까'로 변자음화와 동서열 자음 탈락을 거쳐, 충남 방언에서 종결 의문형에 쓰이는 어미 '-ㅁ'과 연결 어미 '-에 → -이'의 융합 구성으로 '-까+ㅁ+이 → -깜+이 → -깨미'로의 융합 가능성에 대한 문제이다. 이 경우 충남 방언의 종결 어미 뒤에서 의문문 구성의 '-감, -남, -담'의 논의에서 나타난 것처럼 이 '-ㅁ'을 의문형 접미사로 보아야(성낙수 1977/1993) 하는 문제가 남듯이 보조 용언 '-보다'의 의미에 가까운 '-ㅁ+이'가 상이나 양태를 나타내는 접미사로의 기능에 대한 설명이 어렵다.[52] 사실 파생 접사가 굴절 접사에 후행하는 것은 일반 낱말 배합 원리와는 차이를 보이기 때문이다(한영목 외 옮김 1994). 파생 접사가 어근에 가까이 위치하기 때문에 굴절 어미에 의문형 파생 접사가 부가한다는 것에 대한 논의는 좀 더 고찰할 과제이다.

또 다른 논의는 '-깨비'의 /ㅂ/이 같은 조음 위치의 순음 /ㅁ/으로 교체될 수 있는 가능성이다. 이 점은 이기갑(1998: 106)에서 호남 방언의 경우 '-을까 봐'의 '봐 → -바'가 콧소리인 '-마'로 바뀌어 '-으까마'로 쓰임을 들고 있다. 그러나 구종남(1999: 254)에서는 이기갑(1998: 106)에서의 논의에 대하여, '보다'와 같은 보조 용언의 /ㅂ/이 /ㅁ/으로 바뀔 수 있는 음운론적, 의미론적 동기를 찾기 어렵고, 나아가 호남 방언에서 '으까마'는 '-ㄹ까봐'뿐만 아니라 '-ㄹ까히서', '-ㄹ까 싶어(서)'에도 대응되어, '-ㄹ까 봐'에서 왔다고 보기 어렵다는 부정적 견해를 밝히고 있다.

나아가 구종남(1999: 252-254)에서는 '-ㄹ까/-ㄴ가+함에' 구성에서 융합에 의하여 간접 의문문 뒤에 오는 보조 동사 '하'가 생략되고 명사형 어미 '-ㅁ'이 결합되어(-ㄹ까/-ㄴ가+ㅁ+에), '-ㄹ깨미/-ㄴ

52) 성낙수(1993: 382)에서 "〔m〕은 의문형에만 나타나는 것으로 말하는 이가 발화된 문장의 내용을 알고(믿고, 추측하고, 생각하고, 느끼고) 듣는 이에게 재확인(reconfirmative)하는 의미를 가지는 〔Aux〕"로 논의한 바 있다.

개미'가 형성되었을 가능성을 제시하고 있다.[53] 아울러 구종남(1999: 257)에서는 중앙어에서 '-ㄹ까 {보아(서), 해(서), 싶어(서)}'라는 통사 구성이 전라 방언에서는 문법 요소인 접속 어미 '-ㄹ깨미/-ㄴ개미'로 나타나는 것으로 논의하였다. 이런 논의는 상당히 설득력을 가지고 있지만, '-깨미'에 대한 설명은 될지라도 '-깨비'에 대한 설명으로는 미흡하다. 충남 방언의 경우 이들을 각기 다른 두 융합형으로 다뤄야 한다는 모순이 나타나 이에 선뜻 동의할 수 없게 된다.

충남 방언에서 '-깨미'의 쓰임이 우세하지만, '-깨비'의 쓰임도 확인되므로 두 어형이 공존하고 있어 '-깨비 → -깨미'로의 변이는 가능하다. 다만 '-깨비'가 '-깨미'로 변이할 때는 유추에 의하여 이루어졌을 가능성만을 제시할 수 있을 뿐 이에 대한 명백한 설명은 어려움이 남는다. 그리고 우리가 앞서 추정한 '-ㄹ까+ㅁ+에' → '-ㄹ깜+에' → '-ㄹ깜+이' → '-ㄹ깨미'에서 파생되었을 가능성 또한 배제할 수 없다[54]. 그것은 충남 방언에서 독특하게 의문형 어미와 공기하는 '-ㅁ'이 '말하는 이가 알고(믿고, 추측하고 생각하고, 느끼고) 듣는 이에게 재확인하는 의미를 가지는 것'이라는 성낙수(1993: 382)에서의 논의에 따른다면 그 가능성은 충분하다. 다만 의문형 '-ㄴ가'와 '-나'에만 '-ㅁ'이 연결되어도 '*ㄴ가+ㅁ → 개미, *-나+ㅁ → 내미'의 융합형이 쓰이지 않는 점을 설명할 수 없다. 이 또한 종결형으로 나타나는 '-ㅁ'에 연결 어미 '-에'와의 융합에 대한 설명이 어렵기 때문이다. 그러므로 충남 방언에서 '-깨미'와 '-깨비'의 두 유형이 공존하고 있는 현실 상황에서 '-깨비'에서 '-깨미'로

53) 실제 충남 방언에서 의문문 어미 '-ㄴ가'와 '-나'는 의문문 구성에서 명사형 어미 '-ㅁ'이 결합되지 않는다. 이필영(1993: 129)에서도 '-음'은 대체로 융합이 잘 이루어지지 않는 것으로 본 바 있다.

54) 그러나 '-ㄹ까'의 간접 의문문 구성에 다시 의문문에 부가하는 '-ㅁ'의 중복과 원인이나 이유를 나타내는 어미 '-에'의 융합형에서 추정이나, 추측의 의미를 지닌다고 보기 어렵다.

의 유추적 변이라고 잠정적으로 보고자 한다.

그리고 충남 방언에서 '-ㄴ개미'는 거의 나타나지 않아 논의하지 않기로 한다. 이 '-ㄴ개미'는 충남 방언과는 달리, 서남 방언의 경우는 'Vst(으)ㄴ-' 구성에 나타난다. 이기갑(1998: 107)에서는 "누가 온가미/온개미 나가 봤더니 암: 도 없드라."로 '-은가마'보다 '-은가미/-은개미'의 쓰임이 높다고 하면서 그 의미는 과거의 사실에 대한 추정을 나타낼 때는 '-으깨미'와 서로 바꿔 쓰일 수 있지만, 과거 선어말 어미가 포함되지 않는 경우 '-은개미'는 '-는 것 같아'로 현재 상황에 대한 궁금함을 나타낸다. 구종남(1999: 261)에서는 '-ㄴ개미'가 추정의 의미는 갖지 않고, 단순히 의심만을 나타내는 것으로 보고 있다. 그러나 충남 방언에서 이 '-(으)ㄴ+개미' 구성은 나타나지 않아 '-ㄹ+깨미' 구성으로 융합되었다고 볼 수 있다. 따라서 '-깨미'는 보조 용언의 문법적 기능을 수행하기 때문에 어휘화 단계에서 문법화 과정을 거쳐, 양태나 상을 표현하는 기능 융합 어미로 작용한다.

4.3.3.2 '-깨미'의 통사 의미

(22) ㄱ. 집이 들어가서는 걱정이 돠, 만일 거시개서 알먼 또 큰 일 나깨미.(대 660쪽)

ㄴ. 무슨 소리 하깨미 고대하구 지둘럭거던.(공 53쪽)

아이가 소한테 밟혀 죽을깨미……(금 73쪽)

그래 인자 넘어갈깨미 그라는가, 하눌님이 넘어갈깨미 그라는가.(금 106쪽)

팍 가면 그것들 놀랬께미 요기서 저 차인디만치 와가지구……(금 17쪽)

즈이 종네집이럴 가면, 그, 저, 쌀되빡이라도 줄깨미 갔넌

디.(홍민 373쪽)

좆두 나는 읍내 가면 아는 놈 만날깨미 피해댕겼다.(관촌 300쪽)

ㄷ. 참 부모님 속을 썩일개비[55] 누나 집이 간다고……(대 340쪽)

ㄹ. 급살허네. 암시러면 제련년 같을깨미.(관촌 300쪽)

장바닥 삼 년 댕긴 늠이 여북헐깨미.(관촌 109쪽)

정치 싸움에 표깨낄깨미.

ㅁ. 백호야 소리하믄 저한테와 물어죽일까미 놀래서.(홍민 460쪽)

충남 방언에서 종결형 '-ㄹ까 보다'는 말하는 이의 의지나 의도를 나타내지만, '-깨미'는 '-(으)ㄹ'의 미래성이 약화되면서 선행절의 행위주의 '의도성'은 거의 나타나지 않고, 후행절 서술 주체의 행위나 사태에 대한 말하는 이의 의문을 전제로 주관적 '추정'을 더 강하게 표현하는 데 쓰인다(22ㄱ). 그러므로 '-깨미'는 미확인, 미지의 행위나 사태를 말하는 이의 '앎'을 전제로 추정할 때 주로 쓰인다. 다시 말하자면, 선행절의 행위나 사태가 일어나거나 실현될 수 있는 가능성에 대한 원인 추정에 나타난다.

민현식(1999: 147)에서 '-ㄴ가 보다, -나 보다'는 '추측'의 의미지만 '-ㄹ까 보다'는 '-ㄹ까 하다, -ㄹ까 싶다'와 유사한 의미인 '의도'를 지니므로 문맥에 따라 미묘한 차이가 보여 구별되는 것으로 파악한 것처럼 '-벼'와 '-깨미'는 통사론적 구성과 그 의미가 다르다. (22ㄹ)은 종결형에 말하는 이의 화제에 대한 추정적 판단을 통하여 전제와 같지 않음에 쓰이고 있다. 따라서 충남 방언 종결형에 쓰인 '-깨미'는 이기종(1996)에서의 '의향'의 의미는 거의 없다("우

55) 이 설화의 구연자는 '-깨미, -께미', '-개비'로도 말하고 있다. 따라서 이 구연자의 경우, '-께미'는 '-깨미'로 잡으면, '-깨미'와 '-개비'의 두 어형을 쓰고 있다.

산을 써야 할까벼/할랑개벼."). (22ㄹ)에서는 수사 의문문 구성으로 "저런 년 같지 않다."로 전제에 대한 부정을 함의한다. 그러면서도 '저런 년 같을깨미(까 보아) 걱정이다, 생각된다, 염려된다.'는 의미도 지니고 있다. 따라서 종결형에 실현된 '깨미'는 추정의 의미도 지니고 있다.

(23) ㄱ. 나/*너/*그는 일을 그만둘까 봐.
나/*너/*그는 일을 그만둘까 혀.
나/*너/필자그는 일을 그만둘까 싶어.
ㄴ. 나/너/그는 돌이가 일을 그만둘깨미 걱정이다.
나/너/그는 돌이가 일을 그만둘까 봐 걱정이다.

(23ㄱ)은 말하는 이와 주어 일치라는 제약을 띠기 때문에 '의지나 의도성'이 나타나지만, (23ㄴ)은 선행절의 주어의 기대나 원하지 않은 행위가 일어남에 대한 추정'을 표현하기 때문에 후행절의 행위주에 의한 추측을 동반하면서도 그러한 상황이 일어날 가능성에 따른 말하는 이의 주관적 판단에 따른 해석이 가미될 수밖에 없다. 충남 방언의 '-깨미' 구문도 이기종(1996: 186)에서는 '-ㄹ까 봐'는 후행절 사실에 대한 원인을 지레 짐작으로 발화하는 것으로 파악하여, 기대하지 않은 가능성에 대해 미리 짐작하는 화맥에 적절하여, 걱정, 근심, 불안 등의 발화 내적 행위의 수행으로 본 것과 같은 의미를 실현한다. 그러므로 충남 방언의 '-깨미' 구문은 선행절에서 나타나는 불확실한 행위나 사태에 대한 추정을 통하여, 그러한 상황이 일어나거나 실현되지 않기를 기대하는 후행절 서술 주체의 심리를 반영하기도 한다. 미정의 'Vstㄹ-'에 나타나는 '-ㄹ깨미'[56]는

56) 충남 방언 제보자들도 *'-ㄴ개미/-ㄴ깨미'는 쓰이지 않고, 들어 보지 못했다고 말한다. 이는 충남 방언에서 '-ㄴ개미' 어형이 이른 시기에 소멸된 것으

선행절의 상황이 실현되지 않기를 기대하는 표현에 사용되므로 후행절에서 걱정, 근심, 불안 등의 인지 동사와 공기할 수 있다.

(24) 쌀되빡이라도 줄까 {생각되, 하, *염려되, *걱정되}어(서) 갔넌디.(홍민 373쪽)

(25) 인재가 날까 {생각되, 하, 염려되, 걱정되}어(서) 혈을 끊었댜, 이여송이가.
내가 혼자 장이 갈깨미 새복가치(새벽같이) 따라 왔냐?

그러나 "즈이 종네집이럴 가면, 그, 저, 쌀되빡이라도 줄깨미 갔넌디.(홍민 373쪽)"의 구문으로 (24)에서는 '생각, 추정'의 의미로 쓰여, 의심은 후행절의 서술 주체에서 나타나는 양태 구문이다. 구종남(1999: 251)에서는 이 '-ㄹ깨미'의 구문이 인지 동사나 '-하다'와 같은 서술어와 같은 의미로 해석될 수 있다. (24)에서 후행절 서술 주체의 추정이나 추측을 나타낼 뿐이고, (25)에서 선행절과 후행절의 서술 주체가 같을 때, 추정이나, 추측뿐만 아니라 걱정, 근심 등의 인지 동사와 공기할 수 있다. 그러나 이 '-깨미' 구문은 항상 앞으로 일어날 행위나, 사태 등에 대한 추정, 추측 등으로 객관적 사실이나 확인된 경우가 아닐 때 쓰이는 제약을 지닌다.

(26) ㄱ. 아버님 걱정 들을깨미 지가 숨겼오.
ㄴ. 아버님 걱정 들을깨미 순이가 숨겼댜.

(26)에서 '-깨미'는 말하는 이 중심의 양태 용언에서의 쓰임과 다르다. (26ㄱ)에서는 말하는 이가 서술 주체인 경우로 '아버님의 걱

로 볼 수 있다. 따라서 충남 방언의 경우 '-ㄹ깨미'는 중앙어의 '-ㄹ까 보다' 구문에 근접한 것으로 볼 수 있다.

정을 들을 것 같아 숨겼다.'는 추정이나 추측의 의미로 나타난다. (26ㄴ)에서는 '아버님의 걱정을 들을까 보아 순이가 숨겼다고 하더라.'로 말하는 이가 '순이'가 숨긴 행동을 추정하여 전달하고 있다. 따라서 선행절의 행위에 대하여 후행절의 서술 주체가 그러한 일이 일어나지 않기를 바라면서, 그러한 일이 일어남을 기대하지 않을 때, '-깨미'가 쓰일 수 있다.

(27) ㄱ. 삭신이 쑤시는데 비가 올깨미 걱졍여.
ㄴ. 비가 올깨미 걱졍여, 삭신이 쑤셔서.

'-보다'의 구문이 어떤 경우는 선행 용언이 가리키는 행위의 수행과 관련된 서술 주체의 의도나 의지와는 관계없이 서술 주체가 선행 용언의 행위를 경험한 적이 있어 동반되는 사태를 알고 있음을 나타내는 경우도 있다(김지은 1998: 129). (27)에서 몸이 쑤시면, 그것이 원인은 아니지만, '비가 온다.'는 사실을 말하는 이는 감각적 추리나 경험으로 잘 알고 있더라도 추정적 표현으로 발화하고 있다. '-깨미'는 선행절의 사건이 일어나지 않기를 바라는, 그것이 일어남에 대한 후행절 서술 주체의 걱정, 근심, 불안 등을 실현한다. 이는 '-깨미'가 간접 의문 '-ㄹ까'와 보조 용언 '-보다'의 융합형 접속 어미의 통사적 의미를 수행하고 있음을 나타낸다.

4.4 그 밖

4.4.1 '-쓰다'

(28) ㄱ. 자네 내 얘기 좀 참, 꼭 들어주야 쓰겄네에.(보 774쪽)
ㄴ. 내 말 꼭 자네가 들어 주야 되겄네.(보 775쪽)
ⓛ 내 말 꼭 자네가 들어 주야 하겄네.
ㄷ. 생각해 보닝개 그 또 갖오야 쓰겄어서.(부 553쪽)
ㄹ. 결국은 말까지래두 팔으야만 쓰겠어.(공 327쪽)

충남 방언에서 나타나는, 당연히 그렇게 해야 한다는 뜻을 지닌 보조 용언 '-쓰다'(28㉠)는 통사적, 의미적 특징이 보조 용언 '-되다'와 교체하여 사용하고 있다(28ㄴ). '쓰다'는 'Vst어+야'+'쓰겄+SE' 통사 구성에서 실현된다. 연결 어미 '-어야'는 뒷말에 대한 어떤 조건이 꼭 필요함을 나타내거나 그 가정이 잘 되지 못할 때 쓰는 어미이다. 또한, 충남 방언의 보조 용언 '-쓰다'는 '당위' 보조 용언 '-하다'와 기능과 의미 면에서 상당히 같다(28ⓛ). 그러나 충남 방언의 '-쓰다'는 통사적 분포나 기능 면에서 '-하다'보다는 그 사용의 폭이 훨씬 좁지만 보조 용언으로 설정할 필요가 있다.

4.4.2 '-놓다'

(29) ㄱ. 죽기는 인자 꼼짝 못허구 죽어 놨는디이.(부 564쪽)
㉠. 죽기는 이제 꼼짝 못하구 죽게 되었는디.
ㄴ. 그런데 이 딸이 약혼을 해놨어.(당 187쪽)
그걸 전부 연구해 놨어. 연구해 놓구서라무니……(당 414쪽)

ㄷ. 사람이 마누라를 잃어버려 놨으니 도리 없는디……(홍민 128쪽)

ㄹ. 밥을 먹어 놔설라무네 속은 든든혀나벼.
이거 뭐 과거 참 떠(따) 놨단 말여.(보 66쪽)

ㅁ. 사또 명령이라 놔서 워트게 해볼 수 있깐디.

ⓜ. 원래 크게 될 사람이라 돼놔서루……(대 789쪽)

ㅂ. 신랑감을 딱 갔다 놔놓구서……(금 219쪽)

ㅅ. 에미버텀 혼구녕을 내놔야 쓰겠구먼.(관촌 122쪽)

보조 용언 '-놓다'는 충남 방언에서 피동의 '-되다'와 같은 의미로 쓰이는 경우도 산견된다(29㉠). 그러나 보조 용언 '-되다'는 '-게+되다'로 피동 구성인데, 충남 방언에서 '-놓다'는 '-어+놓다' 구성으로 실현된다(죽게 되었다→죽어 놨다(놓았다)). 보조 용언 '-놓다'는 '보유'의 의미로 쓰이는 데 비하여(29ㄹ), 충남 방언에서는 피동의 의미로도 쓰인다. 그리고 (29ㅁ)에서는 서술격 조사 '-이라'에 후행하여 쓰인다. (29ⓜ)에서는 '-이라+되어+놓다'의 통사 구성이다. (29ㅁ)의 경우 상당한 문법화로 '-놔(놓아)'를 생략하고, '명령이라ø서'로도 실현될 수 있고, (29ⓜ)에서는 '-되어'를 생략할 수 있다. (29ㅂ)에서는 '-놓다'가 연속으로 통합하여 실현되는 예이다. (29ㅅ)에서는 보조 용언 '-놓다'와 통합하여 '-놔야 쓴다'의 구성도 '놓아야 한다'의 의미를 가진다. 따라서 충남 방언에서 '-놓다'는 보조 용언으로 설정할 수 있다.

4.4.3 '-싶다': '-접다, -접프다'

(30) ㄱ. 지가 은혜를 갚구 접운디.(대 342쪽)
그 시효가 넘어가면 구만이라 저버 가지구.(대 699쪽)

인제 집이 가구접은가? 글쎄요, 집이 가고접은디요.(금 165쪽)

ㄴ. 그러면 그렇지 젚어가지구서 있는디.(대 710쪽)

에 그런데 집에 안가구 잡픈가? 아구 가구 접픈디유.(금 168쪽)

ㄷ. 장개 가구 싶은디 샥시가 읎어.

'희망'을 나타내는 보조 용언 '-싶다'가 정문연(1990)에서는 '시프다'(대전), '잡따'(논산, 부여와 서천 일부), '저프다'(금산) 등으로 실현되는 것으로 보고한 바 있다. 그러나 '접다, 젚다' 유형이 대전, 공주 지역어 등에서 많이 쓰인다. 그러나 이들 '-시프다, 잡따, 접다, 젚다' 등은 '-싶다'의 변이형들이다. 이들이 '-싶다'와 형태적 차이에도 불구하고 통사, 의미 기능 면에서 차이를 나타내지 못한다. 이 '-싶다'는 중세 국어 '-식브다'[57]의 통시적 변화로 나타난다. 물론 중세 국어에서 '식브다'에서 변화형 '시프다'로도 나타난다. 어간말 모음 탈락으로 '싶다'로 변화한 것이므로, '시프다'는 더 고어적일 것이다.

4.4.4 '-상부르다'와 '-상싶다'

(31) ㄱ. 호상이 간 상부르다.(대 347쪽)

또 가만히 생각헝게 또 있을 성불러.(대 349쪽)

어디에 갔다놔도 시끄러울 성부른 학생이,(우리 144쪽)

ㄴ. 호상이 간 상싶다.

또 가만히 생각헝게 또 있을 성싶어.

57) "ᄀᆞ장 우르고져 식브니.(두초 10: 28)
아직 수이 알고 시브오니.(첩해 5: 11)
헛튼 안쥬로 ᄃᆡ접ᄒᆞ시미 됴흘까 시프외.(첩해 7: 11)"

내가 너헌티 쓴 약을 줄 성싶네?(행운 98쪽)

충남 방언에서 보조 형용사 '-성싶다'는 '-상싶다'로도 나타난다. '성+싶다'의 구성으로 '-싶다'는 접미사로 보조 형용사 '-싶다'와는 다르다. 그런데 (31ㄱ)에서 이 '-성싶다', '듯싶다'와 같은 "앞말이 뜻하는 상태를 어느 정도 느끼고 있거나 짐작하는 말"(국립국어원 1999: 3459)로 '-것처럼 보인다/생각된다' 등의 의미 기능을 수행하는 '-성부르다'와 '-상부르다'가 충남 방언에서 나타난다. 이 '-상싶다'와 '-상부르다'는 보조적 연결 어미에 후행하는 것이 아니라 관형사형 어미 'Vstㄴ+'나 'Vstㄹ+'에 후행하는 통사적 구성이다.

4.4.5 '-지다'

(32) ㄱ. 니가 간다구 고게 이루어져/지까?
 ㉠. 니가 간다구 고게 안 이루어져.
 ㄴ. 운다구 빠진 눈깔이 붙여져(?)
 ㄷ. 나는 밥이 잘 먹어져.

피동 보조 동사 '-지다'의 어미 통합형 '-져'는 〔+조찰성 stridet〕 자음 아래에서 단모음화되지만('지+어 → 져〉저'), 충남 방언에서는 장음화를 실현한다. '-지다'의 의문형 '-지까'('-지+ㄹ까 → -지까')로 실현되기도 한다. 충남 방언에서는 '-저'와 '-지까'는 의문문으로 표현되는 경우는 주어진 명제에 대하여 '그렇지 않다'는 부정의 의미를 가지고 있다(32ㄱ). 물론 (32㉠)에서 이 '-지까'는 의문문 구성에서 부정소 '못, 안'과 호응하면 긍정문이 된다. 그러나 '-져'는 말하는 이의 태도에 따라 억양 수행으로 부정 의미뿐만 아니라 긍정도 된다(32ㄷ).

(33) ㄱ. 말하는 이: 그런 불로 괴기가 익어져.(익어지까?)

ㄴ. 듣는 이: ㉮ 안 익어.

㉯ 글쎄 몰라.

㉰ 익어./ *익어.

(33)에서 동일 화자의 질문에 대하여 듣는 이는 맥락에 따라서 (33ㄴ)과 같은 세 가지 답변을 할 수 있다. 그러나 (33ㄴ)의 '㉰'와 같은 대답은 상황에 따라서 긍정 답변은 비문이 되기 때문에 긍정과 부정으로 나타나기도 한다. (32ㄴ)에서는 긍정적인 답변을 기대하지 않는 의문문에 나타나는 표현이다.

4.5 마무리

우리가 4장에서 다룬 충남 방언의 보조 용언 '-번지다'와 '-버리다', '-쌓다'와 '-대다', 그리고 '-보다'와 그 융합형 '-벼'와 '-깨미' 등에 대한 논의를 마무리하면 다음과 같다.

충남 방언에서 두루 낮춤에 쓰는 '-번지다'는 보조 용언 '-버리다'와 대응하는 '종결, 완료, 끝맺음, 이루어짐', '부담의 제거' 등의 의미로, 나아가 다소 원망스런 표현이 의문문, 청유문과 명령문에서 실현된다. 나아가 주어의 행위에 대하여 낮추거나 다소 부정적, 냉소적, 비어적 표현에 쓰고, 그 속뜻은 그런 사건이나 과정이 이루어진 것에 대한 의아함, 아쉬움, 원망, 기대하지 않은 일이 이루어진 '의외성'을 표현한다. 충남 방언에서 '-번지다'는 '-었-', '안 부정문, 과정성 형용사, 피동과 사동 구성' 등과 어울리지만, 겹침 표현과 대용, 분리 등이 잘 이루어지지 않고, '-버리다'보다 더 추상화, 문법화로 상이나 양태 기능이 강화되어 주어의 행위나 의도에 대한 강세 표현에 더 쓰일 뿐만 아니라, 본 용언과의 어울림에서도 자연스럽고 생산적이다.

충남 방언의 보조 용언 '-쌓다'는 '강세' 보조 용언 '-대다'와 함께 쓰고 있다. '-쌓다'는 '-대다'보다 문법화, 추상화로 '명사+하다', '-었-', 본 용언의 대용, 형용사, 다른 보조 용언 등과 더 어울리지만, 단순한 겹침과 상징어와 낱말 만들기에서는 제약을 보인다. 충남 방언에서는 '-쌓다'가 '-대다'보다 더 폭넓게 실현되어 생산적이다. 이는 '쌓다'가 더 강한 표현으로 행위주의 그 연속적 반복 행위가 지나친 것에 대해 말하는 이의 부정적 견해와 함께 말하는 이가 기대하지 않은 주어의 긍정적 행위에 대하여 주로 지속적, 반복적 행동에 대한 강조에 쓰인다. 이 경우 대체로 주어는 말하는 이보다 낮은 위치에 있어야 한다. 그러므로 주어의 행위에 대한 불만이나 의아함, 놀람 등도 실현한다. '-쌓다'는 낮춤 표현에 더 쓰이고, 상징어와 낱말 만들기에는 관여하지 않아 보조 용언으로서 상이나 양태 기능이 강화되어 반복상을 수행하고 있다. 나아가 '-쌓다'는 주어의 지나친 행위가 반복되는 데 대한 말하는 이의 주관적 인식 태도를 표현하는 문법화로 '-대다'보다 본 용언과의 결합에 더 적극적이다.

그리고 충남 방언의 보조 용언 '-쌓다'와 '-번지다'는 반복과 종결이라는 양태적 의미의 다름에도 불구하고, 강조 표현에 쓰이면서 주어의 행위가 일어난 데 대한 '의아함, 기대하지 않은 일이 이루어짐' 등의 '의외성'을 나타내기도 한다.

중앙어 '-(느)ㄴ가 보아', '-나 보아'와 대응하면서 충남 방언의 보조 용언에 상당하는 종결형 '-개벼'와 '-내벼'의 '-벼', 그리고 연결형 '-ㄹ까 보아(서)'와 대응하는 '-깨미'의 형태, 통사 구성과 의미 기능에 대하여 논의하였다. 우선 보조 용언 '-보다'의 통사 구성과 그 의미를 살펴보았다. 그리고 '-보다'의 융합형으로 실현되는 '-벼'와 '-깨미'의 성격에 대하여 논의하였다. '-ㄴ가 보다'는 '-ㄴ개벼'로, '-나 보다'는 '-내벼'로 종결형에서, 그리고 '-ㄹ까 보아(서)'와 대응하는 '-ㄹ깨미'는 연결형에 쓰이면서 중앙어와 변별적 특징을 나타낸다. 충남 방언의 '-벼'와 '-깨미'는 문법화로 융합형으로 실현되지만 보조 용언 '-보다'의 의미 기능을 수행한다.

'-벼'는 앞으로 일어날, 이미 일어난 행위나 사건에 대한 말하는 이의 추정으로 '말하는 이가 말할 명제 내용에 대하여 불확실하나마 '참'으로 인정하는 추측의 서술 태도를 나타내는 '-보다, 모양이다, -듯하다, -것 같다' 등과도 의미가 유사하지만 말하는 이가 인지한 사실이나 체득한 '앎'에도, 나아가 결과에 대한 원인 추정에도 '-벼'를 사용한다. '-깨미'도 미정의 행위나 사태의 추정이지만, 그러한 일이 일어나지 않기를 기대하는 표현에 쓰인다. 그러면서도 '-벼'는 말하는 이 중심의 종결형으로 쓰이고, '-깨미'는 말하는 이와 주어 중심이면서 연결형에 쓰이는 제약성을 지닌다.

'-벼'는 말하는 이가 자신의 심리적 상태를 표현하려는 의지에 따라 확신과 불확실한 근거로 추정하므로 말하는 이의 단순한 짐작에서부터 믿음을 바탕으로 확실한 명제에 이르기까지 다양하게 추정적 표현 양식으로 실현된다. 감각 기관을 통하여 확인하거나 안 사실을 추정하여 표현할 때는 '-개벼'보다는 '-내벼'를 즐겨 사용한다. '-개벼'는 '-내벼'보다 여러 시간 표현 형태소들과 공기한다. '-벼'는 종결형에서만 나타나 보조 용언 '-보다'와는 다른 통사 구성을 보여, 문법화를 거쳐 융합형으로 나타난다. 이 '-벼'는 말하는 이의 '앎'을 전제로 판단에 근거하여 표현한 것으로, 시행, 짐작, 추정의 의미를 지니고, 양태나 상으로도 쓰인다.

'-깨미'의 어형들은 미래성 연결형으로만 쓰여, 선행절의 명제 내용이 실현되지 않기를 바라면서, 그것이 일어남에 대한 근심, 걱정, 두려움으로 불안하여 그것이 실현되지 않기를 기대하는 구문에 나타난다. 따라서 '-깨미'는 간접 의문문의 '-ㄹ까'와 보조 용언 '-보아(서)'의 통사적 의미를 실현한다. 종결형으로 나타나는 '-깨미'는 수사 의문문을 구성하여, 명제와는 다름을 실현한다.

그리고 충남 방언의 보조 용언 '-쓰다, -놓다, -지다'와 '-싶다'의 '-접다, 접프다'와 그리고 '-상부르다'와 '-상싶다' 등에 대하여도 간략하게 살펴보았다.

제 5 장

결 론

제5장 결 론

우리말의 통사론이나 의미론 연구가 중앙어나 문헌 자료 중심으로 이루어진 데 대한 반성과 더불어 방언과 입말에서 자료를 수집하고, 분석·기술하는 작업은 더욱 뜻 깊은 일로 논의할 필요성을 제기하고자 하였다. 그것은 연구자의 직관에서 만들어진 자료보다는 지역 토박이들의 실제 발화가 우리말 연구에서 의의가 더 크기에 충남 방언 자료를 지역 토박이들의 일상 담화나 구전 설화 등 구어에서 모았다. 그것은 실제 발화 자료에서 나타나는 충남 방언의 독특한 형태 변이나 통사 특질과 쓰임의 영역을 구체화할 수 있기 때문이다. 이를 계기로 충남 방언의 연구가 구어 자료를 통하여 문장 중심으로 전환되어 음운론 중심에서 형태·통사론에도 관심을 기울여, 그 독특한 변별성을 찾는 계기가 마련되어야 할 필요성을 제기하였다. 이러한 작업은 충남 방언의 언어 체계를 규명하고, 그 독자성을 수립할 수 있는 계기를 마련하는 데 그 의의가 있다. 따라서 충남 방언의 문법론적 연구의 일환으로 조사, 어미, 시간 표현과 상, 보조 용언을 고찰하여, 충남 방언의 특성을 구명하려 하였다. 현지에서 조사한 자료와 구술 문헌 자료가 같을 경우, 논지의 객관성을 확보하기 위한 장치로 문헌 자료를 제시하였다.

지금까지 논의한 충남 방언의 문법 내용을 정리하여 결론으로 갈음한다.

5.1 머리말에서는 충남 방언의 문법 연구의 목적과 방법에 대하여 살펴보고, 방언 연구의 의의와 연구 범위를 간략하게 논의하였다. 그리고 충남 방언의 구획에서 3개의 하위 방언권을 설정할 수 있음을 간략하게 서술하였고, 지금까지 진행되어 온 충남 방언의 연구 논저에 대하여 개관하였다. 끝으로 충남 방언의 현장 조사 과정과 구술 자료의 문헌을 소개하였다.

5.2 조사는 굴절 어미로 체언과 체언 상당어와 관련되는 문법 범주이다. 격조사는 격 표지를 실현하는 굴절 어미로 문법 단위로서의 격을 나타내고 있다. 보조사는 체언뿐만 여러 품사와 관련되고, 나아가 의미 기능을 수행한다.

우리는 충남 방언에서 조사의 형태 음운 변이의 양상으로 상승 모음화, 하강 모음화, 음운 첨가와 자음 교체 등에 대하여 살펴보았다. 조사는 격조사와 보조사로 나누어 중앙어와 달리 실현되는 그 변이 형태와 통사 구성 및 의미 양상에 대하여 기술하였다. 충남 방언에서의 격조사는 주격 조사, 목적격 조사, 관형격 조사, 부사격 조사, 접속 조사, 호격 조사로 분류하였으나, 부사격 조사는 여격, 처격, 도구격, 비교격 등으로 세분하여 논의하였다.

주격 조사 '-이/가, -께서, -에/이서', 그리고 '-이가'와 특히 '-다가/-다ø, -라가/라ø, -이라/라' 등의 통사 구성과 쓰임에 대하여 살펴보았다. 목적격 조사는 '-을/-를'의 변이 형태 '-얼/-럴'이 주로 쓰이지만, 구어체에서는 거의 생략된다. 관형격 조사는 '-의'의 변이 형태 '-우, -으, -에, -이' 등으로 실현되고, 특히 '-ㅅ'의 용법은 중세 국어와 같은 관형절을 구성하는 기능으로 쓰이고 있지만 후행 명사는 '말'이나 '소리' 등에 국한된다.

부사격 조사는 그 의미나 쓰임이 다양하다. 여격 조사는 '-에게'보다 '-한테/-한티'가 더 사용되고, '-더러/-드러, -보구'가 나타난다.

처격 조사는 '-에, -에서, -으로' 등의 변이 형태가 다양하게 쓰인다. 이들은 '-이다가 -이서, -이서다가, -이루/-으루, -이루다가' 등과 특이하게 '-에가/-이가, -이라, -일랑' 등도 나타난다. 도구격 조사 '-으로'는 '-이루/으루' 등이 행위나 상태의 수단, 원인, 양태, 시간에 의한 이유, 지향 등에 쓰이고 있다. 비교격 조사 '-보다'는 '-보더, -보덤/-보담, -버더/-버덤, -보당' 등으로 실현된다. '-보다'는 전제에 대한 대조나 강조 구문을 구성하지만, 다양한 통사 구성이나 의미 기능이 없어 비교의 부사구를 실현하는 조사로 볼 수 있다. 여격 표지 '-더러'와 '-보고/-보구'는 입말에 주로 사용하는데 충남 방언에서 '-보구'는 〔-유생〕, 〔+인간〕 자질과도 결합하여 나타난다. 특히 이들은 여격 조사 '-에게, -한테/-한티'와는 다른 통사 구성을 실현하여, 격 기능은 약화되고 의미 기능이 강화된다.

조사 '-와/-과, 하고, -이랑' 등은 동반과 접속 기능을, '-에, -이여, -이요' 등은 열거와 접속 기능을 지니고 구와 구, 문과 문이 서로 관련을 맺고 있어 접속 조사로 다루었다. '-하고'의 변이 형태는 '-허구, -여고'로도 실현된다. 호격 조사는 '-아, -야/-여, -이시여' 등으로 중앙어와 같지만, '-이시여'는 구어체에서 쓰이지 않는다.

충남 방언의 보조사 '-부터'는 '-부터, -부텀, -버터, -버텀, -부텅' 등의 변이형이 쓰이지만, 그 의미는 처음 시작으로 시간과 공간의 이동이나 변화 등의 구문에서 출발점을 실현한다. '-까지'는 '-까/꺼지, -까/꺼징, -까/꺼장, -까/꺼정' 등 다양하게 실현된다. 이 '-까지'는 중앙어 '-조차, -마저'의 쓰임을 대신하여, 그 의미의 영역이 확장되어, '미침, 극단, 역시', 나아가 '-끼리'의 '함께' 뜻으로도 실현된다. '-도'는 상승 모음화 '-두'로 실현되는데 '동일함, 강조, 극단' 등의 뜻을 나타낸다. 충남 방언에서 '-까지, -조차, -마저' 등의 의미를 실현하는 '-할래(-할라, -할채, -한채)'와 '-한지(-한치)'가 보조사로 쓰인다. '-할래'는 말하는 이가 추정할 수 있거나 기대할 수 있는 가능한 것의 실현에 쓰이고, '-한지'는 일어나서는 안 될 극단적인 것이 이루어진, 기대 밖의 일이 실현됨에 쓰인다. 그러나 이들은 충남 지역에 따라 쓰임이 달라, 그 의미의 영역 또한 다르다. 대체로 '-까지'로 대처할 수 있지만, '-조차, -마저' 등과 통사 구성이 다르다. 굳이 분류하자면, '-한지'는 '-조차'와, '-할래'는 '-마저'와 의미 기능이 유사하지만, '-까지'로 그 쓰임이 확장된다.

그리고 중앙어 '-은커녕'과 대응하는 충남 방언의 '-사리, -살이, -살리, -사례, -실이'와 '-커녕, -카장'의 구성은 '-일랑+사리', '명사+카장', '-은+커냥/커녕'으로 구분하여 실현한다. '-사리'는 '-커녕'보다 통사 구성에서 선행 조사의 생략, 이동 등에서 제약을 받는다.

'-일랑'은 주제의 '-은/는'과 같은 기능을 수행한다. 그 '-일랑'은 통사 구성이 '명사+, 조사+, -서+' 등과 통합되고, 주제화의 '-은'과 '-사리'에 선행하여 결합한다. 그리고 '-서+일랑'의 통합형은 '-설랑'과 '-설람'의 두 어형인데, 주제화 '-은'과 결합하여 '-서라무네/니, -설라무네/니'로 강조에 쓰인다.

'-는/은'은 '-넌/언'의 변이형으로 나타나 주제와 대조, 단정적 의미를 실현한다. '-는'과 유사한 기능을 수행하는 충남 방언의 '-니, -시니, -시리, -서루, -두루' 등은 앞 체언의 의미를 강화하는 주제화나 강조로 실현되어, 중앙어와 그 쓰임이 상당히 다른 양상을 보인다.

'-마다'는 '-마두, -마당, -마둥, -마정' 등의 변이형이 나타나는데, '늘 같음, 주기적 반복, 변화 없음'의 의미를 실현한다. 충남 방언의 '-도리'는 '-마다'와 같이 일정한 기간에 행동이나 상태가 반복적으로 일어남에 쓰인다.

'-다가'(-다ø)는, '-다가$_1$'은 주격 표지로, '-다가$_2$'는 격조사와 연결하여 처소격, 도구격, 여격 등 다양한 통사 기능을 수행한다. '-다가'는 '다가+서+(일랑)+(은)+에/이' 등과 결합하여, '-는'의 주제화 기능을 담당하여 강조로 쓰인다. '-다가'는 연결 어미 뒤에서는 앞의 일을 하다가 다른 것으로 옮겨 가는 의미도 실현한다. 또한, 중앙어와는 달리 격조사 없이 명사 뒤에서 주격 표지로 나타난다. 그리고 충남 방언에서 '-라가'는 주격 표지에서 나타나 '-다가'와 교체될 수 있다. 충남 방언에서 '-라가'(-라ø, -라가서)는 '-이/가'로 교체되어 주격을 실현하지만, 지적하거나 지정하여 강조함에 쓰인다. '-라가'는 '-다가'와는 달리 통사 기능이 제한적이어서 보조사로 설정하기 어렵다.

충남 방언에서 유사함의 의미를 실현하는, '-만치, -맨치, -맨침' 등은 전제와 '동등함'에, '-마냥'은 '낮춤'에, 그리고 '-만도'는 전제된 것보다 못한 '열등'에, '-만이나'는 '동등함'이나 '열세' 비교에 두루 쓰인다. '-마냥'에 대응하는 '-말루'와 '-매루', '처럼'과 같은 '-앙쿠', 그리고 '-마따나'의 '-따나'가 나타난다. '-말루'는 'Vst던+말루'의 통사 구성을 실현하지만, '-자마자'의 연결 어미로도 쓰인다. '비교'의 '-보다'는 '-보더/-보덤/-보담, -버더/-버덤, -보당' 등의 변이형이 나타난다.

'-들/-덜'은 어미, 부사어, 인용문 등에서 복수 표지로, 나아가 '-지+를'과 같은 통사 구성으로 '-말다' 부정문과도 공기하고, 한 문장에 여러 번 실현하며, 보조사의 중첩과도 결합하는 등 다양한 통사 의미 기능을 수행하고 있다. 따라서 충남 방언에서 '-들/-덜'은 그 기능을 세분하여 논의할 필요가 있다. '-야'와 '-사'는 서로 교체하면서 어미와 결합하는 통사 구성을 실현하여, '힘줌, 강조', 나아가 '대조'의 뜻으로 쓰인다. '-배끼(밖에)'는 전제된 것 이외는 더 없거나 다른 사건, 상황 등이 일어날 수 없음, 또는 범위의 한계를 나타내면서 부정문과 공기한다. 특히 'Vstㄹ+배끼' 구성에서는 '-수밖에'의 의미를 지닌다. 충남 방언에서 '-간/깐디, -까니'의 긍정문과 공기하지만, 의미 내용은 부정 표현이다.

종결 감탄 보조사 '-그려'는 '-그랴, -그류' 등의 변이형이 실현되고, 높임의 종결 보조사 '-요'는 '-유'로 나타난다. '-유'는 다양한 발화 맥락에서 높임 표현으로 화자가 청자와의 관계를 투영하고, 덧말로 쓰일 때는 생략이 가능하다. '-만서도/두'는 '-마는'과 비슷하고, '-마는'은 문법론적 특성이 중앙어와 같다. 나아가 충남 방언에서 '-만, -씩/-썩, -인들, -처럼/름, -가지고/구' 등은 중앙어와 통사·의미 기능이 같고, '-서껀'은 쓰이지 않는다. 특이하게 충남 방언에서 '-바틀루(-처럼)'와 '-란/랜대두(-라도)' 등의 어형이 보조사로 나타난다. '-때문에'의 변이 형태 '-때밀레, -또래, -또래미' 등을 보조사로 설정하는 것에 대해서는 유보하였다.

5.3 3장에서는 지금까지 간과되어 온 충남 방언의 통사론에 관한 논의의 일환으로 어미의 쓰임을 통하여, 그 문법의 성격에 대한 문제점을 구명하였다. 따라서 현지 토박이들의 일상 담화와 설화 자료, 그리고 소설 대화 등의 구어 자료를 채록하여 논의를 전개하였다. 충남 방언의 통사론적 구성의 기능과 의미의 특징을 어말 어미—연결 어미와 종결 어미—시간 표현 어미, 시간 표현의 융합 어미에서 그 변별적 특징과 문제점을 고찰하여, 그 방언의 어미 양상을 밝혀 보려고 하였다.

그 결과 충남 방언만의 독특한 특징이랄 수는 없지만, 다른 방언권과 통사 구성이나 기능 면에서, 의미의 폭에서 나름대로의 특성이 어미에서 드러남을 확인할 수 있었다. 이러한 차이는 충남 방언의 각 지역어들 간에서 변별적으로 작용하고 있음도 산견되었다. 여기서 그 변별성을 요약하여 일일이 밝히지는 않겠지만, 중앙어와 어미 통합형에서 차이가 나고, 그 통사 구성과 의미에서 상당한 차이점을 발견하게 되었다.

충남 방언의 연결 어미 '-문/믄/먼'이 '-면'의 변이 형태이고, '-면서'는 '-마, -ㅁ서, -머루' 등으로, '-자면'은 '-자매, -매' 등으로, '-어서'나 '-고서'는 보조사 '-나, -루, -을랑/람' 등과 통합하여 융합할 수 있다. '-수록'에 상당하는 '-다락, -쓰락, -쑤럭'이, '-자마자'의 '-말루', '-마따나'의 '-따나'와 '-앙쿠', '-러'의 '-루, -라구, -래나', '-러면'의 '-람'이, '-거든'의 '-거들랑, -건/걸랑'이, '-도록'의 '-도/드락', '-듯이'의 '-드끼, -디끼' 등이 나타난다. 이유나 원인의 '-니까'는 다양한 변이 형태 '-께루, -잉께, -닝깨, -응께, -니께, -니께시' 등을, '-(느)ㄴ디'도 '-깐디, -깐' 등을 실현하는데, 이들의 통합과 통사적 기능 및 의미의 성격을 밝히려고 하였다. 나아가 '-지를 아니하다'의 '-지를'과 대응하는 '-덜, -두, -던' 등에 대하여 논의하였고, 충남 내포 지역어에서 쓰이는 중세 국어 '-ᄂᆞ'와 기능을 같이하는 '-노'와 '-어서'와 융합형 '-놔서'에 대해서도 살펴보았다. 그리고 '-ㄴ가/-나/ㄹ까+보다'와 유사한 의미를 지닌 '-벼'와 '-깨미' 등에 대해서도 그 특성을 간략하게 논의하였다.

충남 방언에서 실현되는 종결 어미는 연결 어미보다 그 통합 형태와 쓰임이 다양하다. 종결 어미는 통사 구성이나 의미의 영역도 여러 각도에서 해석이 가능하였다. 두루 높임의 해요체 '-요'는 '-유'로 장모음으로 실현된다. 이런 유형으로 높임 표현의 '-슈'가 있다. 충남 방언의 의문형 어미와 의문 표현이 상당히 잘 발달되었다. 의문형 어미로는 '-닝가, -냐, -가니' 등이 쓰인다. 어조에 따라 의문문으로 쓰이는 '-ㄴ대, -느냐'에 대응하는 '-댜, -냐' 등은 시제 형태소 '-더'의 의미 기능을 아울러 수행하고 있어 앎을 전제로 한 보고의 성격을 지니고 있다. 반말체로 반어적 의문형 종결 어미 '-감, -남, -담' 등은 '예/아니오 의문문'을 구성하고, 높임의 등급이 없어 해요체의 '-요'와 통합하여 높임의 등급을 표시하고 있다.

그리고 '-간, -깐'과 그 변이형 '-까니, -깐디' 등은 명제를 부정하는 부가적 의문문을 수행한다. '-X여/야' 구성의 '-겨/갸, -랴, -텨, -쳐' 등과 '-X요/유' 구성의 '-쇼/슈, -뀨, -뷰, -튜' 등이 종결 어미로 실현된다. '-겨/갸'는 전제된 내용에 대한 답변으로 쓰이는 '기다'의 '그렇다'와 '-것이여'의 뜻으로 쓰이면서 존대 표현의 '-시-'와 통합한다. 명제에 대한 강조 표현의 '-다구'와 '-까나'에 대하여 살펴보았다. 주로 과거의 '-었'과 통합하는 '-시다'는 '하소체'를 실현한다. 충남 방언에서 '-쇼/슈, -시다'는 '하소체'로 그 쓰임에 대하여 논의하였다.

언어의 시간 표현은 자연적 시간과는 달리 일률적으로 규제할 수 없고, 말하는 이의 주관적 일반화로 실현된다. 따라서 시제, 서법, 양태 등을 구분하지 않고 상이라고 말한 것은 시간 표현 형태소들이 어미와 융합하거나, 보조 용언과 결합하여 나름대로 서법이나 시간과 상 표현으로 융합되어 있기 때문이다. 이들 융합 형태소들이 시간 표현과 양태나 서법 등과 관련되면서 문맥에 따라서 다양한 상 범주로 기능을 나타내기 때문에 상 어미라고 하였다.

충남 방언에서 시간 표현의 어미로 현재 표현과 관련되는 '-느-, -노-(ㄴ)'와 과거 표현과 관련되는 '-었-, -었었-, -었는-'과 '-었더-'의 변이 형태 '-었더/드랬, -었더래-, -었드랴-', '-었겠/겄-' 등을 살펴보았다. 그리고 회상의 '-더-'와 미래 시간 표현과 관련되면서, 의지, 가능, 추정을 실현하는 '-겠/겄-'의 성격을 고찰하였다. 그리고 중앙어 '-ㄹ 것'과 대응하는 의미를 실현하는 '-ㄹ텨, -ㄹ쳐〔처〕, -ㄹ튜'와 '-ㄹ껴, -ㄹ뀨', '-ㄹ꺼-'에 대하여 논의하였다. 나아가 '-ㄹ리'의 기능과 듣는 이의 의도를 묻는 '-ㄹ려', 그리고 '-더'와 관련되는 '-ㄹ러'의 통사 기능과 의미에 대하여 논의하였다.

충남 방언에서 '-더-'와 관련된 시간 표현 융합형 어미 '-데'와 '-댜'에 대하여 논의하였다. '-데'는 선어말 어미 '-더'와 어말 어미의 융합으로 구성되어, 행위나 사건의 정보 내용에 대한 전달·보고의 통사 의미를 실현하면서, 문맥에 따라 강조의 반복상으로, 과거 속의 시간 연장인 완료상으로, 어느 한 순간을 강조하는 시점상, 비현실상 등으로 다양하게 나타나는데, 이는 시간상의 위치와 제약을 받지 않고, 특정 시간의 영역에 한정되지 않는다. '-더-'는 단순히 과거적인 일을 현재에 회상하는 것은 아니고, 현재에도 쓰일 수 있어, 말하는 이가 사건에 대한 추정과 인지를 동시에 표현한다고 볼 수 있다. '-데'의 생산적인 쓰임으로 볼 때, 단순히 과거의 일을 회상하여, 전달한다고 볼 수만은 없다. 적어도 '-데'는 시간 표현에서는 '-더-'보다는 자유롭다. '-데'가 앞으로 일어날 사건이나 일에 쓰임은 그 가능성을 안 시간과 관련을 맺고 있다. 이 경우 발화시에 선행하여, 안 시간은 행위나 사건의 일어남과는 다르게 해석할 수 있어 가능성에 대한 표현이다. 이는 '나중에 앎'이나 '새로 앎'으로만 볼 수는 없다.

'-댜'는 인용 구문 '-다데'와 유사한 통사 구성과 인지한 정보 내용에 대한 전달, 보고의 의미를 실현한다. '-댜'는 간접 경험이나 인지한 명제에 대한 사실을 전제로 하기 때문에 직접 경험이나 인지하지 못한 사건, 행위, 일 등에 대한 부정적 진술에 나타난다. 물음에 대한 긍정문의 '-댜'는 사실을 확신할 때 가능한 답변이므로 직접 경험한 사실을 전제로 한다. 그러므로 '-데, -댜'는 직·간접 경험에 대한 전달 기능으로 인칭 제약을 갖는다. '-댜'는 '-데'보다는 말하는 이의 인지한 사건이나 행위의 인식에 크게 의존하지 않는다. 그러므로 '-댜'는 듣는 이가 간접적으로 인지한 사실이나 경험에 대한 답변과 말하는 이가 직접 인지한 사실이나 경험을 아울러 진술하여, 듣는 이와 생각이 같음을 확인하고자 할 때 쓸 수도 있다. '-댜'도 문맥에 따라 시간 표현 형태소와 통합하여, 다양한 상 기능을 나타내는데, '-었/았댜'는 행위나 사건, 상태 등의 완료상에, '-ㄴ댜'는 그 지속상에, '-겼댜'는 가능상에 쓰인다.

충남 방언 '-댜'는 '-데'보다는 '객관적 전달'로서의 '-더-'의 의미 기능을 아울러 수행하고 있지만, '-더-'가 지닌 '새로 앎'이나 '회상'의 의미는 크게 산출되지 않는다. '-데'와 '-댜'는 억양에 따라 의문문과 평서문 구성에 나타나는데, 시간 표현 형태소와의 제약이 '-데'는 서법에 따라 달리 실현되지만, '-댜'는 인용 구문의 성격으로 그 제약성이 별로 없어 '-다데'와 유사한 통사·의미 기능을 실현한다. '-데'와 '-댜'는 말하는 이가 앎을 전제로 명제 내용을 확인하는 질문 확인 기능도 수행한다.

충남 방언에서 '-데'와 '-댜'의 통사 의미는 '-더-'와 관련되지만, 그 쓰임은 다르다. 그리고 충남 방언의 '-더래, -더랬, -ㄹ러' 등도 '-더-'와 관련성을 가지는데, 이에 대하여는 앞으로 구어체 자료를 수집·분석하여, 일련의 작업을 통한 면밀한 연구로 그 통사·의미론적 특징을 밝히고자 한다.

5.4 4장에서 다룬 보조 용언 '-번지다'와 '-버리다', '-쌓다'와 '-대다', 그리고 '-보다'와 그 융합형 '-벼'와 '-깨미' 등에 대한 논의를 마무리하면 다음과 같다.

충남 방언에 나타나는 보조 용언의 특징은 다양하다. 충남 방언에서 두루 낮춤에 쓰는 '-번지다'는 보조 용언 '-버리다'와 대응하는 '종결, 완료, 끝맺음, 이루어짐', '부담의 제거' 등의 의미로, 나아가 다소 원망스런 표현이 의문문, 청유문과 명령문에서 실현된다. 나아가 주어의 행위에 대하여 낮추거나 다소 부정적, 냉소적, 비어적 표현에 쓰고, 그 속뜻은 그런 사건이나 과정이 이루어진 것에 대한 의아함, 아쉬움, 원망, 기대하지 않은 일이 이루어진 '의외성'을 표현한다. 충남 방언에서 '-번지다'는 '-었-', '안 부정문, 과정성 형용사, 피동과 사동 구성' 등과 어울리지만, 겹침 표현과 대용, 분리 등이 잘 이루어지지 않고, '-버리다'보다 더 추상화, 문법화로 상이나 양태 기능이 강화되어 주어의 행위나 의도에 대한 강세 표현에 더 쓰일 뿐만 아니라, 본 용언과의 어울림에서도 자연스럽고 생산적이다.

충남 방언의 보조 용언 '-쌓다'는 '강세' 보조 용언 '-대다'와 함께 쓰고 있다. '쌓다'는 '-대다'보다 문법화, 추상화로 '명사+하다', '-었-', 본 용언의 대용, 형용사, 다른 보조 용언 등과 더 어울리지만, 단순한 겹침과 상징어와 낱말 만들기에서는 제약을 보인다. 충남 방언에서는 '-쌓다'가 '-대다'보다 더 폭넓게 실현되어 생산적이다. 이는 '쌓다'가 더 강한 표현으로 행위주의 그 연속적 반복 행위가 지나친 것에 대해 말하는 이의 부정적 견해와 함께 말하는 이가 기대하지 않은 주어의 긍정적 행위에 대하여 주로 지속적, 반복적 행동에 대한 강조에 쓰인다. 이 경우는 대체로 주어는 말하는 이보다 낮은 위치에 있어야 한다. 그러므로 주어의 행위에 대한 불만이나 의아함, 놀람 등도 실현한다. '-쌓다'는 낮춤 표현에 더 쓰이고, 상징어와 낱말 만들기에는 관여하지 않아 보조 용언으로서 상이나 양태 기능이 강화되어 반복상을 수행하고 있다. 나아가 '-쌓다'는 주어의 지나친 행위가 반복되는 데 대한 말하는 이의 주관적 인식 태도를 표현하는 문법화로 '-대다'보다 본 용언과의 결합에 더 적극적이다.

그리고 충남 방언의 보조 용언 '-쌓다'와 '-번지다'는 반복과 종결이라는 양태적 의미의 다름에도 불구하고, 강조 표현에 쓰면서 주어의 행위가 일어난 데에 대한 '의아함, 기대하지 않은 일이 이루어짐' 등의 '의외성'을 나타내기도 한다.

보조 용언 '-보다'의 통사 구성과 그 의미를 살펴보았다. 그리고 '-보다'의 융합형으로 실현되는 '-벼'와 '-깨미'의 문법적 성격에 대하여 논의하였다. '-ㄴ가 보다'는 '-ㄴ개벼'로, '-나 보다'는 '-내벼'

로 종결형에서, 또한, '-ㄹ까 보아'(서)와 대응하는 '-ㄹ깨미'는 연결형에 쓰이면서 중앙어와 변별적 특징을 나타낸다. 충남 방언의 '-벼'와 '-깨미'는 문법화하여 융합형으로 실현되지만 보조 용언 '-보다'의 의미 기능을 수행한다.

'-벼'는 앞으로 일어날, 이미 일어난 행위나 사건에 대한 추정으로 '말하는 이가 말할 명제 내용에 대하여 불확실하나마 '참'으로 인정하는 추측의 양상을 실현한다. 말하는 이가 인지한 사실이나 체득한 '앎'에도, 나아가 결과에 대한 원인 추정에도 '-벼'를 사용한다. '-깨미'도 미정의 행위나 사태에 대한 추정이지만, 그러한 일이 일어나지 않기를 기대하는 표현에 쓰인다. 그러면서도 '-벼'는 말하는 이 중심의 종결형으로, '-깨미'는 말하는 이와 주어 중심이면서 연결형에 쓰이는 제약성을 지닌다.

'-벼'는 말하는 이의 심리적 상태를 표현하려는 의지에 따라 확신과 불확실한 근거로 추정하므로 말하는 이의 단순한 짐작에서부터 믿음을 바탕으로 확실한 명제에 이르기까지 다양하게 추정적 표현 양식으로 실현된다. 감각 기관을 통하여 안 사실을 추정하여 표현할 때는 '-개벼'보다는 '-내벼'를 즐겨 사용한다. '-개벼'는 '-내벼'보다 여러 시간 표현 형태소들과 공기한다. '-벼'는 종결형에서만 나타나는데 보조 용언 '-보다'와는 다른 통사 구성을 보이며, 문법화를 거쳐 융합형으로 나타난다. 이 '-벼'는 말하는 이의 '앎'을 전제로 판단에 근거하여 표현한 것으로, 시행, 짐작, 추정의 의미를 지니고, 양태나 상으로도 쓰인다.

'-깨미'의 어형들은 미래성 연결형으로만 쓰여, 선행절의 명제 내용이 일어남에 대한 근심, 걱정, 두려움으로 불안하여 그것이 실현되지 않기를 기대하는 구문에 나타난다. 따라서 '-깨미'는 간접 의문문의 '-ㄹ까'와 보조 용언 '-보아(서)'의 통사적 의미를 실현한다. 종결형으로 나타나는 '-깨미'는 수사 의문문을 구성하여, 명제와는 다름을 실현한다.

그리고 충남 방언의 보조 용언 '-쓰다, -놓다, -싶다'와 '-상싶다, -상부르다' 그리고 '-지다' 등에 대하여도 간략하게 살펴보았다.

5.5 끝으로 충남 방언의 문법 연구는 현장 연구 방법을 통하여, 충남 방언 토박이들의 생생한 구술 또는 일상적 자연 발화를 녹음, 채록, 전사하고 분석하여, 정치하게 기술하는 방법론을 모색하여 구명되어야 할 것이다. 나아가 충남 방언에 도사리고 있는 문법적 현상을 밝히고, 다른 방언권과의 비교와 차별화를 심도 있게 논의하는 계기를 마련해야 한다. 이 연구에서 다루지 못한 충남 방언의 여러 문법적 현상은 다음 기회로 미룬다.

참고문헌

국내문헌

강근보(1978), "제주도방언의 곡용에 대하여", 『논문집』 9, 제주대.

강명순(2001), "국어 '태'의 통시적 연구", 충남대 대학원(박사논문).

강병륜(1996), "충청남도 방언에 나타나는 유성자음 〔g〕 탈락의 언어지리학적인 연구", 『웅진어문학』 4, 웅진어문학회.

강영봉(1985), "제주도방언의 후치사에 관한 연구", 『국어교육논총』 2, 제주대.

강연임(2002), "한국어 생략의 담화론적 연구", 충남대 대학원(박사논문).

강정희(1978), "제주도방언의 처격 '-디'에 대한 일 고찰", 『방언』 4, 한국정신문화원.

강정희(1983), "제주방언의 격형태소에 관한 연구", 『난대이응백박사 회갑기념논문집』, 간행위원회.

강정희(1988), 『제주 방언 연구』, 한남대출판부.

강정희(2005), 『제주방언 형태 변화 연구』, 역락.

강현화(1998), 『국어의 동사연결 구성에 대한 연구』, 한국문화사.

강홍구(1999), "국어 보조동사의 통사·의미론적 연구", 충남대 대학원(박사논문).

경희대 민속연구소 편(1991), 『서산민속지 하』, 충남: 서산문화원.

고영근(1976), "특수조사의 의미분석－까지, 조차, 마저를 중심으로－", 『문법연구』 3, 문법연구회.

고영근(1987), 『표준 중세국어문법론』, 탑출판사.

고창운(1995), 『서술씨끝의 문법과 의미』, 박이정.

교육인적자원부(2002), 『고등학교 문법』, (주)두산.

국립국어연구원(1999), 『표준국어대사전』, 두산동아.

국립국어원 지역어조사추진위원회(2006), 『지역어 조사 질문지』, 태학사.

곽충구(1982), "아산지역어의 이중모음변화와 이중모음화－y계 이중모음과 ə>wə변화를 중심으로－", 『방언』 6, 한국정신문화원.

곽충구(1982), “중부 방언의 특징과 성격”, 『한국어문』 4, 한국정신문화원.

곽충구(1990), “서영옥 노인의 서산말”, 『옛날에는 나를 사공이라 혔지』, 뿌리깊은나무사.

곽충구(1996), “충남방언”, 『한글 사랑』, 96년 겨울호(통권 3호).

구종남(1999), “방언접속어미 ‘-ㄹ깨미’, ‘-ㄴ개미’에 대하여”, 『언어학』 7-1, 대한언어학회.

권순구(2004), “국어 보조 용언의 연구”, 충남대 대학원(박사논문).

권재일(1986), “의존동사의 문법적 성격”, 『한글』 194, 한글학회.

권재일(1986), “조사의 성격과 그 생략현상에 대한 기술 방법”, 『어학연구』 194, 서울대 어학연구소.

권재일(1992), 『한국어 통사론』, 민음사.

권재일(2005), 『20세기 초기 국어의 모습』, 서울대출판부.

권미영(1998), “강경 지역어의 공시음운론적 연구”, 인하대 대학원(석사논문).

기세관(2002), “충남 방언 ‘-벼’와 ‘-깨미’ 구문 연구(한영목)에 대한 토론문”, 『금강유역의 언어와 문학』, 어문연구학회.

김공칠(1977), 『방언학』, 정향출판사.

김귀화(1994), 『국어의 격 연구』, 한국문화사.

김균태 · 강현모(1996), 『부여의 구비설화 1, 2』, 충남: 부여문화원/보경문화사.

김기복(1999), “국어 관형어 구성 연구”, 충남대 대학원(박사논문).

김기태(1999), “금산지역의 청자대우법에 관한 사회언어학적 연구”, 『한밭한글』 4, 한글학회대전지회.

김기혁(1995), 『국어 문법 연구－형태 · 통어론－』, 박이정.

김덕신(2005), “국어 접두사화 연구”, 충남대 대학원(박사논문).

김덕호(2001), 『경북방언의 지리언어학』, 월인.

김동욱(2000), “한국어 추측표현의 의미차이에 대한 연구”, 『국어학』 35, 국어학회.

김문웅(1982), “‘-다가’류의 문법적 범주”, 『한글』 176, 한글학회.

김민수(1971), 『국어문법론』, 일조각.

김병제(1963), “주격형태에 나타난 방언적 특성”, 『조선어학』 1, 평양.

김석득(1986), "도움풀이씨의 형태 · 통어론적 차원", 『말』 11, 연세대 한국어학당.
김석득(1992), 『우리말 형태론-말본론-』, 탑출판사.
김성화(1989), 『현대 국어의 상연구』, 한신문화사.
김소연(2003), "보조용언 '버리다, 보다, 가다, 주다'의 연구", 충남대 대학원(석사논문).
김승곤(1986), 『한국어 조사의 통시적 연구』, 대제각.
김승곤 엮음(1992), 『한국어의 토씨와 씨끝』, 서광학술자료사.
김승곤(1996), 『현대 나라 말본-형태론-』, 박이정.
김승곤(2004), 『국어 토씨 어원과 용법』, 역락.
김시중(1985), "충남 청양지역어의 조사 연구", 단국대 대학원(석사논문).
김시중(1992), "충남 방언의 주격조사 연구", 『홍익어문』 10 · 11, 홍익대 국어교육과.
김시중(1996), "충남청양지역어의 음운론적 연구", 홍익대 대학원(박사논문).
김영배(1984), 『평안방언 연구』, 동국대출판부.
김영배 편(1992), 『남북한의 방연연구』, 경운출판사.
김영신(1982), "경남방언의 굴곡론적 연구", 『한국방언학』 2, 한국방언학회.
김영욱(1997), 『문법형태의 연구방법』, 박이정.
김영진(1997), "대전 사회방언 연구(3)-세대차를 중심으로-", 『인문과학논문집』 24, 대전대 인문과학연구소.
김영진 · 권오주(1998), "대전 사회방언의 계층별 연구", 『인문과학논문집』 26, 대전대 인문과학연구소.
김영진 · 서은영(1999), "대전 사회방언의 세대별 연구", 『인문과학논문집』 25, 대전대 인문과학연구소.
김영진 · 이정애(1997), "대전 사회방언 연구(2)-성별을 중심으로", 『인문과학논문집』 27, 대전대 인문과학연구소.
김영진 등(2003), 『대전 사회방언 연구』, 도서출판 다운샘.
김영태(1975), 『경상남도방언연구(1)』, 진명문화사.
김영태(1998), 『경남방언과 지명연구』, 경남대출판부.
김영황(1982), 『조선어방언학』, 김일성종합대학출판사.

김영희(1974), "한국어 조사류어의 연구", 『문법연구』 1, 문법연구학회.
김영희(1998), 『한국어 통사론을 위한 논의』, 한국문화사.
김완진(1980), "홍성지방의 방언", 『홍성군지』, 홍성군지편찬위원회.
김용석(1983), "한국어 보조 동사 연구", 『배달말』 8, 배달말학회.
김웅배(1988), "전남 방언의 서법 연구", 전남대 대학원(박사논문).
김웅배(1991), 『전라남도 방언 연구』, 학고방.
김원중(1988), "예산지역어의 음운론적 연구", 충남대 교육대학원(석사논문).
김재욱(2003), 『한국어 문법형태 연구』, 한국문화사.
김정대(1990), "경남방언 문법연구의 흐름과 과제", 『경남어문』 23, 경남어문학회.
김정아(1991), 『방언, 금강 유역의 전통 문화(Ⅰ)』, 대전대 지역사회개발연구소.
김정아(2003), "대전·충남 지역의 언어적 특징과 정체성에 대한 연구(1) -구개음화 현상을 중심으로-", 『어문연구』 42, 어문연구학회.
김정헌(1983), "홍성지역의 언어분화에 대한 연구", 단국대 교육대학원(석사논문).
김중진(1984), "전북서남방언의 종결어미", 『국어문학』 24, 전북대 국어국문학회.
김지은(1998), 『우리말 양태용언 연구』, 한국문화사.
김지혜(1999), "격조사 연구사", 『현대의 국어연구사』, 박이정.
김진수(1987), 『국어접속조사와 어미연구』, 탑출판사.
김진호(2000), 『국어 특수조사의 통사·의미 연구』, 역락.
김차균(1987), "어말 자음군 단순화 원칙에 대한 연구", 『설태 박요순선생 화갑기념논총』, 간행위원회.
김차균(1999), 『우리말의 시제 구조와 상 인식』, 태학사.
김창집(1980), "제주도방언의 첨사연구", 『연구논총』 창간호, 제주대.
김청자(1984), "보조동사 '보다'의 의미연구", 『국어국문학 논문집』 18, 서울대 사범대학.
김충희(1983), "충청북도의 방언구획 시론", 『방언』 7, 한국정신문화원.
김태엽(1996), 『경북말의 높임법연구』, 태학사.
김태엽(1999), 『경북말의 문법』, 도서출판 사람.

김태엽(2006), "방언 문법의 조사 방법", 『방언학』 3, 한국방언학회.
김하수(1979), "'-ㄹ까'의 의미와 통사적 특징", 『말』 4, 연세대 한국어학당.
김형규(1972), "충청남북도 방언연구", 『학술원 논문집』 제11집, 학술원.
김형규(1974), 『한국방언연구』, 서울대출판부.
김형기(1993), 『국어학의 제문제』, 한국문화사.
나은영(1997), "'까지' '조차' '마저'의 의미 구조 분석", 『한국어학』 6, 한국어학회.
나진석(1971), 『우리말의 때매김 연구』, 과학사.
남광우(1971), 『보정 고어사전』, 일조각.
남기심(1993), 『국어 조사의 용법 –'-에'와 '-로'를 중심으로–』, 서광학술자료사.
남기심(1994), 『국어 연결어미의 쓰임』, 서광학술자료사.
남기심 · 고영근(1985), 『표준 국어문법론』, 탑출판사.
대전 · 충남 설화민요연구회 편(1996/'97), 『하늘아 소리야』 3, 4, 분지출판사.
도수희(1977), "충남 방언의 모음변화에 대하여", 『이숭녕선생 고희기념논총』, 탑출판사.
도수희(1979), "충청도의 언어", 『충청남도지』 하권, 도지편찬위원회.
도수희(1981), "충남방언의 움라우트현상", 『방언』 5, 한국정신문화원.
도수희(1987), "충청도 방언의 특징과 그 연구", 『국어생활』 9, 국립국어연구원.
동지희(2001), "현대국어의 시간범주에 대한 연구", 충남대 대학원(석사논문).
류구상(1970), "병천지방어의 형태론적 고찰", 『어문논집』 12, 고려대 국어국문연구회.
류구상(1971), "병천지방 말의 음운론적 고찰", 『한글』 147, 한글학회.
류구상(1992), "천안 지방말의 경어법", 『한남어문학』 17 · 18, 한남대 국어국문학회.
류구상(1994), "천안지방어의 불규칙 용언", 『우리말 연구의 샘터』, 연산 도수희 선생 회갑기념논총, 문경출판사.
류구상(1996), "국어의 주제조사 '는'에 대한 연구", 경희대 대학원(박사논문).
류구상(1996),『천안지역어연구』, 한남대출판부.
류목상(1990),『한국어문법이론』, 일조각.
류시종(2005), "한국어 보조용언 범주 연구", 서울대 대학원(박사논문).
류 준(2005), "연기 지역어의 음운론적 연구", 충남대 대학원(석사).
류현미(1999), "국어 의문문의 연구", 충남대 대학원(박사논문).
리의도(1990),『우리말 이음씨끝의 통시적 연구』, 어문각.
문순덕(2003),『제주방언 문법 연구』, 도서출판 세림.
문화관광부(2003),『한국어 문법 교육』(개발 최종 보고서), 문화관광부.
민원식(1994), "문경말의 어미구조에 대한 연구", 충남대 대학원(박사논문).
민현식(1982), "현대국어의 격에 대한 연구",『국어연구』 제49호, 국어연구회.
박경래(1998), "중부방언",『문법연구와 자료』, 태학사.
박광호(1983ㄱ), "서산지역어의 형태론적 연구",『동악어문논집』 17, 동악어문학회.
박광호(1983ㄴ), "충청남도방언의 음운론적 연구(1)－서산, 당진, 예산, 홍성 지방을 중심으로－",『논문집』 제Ⅴ집, 대유공업전문대학.
박덕유(1998),『국어 동사상 연구』, 한국문화사.
박미아 편(1992),『옛날엔 날 사공이라 혔지』, 뿌리깊은나무.
박영순(1994), "가다, 대다, 서다, 보다, 버리다의 의미연구",『한국어학』 창간호, 한국어학회.
박영순(1999), "조사의 인지의미론적 고찰",『국어의 격과 조사』, 한국어학회.
박영환(1986), "대덕 지역어의 음운",『언어연구』 3, 한국현대언어학회.
박영환(1997), "충청 지역어의 지시어",『충청문화연구』 5-2.
박종익(2000),『한국 구전 설화집 3』, 민속원.
방언연구회 편(2001),『방언학 사전』, 태학사.
배주채(1998), "서남방언",『문법연구와 자료』, 태학사.
부여군 편(1987),『부여군지』, 충남: 부여군지편찬위원회.
서금덕(2000), "공주 지역어의 음운론적 연구", 충북대 교육대학원(석사논문).

서정목(1987), 『국어의문문연구－경상도 방언과 중세국어의 WH현상을 중심으로－』, 탑출판사.
서정수(1996), 『현대 국어 문법론』, 한양대출판부.
서태룡(1988), 『국어 활용어미의 형태와 의미 연구』, 탑출판사.
서태룡 외편(1998), 『문법연구와 자료』, 태학사.
성광수(1979), 『국어 조사에 대한 연구』, 형설출판사.
성기철(1987), "예산의 방언", 『예산군지』, 예산군지편찬위원회.
성낙수(1973ㄱ), "충남 당진지방 방언의 연구(1)－동사류 종지법에서의 접미사 배합법－", 『연세어문학』 4, 연세대.
성낙수(1973ㄴ), "충남 당진지방방언의 동사류 접미사 연구(Ⅰ)－종지법에 쓰이는 접미사와 그 배합－", 『국어국문학』 61, 국어국문학회.
성낙수(1977), "충남 당진 지방 방언의 통사론적 연구", 『말』 2, 연세대 한국어학당.
성낙수(1984), 『제주도 방언의 풀이씨의 이음법 연구』, 정음사.
성낙수(1985), "충청당진지방의 방언의 동사류 접미사 〔-m〕, 〔-kan〕 연구", 『교수논문집』 1, 한국교원대.
성낙수(1992), 『제주도 방언의 통사론적 연구』, 계명문화사.
성낙수(1993), 『우리말 방언학』, 한국문화사.
성희제(2005), "영동 충청방언권의 음운적 특성", 『어문연구』 49, 어문연구학회.
소강춘(1989), 『방언분화의 음운론적 연구』, 한신문화사.
손명기(2001), "성별을 중심으로 한 대전 사회방언연구－어휘편－", 『대전어문학』 18, 대전대.
손명기(2003), "성별을 중심으로 한 대전 사회방언연구－음운·의미·문법편－", 『어문논총』 창간호, 어문학회.
손명기(2004), "대전지역 대학생의 언어변이 연구", 『어문논총』 2, 어문학회.
손명기(2006), "대전에서의 종결어미 '-유' 사용에 대한 사회언어학적 연구", 『방언학』 3, 한국방언학회.
손명기(2008), "대전지역어의 음운현상에 대한 사회언어학적 연구", 대전대 대학원(박사논문).
손세모돌(1996), 『국어 보조용언 연구』, 한국문화사.

송백헌 · 정원수(1999), 『한밭 토박이말의 모습』, 전국문화원연합회 대전지회.

송현호(1997), “서울 지역어의 조사”, 성균관대 대학원(석사논문).

송효빈(1999), “‘보다’의 관용구문에 대한 연구”, 『어문연구』, 어문연구학회.

송효빈(2003), “지각동사 ‘보다’의 인지적 연구”, 충남대 대학원(박사논문).

시정곤(1997), “‘밖에’의 형태－통사론”, 『국어학』 30, 국어학회.

신기상(1999), 『동부 경남방언의 고저장단 연구』, 월인.

안명철(1997), “보조조사 ‘-서’의 의미”, 『국어학』 14, 국어학회.

안병희 · 허경(1992), 『국어문법론 II』, 한국방송통신대출판부.

안용산 엮음(1996), 『설화 속의 금산』, 충남: 금산문화원.

양인석(1973), “Semantics of Delimiters in Korea”, 『어학연구』 9-2, 서울대 어학연구소.

엄정호(1999), “동사구 보문의 범위와 범주”, 『국어학』 33, 국어학회.

염선모(1978), “한정사 연구”, 『배달말』 3, 배달말학회.

예산군 편(2002), 『예산군지』, 충남: 예산군지편찬위원회.

오기환(1999), “공주 지역어의 음운론적 연구”, 순천향대 교육대학원(석사논문).

오연근(2000), “예산 지역어의 종결어미 연구”, 순천향대 교육대학원(석사논문).

오종갑(1991), “전라도 방언의 자음음운 현상”, 『들메 서재극박사 환갑기념논문집』, 간행위원회.

우형식(1986), “지각동사 ‘-보다’의 경험과 추정”, 『연세어문학』 19, 연세대 국어국문학회.

유목상(1985), 『연결서술어미연구』, 집문당.

유세진(2006), “논산 지역어의 어말어미 연구”, 충남대 대학원(석사논문).

유창돈(1964), 『이조어사전』, 연세대출판부.

윤재원(1989), 『국어 보조조사의 담화분석적 연구』, 형설출판사.

윤평현(1989), 『국어의 접속어미 연구』, 한신문화사.

윤평현(2005), 『현대국어의 접속어미 연구』, 박이정.

이관규(1999), “조사의 통사론적 연구”, 『국어의 격과 조사』, 월인.

이광호(1998), 『국어 격조사 ‘을/를’의 연구』, 탑출판사.

이규홍(1993), "국어 주제말 연구", 경상대 대학원(박사논문).
이근규(1974), "소위 후치사의 설정 문제", 충남대 대학원(석사논문).
이근용(1989), "국어 특수조사의 의미와 통합관계", 『한실 이상보박사 화갑기념논총』, 간행위원회.
이금영(2000), "선어말 어미 '거/어'의 통시적 연구", 충남대 대학원(박사논문).
이기갑 외(1998), 『전남방언사전』, 태학사.
이기갑 외(1998), 『호남의 언어와 문화』, 백산서당.
이기갑(1986), 『전라남도의 언어지리』, 탑출판사.
이기갑(2000), "국어방언의 조사체계", 『언어학』 27, 한국언어학회.
이기갑(2003), 『국어 방언 문법』, 태학사.
이기동(1988), "조동사 '-보다'의 의미", 『애산학보』 6, 애산학회.
이기동(1999), "조사의 방언학적 연구", 『국어의 격과 조사』, 한국어학회.
이기동(1999), "충남 보령군 연지리의 방언 고찰", 『한국학연구』 11, 한국학연구소.
이기용(1988), 『시제와 양상－가능세계 의미론－』, 태학사.
이기종(1996), "국어의 짐작·추측 구문 연구", 한남대 대학원(박사논문).
이남순(1988), 『시제·상·서법』, 월인.
이남순(1998), 『격과 격표지』, 월인.
이돈주(1979), 『전남방언』, 형성출판사.
이문구(1977/1996 3판), 『관촌수필』, 문학과지성사.
이문구(1993), 『유자소전』, 도서출판 벽호.
이문구(1997), 『우리 동네』, 민음사(개정판).
이문구(2005), 『이문구전집』, 랜덤하우스.
이방규(1986), "경북방언의 격조사의 형태와 기능", 경북대 교육대학원(석사논문).
이병근(1967), "중부방언의 어간형태소 소고", 『문리대학보』 13, 서울대 문리과대학.
이병근·곽충구(1998), 『방언』, 태학사.
이상규(1982), "동남방언의 여격표지연구(1)", 『한국방언학』 2, 한국방언학회.
이상규(1999), 『경북방언 문법연구』, 박이정.

이상규(1999), 『경북방언사전』, 태학사.
이상규(2003), 『국어방언학』, 학연사.
이상복(1986), "보조동사 '보다'의 의미 · 통사론적 연구", 『국어학신연구』, 탑출판사.
이상태(1994), "'만큼'구문의 통사론적 연구", 『부산한글』 13, 한글학회 부산지회.
이상태(1995), 『국어이음월의 통사 · 의미론적 연구』, 형설출판사.
이석규(1992), "현대국어의 도움토씨의 의미 연구", 『한국어의 토씨와 씨끝』, 서광학술자료사.
이선웅(1995), "현대국어 보조용언 연구"(국어연구 133), 국어연구회, 서울대 대학원(석사논문).
이성화(1998), 『문법화의 이해』, 한국문화사.
이숭녕(1978), 『제주도 방언의 형태론적 연구』, 탑출판사.
이숭녕(1981), 『중세국어문법; 개정판』, 을유문화사.
이승욱(1973), 『국어문법체계의 사적연구』, 일조각.
이승재(1980), "남부방언의 형식명사 '갑'의 문법", 『방언』 4, 한국정신문화연구원.
이승재(2004), 『방언 연구－자료에서 이론으로－』, 태학사.
이원근(1997), "우리말 도움토씨 연구", 연세대 대학원(박사논문).
이원근(1999), "토씨의 하위 분류 재고－'들, 요'를 중심으로－", 『한글』 245, 한글학회.
이원직(1996), "충남방언 연구", 『한국어학』 3, 한국어학회.
이원직 · 허삼복(1996), "음절말 자음군의 단순화 현상－충남 서부방언을 중심으로－", 『한밭한글』 1, 한글학회 대전지회.
이윤구(2001), "무주방언 종결어미의 언어지리학적 연구", 대구대 대학원(박사논문).
이익섭(1970), "전라북도 동북부 지역어의 언어분화", 『어학연구』 6-1, 서울대 어학연구소.
이익섭(1984), 『방언학』, 민음사.
이익섭 · 임홍빈(1983), 『국어문법론』, 학연사.
이익환(1979), "한국어 '까지, 마저'와 부정의 범위", 『언어』 4-1, 한국언어학회.

이재춘(1998), “19세기 말 서천지역어의 음운론적 연구－『초학요선』을 중심으로－”, 『단국어문논집』 2, 단국대 국어국문학과.
이정훈(2004), “국어의 문법형식과 통사구조 연구”, 서강대 대학원(박사논문).
이지양(1993), “국어의 융합현상과 융합형식”, 서울대 대학원(박사논문).
이춘숙(1993), “우리말 도움토씨 연구”, 부산대 대학원(박사논문).
이춘숙(2000), “도움토씨 범주 기술에서의 비논리성”, 『문창어문논집』 37, 문창어문학회.
이태영(1983), “전북방언의 격조사 연구”, 전북대 대학원(석사논문).
이태영(1986), “전북 방언의 특수조사에 대하여”, 『국어문학』 26, 전북대 국문과.
이태영(1988), 『국어동사의 문법화 연구』, 한신문화사.
이태영 외(2001), 『21세기 세종계획 한민족 언어 정보화－방언검색시스템』, 문화관광부.
이필영(1993), 『국어 인용 구문 연구』, 탑출판사.
이희자 · 이종희(1998), 『텍스트분석적 국어 조사의 연구』, 한국문화사.
임동훈(2006), “‘만큼, 처럼, 보다’가 격조사인가”, 『국어학』 48, 국어학회.
임용기(1988), “광줏말의 자리토씨”, 『기전문화연구』 17, 인천교대.
임지룡 외(2005), 『학교문법과 문법교육』, 박이정.
임홍빈(1998), 『국어 문법의 심층 2』, 태학사.
임홍빈 · 장소원(1995), 『국어문법론 1』, 한국방송통신대출판부.
장경희(1985), 『현대국어의 양태범주 연구』, 탑출판사.
전광현(1979), “중부방언연구에 대한 검토”, 『방언』 1, 한국정신문화원.
전병철(1991), “금산 지역어의 음운론적 연구”, 충북대 대학원(석사논문).
전병철(1997), “금산 지역어의 음운현상에 대한 사회언어학적 연구”, 충북대 대학원(박사논문).
전병철(1997), “금산 지역어의 자음변화에 대한 세대별 비교연구”, 『오당 조항근선생 화갑기념논총』, 간행위원회.
전영진(2002), 『우리동네 옛 이야기와 노래』, 민속원.
전익진(1993), “충남 당진 지방 방언의 받침소리 연구”, 영남대 대학원(석사논문).
정공용(1994), “청양지역어의 자음음운 현상 연구”, 한국교원대 대학원

(석사논문).
정동환(1992), “현대국어의 도움토씨 연구”, 『한국어의 토씨와 씨끝』, 서광학술자료사.
정동환(1996), “특수토씨의 연구사”, 『한국어 토씨와 씨끝의 연구사』, 박이정.
정순기(1988), 『조선어의 보조적 단어에 대한 연구』, 사회과학출판사.
정승철(1998), “제주방언”, 『문법연구와 자료』, 태학사.
정영주(1989), “진주지역어의 가림자리토씨 ‘로/을’ 연구”, 『건국어문학』 13·14, 건국대 국문과.
정영주(1993), 『경상도 토씨 연구－진주지역어를 중심으로－』, 홍문각.
정원수(1999), “대전 토박이말의 언어적 위상과 음운체계”, 『언어』 20, 충남대 어학연구소.
정원수(2002), “충남 서해안 지역어 대화문의 운율 분석 시론”, 『어문연구』 40, 어문연구학회.
정원수(2002), “충남 예산·당진 지역 의문문의 억양 분석과 문장 의미 해석”, 『어문연구』 42, 어문연구학회.
정인승(1968), 『표준문법』, 계몽사.
정진영(1990), “충남 당진지역어의 음운론적 연구”, 인하대 대학원(석사논문).
조성귀(1983), “옥천방언연구”, 충남대 대학원(석사논문).
조성미(1996), “보령 주포지역어의 음운론적 연구”, 충남대 교육대학원(석사논문).
조오현(1997), “청양 방언의 분화에 관한 연구”, 『한말연구』 3, 한말연구회.
진종진(1989), “서산방언의 격어미 연구”, 국민대 교육대학원(석사논문).
차현실(1988), “문맥조사 ‘야’의 화용론적 연구”, 『한국문화연구원 논총』 54, 이화여대 한국문화연구원.
채 완(1977), “현대국어 특수조사의 연구”(국어연구 39), 국어연구회, 서울대 대학원(석사논문).
채 완(1998), “특수조사”, 『문법 연구와 자료』, 태학사.
천시권(1983), “울진방언의 격에 대하여”, 『국어교육연구』 8, 경북대 국어교육과.

천안문화원(1992), 『구비문학 대관』, 충남: 천안문화원.
청양군 편(1995), 『청양군지』, 충남: 청양군지편찬위원회.
최규련(2000), "국어제외 표지사 '밖에'와 제외 초점사 '밖에...+부정'의 의미와 기능", 『국어학』 35, 국어학회.
최규수(1990), "우리말 주제어 연구", 부산대 대학원(박사논문).
최동주(1997), "현대국어의 특수조사에 대한 통사적 고찰", 『국어학』 30, 국어학회.
최동주(2000), "'들' 삽입현상에 대한 고찰", 『국어학』 35, 국어학회.
최명옥(1980), 『경북 동해안 방언연구』, 영남대 민족문화연구소.
최명옥(1982), 『월성지역어의 음운론』, 영남대출판부.
최명옥(1982), 『한국어 방언연구의 실체』, 태학사.
최명옥 · 한성우(2001), "충남방언 연구", 『국어국문학』 129, 국어국문학회.
최영희(1982), "충남아산지역어의 언어분화에 대한 연구", 단국대 교육대학원(석사논문).
최영희(1983), "충남 아산지역의 언어분화", 『교육논총』 1, 단국대 교육대학원.
최운식 편저(1996), 『홍성의 민담』, 충남: 홍성문화원.
최재희(1996), "국어 의존동사 구문의 통사론", 『한글』 203, 한글학회.
최재희(2004), 『한국어 문법론』, 태학사.
최전승(1995), 『한국어 방언사 연구』, 태학사.
최전승(2000), "19세기 후기 전라방언의 처소격조사 부류의 특질과 변화의 방향", 『우리말글』 20, 우리말글학회.
최전승(2004), 『한국어 방언의 공시적 구조와 통시적 변화』, 역락.
최태영(1983), 『방언음운론』, 형설출판사.
최태영(1989), "예산지역어의 음운론적 연구", 『이정 정연찬선생 화갑기념논총』, 탑출판사.
최학근(1959), 『방언연구서설』, 동학사.
최학근(1978), 『한국방언사전』, 현문사
최현배(1946/1980), 『우리말본』, 정음사.
최호철(1999), "조사의 의미론적 연구", 『국어의 격과 조사』, 월인.
한국방언학회(2006), 『방언학』 3, 한국방언학회.
한국어학회 엮음(1999), 『국어의 격과 조사』, 월인.

한국정신문화연구원(1981), 『한국구비문학대계 4-2』, 충청남도 대덕군편.
한국정신문화연구원(1982), 『한국구비문학대계 4-3』, 충청남도 아산군편.
한국정신문화연구원(1983), 『한국구비문학대계 4-4』, 충청남도 보령군편.
한국정신문화연구원(1984), 『한국구비문학대계 4-1』, 충청남도 당진군편.
한국정신문화연구원(1984), 『한국구비문학대계 4-5』, 충청남도 부여군편.
한국정신문화연구원(1984), 『한국구비문학대계 4-6』, 충청남도 공주군편.
한국정신문화연구원(1987), 『한국방언자료집』, Ⅲ(충북편), Ⅴ(전북편), 한국정신문화연구원.
한국정신문화연구원(1990), 『한국방언자료집』 Ⅳ(충청남도편), 한국정신문화연구원.
한글학회(1992), 『우리말 큰사전』, 어문각.
한동완(1996), 『국어의 시제 연구』, 태학사.
한성우(1996), "당진 지역어의 음운론적 연구"(국어연구 141), 국어연구회, 서울대 대학원(석사논문).
한영목(1972), "소위 후치사의 설정 문제", 『어문논지』 1, 충남대 국어국문학과.
한영목(1983), "금산지방 방언의 고찰", 『목원어문학』 4, 목원대 국어교육과.
한영목(1987ㄱ), "금산지방의 방언연구", 『논문집』 24-1, 충남대 인문과학연구소.
한영목(1987ㄴ), "충남지방의 방언", 『우리고장 충남』 3, 충청남도 교육위원회.
한영목(1988), "충청남도 방언에 대하여", 『학림』 7, 충남대 국어국문학회.
한영목(1991), "충남방언의 고찰", 『김영배교수 화갑기념논총』, 경운출판사.
한영목(1994), "정렬모의 단어관", 『우리말 연구의 샘터』, 연산도수희교수화갑기념논총, 간행위원회.
한영목(1997ㄱ), "금산 지역어의 분화와 위치에 대한 연구", 『한밭한글』 2, 한글학회 대전지회.
한영목(1997ㄴ), "금산 지역어의 자음 분화", 『국어학연구의 새 지평』, 성재 이돈주 선생 화갑기념, 태학사.
한영목(1998ㄱ), "충남방언의 현상과 특징에 대한 연구", 『방언학과 국어학』, 청암 김영태 박사 화갑기념논문집, 태학사.
한영목(1998ㄴ), “정 열모 문법의 몇 문제”, 『한글』 240-241, 한글학회.
한영목(1999ㄱ), 『충남 방언의 연구와 자료』, 이회문화사.
한영목(1999ㄴ), “충남 방언의 통사론적 연구—어말 어미—”, 『어문연구』 32, 어문연구학회.
한영목(2000ㄱ), “충남방언 통사론의 몇 문제”, 『학림』 17집, 충남대 국어국문학회.
한영목(2000ㄴ), “충남방언의 보조용언과 상”, 『어문연구』 33, 어문연구학회.
한영목(2000ㄷ), “보조 용언 ‘-번지다’, ‘-쌓다’와 충남 방언”, 『한글』 249, 한글학회.
한영목(2000ㄹ), 『충남 금산 지역어 연구』, 한국문화사.
한영목(2001ㄱ), “충남 방언의 격조사”, 『어문연구』 35, 어문연구학회.
한영목(2001ㄴ), “충남 방언 어미 ‘-데’와 ‘-댜’의 연구”, 『한국언어문학』 47, 한국언어문학회.
한영목(2001ㄷ), “충남 방언의 보조 용언(1)”, 『한밭한글』 6, 한글학회 대전지회.
한영목(2002), “충남 방언 ‘-벼’와 ‘-깨미’ 구문 연구”, 『어문연구』 40, 어문연구학회.
한영목(2003), “이문구 소설의 방언 연구—모음현상을 중심으로—”, 『어문연구』 43, 어문연구학회.
한영목(2004ㄱ), “충남 방언의 보조사 연구(1)”, 『우리말글』 30, 우리말글학회.
한영목(2004ㄴ), “충남 방언의 보조사(2)”, 『어문연구』 44, 어문연구학회.
한영목(2004ㄷ), 『우리말 문법의 양상』, 역락.
한영목(2004ㄹ), “방언과 문학의 만남”, 『학림』 22, 충남대 국어국문학과.
한영목(2004ㅁ), 『충남 지역어 조사 보고서: 충남 공주시』, 국립국어원.
한영목(2005ㄱ), 『2005년도 충남 지역어 조사 보고서: 대전시 서구』, 국립국어원.
한영목(2005ㄴ), “이문구 소설어와 충남 방언”, 『우리말글』 35, 우리말글학회.
한영목(2006ㄱ), 『2006년 충남 지역어 조사 보고서: 충남 논산시』, 국립국어원.
한영목(2006ㄴ), “이문구 소설어의 성격”, 『이병근선생퇴임기념 국어학 논총』, 태학사.
한영목(2006ㄷ), “국어문법론 연구 어제와 오늘”, 『어문연구』 50, 어문연구학회.
한영목(2007ㄱ), “충청 방언의 특질”, 『말과 글』 112, 한국어문교열기자협회.
한영목(2007ㄴ), 『서산 지역어의 연구－서천 사람들의 말과 삶－』, 충남: 서산문화원.
한영목(2007ㄷ), 『2007년도 충남 지역어 조사 보고서: 충남 서천군』, 국립국어원.
한영목(2007ㄹ), 『대전 서구지역의 언어와 생활』, 태학사.
한영목·김래영(2003), “충남 방언의 형태변이와 통사 의미의 몇 양상”, 『인문학연구』 30-2, 충남대 인문과학연구소.
한영목·이금영(1994), “중주어문에 관한 연구”, 『언어』 15, 충남대 어학연구소.
한영목·현정해(1996), “개천 방언의 음운 연구”, 『한밭한글』 1, 한글학회 대전지회.
한영목 옮김(1993), 『생성문법과 언어능력』, 태학사.
한영목 옮김(1995), 『형태·통사론의 이해』, 한국문화사.
한영목 외 옮김(1994), 『형태론－생성문법에서의 단어 구조－』, 태학사.
허 웅(1995), 『20세기 우리말의 형태론』, 샘문화사.
허철구(1991), “국어 보조동사 연구”, 서강대 대학원(석사논문).
현평효(1975), 『제주도방언의 정동사어미 연구』, 아세아문화사.
호광수(2003), 『국어 보조용언 구성 연구』, 역락.
홍문각(1996), 『방언학 연구 논문집』, 홍문각 편집실.
홍사만(1984), “조사 ‘야’의 의미 분석”, 『어문학』 44·45, 한국어문학회.
홍사만(2002), 『국어 특수조사 신연구』, 역락.
홍윤표(1975), “주격어미 「가」에 대하여”, 『국어학』 3, 국어학회.
홍윤표(1978), “전주방언의 격연구”, 『어학』 5, 전북대 어학연구소.
홍윤표(1991), “『초학요선』과 19세기말 충남 서천 지역어”, 『국어학의 새로운 인식과 전개』, 민음사.

홍종림(1991), 『제주방언의 양태와 상』, 한신문화사.
홍종선 외(2003), 『한국어 문법론의 연구 현황과 과제』, 박이정.
황대화(1998), 『조선어 동서방언 비교연구』, 과학백과사전종합출판사/ 한국문화사.
황대화(2007), 『황해도 방언연구』, 한국문화사.
황병순(1989), “감각동사 ‘보다’와 행위동사 ‘보다”, 『배달말』 14, 배달말학회.
황인권(1987), “보령군 웅천지역의 자음변동에 대한 고찰”, 『한남어문학』 13, 한남대 국어국문학회.
황인권(1988), “보령군 웅천지역의 모음변화에 대하여”, 『한남어문학』 14, 한남대 국어국문학회.
황인권(1990), “보령군 웅천지역어의 음운현상에 대하여(3)”, 『한국어학신연구』, 한국어학연구회 편, 한신문화사.
황인권(1991), “충남보령지역어의 음운연구”, 고려대 대학원(박사논문).
황인권(1999), 『한국 방언 연구—충남편』, 국학자료원.
황인권(2002), “충남 서천지역어의 자음변화에 대하여(1)”, 『우리말글』 30, 우리말글학회.
황인권(2002), “충남 홍성지역어의 연구”, 『한남어문학』 26, 한남대 국어국문학과.
황인덕 편저(2001), 『대덕의 구전설화』, 대전: 대덕문화원.
嚴春英(2006), “연변 지역어 연구”, 충남대 대학원(석사논문).
小倉進平(1944), 『朝鮮語方言の研究』, 岩波書店.
鈴木潤(1995), “대전지역 대학생의 방언의식”, 대전대 대학원(석사논문).
鈴木潤(1995), “충남방언형 ‘기-’와 ‘-냐’ 사용의 남녀차, 세대차에 대하여”, 『대전어문학』 11, 대전대 국어국문학과.
河野六郎(1945), 『朝鮮語方言學試攷』, 東都書籍.

Anttila, R.(1972), *An Introduction to Historical and Comparative Linguistics,* Macmillan Publishing Co.
Arloto, A.(1972), *Introduction to Historical Linguistics,* Houghton Mifflin Co.
Bloomfield(1933), *Language,* Geoge Allen & Unwin, L.T.D.
Chambers, J. K. & Trudgill, P.(1980), *Dialectology,* Cambridge Univ.

Press.

Chomsky, N. & Halle. M.(1968), *The Sound Pattern of English,* Harper & Row Publishers.

Comrie, B.(1976), *Aspect,* Cambridge Univ. Press.

Comrie, B.(1985), *Tense,* Cambridge Univ. Press.

Culicover, P. W.(1997), *Principle and Parameters; Introduction to Syntactic Theory,* Oxford Univ. Press.

Elson · Pickett(1983), *Beginning Morphology and Syntax*, Summer Institute of Linguistics, Inc.

Hopper, P. & Tragott, E.(1993), *Grammaticalizations,* Cambridge Univ. Press.

Hudson, R. A.(1980), *Sociolinguistics,* Cambridge Univ. Press.

Hyman, L. M.(1975), *Phonology; Theory and Analysis,* Holt, Rinehart & Winston.

John, T. Jensen(1989), *Morphology;* Word Structure in Generative Grammar, John Benjamin Publishing Co.

King, R. D.(1969), *Historical Lingnistics and Generative Grammar,* Prentice Hall, Inc.

Ladefoged. F.(1975), *A Course in Phonetics,* N.Y: Harcourt.

Lyons, J.(1981), *Language and Linguistics,* Cambridge Univ. Press.

Matthews, P. H.(1978), *Generative Grammar and Linguistic Competence,* George Allen & Unwin.

McMahon, April M. S.(1994), *Understanding Language Change,* Cambridge Univ. Press.

Meyerhoff, H.(1955)/ 김준오 역(1979), 『문학과 시간현상학』, 심상사.

Nilsen, Don Lee, F.(1972), *Toward A Semantic Specification of Deep Case,* Mouton.

Palmer, F. R.(1986), *Mood and Modality,* Cambridge Univ. Press.

Palmer, F. R.(1994), *Grammatical Roles and Relations,* Cambridge Univ. Press.

Peter, W. Culicover(1997), *Principle and Parameters; Introduction to Syntactic Theory,* Oxford Univ. Press.

Ramstedt, G. J.(1939), *A Korean Grammar,* Helsinki: Suomalais-Ugrilainen Seura.

Scalise, S.(1984), *Generative Morphology,* Foris Publications.

Schane, S. A.(1973), *Generative Phonology,* Prentice Hall, Inc.

Sloat, C. et al.(1978), *An Introduction to Phonology,* Prentice Hall, Inc.

Smith, C. S.(1991), *The Parameter of Aspect,* Boston: Kluwer Academic Publishers.

Spencer, A.(1991), *Morphological Theory; An Introduction to Word Structure in Generative.*

Traugott, E. C. & Heine, B. ed.(1991), *Approaches to Grammaticalization,* Benjamin Publishing Co.

Trudgill, P.(1974), *Sociolinguistics; An Introduction,* Penguin Book.

Wakelin, M. F.(1977), *English Dialect; An Introduction,* London: Athlone Press.

Wakelin, M. F.(1977), *English Dialet; An Introduction,* London: Athlene Press.

Zwart, P. J.(1976)/ 권의무 역(1983), 『시간론』, 계명대출판부.

찾아보기

ㄴ

ㄹ

ㅂ

ㅅ

ㅈ

ㅊ

저자 소개

한영목(韓永穆) 충남대학교 국어국문학과 졸업
충남대학교 대학원 문학박사
현재 충남대학교 국어국문학과 교수

아산재단 연구총서 제259집
충남 방언 문법 값 13,000원

2008년 7월 10일 1판 1쇄

저 자 한 영 목
발 행 인 임 경 환
발 행 처 **집 문 당**
주 소 413-756 경기도 파주시 교하읍 문발리 514-7(본사)
110-360 서울시 종로구 와룡동 95번지(서울사무소)
등 록 1971. 3. 23. 제2-304호
영 업 부 (02)743-3192~3 팩스(02)742-4657
전자우편 sale@jipmoon.co.kr
편 집 부 (02)743-3096 팩스(02)743-3097
전자우편 edit@jipmoon.co.kr
홈페이지 www.jipmoon.co.kr

 ISBN 978-89-303-1386-5

이 도서의 국립중앙도서관 출판시도서목록(CIP)은 e-CIP 홈페이지 (http://www.nl.go.kr/ecip)에서 이용하실 수 있습니다.(CIP제어번호: CIP2008001736)

아 | 산 | 재 | 단 | 연 | 구 | 총 | 서

43 연계적 뇌기능 조언을 위한 의료용 멀티미디어 시스템의 설계
유선국 | 연세대 의용공학교실

44 다민족국가의 민족문제와 한인사회
최협 외 | 전남대 인류학과

45 저소득층지역 청소년 여가문화와 소집단 활성화
박문수 외 | 서강대 사회학과

46 삶의 질의 국제비교와 지역간 비교분석
이재기 외 | 울산대 경제학과

47 21세기 지역주민의 삶의 질
양종회 외 | 성균관대 사회학과

48 삶의 질에 대한 국가간 비교
조명한 외 | 서울대 심리학과

49 외국인 노동자의 노사관계와 사회적 적응
석현호 외 | 성균관대 사회학과

50 한국의 사법제도와 발전 모델
정종섭 | 건국대 법학과

51 고령화사회와 중상층 노인의 사회활동
조성남 외 | 이화여대 사회학과

52 한국의 서비스 시장 개방정책
한홍렬 | 한양대 경제학부

53 한국과 AFTA간의 교역증진 및 경제협력방안
손일태 외 | 경희대 경제통상학부

54 물류비 절감을 위한 무역업체의 정보화전략
이영수 외 | 경북대 경제통상학부

55 사회주의 체제전환과 사회정책
오정수 외 | 충남대 사회복지학과

56 남북통일 이후 농업생산체계 개편
홍성규 외 | 건국대 농업경제학과

57 국제화와 세계화
하영선 외 | 서울대 외교학과

58 IMF 개혁정책의 평가와 한국경제의 신(新) 패러다임
조동근 | 명지대 경제학과

59 구조개혁과 실업대책
박동운 | 단국대 경제무역학부

60 21세기 신노사관계
심윤종 외 | 성균관대 사회학과

61 학교에서의 집단 따돌림
이춘재 외 | 가톨릭대 심리학과

62 한국노인의 정신건강실태와 건강증진
조맹제 외 | 서울대 의과대학

63 혁명과 개혁 속의 중국 농민
김광억 | 서울대 인류학과

64 중국의 경제환경과 한국기업의 진출 전략
지용희 외 | 서강대 경영학과

65 김대중 대통령의 시스템 사고
김동환 | 중앙대 공공정책학부

66 실업과 가족해체
최일섭 외 | 서울대 사회복지학과

67 합리적 부채비율 조정방안
오상근 | 동아대 경제학과

68 한국 중산층의 생활문화
문숙재 외 | 이화여대 소비자 · 인간발달학과

69 계층간 갈등상태에서 최적소득세
김진욱 | 건국대 경상학부

70 글로벌 경쟁력 제고를 위한 기업전략과 조직구축
이만우 외 | 고려대 경영학과

71 의료보험과 국민연금의 관리효율화를 위한 통합방안
사공진 외 | 한양대 경제학부

72 정부개혁의 과제와 전략
박우서 외 | 연세대 행정학과

73 책임운영기관 제도에 관한 비교분석
김근세 | 가톨릭대 행정학과

74 새로운 패러다임하에서의 한국기업의 바람직한 지배구조
최운열 외 | 서강대 경영학과

75 현대 한국사회의 계층구조
양춘 외 | 고려대 사회학과

76 한국의 산업정책과 산업구조조정
강인수 | 숙명여대 경제학부

77 기업구조조정
김석진 | 경북대 경영학부

78 지식경영을 위한 인적자원 개발 및 관리체계
장영철 | 경희대 경영학부

79 뉴 비즈니스 모델
전성현 | 국민대 정보관리학부

80 중산층의 정체성과 소비문화
함인희 외 | 이화여대 사회학과

81 외국관광객 유치를 위한 마케팅 전략
박상규 | 강원대 경영학과

82 한국인의 세대별 문학의식
이동순 | 영남대 국문과

83 공공부문의 효율성 평가와 측정
김재홍 외 | 울산대 사회과학부

84 한국 청소년의 정치의식과 형성요인
김광웅 외 | 숙명여대 아동복지학과

85 한국 대학생의 정치의식
배한동 | 경북대 윤리교육과

86 산업의 정보화와 산업발전
이기동 | 계명대 통상학부

87 한국 제조업의 고용조정 분석
이종원 외 | 성균관대 경제학부

88 지식자산에 대한 경영전략적 평가모형 개발
배재학 외 | 울산대 컴퓨터·정보통신공학부

89 관광사업을 위한 한국적 이미지의 휴식복 개발
채금석 | 숙명여대 의류학과

90 한국 정치제도의 개혁
신정현 | 경희대 사회과학부

91 e비즈니스와 아웃소싱 전략
정승화 외 | 연세대 경영학과

92 집단 따돌림의 진단 및 치료방안
홍준표 | 중앙대 인간생활환경학과

93 16대 총선과 낙선운동
조기숙 | 이화여대 국제대학원

94 부동층 유권자 행태 분석
진영재 | 연세대 정치외교학과

95 사이버 공동체의 성공요인
이재관 | 숭실대 경영학부

96 온라인 소비자 행동의 이론과 실증
윤성준 | 경기대 경영학부

97 글로벌 시대 정약용 세계관의 가능성과 한계
차성환 | 한일장신대 역사사회학과

98 러시아의 체제전환 과정에서 나타난 국가의 역할과 그 전망
이상민 외 | 부산대 정치외교학과

99 남북한의 경제발전 수준과 산업구조 비교, 그리고 경제교류 협력방향
주성환 | 건국대 경제학과

100 집단따돌림과 교육해체
한준상 | 연세대 교육학과

101 공적연금제도의 효율성과 개선방안
유금록 | 군산대 행정복지학부

102 벤처기업-대기업의 성공적인 협력 모델
나중덕 | 경산대 경영학과

103 북한의 재외동포정책
조정남 외 | 고려대 정치외교학과

104 사이버 공동체 형성의 역동적 모형
장용호 | 서강대 신문방송학과

105 기업이론과 기업의 소유지배구조
김일태 외 | 전남대 경제학부

106 가축분뇨 자원화를 위한 공동이용조직에 대한 농가선호도 분석
유덕기 | 동국대 생명자원경제학과

107 개혁정책과 전문가 집단
이경원 외 | 제주대 행정학과

108 현대 한국사회의 이중가치체계
신수진 외 | 이화여대 가정관리학과

109 한국의 산업구조 변화와 기업집단 다각화 전략
김용학 외 | 연세대 사회학과

110 지식정보사회의 경제적 모형 설정 및 사례 연구
김범환 | 배제대 경영정보학부

111 변호사징계제도
오종근 | 한림대 법학부

112 인터넷 특허법
김순석 | 광주대 법학과

113 e-비즈니스 시대의 금융 및 재정정책의 새로운 패러다임
이종욱 | 서울여대 경제학과

114 청소년의 하위문화와 정체성
조성남 | 이화여대 사회학과

115 디지털금융시대의 금융구조변화와 정부규제 및 정책
이충열 | 고려대 경제학부

116 지식경영을 위한 기업의 조직설계방안
김경수 외 | 전남대 경영학과

117 전자금융의 발달과 경제정책의 새로운 패러다임
이명훈 | 명지대 경제학과

118 동아시아의 안보와 유엔체제
강성학 편저 | 고려대 정치외교학과

119 유료 치매노인 그룹홈의 개발과 관련 정책
최정신 외 | 가톨릭대 소비자·주거학과

120 소비자 지향적 문화산업 정책
홍영준 | 호남대 광고홍보학과

121 국제·국가·지방 환경규제의 연계
정준금 외 | 울산대 행정학과

122 현행 회사 합병·분할제도의 평가와 개선방안
옥무석 외 | 이화여대 법학과

123 배려지향적 도덕성과 정의지향적 도덕성
정옥분 외 | 고려대 사범대학

124 기업구조조정에 대한 채권금융기관 및 금융감독기관의 역할과 책임
이중기 | 한림대 법학과

125 실업대책으로서 한국의 법정기준근로 시간 단축
박영범 | 한성대 경제학과

126 프랑스어의 비분리성 소유개념 표현
노윤채 | 연세대 언어정보연구원

127 지방채의 효율적 관리방안
강태구 | 호원대 법행정학부

128 21세기 산업구조 변화와 과학기술정책
임채성 외 | 그리스도신학대 경영정보학부

129 인터넷 쇼핑몰 이용자의 불평행동
예종석 | 한양대 경영학부

130 한국기업의 성과급제도 현황, 효과 및 개선방안
김성수 | 서울대 경영학과

131 전자상거래와 소비자보호
서민교 외 | 경일대 인터넷국제통상학과

132 평생학습 사회에서의 인적자원개발을 위한 사회적 파트너십 구축
김영화 | 홍익대 교육학과

133 한국 공교육의 새로운 구상과 전략
권대봉 외 | 고려대 교육학과

134 한국의 정부개혁
김태룡 | 상지대 행정학과

135 지방정부 생산성 측정의 이론과 실제
이은국 외 | 연세대 행정학과

136 불가 시문학론
배규범 | 경희대 학술연구 교수

137 남북경제교류의 법적 문제
제성호 | 중앙대 법학과

138 경제위기와 청소년 발달
구인회 | 서울대 사회복지학과

139 생명과학기술의 응용과 기본권보호적 한계
정상기 외 | 한남대 법학과

140 경제발전과 정치환경의 한 · 일 비교분석
정갑영 외 | 연세대 동서문제연구원

141 한국 공교육의 진단
윤정일 외 | 서울대 교육학과

142 우리나라 지방자치 발전을 위한 자치단체장의 역할
정성호 외 | 경기대 사회과학부

143 의료보험제도의 개혁방안
권순원 | 덕성여대 경제학과

144 중등 도덕교육의 현실과 문제
손동현 외 | 성균관대 철학과

145 사이버공동체 발전론
이명식 | 상명대 경영학과

146 남북경협 확대에 대비한 북한 담보제도의 정비방안
박훤일 | 경희대 법과대학

147 한국 공무원 인사제도 개혁
김판석 | 연세대 행정학과

148 교사화법 교육
임칠성 외 | 전남대 국어교육과

149 세계화의 문화정치학
임혁백 외 | 고려대 정치외교학과

150 효과적인 e-SCM을 위한 의사결정 조정 시스템 모형
이원준 | 성균관대 경영학부

151 환경거버넌스
김종순 외 | 건국대 행정학과

152 자동차산업의 인적자원관리
이덕로 | 서원대 경영학부

153 한국과 영국 간 지식기반산업 비교
이명호 | 한국외대 경영학과

154 한국 벤처기업의 기술네트워킹 및 기술마케팅 전략
장영일 | 인제대 경영학부

155 회사변호사의 윤리
오승종 | 성균관대 법과대학

156 미디어교육론
이정춘 | 중앙대 신문방송학과

157 조선시대 서원과 양반
윤희면 | 전남대 역사교육과

158 환경문제와 철학
박찬국 | 서울대 철학과

159 노인보건복지 이론과 실제
김명 외 | 이화여대 보건교육학과

160 북한의 법체계
권재열 외 | 숭실대 법학과

161 생명공학기술의 안전성 확보에 관한 법적 고찰
이재협 | 경희대 법학부

162 청소년복지학
김성이 외 | 이화여대 사회복지학과

163 변화하는 세계, 변화하는 복지국가
조영훈 | 동의대 사회복지학과

164 의리의 윤리와 한국의 유교문화
김낙진 | 진주교대 도덕교육과

165 미국의 통상정책과 통상법
윤충원 | 전북대 무역학과

166 사회복지 프로그램 평가
김학주 | 경상대 사회복지학과

167 환경주의와 지속가능한 발전
정대연 | 제주대 사회학과

168 무역과 환경
김기홍 외 | 경기대 경제학부

169 산업계 유해폐기물의 위험과 관리
김금수 | 호서대 경상학부

170 백범 김구의 지적 계발과정 탐색
문용린 | 서울대 교육학과

171 태평양전쟁 발발 이후 일제의 인적 지배와 그리스도교계의 대응
윤선자 | 전남대 사학과

172 거버넌스 상황에서 갈등관리를 위한 대체적 분쟁해결제도
서순복 | 광주대 법정학부

173 시장경제의 유형과 민주주의
최배근 | 건국대 경상학부

174 일본고전소설 총론
김현정 | 국립한국전통문화학교

175 국어 교육을 위한 국어 문법론
이관규 | 홍익대 국어교육과

176 율곡의 군주론
전세영 | 부산교대 윤리교육과

177 동북아시아 환경협력
정서용 | 명지대 법학과

178 기후변화협약과 기후정책
신의순 외 | 연세대 경제학과

179 인터넷과 국제 학술정보 네트워크-하이퍼링크 분석
박한우 | 영남대 언론정보학과

180 국내 기업복지의 활성화 방안
최수찬 | 연세대 사회복지대학원

181 세계화와 인간안보
김우상 외 | 연세대 정치외교학과

182 세계문화유산 종묘 이야기
지두환 | 국민대 국사학과

183 한국 평생교육의 사회철학적 과제
곽삼근 | 이화여대 교육학과

184 강점모델
정순둘 | 이화여대 사회복지학과

185 글로벌시대의 계약법
박영복 | 한국외대 법과대학

186 배심제와 시민의 사법참여
안경환 | 서울대 법학과

187 동북아공동체
김재한 | 한림대 정치외교학과

188 정치 참여와 탈물질주의
김욱 | 배재대 정치외교학과

189 퍼지전문가회로망을 이용한 금융기관의 사이버 기업여신결정 지원시스템의 개발
권혁대 | 목원대 경영학과

190 환경정책과 환경법
송인성 | 전남대 지역개발학과

191 포스트모던 시대의 평생교육학
한숭희 | 서울대 교육학과

192 현대 한국인의 세대경험과 문화
박길성 외 | 고려대 사회학과

193 서구의 근로연계복지
김종일 | 건국대 사회복지학과

194 사회복지운동론
현외성 | 경남대 사회복지학과

195 외국의 역모기지 사례
유선종 | 건국대 부동산학과

196 옛이야기와 어린이문학
이지호 | 진주교대 국어교육학과

197 노인사회복지관광의 정책과제와 방안
김창수 | 경기대 관광학부

198 복지서비스의 민간위탁 시스템 분석
김순양 | 영남대 행정학부

199 새로운 빈곤층의 대두와 정부의 정책과제
김진욱 | 건국대 경제학과

200 문화행정론
김정수 | 한양대 행정학과

201 스칸디나비아 노인용 코하우징의 계획과 적용
최정신 외 | 가톨릭대 생활과학부

202 북한의 자연생태계
공우석 | 경희대 지리학과

203 통계로 이해하는 러시아
전홍찬 | 부산대 정치외교학과

204 사회복지법인의 경영과 회계
이동규 | 충남대 회계학과

205 의약분업 정책과정
차흥봉 | 한림대 사회복지학과

206 지역공동체와 평생교육
오혁진 | 동의대 평생교육학부

207 아동보호서비스의 실제
한미현 | 백석대 사회복지학부

208 그린마케팅
박재기 | 충남대 경영학부

209 아동권리와 아동복지
이혜원 | 성공회대 사회복지학과

210 국제 이주와 인도인 디아스포라
김경학 | 전남대 인류학과

211 질병과 의료의 사회학
조병희 | 서울대 보건대학원

212 북한이탈주민의 사회통합을 위한 지역복지실천의 모색
이기영 | 부산대 사회복지학과

213 치매노인케어론
조유향 | 초당대 간호학과

214 노인상담입문
서혜경 외 | 한림대 대학원 사회복지학과

215 '통일 이후 통일과정'으로서의 독일 통일영화
이준서 | 이화여대 독어독문학과

216 중국의 사회보장
오정수 | 충남대 사회복지학과

217 환경자원의 경제적 가치와 환경오염의 사회적 비용
김재홍 | 울산대 사회과학부

218 사회복지프로그램의 경제적 평가방법
박창제 외 | 상주대 사회복지학과

219 자유의지와 결정론
안건훈 | 강원대 철학과

220 심리학자들이 쓴 행복한 결혼의 심리학
채규만 외 | 성신여대 심리학과

221 현대 해석학 강의
양해림 | 충남대 철학과

222 한국인의 주거 빈곤과 공공주택
하성규 | 중앙대 도시 및 지역계획학과

223 IMF 경제위기와 한국 출산력의 변화
김두섭 | 한양대 사회학과

224 동아시아의 영토분쟁과 국제법
이석우 | 인하대 법학부

225 독일 복지국가와 사회복지서비스
정재훈 | 서울여대 사회사업학과

226 사회복지사를 위한 실용 비모수통계
엄명용 | 성균관대 사회복지학과

227 피해자학 연구
이윤호 | 동국대 경찰행정학과

228 광고언어창작론
박영준 외 | 부경대 국어국문학과

229 환경규제 패러다임의 전환
한철 | 한남대 법학과

230 고령사회의 노동환경변화와 고용시스템의 문제점 및 법적 대응
고준기 | 국립군산대 법학과

231 세계화와 소득불평등
이성균 외 | 울산대 사회과학부

232 유비쿼터스 사회의 이해
안중호 외 | 서울대 경영학과

233 국제환경책임법론
박병도 | 건국대 법학과

234 한국의 선거와 민주주의
윤종빈 | 명지대 정치외교학과

235 한국 시민운동의 구조와 동학
조대엽 외 | 고려대 사회학과

236 또래관계
송영혜 | 대구대 재활심리학과

237 해외 한국기업과 현지인 노동자
석현호 외 | 에스콰이아학술문화재단

238 독일 국가복지에서 민간복지단체의 역할과 의미
차성환 외 | 한일장신대 사회복지학부

239 청정공학
조정호 | 동양대 생명화학공학과

240 한국전통연희론
심상교 | 부산교육대 국어교육학과

241 정신장애와 가족
서미경 | 경상대 사회복지학부

242 빈곤통계의 작성과 활용
김주환 | 동국대 정보통계학과

243 인터넷과 한국정치
강원택 | 숭실대 정치외교학과

244 북한의 시장경제이행
정영화 외 | 서경대 법학과

245 시스템사고로 본 지속가능한 도시
문태훈 | 중앙대 도시및지역계획학과

246 실버산업과 유비쿼터스 컴퓨팅
고일상 | 전남대 경영학부

247 재활상담과 사례관리
나운환 | 대구대 직업재활학과

248 영유아교육기관에서의 장애 이해 교육
유수옥 | 우석대 유아특수교육과

249 장애의 사회적 의미와 사회통합
박수경 | 대진대 사회복지학과

250 경제분석의 수리적 기초
조인성 | 공주대 경제통상학부

251 비영리부문의 비교연구
김승현 | 서울산업대 행정학과

252 고등교육경제학
반상진 | 전북대 교육학과

253 과학윤리교육의 이론과 방법
조희형 | 강원대 과학교육학부

254 결혼이민자가족의 이해
김오남 | 대불대 사회복지학과

255 동아시아 국가의 공공부조
신동면 | 경희대 사회과학부

256 특수아동 진단 및 평가
이나미 | 대불대 특수교육과

257 계약형 사회복지와 권리옹호시스템
이명현 | 경북대 상주캠퍼스 사회복지학과

258 실내공기질 및 위해성 관리
양원호 | 대구가톨릭대 산업보건학과

259 충남 방언 문법
한영목 | 충남대 국어국문학과

아 | 산 | 재 | 단 | 연 | 구 | 보 | 고 | 서

1 한국인의 도덕성 연구
배해수 | 고려대 국문학과

2 산업화와 청소년 진로
이원호 | 울산대 교육학과

3 공동체의식과 시민운동
김영섭 | 한양대 행정학과

4 한국청년의 삶의 의미 충족도와 만족적 태도
안정수 | 경희대 철학과

5 중국조선족의 사회발전과 한·중관계의 위상
손장권 | 고려대 사회학과

6 해송림 "솔껍질깍지벌레"의 천적 및 주요 종의 생태
김규진 | 전남대 농생물학과

7 사회정의와 실천윤리
박종대 | 서강대 철학과

8 동구개혁의 영향
김달중 | 연세대 정치외교학과

9 한국청소년의 의식세계
김문조 | 고려대 사회학과

10 고강도 철근 콘크리트 구조의 실용화
정헌수 | 중앙대 건축학과

11 신기술의 연관형태 및 출현예측의 구조모형
권철신 | 성균관대 산업공학과

12 민간기업의 연구개발을 위한 조세정책
권영훈 | 한양대 경제학부

13 기술개발 활성화방안
송승구 | 울산대 화학공학부

14 부패의 현상과 진단
이문조 | 영남대 정치외교학부

15 연구투자의 지역적 편중화와 부산지역의 기초과학연구 활성화방안
윤웅찬 | 부산대 화학과

16 GATT의 신구 덤핑방지협정과 그 대응방안
전창원 | 동국대 무역학과

17 한국사회의 도덕성 제고를 위한 진단과 처방
황경식 | 서울대 철학과

18 새로운 노사관계 방향
이진규 외 | 고려대 경영학과

19 21세기 동북아 정세예측과 한국의 전략적 대응방안
최평길 외 | 연세대 행정학과

20 소련의 한국에 대한 정책목표분석
신승권 | 한양대 정치외교학과

21 메모리 커패시터용 $Pb(Zr_xTi_{1-x})O_3$ 강유전체 박막의 제작과 특성
장지근 외 | 단국대 전자공학과

22 러시아 국제법학의 전통
김용구 | 서울대 외교학과

23 유럽연합의 현황과 전망
김동현 외 | 성균관대 행정학과

24 중국의 정치동원
송영우 외 | 건국대 정치외교학과

25 산업적 활용을 위한 이동로보트 시스템의 개발
박민용 외 | 연세대 전자공학과

26 중국조선족의 정치사회화과정과 동화적 국민통합의 방향
전인영 외 | 이화여대 사회생활학과

27 공적부조의 이론과 실제
최일섭 외 | 서울대 사회복지학과

28 대외통상환경의 변화와 법제개편
서헌제 | 중앙대 법학과

29 기업금융의 국제화
최생림 | 한양대 경영학부

30 자동차부품공업의 노사관계
김호진 외 | 고려대 행정학과

31 산업화 과정에서의 한국가족의 실태와 전망
정창수 외 | 성균관대 사회학과

32 공무원 가치관 실태와 정립방안
배병룡 외 | 경상대 행정학과

33 해외귀국청소년의 국내적응연구
이장영 | 국민대 사회학과

34 초고속정보통신망에서 LAN서비스 제공방안
이재용 | 연세대 전자공학과

35 WTO체제의 정책적 대응
김병진 외 | 경희대 행정학과

36 유럽의 통합정치
최수경 외 | 충남대 정치외교학과

37 유기질폐기물을 이용한 고단백사료원인 조류의 생산공정
최정우 외 | 서강대 화학공학과

38 초고속정보통신망의 수용성과 정책방향
박영상 외 | 한양대 신문방송학과

39 중국의 강남사회와 한중교섭
조영록 외 | 동국대 사학과

40 세계화시대의 사회 · 문화의식
신행철 외 | 제주대 사회학과

41 국내 외국인 노동자의 문제와 대책
성규탁 외 | 연세대 사회복지학과

42 노인인력 활용정책과 프로그램
김정후 외 | 강원대 법과대학

43 한일간 학술교류 현황과 활성화방안
정홍익 외 | 서울대 행정대학원

44 계량모형에 의한 한일 경제관계의 이해
김명직 외 | 한양대 경제학부

45 직장인의 음주행태와 삶의 질
진기남 외 | 연세대 보건행정학과

46 유통정보 시스템의 구조와 설계
정용길 | 충남대 경영학과

47 남북통일 이후 사회통합을 위한 교육의 역할
안기성 외 | 고려대 교육학과

48 대중음악에 심취한 청소년들의 심리적 특성
김인경 외 | 연세대 인간행동연구소

49 멀티미디어 시스템을 활용한 교육환경의 개선방안
김한일 | 제주대 컴퓨터교육학과

50 탈냉전기 한일관계의 쟁점
최상룡 | 고려대 정치외교학과

51 자치시대 새로운 '삶의 질' 지표의 모색
김형기 외 | 경북대 경제통상학부

52 유럽통합의 역내외 협력과 갈등
이호재 외 | 고려대 정치외교학과

53 21세기를 대비한 신노사관계
김재원 | 한양대 경제학부

54 대학의 시간제학생 등록제
안규철 외 | 전남대 교육학과

55 21세기에 대비한 방송통신정책
한진만 외 | 강원대 신문방송학과

56 주민참여를 통한 혐오시설 관리운영방안
박균성 외 | 경희대 법학부

57 여성의 정치적 권리인식과 정치참여
전경옥 외 | 숙명여대 정치외교학과

58 한국인 위장질환과 식생활 · 환경요인 및 *H. pylori* 감염과의 관계
이양자 외 | 연세대 식품영양학과

59 학생과 시민의 자원봉사활동
윤정일 외 | 서울대 교육학과

60 동북아 환경문제와 지역환경협력의 모색
신연재 외 | 울산대 정치외교학과

61 노인 자원봉사활동을 통한 사회통합 프로그램 개발
김동배 | 연세대 사회복지학과

62 물류정보 시스템
김태현 | 연세대 경영학과

63 전자식 문서교환을 이용한 항공화물 운송체계
민재형 | 서강대 경영학과

64 청소년과 성
이근후 | 이화여대 의과대학

65 민족통합과 무궁화호 위성의 남북한 공동활용방안
방정배 | 성균관대 신문방송학과

66 채식주의가 20대 여성의 영양상태와 에스트로겐 대사에 미치는 영향
성미경 | 숙명여대 식품영양학과

67 가상정보공간을 통한 지역개발 활성화 전략
유재천 외 | 한림대 언론정보학부

68 조산아 관리현황 및 정책수립 방안
박상기 외 | 조선대 의과대학

69 남북한관의 의식조사와 통일교육 개선방안
김동규 외 | 고려대 북한학과

70 동양 전통 자연사상 탐구
장동순 | 충남대 환경공학과

71 초고속정보망의 시뮬레이터 구현
한기준 | 경북대 컴퓨터공학과

72 유통원가 시스템의 유효성
정다미 | 명지대 경영학과

73 국악과 문화관광의 만남
정익준 외 | 동아대 국제관광통상학부

74 기업의 지식경영 활용사례
김창은 | 명지대 산업공학과

75 선진국과 한국의 직업교육 · 훈련제도의 특성과 한계
정주연 | 고려대 경제학과

76 제주지역 성인 여성의 자원봉사활동
이상철 외 | 제주대 사회학과

77 M&A와 문화충돌 관리
박원우 | 서울대 경영학과

78 폐금속광산 인근 주민들의 중금속 오염실태
정종학 외 | 영남대 의학과

79 북한 농촌·농업실태와 인력자원개발 시스템을 통한 북한 농민의 구호방안
박성열 | 건국대 교육공학과

80 중소 소매점의 경쟁력과 소매성과
채명수 외 | 한국외대 무역학과

81 고령자를 위한 쾌적한 실내온도와 착의량의 설정
정운선 | 안동대 의류학과

82 지역문화 이벤트 PR
박종민 | 경희대 언론정보학부

83 인터넷 지역정보화의 실태와 전략
유평준 외 | 연세대 행정학과

84 여성 삶의 질 향상을 위한 사회교육 활성화 방안
김양희 | 중앙대 가족복지학과

85 벤처기업과 벤처금융
강대석 외 | 충남대 무역학과

86 구조조정기에 있어서 실업대책과 사회안전망 구축
박천익 | 대구대 경제학과

87 한국 유아의 조기교육
이명조 외 | 한국외대 교육대학원

88 남북한 경제공동체 형성전략
이상만 | 중앙대 경제학과

89 지방자치회계의 투명성과 주민의 알 권리
권찬태 외 | 경북대 경영학부

90 정치지도자의 정책리더십
이해영 | 경일대 행정학과

91 경제위기와 한국인의 복지의식
신광영 외 | 중앙대 사회학과

92 북한의 노동
김강식 | 한국항공대 경영학과

93 우리나라 중소기업의 정보기술 활용 현황과 경쟁력 강화를 위한 제안
정승호 | 부산외대 정보시스템학과

94 인간배아복제의 법적·윤리적 문제점과 그 해결방안
최병규 | 한경대 법학부

95 가치변화에 따른 투표행태
조찬래 외 | 충남대 정치외교학과

96 인터넷 경매에서의 계약체결과 소비자 보호
이기수 외 | 고려대 법과대학

97 세계화시대 남북한 통합의 방향과 과제
윤민재 | 서울대 사회발전연구소

98 글로벌 시대 지방정부의 문화마케팅 전략
박흥식 | 중앙대 행정학과

99 대졸여성실업의 실태분석 및 대학-노동시장 간 효율적 연계방안
이은우 외 | 울산대 사회과학부

100 그린 투어리즘의 분석
이응진 | 대구대 관광학부

101 지방자치단체장의 부정부패
오일환 | 한양대 아태지역연구센터

102 산업화가 유교체제하 중국여성의 지위에 미친 영향
천성림 | 배재대 사회과학연구소

103 움직이는 말하기
유혜숙 외 | 나사렛대 교양학부

104 장애학생을 위한 특수교육공학의 활용
김용욱 | 대구대 중등특수교육과

105 지식기반사회의 평생교육 이해와 평생교육 프로그램 개발
박성열 | 건국대 교육공학과

106 N세대의 미술교육
김동철 | 대구교육대 미술교육학과

107 노후계획과 투자
권택호 | 여수대 국제통상학과

108 영화산업
양영철 | 경성대 연극영화학부

109 동유럽의 변혁과 언론의 역활
정대수 | 경남대 정치언론학부

110 환율, 임금, 물가가 국제경쟁력 및 수출입산업에 미치는 영향
하인봉 | 경북대 경제통상학부

111 일본기업의 기술혁신 전략
위정현 | 중앙대 상경학부

112 노후보장정책과 역저당연금제도
조덕호 외 | 대구대 행정학과

113 유비쿼터스 라이프와 미래 사회
김석수 | 한남대 멀티미디어공학과